EL ACTO ADMINISTRATIVO

INSTITUTO INTERNACIONAL DE DERECHO ADMINISTRATIVO -IIDA

COLECCIÓN DE DERECHO ADMINISTRATIVO COMPARADO

LIBARDO RODRÍGUEZ RODRÍGUEZ
(Director)

INSTITUTO INTERNACIONAL
DE DERECHO ADMINISTRATIVO -IIDA

COLECCIÓN DE DERECHO
ADMINISTRATIVO COMPARADO

LIBARDO RODRÍGUEZ R.
(Director)

VOLUMEN VI

EL ACTO ADMINISTRATIVO

RICARDO RIVERO ORTEGA
(Coordinador)

Volumen en homenaje al profesor
JOSÉ LUIS MEILÁN GIL

TEMIS

EDITORIAL TEMIS S. A.
Bogotá - Colombia
2022

Calle 17, núm. 68D-46, Bogotá.
www.editorialtemis.com
correo elec.: gerencia@editorialtemis.com

ISBN 978-958-35-1938-3

3144 2022012090

ISBN e-book: 978-958-35-1939-0

Impreso por: Lightning Source, an INGRAM Content company para Editorial Jurídica Venezolana International Inc. Panamá, República de Panamá. Email: editorialjuridicainternational@gmail.com

PRESENTACIÓN

El Instituto Internacional de Derecho Administrativo -IIDA (www.iida-deradm.com) es una institución sin ánimo de lucro, de carácter académico y científico, que tiene como objeto fomentar y promover la ciencia del derecho administrativo en los diferentes países y en el marco de la comunidad internacional, para lo cual desarrolla actividades tendientes a:

a) Promover el estudio, la investigación, la profundización y el conocimiento de las diversas expresiones del derecho administrativo en los diferentes países, desde la perspectiva del derecho comparado.

b) Propiciar la reflexión, el debate, el diálogo y el intercambio de ideas y experiencias entre sus miembros y entre ellos y otras personas u organizaciones interesadas en los temas propios del derecho administrativo.

c) Fomentar y fortalecer la docencia, la investigación, la divulgación y el desarrollo del derecho administrativo.

d) Las demás que sean conducentes para el logro del objetivo general.

En cumplimiento de esos objetivos, el Instituto tiene la satisfacción de entregar a la comunidad jurídica la *Colección de Derecho Administrativo Comparado*, cuyo propósito es publicar obras colectivas sobre temas básicos y actuales del derecho administrativo, que permitan, con fundamento en trabajos que desarrollen el respectivo tema desde la perspectiva de cada país, acometer un análisis de derecho comparado que contribuya a su mejor conocimiento y comprensión.

Para lograr ese cometido comparatista, el contenido de cada uno de los trabajos, en general, se circunscribe a los elementos conceptuales, doctrinales, normativos y jurisprudenciales vigentes en el respectivo país, sin perjuicio de las referencias necesarias a la doctrina, la normativa y la jurisprudencia de otros ordenamientos jurídicos nacionales o internacionales que sean indispensables para la comprensión del propio ordenamiento nacional. Sobre esa base, el Coordinador del Volumen respectivo diseña algunas pautas que permitan responder los interrogantes básicos que plantea el tema analizado y que faciliten el análisis comparativo, los cuales deben ser atendidos por los autores, sin perjuicio de los demás análisis que ellos quieran incluir en el desarrollo del trabajo.

A su vez, con fundamento en los trabajos de los diferentes países, el Coordinador de cada volumen tiene a su cargo la elaboración de un documento de análisis comparativo del tema al cual está dedicado el volumen respectivo.

En ese orden de ideas, el Volumen VI de la Colección, que hoy publicamos, está consagrado al estudio de *El acto administrativo,* con el objetivo de que los estudiantes, especialistas y lectores en general puedan tener una visión global y comparada de este tema que, como se sabe, constituye uno de los más importantes del derecho administrativo.

En este Volumen han participado académicos de once países, miembros del Instituto, cuyas ponencias se publican en orden alfabético de los países, junto con la traducción al español de la ponencia correspondiente a Francia, cuya versión original fue redactada en la lengua materna de su autor. La coordinación del Volumen y el trabajo final de derecho comparado ha estado a cargo del profesor español RICARDO RIVERO ORTEGA, miembro del Instituto.

De otra parte, este volumen está dedicado a la memoria del ilustre jurista español JOSÉ LUIS MEILÁN GIL (1933-2018), quien cumplió un importante papel en los escenarios del derecho público, especialmente en España y América Latina.

El profesor MEILÁN GIL tuvo una presencia destacada en la vida pública y académica de España por más de cincuenta años, durante los cuales realizó aportes importantes tanto en la gestión de asuntos del Estado como en los escenarios académicos.

En relación con los primeros, se destaca su presencia activa y sus aportes en la elaboración de la Constitución española de 1978, como diputado por La Coruña, especialmente en temas relativos a los derechos fundamentales, administración pública y configuración territorial del Estado. Fue, además, Consejero de Estado y desempeñó otros altos cargos de gestión en la administración autonómica de Galicia y en el gobierno central del Estado español.

En el campo académico, la actividad del profesor MEILÁN GIL se desarrolló tanto en la gestión universitaria, como impulsor y Rector de la Universidad de La Coruña, como en la actividad docente y de investigación, que han dejado un legado muy importante para el derecho público, especialmente el administrativo, reflejado en numerosos libros y artículos especializados que han enriquecido la bibliografía jurídica. También en este campo debe destacarse que la figura del profesor MEILÁN GIL trascendió los límites de su país de origen, pues en las últimas décadas su actividad académica hizo presencia y brilló en otros países de Europa y de América Latina, por medio de publicaciones y conferencias realizadas en diferentes países, gracias a su visión sobre la importancia del conocimiento, el análisis y la integración de los diversos sistemas jurídicos nacionales, lo cual hizo posible una relación académica y personal con buena parte de los miembros del Instituto Internacional de Derecho Administrativo -IIDA, que hoy le rinde homenaje al dedicar a su memoria este volumen.

Finalmente, la dirección de la Colección agradece a los autores, al traductor y al coordinador el importante y generoso aporte realizado para la publicación de este volumen, que contribuye positivamente al cumplimiento de los objetivos del Instituto. De igual manera, agradece a la Editorial Temis por hacer posible la publicación de estos trabajos académicos.

LIBARDO RODRÍGUEZ RODRÍGUEZ
Presidente del IIDA y Director de la Colección

ÍNDICE GENERAL

PÁG.

BRASIL

ACTOS ADMINISTRATIVOS

Silvio Luis Ferreira Da Rocha

COLOMBIA

EL ACTO ADMINISTRATIVO EN EL DERECHO COLOMBIANO

William Barrera Muñoz

COSTA RICA

EL ACTO ADMINISTRATIVO

ERNESTO JINESTA L.

ESPAÑA

SOBRE EL ACTO ADMINISTRATIVO: HISTORIA Y DOGMÁTICA EN ESPAÑA

MARCOS M. FERNANDO PABLO

ESTADOS UNIDOS

"AGENCY ACTION" EN ESTADOS UNIDOS

JAVIER A. ECHEVARRÍA VARGAS

PÁG.

FRANCIA

NATURE ET CATEGORISATION DES ACTES ADMINISTRATIFS

GILLES J. GUGLIELMI

NATURALEZA Y CATEGORIZACIÓN
DE LOS ACTOS ADMINISTRATIVOS

GILLES J. GUGLIELMI

MÉXICO

EL ACTO ADMINISTRATIVO Y SU REGULACIÓN EN MÉXICO

LUIS JOSÉ BÉJAR RIVERA

PÁG.

PERÚ

LA REGULACIÓN DE LOS ACTOS ADMINISTRATIVOS EN PERÚ. VISIÓN PANORÁMICA

ELOY ESPINOSA-SALDAÑA BARRERA

URUGUAY

EL ACTO ADMINISTRATIVO EN URUGUAY

GRACIELA RUOCCO

VENEZUELA

DEL ACTO ADMINISTRATIVO EN EL ORDENAMIENTO JURÍDICO VENEZOLANO. UNA APROXIMACIÓN

JOSÉ LUIS VILLEGAS MORENO

ESTUDIO
DE DERECHO COMPARADO

EL ACTO ADMINISTRATIVO
EN EL DERECHO COMPARADO

RICARDO RIVERO ORTEGA

PÁG.

ARGENTINA

LA CENTRALIDAD DE LA NOCIÓN DE ACTO ADMINISTRATIVO COMO EXPRESIÓN DE LA FUNCIÓN ADMINISTRATIVA EN SU ARTICULACIÓN CON EL PRINCIPIO DE JURIDICIDAD

María José Rodríguez*

Introducción

Hace algunos años, en el epílogo de una obra de nuestra autoría titulada *El acto administrativo tributario* destacamos que "la noción de acto administrativo es al derecho administrativo como la metafísica a las demás ramas de la filosofía"[1].

En efecto, es la noción de acto administrativo el modo de expresión predominante de la función administrativa, que permite alojar diversos institutos, o bien sustentar otras construcciones del derecho administrativo. En definitiva, la referencia obligada por la que las subramas o áreas especiales del derecho administrativo se concretan o a la que reenvían.

En este sentido, podemos considerar que el contrato administrativo en tanto acuerdo de voluntades es caracterizado como un acto administrativo de formación y efectos bilaterales que genera obligaciones exigibles para ambas partes[2], o un conjunto de actos administrativos coligados sobre el cual se estructura el consentimiento de las partes o acuerdo de voluntades[3]; el reglamento, un acto

* Profesora titular de Derecho Administrativo de la Facultad de Ciencias Jurídicas y Sociales de la Universidad del Museo Social Argentino; profesora de la Maestría en Derecho Administrativo de la Univ. Austral; Magíster en Derecho Administrativo (Univ. Austral), Especialista en Derecho Tributario (Univ. Austral), Directora de la Maestría y Especialización en Derecho Administrativo de la Universidad Nacional de la Matanza; ex Directora Nacional de la Escuela del Cuerpo de Abogados del Estado de la Procuración del Tesoro de la Nación (ECAE-PTN); ex Directora de la Escuela de Formación en Abogacía Pública (EFAP) de la Procuración General de la Ciudad Autónoma de Buenos Aires; Responsable del Centro de Información Jurídica (CIJur) del MPBA; miembro del Instituto Internacional de Derecho Administrativo (IIDA).

1 María José Rodríguez, *El acto administrativo tributario*, Buenos Aires, Abaco, 2004, pág. 227.

2 Rodolfo C. Barra, *Los actos administrativos contractuales,* Buenos Aires, Abaco, 1985, págs. 72 a 76; v. también CSJN, 23-12-1976, Fallos 296:272.

3 Barra, ob. cit. nota anterior, págs. 131 y ss.; sobre actos administrativos coligados, v. Dictámenes PTN 303:448; también, CSJN, "Serra, Fernando Horacio y otro c/ Municipalidad

administrativo de carácter general normativo; la determinación de oficio de un tributo, el acto administrativo tributario por antonomasia que alberga una de las herramientas conceptuales del derecho tributario adjetivo más paradigmáticas[4].

El acto administrativo será la expresión concretizada de un procedimiento administrativo que puede ser general o especial. En este último caso, recibirá el influjo del sector de referencia[5] en el que se enmarque ese procedimiento.

Desde otra mirada, superadora de los abordajes técnicos y jurídico positivos, el concepto de acto administrativo se inviscera en la Teoría del Estado, en tanto es emanación de una de las funciones del poder, la función administrativa. Y como manifestación del poder estatal, dice mucho de su ser.

Como producto exclusivo de la función administrativa, si bien se encuentra presente en los denominados "poderes del Estado" (ejecutivo, legislativo y judicial) en tanto los tres desde un punto de vista sustancial u objetivo, desempeñan función materialmente administrativa[6], lo cierto es que constituye el medio de expresión más conspicuo del poder ejecutivo.

De consiguiente, cabe conjeturar que el acto administrativo trasuntará la esencia del poder mediatizado por la función administrativa del que es expresión y, singularmente, del poder ejecutivo, que es el que primordialmente titulariza la función administrativa.

En definitiva, tal como expresa CASSAGNE, en afirmación predicable respecto del acto administrativo, el derecho administrativo, al regular la organización y actuación del Estado en sus relaciones con los particulares, no puede

---

de la Ciudad de Buenos Aires", Fallos 316:2454; en esta sentencia la Corte recepta la teoría de los actos coligados al expresar "[...]es en el complejo interrelacionado de actos que dan base estructural a la existencia y ejecución del contrato administrativo, donde es preciso buscar el origen del derecho invocado"; v. también CNCont. Adm. Fed., sala V, 27-4-98, "Compañía Misionera de Construcciones S. A. c/ Dirección Nac. de Vialidad", publicado en TR La Ley AR/JUR/1788/1998.

[4] La Corte Suprema de Justicia de la Nación ha considerado acto administrativo a la percepción de un impuesto *in re* "Centauro S. A.", Fallos 318:2551, cons. 3°; en puridad, acto administrativo es el acto resultante del procedimiento de determinación de oficio y no la percepción; v. MARÍA JOSÉ RODRÍGUEZ, *El acto administrativo tributario,* págs. 108 y ss.

[5] Remitimos en cuanto a qué debe entenderse por sector de referencia a los desarrollos doctrinarios de los profesores LIBARDO RODRÍGUEZ RODRÍGUEZ y EBERHARD SCHMIDT-ASSMANN; v. LIBARDO RODRÍGUEZ RODRÍGUEZ, "Marco conceptual de las actividades administrativas con dimensión social", publicado en CIJur, 30-9-2019, https://cijur.mpba.gov.ar/doctrina/14864, pág. 2; y EBERHARD SCHMIDT-ASSMANN, *La teoría general del derecho administrativo como sistema,* Madrid, Marcial Pons, 2003, págs. 1-12.

[6] La autoridad o poder de toda comunidad es, por su naturaleza, en sí, única e indivisa, la llamada división de poderes no es una división de la autoridad social sino la atribución de su ejercicio a diferentes órganos (v. JOHANNES MESSNER, *Ética social, política y económica a la luz del derecho natural*, Madrid, Ediciones Rialp, 1967, pág. 325).

prescindir de los aspectos esenciales de la Teoría del Estado en tanto esta representa el punto de apoyatura de sus instituciones y de la actividad de su administración pública[7].

En ese marco, cabe también considerar como lo hace el autor citado, desde el realismo jurídico, que el enfoque que más se acomoda a la idea del Estado es el que lo aprehende como institución, formulado por HAURIOU, como "idea de obra que se realiza y dura gracias a la adhesión en el tiempo de sus miembros". Nótese que tanto la idea de "obra" como la de "miembros", reenvía a la de "sujeto", al "ser humano" frente a enfoques tan predominantes en la actualidad, como el sistémico[8], procedentes de otras disciplinas[9], que disuelven al hombre en estructuras y procesos. Advierte CASSAGNE, al postular el enfoque institucional, sobre la importancia de las personas en la organización, cuyos integrantes deben participar plenamente de los fines que objetivamente persigue la institución, ya que de lo contrario se produce dispersión e inercia, provocando la decadencia[10].

[7] JUAN C. CASSAGNE, *Curso de derecho administrativo*, tomo I, Buenos Aires, La Ley, 2016, pág. 6.

[8] La teoría sistémica se inspira de modo inmediato y en el nivel de las premisas teóricas, en el campo de la biología en el cual observa los mecanismos de comunicaciones de los organismos vivos autorregulados y autopoiéticos y en la cibernética, en tanto esta traslada este sistema de comunicaciones e interacciones a los sistemas electrónicos o mecánicos, a las máquinas que procesan información.

En su genealogía, reconoce como premisas filosóficas al estructuralismo, que, a su turno, se ve influido por el materialismo marxista, el formalismo ruso y los desarrollos del sicoanálisis.

Concebido en un contexto de positivismo y de materialismo cientificista, según el estructuralismo, el hombre es forjado en todos los órdenes de relación por fuerzas deterministas operantes en la naturaleza, y por el influjo determinante de las infraestructuras (v. TEÓFILO URDANOZ, *Historia de la filosofía,* t. VIII, Madrid, Biblioteca de Autores Cristianos, 1985, págs. 253 y ss.).

[9] Explica PAUL TILICH que los métodos son autogenéticos en sus territorios patrios, en los cuales están adecuados a sus objetos; tan pronto como se sobreextienden a dominios extraños, se convierten en heterogenéticos y se adecuan a uno solo de los elementos del objeto, con lo que resultan inadecuados para el objeto como total. Sobre esta diferenciación reposa toda la riqueza del sistema de las ciencias, pero igualmente, la necesidad de trazar entre ellas límites siempre más tajantes. De este modo se evita el impulso por el que todo método tiende a una posición absoluta pues existe, "un imperialismo de los métodos" (v. PAUL TILICH, *The System of the Sciences According to Objects and Methods*, Bucknell University Press [Paul Wiebe transl.], London, 1923, págs. 26 a 27). El método sistémico es propio y adecuado en la biología y en la cibernética, pero resulta heterogenético para aproximarse a realidades jurídicas o humanas en las que campean lo axiológico, la libertad, la voluntad y la responsabilidad humanas.

[10] JUAN C. CASSAGNE, *Curso de derecho administrativo*, tomo I, Buenos Aires, La Ley, 2016, págs. 56 a 57.

1. Evolución histórica de las leyes reguladoras del acto administrativo

A) *La Ley Nacional de Procedimientos Administrativos N.º 19.549 (LNPA)*

En Argentina, la primera regulación del acto administrativo la llevó a cabo la Ley N.º 19.549 (LNPA) de 1972, aún vigente, reglamentada por el Decreto N.º 1759 de 1972 (B. O. 27-4-72) y modificatorios[11]. Entre las principales modificaciones que ha recibido, pueden mencionarse en 1977, la Ley N.º 21.686 (B. O. 25-11-1977); en 2001, el Decreto delegado N.º 1023-01 (B. O. 16-8-2001) y la Ley N.º 25.344 (B. O. 9-5-1994).

Según expresa Cassagne, la Ley Nacional de Procedimientos Administrativos recogió en cuanto al acto administrativo, desarrollos jurisprudenciales y doctrinarios[12]. Cerró una etapa caracterizada por la primacía de un derecho doctrinario en formación, con la consecuente falta de unidad en los planteos y soluciones, y marcó el comienzo de un ciclo distinto signado por la certeza que siempre proporciona una codificación. Entre sus fuentes comparadas, el autor colacionado, considera que tuvo un lugar importante la ley española de procedimientos administrativo de 1958, si bien, destaca, fue más bien una obra decantada de la doctrina y en menor medida, del derecho comparado y de la jurisprudencia[13].

Para Comadira, la ley no solo importó la regulación legal del procedimiento administrativo y del acto administrativo, sino también de aspectos básicos referidos a la impugnación judicial de los actos administrativos, ante la ausencia de un código contencioso administrativo[14].

[11] Ricardo Rivero Ortega señala, al referenciar el derecho iberoamericano en la materia, que Argentina "fue la primera nación en aprobar su ley de procedimientos administrativos, la Ley 19.549, de 1972" (v. Ricardo Rivero Ortega, [2021], "La codificación del procedimiento administrativo en América Latina: un hito más (Paraguay)", *Revista de la Administración Pública*, N.º 214, págs. 279-292.

[12] Entre estos, destaca los aportes de los maestros Miguel S. Marienhoff y Juan Francisco Linares (Juan C. Cassagne, "A cuarenta años de la Ley Nacional de Procedimientos Administrativos", Héctor Pozzo Gowland, David Andrés Halperín, Oscar Aguilar Valdéz, Fernando Juan Lima y Armando Canosa (dirs.), *Procedimiento administrativo,* t. I, Buenos Aires, La Ley, 2012, pág. 8.

[13] V. Juan Carlos Cassagne, "A cuarenta años...", págs. 4 a 5.

[14] V. Julio R. Comadira, *Procedimientos administrativos. Ley nacional de procedimientos administrativos, anotada y comentada*, Buenos Aires, La Ley, 2002, prólogo, pág. IX.

B) *Sucinta referencia a algunas de las reformas que se estiman de interés en el marco acotado de este trabajo*

a) *La Ley N.º 21.686:* entre las principales reformas que serán objeto de mención en este trabajo, se cuenta la introducida por la Ley N.º 21.686 al artículo 17 de la LNPA[15], en materia de revocación del acto nulo.

A partir de la modificación introducida por la ley en cita, este artículo expresa: "El acto administrativo afectado de nulidad absoluta se considera irregular y debe ser revocado o sustituido por razones de ilegitimidad aun en sede administrativa. No obstante, *si el acto estuviere firme y consentido y hubiere generado derechos subjetivos que se estén cumpliendo*[16], *solo se podrá impedir su subsistencia y la de los efectos aún pendientes mediante declaración judicial de nulidad"* (subrayas nuestras).

b) *El Régimen de Contrataciones de la Administración Nacional. Decreto delegado N.º 1023/01 (RCAN):* el artículo 36 de esta norma modifica el artículo 7°, *in fine*, de la LNPA y dispone la aplicación directa —y no analógica— del título III de la LNPA, a los contratos que realice el sector público nacional. El artículo 7° en su versión originaria, postulaba la aplicación analógica del referido Título III a los contratos que celebrara el Estado; por otra parte, como se observa, la nueva redacción amplía la aplicación del Título III a todos los contratos que celebre el sector público[17], lo que, por ejemplo, incluye los con-

[15] Este en su texto original expresaba: "El acto administrativo afectado de nulidad absoluta se considera irregular y debe ser revocado o sustituido por razones de ilegitimidad aun en sede administrativa. No obstante, *si el acto hubiere generado prestaciones que estuviere en vías de cumplimiento* solo se podrá impedir su subsistencia y la de los efectos aún pendientes mediante declaración judicial de nulidad" (subrayas nuestras).

[16] Este cambio normativo tiene impacto en el régimen de estabilidad del acto administrativo; en la redacción original, la locución "prestaciones" parecía acotar la estabilidad del acto irregular a los límites de la ejecutoriedad propia; es decir, si había prestaciones en vías de cumplimiento, verosímilmente regía la prohibición de ejercer fuerza sobre la persona y bienes del particular para realizar la restitución de los bienes al estado original previo al contrato nulo, con lo cual era menester recurrir al poder judicial. El sintagma "derechos subjetivos que se estén cumpliendo" es más amplio, se aparta del fundamento de los mencionados límites a la ejecutoriedad propia, e incurre en la impropiedad conceptual de presuponer que un acto nulo puede generar derechos; un acto nulo solo puede generar derechos putativos, aparentes (v. María José Rodríguez, "La aplicación de la LNPA a los contratos", en Héctor Pozzo Gowland, David Andrés Halperín, Oscar Aguilar Valdéz, Fernando Juan Lima y Armando Canosa, (dirs.), *Procedimiento administrativo. Aspectos generales del procedimiento administrativo*, t. II, págs. 89-130.

[17] El sector público nacional, según el art. 8 de la Ley N.º 24.156, comprende: a) administración nacional, integrada por la administración central y los organismos descentralizados, comprendiendo en estos últimos a las instituciones de seguridad social; b) empresas y sociedades del Estado que abarca a las empresas del Estado, las sociedades del Estado, las sociedades anónimas con participación estatal mayoritaria, las sociedades de economía mixta y todas

tratos celebrados por las manifestaciones empresariales de Estado referidas en el inciso b del artículo 8 de la Ley N.º 24.156, entre los otros entes allí mencionados.

c) *La Ley N.º 25.344:* entre las reformas que introdujo el artículo 12 de esta ley, procede destacar la correspondiente al artículo 31[18] que estableció el plazo de caducidad del artículo 25 de la Ley Nacional de Procedimientos Administrativos para demandar al Estado cuando se rechace el reclamo previo a través de un acto expreso. Si bien el texto generaba un margen de duda respecto de si resultaba aplicable el referido plazo de caducidad cuando se configuraba el silencio negativo en la vía del reclamo, la Corte en el caso "*Biosystem*"[19] (2014) resolvió que no correspondía aplicar el plazo de caducidad en tal supuesto, y que este solo resulta procedente en los supuestos en que el reclamo administrativo es rechazado en forma expresa por la administración.

2. La división de funciones del poder y la función administrativa como productora del acto administrativo

A) *Breve aproximación desde la jurisprudencia administrativa y la doctrina*

La Procuración del Tesoro de la Nación (PTN), máximo órgano asesor del Poder Ejecutivo Nacional en Argentina, ha remarcado la conveniencia

---

aquellas otras organizaciones empresariales donde el Estado nacional tenga participación mayoritaria en el capital o en la formación de las decisiones societarias; c) entes públicos excluidos expresamente de la administración nacional, que abarca a cualquier organización estatal no empresarial, con autarquía financiera, personalidad jurídica y patrimonio propio, donde el Estado nacional tenga el control mayoritario del patrimonio o de la formación de las decisiones, incluyendo aquellas entidades públicas no estatales donde el Estado nacional tenga el control de las decisiones; d) fondos fiduciarios integrados total o mayoritariamente con bienes o fondos del Estado nacional.

[18] Reza el art. 31, LNPA: "El pronunciamiento acerca del reclamo deberá efectuarse dentro de los noventa (90) días de formulado. Vencido ese plazo, el interesado requerirá pronto despacho y si transcurrieren otros cuarenta y cinco (45) días, podrá aquel iniciar la demanda, la que deberá ser interpuesta en los plazos perentorios y bajos los efectos previstos en el artículo 25, sin perjuicio de lo que fuere pertinente en materia de prescripción. El poder ejecutivo, a requerimiento del organismo interviniente, por razones de complejidad o emergencia pública, podrá ampliar fundadamente los plazos indicados, se encuentren o no en curso, hasta un máximo de ciento veinte (120) y sesenta (60) días respectivamente. La denegatoria expresa del reclamo no podrá ser recurrida en sede administrativa. Los jueces no podrán dar curso a las demandas mencionadas en los artículos 23, 24 y 30 sin comprobar de oficio en forma previa el cumplimiento de los recaudos establecidos en esos artículos y los plazos previstos en el artículo 25 y en el presente".

[19] CSJN, 11-2-2014, "Biosystems S. A. c/ EN – M. Salud – Hospital Posadas s/ contrato administrativo".

de efectuar un abordaje dinámico del principio de división de funciones del poder[20]. Ha señalado en tal sentido:

"Una visión sistémica debe [...] concebir la noción en forma abierta y dinámica, tomando en cuenta el complejo haz de conexiones entre las distintas funciones, que deben pasar a considerarse en forma interdependiente e interrelacionada, superando la compartimentación propia de la elaboración primigenia. [...] entre los distintos órganos (poderes) se generan no solo relaciones de control, como en el modelo tradicional, sino también de colaboración y coordinación, lo que comporta un modo distinto de entender el equilibrio de poderes.

"Se trata de una distribución del poder más que de una división, un reparto de su ejercicio que lleva a la fragmentación de las funciones estatales, según el tipo de actividad. El principio de división de poderes debe adaptarse a la evolución sistémica del derecho público: *cada poder posee un núcleo competencial constitucionalmente asignado y un círculo de competencias periféricas. Estas últimas pueden ser asumidas por cualquiera de los otros dos órganos, en forma complementaria o extraordinaria, mientras que las primeras solo pueden ejercerse con carácter excepcional y temporal*" (cursivas del autor).

Explicitado el marco teórico actual desde el cual el aludido principio de división de funciones del poder debe ser aprehendido, CASSAGNE expresa, en relación al criterio material u objetivo de la función administrativa por el que opta, que las posturas que lo suscriben tienen en común el reconocimiento de actividad materialmente administrativa, no solo en el poder ejecutivo sino también en los órganos legislativo y judicial. Las notas que caracterizan a la administración y permiten diferenciarla de la legislación y de la función judicial son su carácter concreto, la inmediatez y la continuidad[21].

MARIENHOFF, mencionado por CASSAGNE entre los suscriptores de este criterio, entiende por función administrativa, la actividad permanente, concreta y práctica del Estado que tiende a la satisfacción inmediata de las necesidades del grupo social y de los individuos que lo integran[22].

Para COMADIRA, quien aplica un criterio positivo mixto, que compulsa los elementos teleológicos, subjetivos, formales y materiales, la función administrativa es aquella por la cual el Estado satisface el bien común con inmediatez, en forma directa, al concretar los mandatos legislativos, judiciales o directamente constitucionales a través de una estructura orgánica caracterizada por la rela-

[20] V. Dictamen PTN IF-2019-58211732-APN-PTN, 28-6-2019.

[21] JUAN CARLOS CASSAGNE, *Curso de derecho administrativo,* t. I, Buenos Aires, La Ley, 2016, pág. 37.

[22] JUAN CARLOS CASSAGNE, ob. cit., nota anterior, págs. 37 a 38.

ción de jerarquía, estricta o atenuada que actúa con arreglo a un procedimiento dirigido a garantizar la legalidad y eficacia del accionar administrativo[23].

El régimen jurídico de la función administrativa se impone en el ordenamiento argentino a la mayor parte de la actividad cumplida por el poder ejecutivo y a la mayor parte de la actividad de los otros poderes que en cada caso, no asuman condición legislativa o jurisdiccional. Excluye COMADIRA de la función administrativa, a la que implica el dictado de los actos institucionales o de objeto privado[24].

BARRA entiende por función administrativa la atribución de competencia otorgada por la norma constitucional a cada uno de los tres órganos supremos del Estado para que realicen sus actividades jurígenas sobre materias determinadas y preponderantemente conforme a un procedimiento típico y preestablecido; y por actividad, la relación de la expresión de la voluntad estatal con la norma jurídica, ya sea que le dé nacimiento, la aplique a situaciones particulares y concretas o resuelva conforme a ella los conflictos intersubjetivos[25].

B) *El artículo 1° de la Ley Nacional de Procedimientos Administrativos y el criterio de función administrativa que recepta. Nuestra opinión*

Reza el artículo 1° de la Ley: "Las normas del procedimiento que se aplicará ante la administración pública nacional, centralizada y descentralizada, inclusive entes autárquicos, con excepción de los organismos militares y de defensa y seguridad, se ajustarán a las propias de la presente ley y a los siguientes requisitos:".

Por su parte, el artículo 8° del Decreto N.° 1447 de 2007 reglamentario de la Ley N.° 24.156, de Administración Financiera y de los sistemas de control del sector público nacional, al explicar los diferentes componentes del sector público, considera "incluidos en la administración central el poder ejecutivo nacional, el poder legislativo y el poder judicial".

La reglamentación traída reconoce, a nuestro juicio, que existe administración en los tres denominados poderes[26] con lo cual el marco de predicación

[23] JULIO R. COMADIRA, *Curso de derecho administrativo*, t. I, Buenos Aires, Abeledo Perrot, 2012, págs. 3 y ss.

[24] JULIO R. COMADIRA, *idem*.

[25] RODOLFO C. BARRA, *"La potestad reglamentaria en la administración pública"*, http://www.rodolfobarra.com.ar/wp-content/uploads/2011/11/La-potestad-reglamentaria-en-la-Administracion-Publica.pdf) [página web visitada 3-8-2021].

[26] No se nos escapa que el "sector público nacional" descrito en el art. 8° de la Ley N.° 24.156, es una categorización presupuestaria y no jurídico orgánica (v. MIRIAM M. IVANEGA, *Mecanismos de control público y argumentos de responsabilidad*, Buenos Aires, Edit. Ábaco, 2003, pág. 31); no obstante, entendemos que la conceptualización financiera que formula esta

de la Ley Nacional de Procedimientos Administrativos (art. 1°) puede bien reputarse como regulatorio de la actividad administrativa, entendida esta como la actividad permanente, concreta y práctica del Estado que tiende a la satisfacción inmediata de las necesidades del grupo social y de los individuos que lo integran, que realicen los mencionados tres poderes, que, en puridad, son en nuestro régimen, funciones del Estado.

La formulación del artículo 1° de la Ley, si bien en apariencia, parece adscribir a pautas subjetivas[27], lo cierto es que pivota en el criterio material de la función administrativa, el que, por cierto, determinará el régimen aplicable como consecuencia. De consiguiente, consideramos que el artículo 1° de la Ley Nacional de Procedimientos Administrativos rectamente entendido con el artículo 8° del aludido decreto, confirma la recepción de un criterio material de función administrativa. El régimen jurídico positivo será consecuencia del criterio material aplicado del que surja si se trata de función administrativa, legislativa o jurisdiccional; el régimen aplicable no puede ser constitutivo de la definición sino posterior a esta.

3. El concepto de acto administrativo en la dogmática nacional. Diferencias entre el acto y otras formas de actividad administrativa

A) *El acto administrativo*

Afirmado el acto administrativo como producto exclusivo de la función o actividad administrativa, según el criterio por el que se opte, los autores

---

norma y su reglamentación, trasunta la idea de que existe "administración", función administrativa en los tres órganos del Estado. Nótese, de otra parte, que el art. 7° *in fine*, LNPA, al disponer el ámbito subjetivo de aplicación directa de su título III, relativo al núcleo duro de la regulación del acto administrativo, cuando fuere pertinente, remite "a las jurisdicciones y entidades comprendidas en el sector público nacional".

[27] Expresa Halperín: "La Ley (dec.) 19.549 establece en su art. 1° un criterio orgánico o subjetivo, ya que su ámbito de aplicación solo alcanza al órgano administrativo, sin regular directamente la función administrativa que pueden desarrollar los órganos legislativo y judicial". (David Halperín, "Comentario al artículo 1°, LNPA", en Héctor Pozzo Gowland, David Andrés Halperín, Oscar Aguilar Valdéz, Fernando Juan Lima y Armando Canosa (dirs.), *Procedimiento administrativo,* t. III, Buenos Aires, La Ley, 2012, págs. 30 a 31). En contraposición, Cassagne considera que la función administrativa en sentido objetivo constituye el eje doctrinario del sistema; manifiesta: "Es sabido que la fuente doctrinaria de la LNPA concibe al acto administrativo como el producto de la función administrativa en sentido material u objetivo. Tal es el eje doctrinario del sistema que, sin embargo, no surge del ámbito de aplicación enunciado en el art. 1.° de la ley, el cual solo indica los órganos y entes a los cuales se aplica la LNPA; sin formular proposición normativa alguna acerca de la definición del acto administrativo". (Juan C. Cassagne, "A cuarenta años...", en Héctor Pozzo Gowland, David Andrés Halperín, Oscar Aguilar Valdéz, Fernando Juan Lima y Armando Canosa (dirs.), *Procedimiento administrativo,* t. I, Buenos Aires, La Ley, 2012, pág. 10).

proporcionan diversas definiciones de acto administrativo, con relativas modulaciones sobre su alcance.

Para Cassagne, acto administrativo es toda declaración proveniente de un órgano estatal emitida en ejercicio de la función materialmente administrativa y caracterizada por un régimen administrativo, propio y típico del derecho público, que genera efectos jurídicos individuales directos con relación a los administrados destinatarios del acto[28].

Este autor considera que los contratos son actos administrativos bilaterales y que los reglamentos califican como función materialmente legislativa[29].

Para Comadira, en el marco dogmático de la Ley Nacional de Procedimientos Administrativos, el acto administrativo es una declaración emitida por un órgano estatal o un ente público no estatal en ejercicio de la función administrativa, bajo un régimen jurídico exorbitante, productora de efectos jurídicos directos e individuales respecto de terceros[30].

Según su opinión, la Ley Nacional de Procedimientos Administrativos parece acoger una noción amplia de acto administrativo, comprendiendo en su ámbito y sin perjuicio de las diferencias de régimen jurídico que cada especie pueda asumir, no solo a los actos administrativos unilaterales, sino también a los unilaterales generales y a los bilaterales; no obstante, Comadira considera que los actos de alcance general no pueden ser considerados desde el punto de vista estricto de su régimen jurídico, actos administrativos.

En cuanto a si los contratos administrativos constituyen o no una especie de los actos administrativos, señala que estos se consideran regulados salvo

[28] Juan Carlos Cassagne, *Curso de derecho administrativo*, tomo i, 11ª ed. actualizada, Buenos Aires, 2016, pág. 595.

[29] Juan Carlos Cassagne, ídem.

[30] Julio R. Comadira., *"El acto administrativo"*, cap. VIII, en *Curso de derecho administrativo*, tomo I, Julio R. Comadira, Héctor Jorge Escola, Julio Pablo Comadira (coord., colaborador y actualizador), Buenos Aires, Abeledo Perrot, 2012, págs. 385 y ss. Respecto de los entes públicos no estatales en ejercicio de la función administrativa, un reciente dictamen de la Procuración General de la Nación de la Corte Suprema de Justicia de la Nación ha expresado con cita de jurisprudencia del Tribunal Cimero (Fallos: 312:234; 329:4652; 330:4024), que el carácter de ente público no estatal del PAMI (INSSJ) impide considerar a las decisiones de sus órganos como actos administrativos, "[...]máxime cuando —como en el caso— se refieren a vínculos contractuales con particulares" (v. dictamen PGN, 10-3-2021, recaído en los autos "Instituto Nacional de Servicios Sociales para Jubilados y Pensionados c/ Red Hat, Arg. S. A. s/ incidente de competencia", CSJN, 26 de agosto de 2021. Esta jurisprudencia se encontraría en relativa contradicción con la vertida por el mismo Tribunal Supremo *in re* "Colegio Público de Abogados de la Capital Federal c/ Martínez Echenique", Fallos 315:1830 y más recientemente, en "Mihura Estrada, Ricardo c/ Colegio Público de Abogados de la Capital Federal s/ amparo ley 16.986", CSJN, 18-3-2021, precedentes en los que se afirma la aplicación de la Ley Nacional de Procedimientos Administrativos N.º 19.549 al ente público no estatal, en mérito a sus cometidos administrativos.

en cuestiones muy concretas, como la extinción contractual, por la misma normativa aplicable a los actos; remarca en tal sentido que el Decreto N.° 1023de 2001 ha determinado la aplicación directa del título III de la Ley Nacional de Procedimientos Administrativos a estos, con lo cual los contratos se regulan por la misma normativa de los actos[31].

Respecto de la inclusión de los actos generales en el concepto de acto administrativo, resalta que la ley y su reglamentación en diversas disposiciones se refieren a ellos, comprendiéndolos en la noción (v. arts. 11, 24 y 25 de la ley; v. reglamento, arts. 73, 75, 83 y 103)[32].

B) *Nuestra opinión*

Tal como hemos adelantado al inicio de este trabajo, el acto administrativo es el medio de expresión por antonomasia de la función administrativa y singularmente del poder ejecutivo. Debe reflejar la perfecta síntesis de la voluntad administrativa, imputable al órgano, articulada con el principio de juridicidad, es decir, se trata de una expresión de lo que prescribe el orden jurídico objetivo singularizado en una situación determinada en la que interviene un órgano de la administración (entendida esta en sentido amplio, referida a las tres funciones). Lo que el acto decide, certifica[33] u opina en orden a la consecución directa del bien común debe ser el reflejo de la subsunción de esa voluntad administrativa en el ordenamiento objetivo. Y como tal, el acto administrativo refleja la estructura dual del régimen exorbitante del derecho administrativo, integrado por la ecuación "potestades de la administración" y "las garantías de los particulares administrados"[34].

En cuanto a su alcance, la noción debe incluir a nuestro juicio, todo el instrumental necesario para una tarea continua, directa, espontánea, que no admite dilación, ni *hiatus* institucionales; de consiguiente, alberga tanto a los contratos administrativos como a los actos de alcance general, normativos o no; sometida, por cierto, al debido control judicial; resultando su régimen de

[31] Julio R. Comadira, *Curso...*, t. i, pág. 392.

[32] Julio R. Comadira, *Curso...*, t. i, pág. 391.

[33] V. Dictámenes PTN 303:448; en este asesoramiento se exhiben las fronteras, a veces imprecisas, que el acto administrativo de constatación puede presentar con respecto a los informes previos o actos preparatorios.

[34] Tanto las prerrogativas de la administración como las garantías de los particulares administrados son de índole sustancial y procesal (v. Julio R. Comadira, *Curso...*, t. i, pág. 389). Esta ecuación potestades vs. garantías, se trasunta también en lo que se puede concebir como la esencia de una ley de procedimientos administrativos: la regulación de los derechos de la ciudadanía en las relaciones con la administración pública sobre la base del respeto de la dignidad de la persona (v. Ricardo Rivero Ortega, "La codificación del procedimiento administrativo...", pág. 291, supra citado).

aplicación analógica, previo juicio de compatibilidad, a los llamados actos institucionales[35]. Esta atalaya es la que permite a nuestro juicio, dotar al poder ejecutivo de las herramientas necesarias para acometer sus funciones, pero al propio tiempo, contener la fuerza expansiva natural de sus incumbencias —de fuerte gravitación en el modelo constitucional argentino—, en tanto lo somete, salvo el caso relativo al dictado de los mencionados actos institucionales, al control judicial.

C) *Los actos administrativos "ersatz" (sucedáneos, sustitutivos o de reemplazo)*[36] *en el marco del rol del particular como colaborador de la administración*

El derecho administrativo ha visualizado desde siempre al particular como colaborador de la administración[37], esto es, no en una relación agonal o de contradicción sino cooperativa, coherente con la idea de que el bien común no es una tarea a cargo exclusivo del Estado sino una tarea en la cual se requiere la participación de los particulares conforme el principio de subsidiariedad[38].

Esta actividad de colaboración de los particulares ha asumido diferentes grados e intensidades según las materias y épocas. Podría decirse que en el contexto del denominado modelo autorregulatorio o Estado garante que

[35] Estos actos en puridad se emiten en ejercicio de la función de conducción o dirección superior del Estado y en tanto no afecten derechos de los particulares (v. gr. la declaración de estado de sitio, la declaración de guerra), constituyen, tal como lo indica Cassagne, "cuestiones constitucionales no judiciables".

[36] Utilizamos este término de origen alemán (*ersatz*), en el sentido de "sustituto", inspirados en los desarrollos doctrinarios efectuados en materia de derecho tributario sustantivo, relativos al "*hecho imponible ersatz*" (corolario de la aplicación del principio de realidad económica), por el profesor por Dino Jarach (v. Dino Jarach, *El hecho imponible,* Buenos Aires, Abeledo Perrot, 1996, pág. 144).

[37] Tal como expresa Tawil, "La idea del enfrentamiento entre la administración y los administrados debe ser erradicada. Forma parte de la esencia misma del procedimiento administrativo que la decisión emanada del órgano estatal no sea consecuencia de una disputa entre ellos sino, por el contrario, fruto de una conjunción de esfuerzos, una interacción imprescindible entre el particular y la administración destinada a obtener un resultado justo y provechoso para el individuo y la comunidad en su conjunto". Destaca Tawil que así parece haberlo entendido la Corte Suprema *in re* "Graciela Durusse de Fernández, *c/. Provincia de Santa Fe*", Fallos 308:633, entre otros (v. Guido Tawil, "Sobre el futuro del procedimiento administrativo", en Héctor Pozzo Gowland, David Andrés Halperín, Oscar Aguilar Valdéz, Fernando Juan Lima y Armando Canosa (dirs.), *Procedimiento administrativo,* t. ii, La Ley; Buenos Aires, 2012, pág. 13).

[38] Como enseña Messner, el fin de la sociedad, esto es, el bien común, es la ayuda que todos necesitan para el cumplimiento responsable de las tareas vitales fundadas en los fines existenciales. Esta ayuda se hace posible por la unión de todos los miembros de la sociedad, y es al mismo tiempo necesitada por todos (v. Messner, ob. cit., pág. 199).

tiende a difundirse en todas las latitudes, esta participación o colaboración se acrecienta, tal como se verá *infra*, con el instituto de la "declaración responsable" fenómeno que guarda alguna similitud, en cuanto a suplantación de la actividad de la administración, con la autodeterminación del tributo que existe como regla en nuestro país[39].

De consiguiente cuadra interrogarse, si estos actos que nosotros denominamos "*ersatz*"[40] configuran virtuales actos administrativos; en caso afirmativo, cómo impacta esta mayor participación de los particulares en la gestión administrativa casi de virtual reemplazo de la administración, en la teoría del acto administrativo; ¿puede predicarse de ellos la presunción de legitimidad y ejecutoriedad del acto?, ¿pueden ser revocados o anulados por la administración o simplemente, dejados sin efecto?

En este contexto, examinaremos cuatro supuestos cuya condición de acto administrativo podría resultar plausible:

a) *El supuesto de los actos dictados por el concesionario por delegación: el caso "Davaro"*[41]. En los autos *"Davaro c/ Telecom*", en oportunidad de analizar la naturaleza de un contrato celebrado entre una empresa privada prestadora del servicio de telefonía pública y un usuario en el marco de un conflicto de competencia, la Corte Suprema puso de resalto que al no aparecer cuestionados actos emanados de la administración nacional o de entes públicos estatales, el proceso judicial iniciado no podía considerarse comprendido dentro de las causas contencioso administrativas.

En base a ello, entendió que la cuestión examinada versaba sobre relaciones jurídicas entre particulares, que los actos dictados por el concesionario no revestían el carácter de administrativos y decidió que en las actuaciones debía conocer la justicia nacional en lo civil y comercial federal[42].

Cabe tener presente que en "*Davaro",* los jueces Fayt y Barra, en su voto en disidencia, sostuvieron que la privatización del servicio de telefonía importaba

[39] V. art. 11, Ley N.° 11.683, de Procedimiento Tributario (LNPT).

[40] Hemos acudido a esta denominación inspirados en el hecho imponible *"ersatz"*, que perfiló Dino Jarach, en el campo del derecho tributario administrativo a partir de la aplicación del principio de realidad económica.

[41] CSJN, 18-3-2021,-9-92, "Davaro Saúl c/Telecom S.A: s/ juicio de conocimiento", Fallos 315:1883.

[42] Esta decisión de la Corte podría exhibir un quiebre lógico frente a lo decidido en Fallos 315:1830, 1-9-92, *in re* "Colegio Público de Abogados de la Capital Federal c. Martínez Echenique", Fallos 315:1830, y más recientemente, en "Mihura Estrada, Ricardo c/ Colegio Público de Abogados de la Capital Federal s/ amparo ley 16.986", CSJN, 18-3-2021, *supra* mencionados en tanto en estos precedentes, el Máximo Tribunal admitió el ejercicio privado de función administrativa, si bien con referencia a un ente público no estatal, es decir, respecto de un ente al que la ley otorga prerrogativas públicas.

la transferencia, desde el sector público al privado, del ejercicio de la competencia que la administración tiene respecto de esa actividad[43] y que la relación definitoria del régimen aplicable era la que vinculaba a la administración (delegante) con el usuario a través del delegado[44].

b) *Los contratos administrativos celebrados por particulares por delegación del Estado: el caso "Schirato"*[45]. La posibilidad de considerar que los particulares pueden celebrar contratos administrativos actuando por delegación de la Administración tuvo efímero reconocimiento por la Corte Suprema de Justicia de la Nación en el caso "Schirato".

En este, la Corte sostuvo que si bien el contrato de obra pública se había formalizado entre la asociación cooperadora y el actor, la cooperadora había gestionado intereses ajenos, recayendo el objeto del convenio sobre la mejora de un bien público, posibilitada por el aporte emanado de una manera preponderante del Tesoro Nacional.

De consiguiente, el contrato suscrito entre la cooperadora escolar y el señor Schirato, dos personas privadas, era un contrato administrativo[46].

c) *La autodeterminación del tributo por parte de los particulares contribuyentes y responsables por deuda ajena.* La Ley N.º 11.683 de Procedimientos Fiscales pone a cargo de los responsables tributarios, la autodeterminación del tributo a través de declaraciones juradas, es decir, es el responsable del tributo, por deuda propia (contribuyente) o por deuda ajena, quien debe subsumir su

[43] Esta hermenéutica resultaría acorde por ejemplo con la economía general del Decreto N.º 1446 de 1990 (actualmente derogado) que contemplaba la posibilidad de recurrir los actos del concesionario a través del recurso jerárquico.

[44] Para Barra, la relación entablada entre ambos sujetos privados se inscribía en la figura de la "delegación transestructural de cometidos" (v. Rodolfo C. Barra., "Los sujetos auxiliares de la administración en el contrato de obra pública", La Ley, 1982-D, 356). En esta, el ente privado toma el lugar del sujeto público en la relación jurídica administrativa, lugar que este último hubiera ocupado de no mediar la apuntada delegación transestructural. Este criterio parece haber sido también refutado nuevamente por la Corte Suprema en "Petroplus", en el año 2007, donde se resalta la necesidad del elemento subjetivo estatal para la configuración del contrato administrativo.

[45] CSJN,15-4-82, "Schirato, Gino c./ Nación Argentina", Fallos 304:490. La posibilidad de que un particular emita actos administrativos contractuales fue abandonada por el Tribunal Cimero en el mencionado caso "Davaro", de 1992.

[46] La Corte se apartó de la jurisprudencia sentada en "Schirato" en el caso "Davaro", luego, en la línea "Dulcamara" (Fallos 313:376) y "Cinplast" (Fallos 316:212); en 2007, en el caso "Pluspetrol" (Fallos 330:2286) enfatizó la exigencia de que una de las personas sea una manifestación estatal para que exista contrato administrativo. Es del caso señalar que la Suprema Corte de la Provincia de Buenos Aires, no adscribe a esta formulación en tanto admite que los particulares pueden realizar actividad administrativa (v. SCBA, 8-7-2008, causa A. 69.021, "Utilducto S. A. c./ Aguas Bonaerenses S. A. Pretensión anulatoria").

contabilidad en la norma objetiva tributaria y "autoliquidar" el tributo[47]; la determinación de oficio, verdadero acto administrativo solo procederá en el marco de las funciones de fiscalización y verificación, en los supuestos en que no se hayan presentado declaraciones juradas o si estas presentaran inconsistencias.

d) *El caso de la declaración responsable y la comunicación previa.* Similar caso al de las declaraciones juradas de autodeterminación del tributo en materia tributaria (derecho tributario administrativo o formal) se verifica con la denominada declaración responsable y comunicación previa, propia del actual fenómeno de la autorregulación regulada[48].

Si bien este instituto no ha tenido por ahora recepción en la cultura jurídica nacional, lo cierto es que, en el marco de la globalización imperante, cabe vaticinar su posible e incluso, inminente acogida. Cuadra tener presente que esta declaración tiene amplia utilización en el derecho europeo que ha exhibido una marcada desconfianza sobre la autorización y ha optado en favor de la libertad de establecimiento de los prestadores de servicios.

Por declaración responsable se entiende el documento suscrito por un interesado en el que manifiesta, bajo su responsabilidad, que cumple con los requisitos establecidos en la normativa vigente para acceder al reconocimiento de un derecho o facultad o para su ejercicio.

La comunicación previa es aquel documento mediante el que los interesados ponen en conocimiento de la administración competente sus datos identificativos y demás requisitos exigibles para el ejercicio de un derecho o el inicio de una actividad establecidos para formular solicitudes.

Las declaraciones responsables y las comunicaciones previas permiten, con carácter general, el reconocimiento o ejercicio de un derecho o bien el inicio de una actividad, desde el día de su presentación, sin perjuicio de las facultades de comprobación, control e inspección que tengan atribuida la administración pública.

e) *Nuestra opinión.* Procede interrogarse si en estos casos que hemos denominado actos administrativos *"ersatz"* (actos emitidos por el concesionario;

[47] V. art. 11, Ley N.° 11.683 (LPT). La autodeterminación del tributo ocupa, mientras no sea impugnada por la administración fiscal, el lugar de un virtual acto administrativo. Nótese que en el fallo "Centauro S.A. c/ Buenos Aires, Provincia de s/ acción declarativa", la CSJN sostiene, a nuestro juicio con error, que la percepción del tributo es un acto administrativo (v. CSJN, 19-12-95, Fallos 318:2551); en puridad, el acto administrativo genuino es el acto determinativo o determinación de oficio (v. arts. 16 y 17 LPT), que la autodeterminación suplanta de modo condicional, esto es, en tanto y en cuanto, la administración no cuestione esa autodeterminación. La percepción del tributo es un acto material que realiza la administración, no una declaración intelectiva.

[48] V. Directiva 2006/123/CE del Parlamento Europeo y del Consejo, 12 de diciembre de 2006.

celebración de contratos administrativos por un particular que actúa por delegación de la administración; autodeterminación del tributo según lo prescrito por el artículo 11 de la LPT y la declaración responsable que sustituye al acto de autorización, rigen los caracteres del acto administrativo, es decir la presunción de legitimidad y la ejecutoriedad, y cómo se dejan sin efecto los mencionados actos, en el caso de que no se ajusten a la juridicidad.

Teniendo en cuenta que la Corte Suprema de Justicia de la Nación, a partir del caso "Pluspetrol", refuerza la exigencia de una manifestación estatal para que exista contrato administrativo[49], los supuestos de actos administrativos *ersatz* referenciados en los apartados a) y b) *supra*, carecerían, en el estado actual de la jurisprudencia nacional, de respaldo[50]; de consiguiente, nos referiremos a las hipótesis de casos *ersatz* perfilados en los apartados c) y d). Al efecto, entendemos que el supuesto de ejercicio de funciones administrativas por los particulares en estos casos de actos administrativos "sucedáneos" o de "reemplazo", configura un supuesto de acto jurídico "provisorio" de colaboración con la administración cuya validez resulta sujeta a la condición resolutoria de que la administración cuestione esa declaración.

Así, puntualmente, en el caso de la autodeterminación tributaria impugnada por la administración, esta al detectar irregularidades o inconsistencias, procederá a la determinación de oficio del tributo, y el acto administrativo "genuino" será el emitido por la administración, que retrotraerá su vigencia a partir de la fecha en que se hubieran verificado los diferentes hechos imponibles autodeterminados en una primera instancia por el contribuyente o responsable por deuda ajena.

En el caso de la declaración responsable, desprovisto quien desarrolla la actividad de todo título legitimante, deberá cesar en su ejercicio desde el momento en que se tenga constancia de tales hechos, sin perjuicio de las responsabilidades penales, civiles o administrativas a que hubiera lugar.

D) *Otras clasificaciones de los actos administrativos posibles*

a) *Según el sector de referencia del que sean expresión.* Con la relatividad que implica toda clasificación, advertimos que todo acto refleja la sustancia o principios que enmarcan al procedimiento del que emanan, el que a su turno

[49] La CSJN *in re* "Pluspetrol" en 2007 (Fallos 330:2286), sigue la línea trazada en sus precedentes "Dulcamara" (CSJN, 1990), y "Cinplast" (CSJN, 1993) y refuerza la exigencia del elemento subjetivo estatal para que se verifique un contrato administrativo

[50] La jurisprudencia nacional que exige el elemento subjetivo estatal en la contratación administrativa no es seguida por la Suprema Corte de Buenos Aires, v. "Utilducto". En cuanto a la posibilidad de la emisión de actos administrativos por parte de particulares, según indica Gauna, esta fue reconocida por el Consejo de Estado francés en numerosos precedentes (v. Juan Octavio Gauna, "Ejercicio privado de funciones públicas", La Ley, 1990-D, 1205).

refleja los principios específicos del sector de referencia[51] al que pertenece; de consiguiente consideramos que puede ensayarse una categorización plausible según el procedimiento del que son resultante.

De acuerdo con este criterio, entendemos que los actos administrativos podrían ser clasificados, sin pretensión de taxatividad, en: a) actos administrativos contractuales; b) actos administrativos tributarios; c) actos administrativos sancionadores; d) actos administrativos de fomento; e) actos administrativos del derecho social; f) actos de autorización; etc.

No se nos escapa que la estructura y requisitos de validez generales del acto serán transversales a todas las tipologías de acto, es decir comunes; pero lo cierto que el acto en su contenido, en su objeto, reflejará los aspectos propios del procedimiento seguido según la subrama del derecho administrativo de que se trate, esto es, según lo que los profesores Libardo Rodríguez Rodríguez y Eberhard Schmidt-Assmann denominan "sector de referencia".

La influencia de los principios propios del sector de referencia en el que se enmarca el procedimiento especial sustentaría modulaciones en diversos aspectos procedimentales vinculados con el acto; como acontece por ejemplo cuando se trata de ponderar la inalterabilidad del acto en sede administrativa en materia de derechos sociales o que hacen al mínimo existencial indisponible[52].

b) *Según resulten expresión de actividad reglada o discrecional.* Según el grado de libertad decisoria que las normas reconozcan a la administración, los actos han sido tradicionalmente clasificados como discrecionales y reglados.

Tal como se desprende de la jurisprudencia administrativa y judicial, la clásica distinción entre actos reglados y discrecionales, como bloques contrapuestos, no es aceptada en el estado actual de la evolución del derecho; lo que existe son mayores o menores dosis de discrecionalidad[53].

En ese marco, la Procuración del Tesoro reconoce contados supuestos en los cuales la actividad de la administración aparece perfectamente reglada[54].

[51] En lo atinente a qué debe entenderse por sector de referencia a los desarrollos doctrinarios de Libardo Rodríguez Rodríguez, *Marco conceptual de las actividades administrativas con dimensión social*, publicado en CIJur, 30-9-2019, https://cijur.mpba.gov.ar/doctrina/14864, pág. 2; y de Eberhard Schmidt-Assmann, *La teoría general del derecho administrativo como sistema,* Madrid, Marcial Pons, 2003, págs. 1-12, ya citados.

[52] María José Rodríguez, "Hacia un derecho administrativo que modula sus respuestas según la naturaleza del derecho fundamental implicado y preserva con acciones positivas el mínimo existencial indisponible". Comentario al fallo de la SCBA, causa B 74.696.

[53] CSJN, *in re* "Consejo de Presidencia de la Delegación Bahía Blanca de la Asamblea Permanente por los Derechos Humanos", Fallos, 315: 1361, citado en Dictamen PTN núm. IF 2020-28204159- APN-PTN, del 27-4-2020.

[54] Ello ocurre cuando la ley regula una situación determinada en términos tales que no se reconoce a la administración ningún margen de libertad decisoria, dado que la norma que debe ser ejecutada, ha prefigurado anticipadamente con rigor y objetividad absolutos,

E) *Caracteres del acto administrativo: legitimidad y ejecutoriedad*

Un importante aspecto del régimen exorbitante que constituye la impronta del derecho administrativo es la presunción de legitimidad del acto administrativo; esta reposa sobre un fundamento de utilidad social y jurídica, o de bien común[55]. De alguna manera, así lo expresaba JOSEPH DE MAISTRE, hace ya más de doscientos años, al referirse a las premisas que sustentarían a la presunción de legitimidad de los actos estatales en sentido amplio, cuando formulaba su teoría de la infalibilidad del poder de jurisdicción estatal[56].

Sin perjuicio de admitir que la presunción de legitimidad del acto administrativo y su consiguiente ejecutoriedad responden a una necesidad social y jurídica, entendemos que la aludida presunción, hoy, en el estado actual de evolución de la conciencia jurídica, no puede ni debe ser "un artículo de fe", sino que, ineludiblemente, debe sustentarse en el control previo de legalidad que debe preceder al dictado del acto.

La ejecutoriedad del acto, corolario de la mencionada presunción de legitimidad, halla su fundamento en el artículo 99, inciso 1°, de la Constitución y permite que la administración implemente el contenido de sus decisiones sin auxilio del poder judicial, salvo en los casos en que sea necesario el empleo de la fuerza sobre las personas o su propiedad. Al constituir un carácter del acto administrativo según lo dispone el artículo 12 de la Ley Nacional de Procedimientos Administrativos, la suspensión de la ejecutoriedad debe disponerse con carácter excepcional[57].

---

los presupuestos requeridos para emitir el acto y el contenido que este, obligatoriamente, habrá de tener una vez producida la hipótesis legalmente prevista; v. Dictamen PTN IF 2020-28204159- APN-PTN, del 27-4-2020.

[55] Para JUAN CARLOS CASSAGNE, la presunción de legitimidad deriva del principio o regla de interpretación constitucional que consagra la presunción de validez de los actos estatales (v. JUAN CARLOS CASSAGNE, "A cuarenta años...", en HÉCTOR POZZO GOWLAND, DAVID ANDRÉS HALPERÍN, OSCAR AGUILAR VALDÉZ, FERNANDO JUAN LIMA y ARMANDO CANOSA (dirs.), *Procedimiento administrativo,* t. I, Buenos Aires, La Ley, 2012, págs. 16 a 17).

[56] Expresaba DE MAISTRE: "No puede haber una sociedad humana sin gobierno, ni un gobierno sin soberanía, ni una soberanía sin infalibilidad; y esta es tan absolutamente necesaria, que es imprescindible atribuir una infalibilidad incluso a la soberanía temporal, en la que de hecho no se da, porque de lo contrario, sería inevitable la disolución de la sociedad" (v. JOSEPH DE MAISTRE, en *Du Pape*, libro I, cap. XIX; cit. por MESSNER, en ob. cit., págs. 869 a 870). Advierte MESSNER que la realización en concreto del bien común está encomendada a la voluntad humana que debe especificar los principios que dimanan del derecho natural; la autoridad debe dirimir entre los diversos fines en juego e incluso sobre los medios que debe escoger. Una de las funciones más importantes de la autoridad humana es tomar en estos casos decisiones definitivas y obligatorias para toda la comunidad: surge así el poder de decisión con su vinculatoriedad jurídica respecto de todos los miembros del Estado.

[57] V. Dictámenes PTN 85:98; 88:157; 118:328; 137:145 y 237:195.

F) *Otras formas de la actividad administrativa: servicio público, fomento, poder y actividad de policía*

Si bien como expresa Barra el acto administrativo es el modo ordinario de expresión de la administración pública[58], existen otras formas en que la actividad administrativa se manifiesta; estas son el servicio público, el fomento y la actividad de policía.

Estas actividades que dentro de lo jurídicamente opinable podrían ser denominadas "sustantivas", en puridad revisten el carácter de técnicas operativas que utiliza la administración para lograr sus fines, por lo que resultan intercambiables en función de las exigencias del interés público, rectamente inteligido según el principio de *subsidiariedad.* Desde otra perspectiva, la actividad de policía, el servicio público y el fomento siempre requerirán de actos administrativos que concreticen el marco legal habilitante de la actuación administrativa.

Una interesante conceptualización tanto de las actividades prestacionales como de las de fomento, realiza el jurista Libardo Rodríguez Rodríguez, que las enmarca en la categorización más amplia que ensaya de "actividades administrativas con dimensión social" a las que considera como una subrama del derecho administrativo, el derecho administrativo social[59].

Como principios que informan a la actividad del fomento, desde el análisis de la jurisprudencia administrativa de la Procuración del Tesoro de la Nación, hace unos años destacamos los siguientes: la prioridad del fomento en la interpretación de las normas implicadas; la autonomía calificadora promocional; la interpretación dinámica (ajustada al principio de realidad económica); la flexibilidad de los proyectos; la intercambiabilidad de los medios; los privados como destinatarios del fomento[60]; el carácter subsidiario del fomento; el otorgamiento del fomento solo a proyectos futuros; la temporabilidad, uniformidad y moderación de los beneficios; la no afectación de la industria instalada; la discrecionalidad administrativa en su otorgamiento y control[61].

[58] Rodolfo C. Barra, *Los actos administrativos contractuales. Teoría del acto coligado,* Buenos Aires, Editorial Ábaco de Rodolfo Depalma, 1989, págs. 91 a 95.

[59] Libardo Rodríguez Rodríguez, ob. cit., pág. 4.

[60] Para Cassagne, esta técnica podría extenderse a las personas estatales, ya fuere que tengan condición jurídica pública o privada; en contra, v. dictámenes 178:195, donde la Procuración del Tesoro de la Nación ha afirmado, si bien con relación a un régimen de fomento específico, que las medidas de estímulo se dirigen al sector privado.

[61] María José Rodríguez, "El fomento como forma de la intervención administrativa: la promoción industrial en la jurisprudencia de la Procuración del Tesoro de la Nación", en Servicio público, policía y fomento, Ediciones RAP, Jornadas de la Facultad de Derecho de la Universidad Austral, 2004, pág. 679.

4. Clases de actos. Análisis de la figura del acto político

A) *Clases de actos*

Según la clasificación que efectúa la Ley Nacional de Procedimientos Administrativos, los actos administrativos pueden ser unilaterales (individuales), unilaterales generales, y bilaterales. Ello sin perjuicio de que la norma establece regímenes diferenciales respecto de los actos administrativos generales, por ejemplo, en cuanto a los requisitos de publicidad e impugnación. En cuanto a los actos administrativos bilaterales en su formación y efectos, cuando generan derechos y obligaciones recíprocas, perfilan la categoría del contrato administrativo.

B) *La figura del acto político*

Los actos políticos o de gobierno son aquellos que hacen a la conducción superior pero pueden incidir sobre los derechos de los particulares; aun cuando se diferencian conceptualmente de los actos administrativos, en tanto se vinculan con las finalidades superiores o trascendentes del Estado (indulto, conmutación de penas) tienen en común con los actos administrativos, su posibilidad de control judicial derivada, precisamente de su idoneidad para afectar con inmediatez derechos individuales[62].

Marienhoff distingue los actos políticos o de gobierno de los que denomina "institucionales". Estos son aquellos dictados para asegurar la organización y subsistencia del Estado, sin afectar con inmediatez derechos de los particulares; no resultan susceptibles de control judicial, v. gr. la declaración del estado de guerra, intervención federal a las provincias; la declaración del estado de sitio, de guerra, el veto, la designación de los magistrados de la Corte Suprema nacional; la convocatoria a sesiones extraordinarias del Congreso[63].

C) *Nuestra opinión*

Sobre la base de que el acto político, en puridad, configura "una importación" del régimen francés que no se amolda estrictamente a nuestro sistema constitucional de control judicial, entendemos que aun los actos que Marienhoff denominara "institucionales", así como otros que hacen a la función de conducción superior del Estado que ejerce el presidente, y los decretos delegados o los de necesidad y urgencia, constituyen función administrativa, al menos, en un sentido amplio; de tal suerte, les resultaría aplicable la regulación

[62] V. Julio R. Comadira., *Curso...*, t. i, pág. 397.

[63] Julio R. Comadira, ob. cit., nota anterior, pág. 396.

legal de los actos administrativos, previo juicio de compatibilidad y con las modulaciones que correspondieran según el caso[64].

5. Elementos del acto administrativo: subjetivos, objetivos y formales. La motivación de los actos

Según la Ley Nacional de Procedimientos Administrativos, los elementos del acto administrativo son: competencia, causa, objeto, procedimientos, motivación, y finalidad (v. art. 7, LNPA).

A) *La comunicabilidad de los elementos y el consiguiente "contagio" de los vicios de los elementos del acto*

Un aspecto que debemos remarcar, de modo liminar, es que en tanto componentes de una unidad conceptual, los elementos del acto administrativo exhiben un importante grado de comunicabilidad y relación sinérgica[65].

Ello significa que normalmente la existencia de un vicio en uno o más elementos del acto expande sus efectos sobre el resto[66].

B) *Todos los vicios de los elementos del acto administrativos suponen una violación del principio de juridicidad*

La peculiar estructura del acto administrativo se inviscera como dijimos en la Teoría del Estado; de tal suerte, la afectación de sus elementos trasunta las irregularidades en el ejercicio del poder, concretamente la afectación del principio de juridicidad[67] y de consiguiente, del Estado de derecho.

Cassagne considera además que el principio de dignidad, de raigambre constitucional y convencional, debe observarse en todos los elementos del acto administrativo. Su quebrantamiento implica la inconstitucionalidad del acto por

[64] Sobre las distintas opiniones sobre la naturaleza jurídica de los actos políticos, institucionales y de conducción superior, v. Fernando Gabriel Comadira, *Reglamentos. Bases para la reinvindicación de una naturaleza jurídica puesta en controversia*, Buenos Aires, Universidad Austral, 2021, págs. 89 y ss. (tesis doctoral). En lo tocante a los actos institucionales, aclaramos que la aplicación analógica que postulamos encontraría límite en la condición de "acto constitucional no justiciable" postulada por Cassagne, que en puridad, exhibe una categoría superadora de la denominación de "institucionales" (v. Juan Carlos Cassagne, *Curso...*, t. i, pág. 639).

[65] Sobre la sinergia que se genera entre los elementos del acto, v. Agustín Gordillo, *Tratado de derecho administrativo,* t. iii, Buenos Aires, Fundación de Derecho Administrativo, 4ª ed., IX-25.

[66] Dictamen IF 2020-28204159- APN-PTN, del 27-4-2020 y sus citas [https://cijur.mpba.gov.ar/novedad/1918].

[67] Fallos 315:2771; Dictámenes PTN 233:278; 236:91.

la violación de un tratado internacional que es parte integrante de la Constitución y la nulidad puede encuadrarse en cada uno de los supuestos de nulidad absoluta previstos en el artículo 14 de la Ley Nacional de Procedimientos Administrativos[68].

C) *Los elementos del acto administrativo*

a) *La competencia.* Según enseña la doctrina, la competencia como elemento del acto administrativo es el conjunto de poderes, facultades y atribuciones que el ordenamiento jurídico le atribuye a un órgano o ente estatal[69].

En cuanto al alcance de estos, cabe postular que los entes estatales tienen aptitud legal para hacer todo lo que está expresamente permitido y razonablemente implícito en lo expreso, definiendo el contenido de este último ámbito, a la luz del principio de la especialidad[70].

Este se vincula con el fin de la competencia de cada órgano o ente, el cual surge no solo de las atribuciones expresas o implícitas (que suponen siempre un desarrollo o interpretación extensiva de las facultades expresas) sino, fundamentalmente de la enunciación de objetivos, principios de normatividad (como las atribuciones genéricas) y de las facultades inherentes que son aquellas que por su naturaleza fundamentan la creación y subsistencia del órgano y sin las cuales carecen de sentido[71].

En cuanto al momento en el que se determina la competencia, la Procuración del Tesoro de la Nación ha reiterado recientemente su jurisprudencia administrativa respecto de la aplicación analógica al procedimiento administrativo del criterio procesalista según el cual, en relación al derecho, la competencia no se determina en el momento de nacer la relación jurídica, sino cuando se reclama su protección al juez; o bien, en cada caso, de conformidad con las normas vigentes y el estado de hecho al tiempo de iniciarse el proceso[72].

[68] Juan Carlos Cassagne, *Los grandes principios del derecho público (constitucional y administrativo)*, 2ª ed. actualizada, Santa Fe, Rubinzal Culzoni, 2021, pág. 93.

[69] Julio R. Comadira, *Curso...*, t. i, pág. 399.

[70] V. Dictámenes PTN 246:364; 244:510; 306:342; Dictamen PGCABA, IF-2020-21020799-GCABA-PG, Empresa Agua Y Saneamientos Argentinos Sociedad Anónima AySA, 1º de septiembre de 2020 [https://cijur.mpba.gov.ar/files/articles/2202/Dictamen_PGCABA_IF-2020-21020799-GCABA-PG_competencia_inherente.pdf].

[71] Juan Carlos Cassagne, "A cuarenta años...", en Héctor Pozzo Gowland, David Andrés Halperín, Oscar Aguilar Valdéz, Fernando Juan Lima y Armando Canosa (dirs.), *Procedimiento administrativo,* t. I, Buenos Aires, La Ley, 2012, págs. 11 a 13.

[72] Dictamen de la Procuración del Tesoro de la Nación, Dictamen IF 2019- 105377917-APN-PTN, exp. 2019-56377601 APN-DGDYD-JGM, 27 de noviembre de 2019 [https://cijur.mpba.gov.ar/novedad/1584].

b) *La causa.* Este elemento se refiere a los antecedentes de hecho y derecho que dan origen al dictado del acto. Reviste carácter objetivo en tanto debe sustentarse en hechos verificables[73].

En cuanto a los antecedentes de derecho, el acto si no se funda en el derecho aplicable, ostentará un vicio en la causa que se proyectará sobre el objeto del acto y en la finalidad[74].

c) *El objeto.* El objeto del acto, lo que el acto decide, certifica u opina, es decir, la resolución o medida concreta que mediante el acto adopta la autoridad[75], debe ser cierto y física y jurídicamente posible, debe decidir todas las peticiones formuladas, pero puede involucrar otras no propuestas, de acuerdo con el principio de verdad material y oficialidad, previa audiencia del interesado y siempre que ello no afecte derechos adquiridos[76].

La inconstitucionalidad, la ilegalidad, la irrazonabilidad, la imposibilidad física o jurídica, y la inmoralidad del objeto, causan la invalidez del acto, por comportar, en todos los casos, una transgresión clara y manifiesta del orden público administrativo[77].

d) *Los procedimientos esenciales.* Antes de la emisión del acto debe darse cumplimiento con los procedimientos esenciales y sustanciales previstos y a los que surjan implícitos del ordenamiento[78]. Se considera esencial el dictamen proveniente de los servicios permanentes de asesoramiento jurídico cuando el acto pudiere afectar derechos subjetivos e intereses legítimos (v. art. 7º, inc. d, LNPA).

Nótese que el inciso en comento alude al dictamen de los "servicios permanentes"; trátase a nuestro juicio de un elemento que contiene un aspecto subjetivo orgánico en tanto no cualquier opinión jurídica vertida por un letrado que se desempeñe en la administración tiene virtualidad para satisfacer este

[73] Dictámenes PTN 114:376.

[74] Dictámenes PTN 113:120; 163:502.

[75] Dictámenes PTN 236:91.

[76] Julio R. Comadira, *Curso...*, t. 1, pág. 402; v. también Dictámenes 63:137 citado por Comadira.

[77] Dictamen PTN IF 2020-28204159- APN-PTN, del 27-4-2020, *supra* referenciado y sus citas; a estos aspectos, debe sumarse la violación del principio de dignidad humana, tal como postula Cassagne (v. Juan Carlos Cassagne, *Los grandes principios...*, 2ª ed. actualizada, Santa Fe, Rubinzal Culzoni, 2021, pág. 93.

Julio R. Comadira, *Curso...*, t. i, pág. 399.

[78] Advierte Comadira que aunque la ley no lo mencione expresamente en este inciso, el debido proceso legal adjetivo como reglamentación procedimental administrativa de la garantía de defensa consagrada por el art. 18 CN es, sin duda, un procedimiento insoslayable cuando los derechos de los particulares puedan resultar afectados (v. Julio R. Comadira, en *Curso...*, t. i, pág. 402).

recaudo, debe ser emitido por el área jurídica con competencia específica para emitir el dictamen e integrar el Cuerpo de Abogados del Estado[79].

En cuanto a los requisitos del dictamen jurídico, la Procuración del Tesoro de la Nación ha perfilado una profusa jurisprudencia administrativa de la que surge básicamente que debe contener un análisis pormenorizado de los hechos implicados, una subsunción de ellos en el derecho aplicable y, finalmente, debe ser conclusivo, esto es, debe recomendar las conductas que se deben seguir.

En otro orden, si bien el inciso contempla la exigencia del dictamen jurídico previo cuando el acto pudiere "afectar derechos subjetivos e intereses legítimos", en nuestra opinión, el acto administrativo, por definición, siempre produce efectos jurídicos respecto de terceros, esto es, siempre trasciende hacia el exterior de la organización; de consiguiente, entendido el apuntado sintagma en sentido amplio, siempre sería exigible este recaudo.

También la Procuración Nacional del Tesoro ha considerado necesario requerir dictamen jurídico previo cuando el acto pudiera incidir en la hacienda pública[80]. En punto a si corresponde que los servicios jurídicos permanentes evalúen los aspectos técnicos que suscitan la denominada "discrecionalidad técnica", el máximo órgano asesor del poder ejecutivo nacional ha puntualizado con respecto a las conclusiones de los órganos selectores en concursos para acceder a empleos públicos, que estas solo resultan susceptibles de ser atacadas si se las considera derivación de un juicio basado en un error de hecho o en una arbitrariedad manifiesta[81].

e) *La motivación.* La motivación, observa CASSAGNE, resulta fundamental para revisar la legitimidad del acto y para posibilitar el debido proceso legal adjetivo.

El inciso e) del artículo 7° de la Ley Nacional de Procedimientos Administrativos prescribe que el acto administrativo debe expresar en forma concreta las razones que inducen a emitir el acto (es decir, su finalidad) consignando además los recaudos exigidos por el inciso b), esto es, los antecedentes de hecho y de derecho.

A mayor discrecionalidad del acto administrativo, corresponde un mayor deber de motivación de los actos. La motivación a nuestro juicio se vincula con la transparencia y con la *res publica*, y tiene una finalidad si se quiere docente o explicativa de la medida para facilitar su mejor conocimiento por los desti-

[79] V. Ley N.° 12.954 y su reglamentación.

[80] JULIO R. COMADIRA, *Curso...*, t. I pág. 403 y Dictámenes PTN 236:91 citado por este autor.

[81] Dictámenes PTN 291:104 y sus citas.

natarios y por la comunidad en general. Se inscribe en la lógica opuesta a los denominados *arcana imperii* que implican una subestimación democrática[82].

Cabe tener presente que la mera mención de normas jurídicas no establece su conexión con los hechos de la causa, por sí sola; esa conexión debe ser demostrada por la administración[83].

La motivación no solo exterioriza la causa, sino que permite conocer además los fines del acto y determinar si ha existido, o no, desviación de poder.

Al ser la motivación un elemento del acto, debería estar incluida en el instrumento que plasma el acto, pero se admite la motivación *in aliunde,* es decir, la que surge de sus antecedentes; de consiguiente, esta no alcanzaría a la motivación posterior al dictado del acto[84].

La "motivación *in aliunde* o contextual" responde al principio de la unidad del expediente y se puede encontrar en los informes y antecedentes con fuerza de convicción que obren en las actuaciones administrativas[85].

f) *La finalidad.* Según el inciso f) del artículo 7, de la Ley Nacional de Procedimientos Administrativos, "Habrá de cumplirse con la finalidad que resulte de las normas que otorgan las facultades pertinentes del órgano emisor, sin poder perseguir encubiertamente otros fines, públicos o privados distintos de los que justifican el dictado del acto, su causa y objeto. Las medidas que el acto involucre deben ser proporcionalmente adecuadas a aquella finalidad"[86].

Según Comadira, la ley prohíbe el accionar inspirado en un fin público diverso del que determina en cada caso la emisión del acto, estableciendo así una veda a una eventual intercambiabilidad de fines. El fin al que debe tender el acto administrativo es el bien común manifestado en cada caso, según exigencias particulares que configuran el fin específico de cada acto, de acuerdo con el bien jurídicamente protegido por el sistema normativo en el que se encauce[87].

[82] V. Norberto Bobbio, *Estado, gobierno y sociedad. Por una teoría general de la política,* México D. F., Fondo de Cultura Económica, 1996, pág. 35.

[83] Dictamen PTN IF 2020-28204159- APN-PTN, del 27-4-2020, *supra* referenciado, y sus citas.

[84] Julio R. Comadira, *Procedimientos administrativos. Ley Nacional de ...,* tomo i, pág. 202.

[85] Dictámenes PTN 199:427; 209:248; 236:91 y 191, 310:106; 310:106.; v. también dictamen PTN, IF 2021-22892388 APN-PTN.

[86] Dictámenes PTN 102:226 que consagra a la razonabilidad como exigencia de proporcionalidad; en igual sentido, v. Dictamen del procurador general ante la SCBA, I-74052-3, del 2-8-2021 [https://cijur.mpba.gov.ar/files/auctions/sheets/Ficha-Dic-I-74052.pdf].

[87] Julio R. Comadira, *Procedimiento administrativo. Ley...,* t. i, pág. 205.

Resulta aplicable aquí la regla de la especialidad, según la cual los órganos o entes administrativos no pueden, sin incurrir en desviación de poder, ir más allá de las normas que disponen sus atribuciones[88].

La desviación de poder trasunta un contenido o elemento subjetivo, caracterizado por la voluntad de lograr un determinado objetivo incompatible con los fines de la ley aplicable a una determinada situación jurídica; de allí su dificultosa constatación[89].

6. Condiciones de eficacia de los actos administrativos. Eficacia condicionada y eficacia retroactiva

A) *Los efectos hacia el futuro*

El efecto normal de un acto administrativo es que produce efectos para el futuro a partir de su notificación válida o de su publicación en el caso de tratarse de actos generales, salvo que en ellos se indique otra cosa. La regla es, pues, el efecto *ex nunc* del acto administrativo; todo lo que se aparte de esta regla deberá fundamentarse[90].

En el derecho argentino, la Ley Nacional de Procedimientos Administrativos admite la retroactividad del acto siempre que no se lesionaren derechos adquiridos, cuando se dictare en sustitución de otro revocado o cuando favoreciere al administrado (v. art. 13).

B) *Los recaudos de publicidad*

La publicidad es la forma de dar a conocer los actos y comprende dos especies o formas de publicidad: la notificación y la publicación; de ellas depende la eficacia de los actos de alcance particular y general, respectivamente. Es decir que el acto puede ser plenamente válido, pero si carece de publicidad no producirá efectos jurídicos.

Los requisitos de publicidad no integran la estructura del acto administrativo, pero sí se vinculan con "la salida del acto al exterior" y por ende, con sus efectos;

Tal como se señaló más arriba, el principio de publicidad de las acciones de quienes ejercen el poder público se contrapone con la mencionada teoría de los *arcana imperii* que dominó la época del poder absoluto[91].

[88] Dictamen PTN IF 2020-28204159- APN-PTN, del 27-4-2020 y sus citas doctrinarias.

[89] Así lo ha expresado la jurisprudencia de nuestra Corte Suprema de Justicia de la Nación en Fallos 315:1361.

[90] Dictámenes PTN 297:259; 241:79; 283:404.

[91] Norberto Bobbio, ob. cit., págs. 34 a 35; explica este autor que desde la historia de las ideas políticas, el poder "abierto al público" asume como estandard de control social y encuentra

C) *Elementos accidentales*

Existen otros actos que no resultan eficaces, es decir, no producen efectos jurídicos, mientras no se cumplan ciertos requisitos o condiciones accidentales, como los representados por el término o plazo, la condición y el modo.

Cabe consignar que la inclusión de elementos o cláusulas accesorias o accidentales está referida primordialmente a la actividad discrecional[92].

7. La invalidez de los actos administrativos (nulidad, anulabilidad y vías de declaración)

La Ley Nacional de Procedimientos Administrativos distingue los actos nulos de los anulables. Los vicios que dan lugar a la calificación de un acto como nulo aparecen enunciados en su artículo 14.

Según el artículo 15, el acto anulable es aquel que presenta un defecto que no llega a impedir la existencia de alguno de sus elementos esenciales.

En términos generales, el criterio mayoritario para concluir en la nulidad o en el carácter anulable del acto pivota en la mayor o menor importancia ("gravedad") del vicio que se presenta, y en la relevancia del incumplimiento del ordenamiento jurídico que el defecto representa[93].

A) *Los actos nulos. Principales rasgos*[94]

a) La ley los considera afectados de "nulidad absoluta"; son irregulares y carecen de estabilidad, debiendo ser revocados en sede administrativa, excepto si se encontraren firmes y hubieren generado derechos subjetivos que se estén cumpliendo (art. 17 de la LNPA); b) no son saneables por confirmación o ratificación; c) la acción es imprescriptible, pero sujeta al plazo de caducidad previsto por el artículo 25 de la LNPA; d) los efectos de la declaración de nulidad son retroactivos (*ex tunc*); e) su inconstitucionalidad puede ser declarada de oficio; en efecto, la CSJN en "Mil de Pereyra", en "Banco Comercial

---

raigambre en la fórmula trascendental del derecho público que enunciara Kant, a cuyo tenor "todas las acciones referentes al derecho de otros hombres, cuya máxima no es compatible con la publicidad, son injustas".

[92] Julio R. Comadira, *Curso...*, t. I, pág. 419.

[93] V. Dictámenes PTN 283: 436, cit. en Dictamen PTN IF 2020-28204159- APN-PTN, del 27-4-2020.

[94] Seguimos en este análisis, las pautas brindadas por la Procuración del Tesoro de la Nación en el dictamen PTN IF 2020-28204159- APN-PTN, del 27-4-2020.

de Finanzas", en "Lapadú" y en "Videla" ha sostenido, variando su anterior criterio, que la nulidad absoluta puede ser declarada de oficio por el juez[95].

B) *La revocación del acto nulo*

De la lectura del artículo 17 de la Ley Nacional de Procedimientos Administrativos [96] surge que la Ley Nacional de Procedimientos Administrativos después de considerar irregular al acto administrativo afectado de nulidad absoluta consagra el deber para la administración de revocar o sustituir un acto de tal índole, por razones de ilegitimidad, aun en sede administrativa[97].

Tratándose de un acto nulo y de acuerdo a la fórmula legal que surge de una lectura armonizada de los artículos 17 y 18 LNPA, cuatro son las posibilidades a las que se enfrentaría, en principio, su revocación[98]:

a) que el acto nulo no hubiera generado derechos subjetivos que se estén cumpliendo;

b) que hubiese generado derechos que se estén cumpliendo pero el interesado tuvo conocimiento del vicio[99];

c) que hubiese generado derechos subjetivos que se estén cumpliendo; y

d) que, pese a haberlos generado no se encontraren en vías de cumplimiento.

a) *Revocación del acto nulo que no generó derechos.* La nulidad del acto genera el deber administrativo de revocarlo a fin de restablecer la juridicidad

[95] V. CSJN, 27-9-2001, "Mill de Pereyra", Fallos 324:3219; 19-8-2004, "Banco Comercial de Finanzas (en liquidación Banco Central de la República Argentina) s/ quiebra", Fallos 327:3117; 23-12-2004, "Lapadú Oscar E v. Estado Nacional (Dirección Nac. de Gendarmería) s/ daños y perjuicios (acc. de trán. v. les. muerte)", Fallos 327:5723, todos citados por Julio R. Comadira, en *Curso...*, t. i, pág. 427.

[96] El art. 17 de la LNPA dispone que "El acto administrativo afectado de nulidad absoluta se considera irregular y debe ser revocado o sustituido por razones de ilegitimidad aun en sede administrativa. No obstante, si el acto estuviere firme y consentido y hubiere generado derechos subjetivos que se estén cumpliendo, solo se podrá impedir su subsistencia y la de los efectos aún pendientes mediante declaración judicial de nulidad".

[97] V. Julio R. Comadira, *La anulación de oficio del acto administrativo*, 2ª ed., Buenos Aires, Editorial Ciencias de la Administración, pág. 179.

[98] V. Dictamen PTN IF 2020-28204159- APN-PTN, del 27-4-2020.

[99] Sobre el conocimiento del vicio, v. la evolución de la jurisprudencia administrativa de la Procuración del Tesoro, María José Rodríguez, "La aplicación de la LNPA a los contratos administrativos", en Pozo Gowland, Halperín, Aguilar Valdéz, Juan Lima y Canosa (dirs.), *Procedimientos administrativos*, t. ii, Buenos Aires, La Ley, 2012, págs. 696 y ss. En otro orden, cabe tener presente que, en el orden nacional, las excepciones a la regla de la estabilidad en sede administrativa del acto regular previstas en el art. 18 —entre ellas, el conocimiento del vicio por el interesado— son igualmente aplicables al supuesto contemplado en el art. 17, primera parte, de la LNPA según la jurisprudencia de la CS (v. 17-2-98, "Almagro, Gabriela y otra c/ Universidad Nacional de Córdoba. s/ Reincorporación").

quebrantada; al respecto, la Procuración tiene dicho con cita de JULIO R. COMADIRA que en lo concerniente a la potestad anulatoria de la administración "[...] se impone que entre los poderes inherentes a la función administrativa se incluya, como elemento necesariamente constitutivo, la potestad de aplicar las consecuencias jurídicas que el ordenamiento jurídico establece para los actos afectados de vicios que ocasionen su ilegitimidad"[100].

b) *Revocación del acto nulo que generó derechos cuando el interesado conocía el vicio.* La verificación del conocimiento del vicio permite revocar en sede administrativa sin necesidad de acudir a la acción de lesividad; así lo ha interpretado la Corte Suprema de Justicia de la Nación *in re* "Almagro", *supra* citado.

c) *El acto nulo que generó derechos subjetivos que se estén cumpliendo.* En los casos indicados en a), b) y en d), la administración tiene el deber de revocar el acto nulo en sede administrativa; de verificarse el supuesto contemplado en c), esto es, que el acto nulo hubiera generado derechos subjetivos que se estén cumpliendo, corresponde declarar de modo no ejecutorio la nulidad del acto y deducir la acción de lesividad, salvo, por cierto, que el interesado hubiere conocido el vicio[101].

d) *Revocación del acto nulo que generó derechos que no se están cumpliendo.* Si el acto ha generado derechos pero estos no han tenido principio de ejecución, el acto puede ser revocado en sede administrativa[102].

C) *El acto anulable. La posibilidad de su revocación en sede administrativa*

Por acto regular cabe entender tanto al acto plenamente válido como al que adolece de un vicio no grave y que resulta, por ende, anulable.

El acto administrativo regular, esto es, el plenamente válido o el que tiene vicios leves, esto es, el acto anulable, *del que hubieren nacido derechos subjetivos a favor de los administrados* una vez notificado no puede ser revocado, modificado o sustituido en sede administrativa, salvo que se verifiquen las excepciones a las que alude el artículo 18 LNPA[103].

[100] V. Dictámenes PTN 233: 278; 236: 91; 239: 109.

[101] Sobre la acción de lesividad resulta ineludible la consulta de la obra de FERNANDO G. COMADIRA, *La acción de lesividad*, Buenos Aires, Editorial Astrea, 2019.

[102] Dictámenes PTN 246:364 y 224:096; también, CSJN,17-6-80, "Movimiento Scout Argentino c. Gobierno Nacional, Ministerio de Justicia".

[103] Reza el art. 18 LNPA: "El acto administrativo regular del que hubieren nacido derechos subjetivos a favor de los administrados, no puede ser revocado, modificado o sustituido en sede administrativa, una vez notificado. Sin embargo, podrá ser revocado, modificado o sustituido

8. El principio de conservación de los actos administrativos y sus concreciones (convalidación, conservación y conversión)

A) *Fundamentos del principio de conservación*

La Procuración del Tesoro de la Nación ha expresado con respecto al principio de conservación:

"Las nulidades de actos administrativos deben analizarse de modo restrictivo y, en principio, prefiriendo la subsistencia y validez del acto atacado. Ello, naturalmente, cuando no se pone en juego de modo sustancial —y no meramente formal— el derecho de defensa de quien ataca el acto. Ciertamente, si el fundamento en que se apoya la pretensión nulificadora es solo formal, se estaría en presencia de la perniciosa nulidad por la nulidad misma"[104].

Desde la doctrina se ha destacado que el hecho de que el acto administrativo tenga como fin satisfacer el bien común, le otorga un estatus especial respecto de otros tipos de actos jurídicos. Si dicho acto no logra producir efectos, es el interés general el que no se logra satisfacer[105].

B) *La conservación del acto y su saneamiento*

De conformidad con las consideraciones *supra* expuestas, puede aseverarse que el principio que manda asegurar al máximo la mantención del acto administrativo encuentra origen en la máxima romana '*utile per inutile non vitiatur*': "lo inútil no vicia lo útil" haciendo referencia a que la parte viciada de un acto jurídico no se comunica necesariamente a todo el acto, sino que la parte no viciada subsiste.

Según el artículo 19 de la Ley Nacional de Procedimientos Administrativos, el acto administrativo anulable puede ser saneado mediante la ratificación, la confirmación y la conversión.

---

de oficio en sede administrativa si el interesado hubiere conocido el vicio, si la revocación, modificación o sustitución del acto lo favorece sin causar perjuicio a terceros y si el derecho se hubiere otorgado expresa y válidamente a título precario. También podrá ser revocado, modificado o sustituido por razones de oportunidad, mérito o conveniencia, indemnizando los perjuicios que causare a los administrados".

[104] Dictámenes PTN 256:134; 266:212.

[105] V. José R. Nesvara Vidal, Memoria para optar al Grado de Licenciado en Ciencias Jurídicas y Sociales, "El principio de conservación de los actos administrativos", Santiago, Chile, 2015 [http://repositorio.uchile.cl/bitstream/handle/2250/133699/El-principio-de-conservaci%c3%b3n-de-los-actos-administrativos.pdf?sequence=1&isAllowed=y)].

9. Prognosis conclusiva: la teoría del acto administrativa como garantía de la juridicidad y la profunda dimensión social de esta última

Hemos examinado las notas que hacen al núcleo duro de la teoría del acto administrativo. Ellas nos permiten visualizar al acto administrativo como técnica de aseguramiento de la vigencia irrestricta de la juridicidad, en tanto, como vimos, este instituto es el modo ordinario de expresión de la función administrativa que despliega de modo primordial, la administración en su actividad cotidiana, continua y espontánea.

Para concluir nuestro análisis queremos resaltar que la juridicidad es un componente indubitable del bien común. Este principio exhibe una importancia esencial pues, tal como observaba Tomás de Aquino[106], una de las finalidades más importantes del Estado es la de garantizar un mínimo ético de coexistencia humana.

De ahí que esta directriz reviste una virtualidad eminentemente social[107]; hace a lo más profundo de la naturaleza social del hombre destacada por Aristóteles. Es el imperio de la juridicidad, el que permite la realización de la justicia; ese dar a cada uno lo que le corresponde, que, en definitiva, asegura la paz social.

Es por ello por lo que la vigencia irrestricta de la juridicidad supone una mirada absolutamente social de los derechos de las personas porque tiene en cuenta, de modo primordial, esa alteridad que caracteriza la relación de las personas, socialmente consideradas.

[106] Tal como expresa Messner, como comunidad que tiene su fundamento en los fines existenciales del hombre, el Estado forma parte del orden ético. Tomás de Aquino no vacila en designar al Estado, lo mismo que Aristóteles, como “la creación más destacada de la razón humana”, y asigna a la política el lugar más elevado de todas las artes. Esta incorporación del Estado dentro de la escala de valores supera la idea, derivada del utilitarismo político, de que el Estado es solo una institución de organización técnica al servicio de los diversos intereses.

En puridad, nada caracteriza tan claramente la esencia ética del Estado como *su función de realizar el mínimo ético de la convivencia humana.* El Estado atiende a esta tarea, mediante la institución del orden jurídico. El poder con el que cuenta para ello recibe una justificación axiológica y su uso, un carácter moral y que suscita consenso. Pone un dique al predominio de los elementos menos racionales de la naturaleza del hombre en beneficio de la verdadera humanidad (Johannes Messner, *Ética social, política y económica a la luz del derecho natural*, Madrid, Ediciones Rialp, 1967, págs. 857 y ss.).

[107] Messner explica que todo derecho es de naturaleza social. Porque es la naturaleza del hombre la que liga el desarrollo hasta llegar al ser plenamente humano como personalidad con la cooperación social, y de este modo con el bien común y el derecho. Señala que solo puede hallarse el fundamento ontológico del derecho en la naturaleza de la sociedad y no exclusivamente en la naturaleza personal y en los valores personales del hombre y el bien individual; v. Messner, ob. cit., págs. 274-280.

Desde esta perspectiva, el principio de juridicidad se integra en la dogmática jurídica del derecho administrativo como un verdadero pilar de las restantes nociones, como un verdadero imperativo del principio de la dignidad de la persona humana, que atiende a su dimensión social. Esta integración dogmática es de recibo en la Convención Americana de Derechos Humanos (CADH) que luego de pasar revista al catálogo de derechos de la primera parte, en el artículo 32 manda interpretarlos "conforme con las justas exigencias del bien común, en una sociedad democrática"[108].

[108] Art. 32, CADH: "Correlación entre deberes y derechos. 1. Toda persona tiene deberes para con la familia, la comunidad y la humanidad. 2. Los derechos de cada persona están limitados por los derechos de los demás, por la seguridad de todos y por las justas exigencias del bien común, en una sociedad democrática".

BRASIL

ACTOS ADMINISTRATIVOS

SILVIO LUIS FERREIRA DA ROCHA*

1. EVOLUCIÓN HISTÓRICA DE LAS LEYES REGULADORAS DEL ACTO ADMINISTRATIVO EN EL PAÍS

La expresión "acto administrativo" fue utilizada por primera vez por la ley 16, de 8.24.1790, que prohibía a los tribunales franceses conocer el "funcionamiento de los órganos administrativos" y en un texto doctrinal del *Repertorio Merlín de Jurisprudencia*, edición de 1812, que definió un *acto de autoridad administrativa* como "ordenanza o decisión de una autoridad administrativa, que está relacionada con su función"[1]. A pesar de estas referencias históricas, hay quienes sostienen que el concepto de "acto administrativo" depende de la existencia de la división de funciones, del sometimiento del Estado a las normas legales y del sometimiento de la acción administrativa a la legalidad y a un régimen jurídico administrativo distinto del régimen jurídico ordinario[2].

En Brasil, la definición de acto administrativo se ajusta a la doctrina. VIZCONDE de Uruguay, en el ensayo sobre derecho administrativo (pág. 5), considera un acto administrativo aquel que emana de una autoridad administrativa y se refiere a un asunto administrativo.

Las definiciones siguen estando dadas por la doctrina, aunque algunas leyes se refieren al acto administrativo.

2. EL CONCEPTO DE ACTO ADMINISTRATIVO EN LA DOGMÁTICA NACIONAL. DIFERENCIAS ENTRE EL ACTO Y OTRAS FORMAS DE ACTIVIDAD ADMINISTRATIVA

A) *Actos de la administración*

La administración pública puede realizar actos jurídicos calificados como actos de la administración o como actos administrativos. En la clara lección

* Master y Doctor en Derecho Civil. Doctor en Derecho Administrativo. Profesor asociado de la Pontificia Universidad Católica de São Paulo.

[1] OSWALDO ARANHA BANDEIRA DE MELLO, *Principios gerais do direito administrativo,* cit., 3ª ed., 2ª tir., vol. V, págs. 474-475; MARIA SYLVIA ZANELLA DI PIETRO, *Direito administrativo,* 23ª ed., São Paulo, Atlas, pág. 192.

[2] MARÍA SILVIA ZANELLA DI PIETRO, *Direito administrativo,* 23ª ed., São Paulo, Atlas, pág. 192.

de Oswaldo Aranha Bandeira de Mello, el acto de administración "conjuga cualquier acto de la administración pública, tanto el de actividad material, la ejecución de obras y prestación de servicios, como el de actividad jurídica, ya sea que se ejerza como autoridad pública, o en las mismas condiciones que un particular; por tanto, comprende el acto jurídico de la administración pública, regido por el derecho administrativo, como el regido por el derecho privado"[3]. Por otro lado, la expresión "actos administrativos" engloba únicamente las declaraciones de la administración pública, en ejercicio de una competencia, que produzcan efectos jurídicos creativos, modificadores o extintores. Así la expresión "acto de administración" sería más amplio que el término "acto administrativo", por qué no incluiría los actos de derecho privado, los actos materiales, las declaraciones, los actos políticos, los reglamentos.

Así, no todos los actos que realiza la administración son actos administrativos, tales como:

a) *Actos de derecho privado,* practicados sin que la administración se encuentre en una posición de supremacía, tales como el arrendamiento de propiedad para y el establecimiento de un cargo público. Sin embargo, cabe señalar que el gobierno, incluso en actos de derecho privado, no está exento de cumplir con los requisitos administrativos que deben preceder al trámite legal deseado, como la autorización legislativa, la evaluación y la licitación.

b) *Actos materiales,* tales como impartir una clase, brindar asistencia a un paciente por parte de un médico en el ejercicio de su actividad como empleado, pavimentar una calle, definido legalmente como "hechos administrativos", que significa cualquier logro material de la administración en cumplimiento de alguna decisión administrativa. También quedan excluidos del concepto de *actos* administrativos los *actos materiales* que *preceden* o *siguen a la declaración del testamento*, como requisitos de preparación o ejecución, para que este alcance efectos jurídicos, ya que, si bien forman parte del procedimiento judicial administrativo, *solo la manifestación del testamento tiene relevancia jurídica.*

c) *Actos políticos o gubernamentales* realizados con margen de discreción y en cumplimiento de la Constitución, en el ejercicio de una función estrictamente política, *por ejemplo,* el indulto o el veto que, como se ve, corresponden al ejercicio de una función política y no administrativa.

La tripartición de funciones no agota todas las actividades posibles del Estado, pues existe la función política o gubernamental, que consistiría en la dirección suprema y general del Estado. La función política sería una activi-

[3] Oswaldo Aranha Bandeira de Mello, *Principios gerais do direito administrativo,* 3ª ed., 2ª tir., vol. I ("Introducción"), São Paulo, Malheiros Editores, 2010, pág. 475.

dad comandada por el interés general y desarrollada para asegurar la unidad y cohesión nacional, definir los ideales colectivos, elegir los objetivos concretos que se deben perseguir en cada época y los medios más adecuados para lograrlos, mantener el equilibrio constitucional de las tensiones políticas y fuerzas sociales, garantizando la seguridad del Estado y defendiendo los intereses nacionales en el orden externo.

Las posibles manifestaciones del ejercicio de la función política derivan directamente de la Constitución, están más relacionadas con la política, con la conducción de los negocios en el país, y exigen libertad de elección en los problemas fundamentales de la comunidad. Ejemplos de la función política o gubernamental serían la convocatoria extraordinaria del Congreso Nacional, nombramientos de ministros de Estado, declaraciones de guerra, la edición de medidas provisionales, el veto.

Al contrario de lo que se sostenía anteriormente, cuando la función de gobierno era considerada invaluable por el poder judicial (art. 68 del CF de 1934 y 94 del CF de 1937), actualmente la función política o gubernamental está sujeta al control del poder judicial en caso de perjuicio individual, derechos difusos o colectivos, siempre que se observen ciertas reservas, en particular el hecho de que, por regla general, el juez no debe pretender sustituir, pura y simplemente, la voluntad del agente político.

B) *Acto administrativo*

a) *Concepto.* Las definiciones de "acto administrativo" no cambian radicalmente de un autor a otro. Todos, en mayor o menor medida, derivan del concepto de "acto jurídico" la base para la elaboración del concepto de "acto administrativo", que, en definitiva, puede definirse como una declaración del Estado dada en el ejercicio de competencia administrativa, que produce efectos jurídicos constitutivos, modificatorios, extinguibles o declaratorios.

Maria Sylvia Zanella Di Pietro lo define como "la declaración del Estado o de su representante, que produce efectos jurídicos inmediatos, con observancia de la ley, bajo el régimen jurídico de derecho público y sujeta al control del poder judicial"[4]. Esta autora excluye del concepto de actos administrativos los actos materiales, despachos, actos enunciativos o conocimientos, que únicamente atestiguan o declaran la existencia de un derecho o situación, tales como certificados, declaraciones, informaciones y actos de opinión, como opiniones e informes[5].

José dos Santos Carvalho Filho lo conceptualiza como "exteriorización de la voluntad de los agentes de la administración pública o sus delegados,

[4] María Silvia Zanella Di Pietro, *Direito administrativo,* cit., 23ª ed., pág. 196.

[5] *Idem, ibidem.*

en esta condición, que, bajo el régimen de derecho público, pretende producir efectos jurídicos, con el fin de servir al interés público"[6].

Hely Lopes Meirelles lo define como "toda manifestación unilateral de voluntad de la administración pública que, actuando en tal calidad, tenga como finalidad inmediata adquirir, salvaguardar, transferir, modificar, extinguir y declarar derechos, o imponer obligaciones a los administrados o a sí mismo"[7].

Para Celso Antônio Bandeira de Mello, el acto administrativo puede definirse como una "declaración del Estado (o quien lo hace en ocasiones, como, por ejemplo, un concesionario de servicios públicos), en el ejercicio de prerrogativas públicas, manifestada a través de leyes complementarias, disposiciones de la ley para su cumplimiento, y sujeto al control de legitimidad por parte de un órgano jurisdiccional"[8].

El concepto anterior es amplio y que abarca actos generales y abstractos, como reglamentos, instrucciones y actos convencionales, como contratos administrativos. Para Celso Antonio Bandeira de Mello, una definición estricta excluye de la definición tanto los actos abstractos (reglamentos e instrucciones) como los actos convencionales (contratos administrativos) al agregar las características de concreción y unilateralidad, por lo que el *acto administrativo* es la *declaración unilateral* del Estado, o quien lo haga "en ejercicio de prerrogativoas públicas, manifestadas a través de mandatos *concretos* complementarios a la ley para su cumplimiento y sometidos al control de legitimidad por parte de un órgano jurisdiccional"[9].

b) *Características.* El acto administrativo es una *declaración* o manifestación *legal* que produce efectos tales como certificar, crear, extinguir, transferir, declarar o modificar derechos u obligaciones. Es una declaración legal que proviene del Estado, por tanto, del *Estado,* o de quien esté investido en un cargo o función pública. Como declaración jurídica estatal, resulta del ejercicio de prerrogativas públicas; de autoridad, de derecho público, por lo tanto. La declaración legal estatal emitida por la autoridad determina las disposiciones legales complementarias de la ley o, excepcionalmente, de la propia Constitución, para darles cumplimiento. Esta declaración no es definitiva, ya que está sujeta a un examen de legitimidad por parte de una corte o tribunal.

[6] José dos Santos Carvalho Filho, *Manual de direito administrativo,* 21ª ed., pág. 95.

[7] Hely Lopes Meirelles, *Direito administrativo do Brasil,* 38ª ed., São Paulo, Malheiros Editores, 2012, pág. 157.

[8] Celso Antonio Bandeira de Mello, *Curso de direito administrativo,* cit., 29ª ed., pág. 389.

[9] Celso Antonio Bandeira de Mello, *Curso de direito administrativo,* cit., 29ª ed., pág. 389-390.

3. ELEMENTOS DE LOS ACTOS: SUBJETIVOS, OBJETIVOS Y FORMALES. LA MOTIVACIÓN DE LOS ACTOS

A) *Requisitos del acto administrativo*

Los autores discrepan sobre la cantidad de requisitos del acto administrativo. Por regla general: (a) el *sujeto*, autor del acto; (b) la *forma*, la cobertura externa del acto, su exteriorización; (c) el *objeto*, el bien legal sobre el que se informa el contenido; (d) el *contenido*, la disposición legal expresada por el acto, lo que establece; (e) la *razón*, la situación de hecho o derecho objetivo que autoriza o exige la práctica del acto; (f) la *finalidad*, el bien jurídico al que debe servir el acto; (g) la *causa*, la adecuación de la relación entre los motivos del acto, su contenido y la finalidad.

Es posible distinguir entre *requisitos externos* al acto (sujeto, objeto, pertenencia a la función administrativa, razón, finalidad) y requisitos internos (contenido, forma, formalización y causa).

El procedimiento de descomposición facilita la investigación de los vicios que presenta el acto.

a) *Requisitos externos.* Son los siguientes:

a') *Sujeto.* Es el autor del acto; quien lo produce porque, por regla general, es la autoridad investida regularmente en el cargo o función con competencia para desempeñarlo. En el ítem *temático,* enfocamos nuestro interés en la *capacidad de la persona jurídica* que lo ejerció; en el *número de atribuciones* del órgano que lo produjo; en la *competencia* del agente, su *investidura regular* en el cargo o función, y la *existencia o no* de obstáculos a su desempeño en el caso concreto[10].

Según la enseñanza de OSWALDO ARANHA BANDEIRA DE MELLO, *el agente responsable del acto administrativo es el Estado o las personas que toman su lugar.* Presupone *la capacidad del derecho para la formación y expresión de la voluntad y se ocupa del sujeto objeto de sus atribuciones.* Requiere que *el cuerpo, la unidad funcional, que realiza las atribuciones, tenga competencia, por el sujeto, objeto de la acción, en vista del contenido del acto, o por la organización del servicio, que se realiza de acuerdo con el grado jerárquico de los órganos o región en que operan, de acuerdo con la estructura de la persona jurídica y las atribuciones correspondientes.* Una vez comprobada la capacidad de la persona jurídica y la competencia del órgano, es necesario examinar si su titular, el agente público, *está habitualmente investido como agente público y titular del órgano responsable del ejercicio de esta facul-*

[10] OSWALDO ARANHA BANDEIRA DE MELLO, *Principios gerais do direito administrativo,* cit., 3ª ed., 2ª tir., vol. V, págs. 505-506; CELSO ANTONIO BANDEIRA DE MELLO, *Curso de direito administrativo,* cit., 29ª ed., pág. 400.

tad, así como como *estar calificado para el acto personalmente, es decir, no encontrarse en condiciones que le impidan, en especie o tiempo, practicar el acto, aunque genéricamente esté calificado para hacerlo*[11].

b') *Objeto.* El Estado produce efectos jurídicos, enunciado que se refiere a un bien fuera de él, ser o cosa. Objeto es de lo que dispone el acto. No hay acto sin un objeto al que se informa. Sin objeto —material y legalmente posible— ningún acto jurídico puede aparecer, sea administrativo o de cualquier otra categoría.

Oswaldo Aranha Bandeira de Mello clasifica el objeto como la *causa material del acto jurídico* y lo ubica en el *bien, aquello que es deseable, porque conviene a un fin, porque es capaz de lograrlo*, distinguible en *honesto o moral, útil y delicioso*[12]. Para él *son intereses jurídicos que pueden ser objeto de relación jurídica para dar satisfacción al poseedor del poder sobre él* y entre ellos se *encuentran el carácter patrimonial, bienes económicos susceptibles de utilidades individuales, apropiados para servir los intereses materiales* y *los de carácter no patrimonial, objeto de las relaciones jurídico-familiares o de las propias relaciones de la persona*[13].

c') *Relevancia para la función administrativa.* La declaración estatal que produce efectos jurídicos debe estar relacionada con el ejercicio de una competencia y función administrativa, porque de no ser así, habrá un acto jurídico, pero no un acto administrativo[14].

d') *Razones.* La declaración estatal que produce efectos jurídicos tiene como objetivo la consecución de determinados fines, generalmente relacionados con determinadas circunstancias que le llevaron a actuar, la pena de incumplimiento del interés público. A aquellas circunstancias que desencadenan el uso de la competencia por parte de la autoridad administrativa las llamamos motivo. "La *razón* es el supuesto fáctico que autoriza o exige la práctica del acto. Es, por tanto, la situación del mundo empírico la que debe tenerse en cuenta para la práctica del acto"[15]. En el mismo sentido Ricardo Marcondes Martins, para quien "la *razón* es el supuesto fáctico que autoriza o exige la práctica del

[11] Oswaldo Aranha Bandeira Mello, *Principios gerais do direito administrativo,* cit., 3ª ed., 2ª tir., vol. I, págs. 505-506.

[12] Oswaldo Aranha Bandeira Mello, *Principios gerais do direito administrativo,* cit., 3ª ed., 2ª tir., vol. I, pág. 516.

[13] Oswaldo Aranha Bandeira Mello, *Principios gerais do direito administrativo,* cit., 3ª ed., 2ª tir., vol. I, pág. 516.

[14] Celso Antonio Bandeira de Mello, *Curso de direito administrativo*, cit., 29ª ed., pág. 400.

[15] Celso Antonio Bandeira de Mello, *Curso de direito administrativo*, cit., 29ª ed., pág. 401; María Silvia Di Pietro Zanella, *Derecho administrativo*, cit., 23ª ed., pág. 210; José dos Santos Carvalho Filho, *Manual de derecho administrativo*, cit., 21ª ed., pág. 107.

acto; se refiere a las circunstancias fácticas, no a las jurídicas [...] es siempre un hecho jurídico que surge de la incidencia o de una regla abstracta, o un principio: se refiere a las *circunstancias fácticas*"[16].

La razón puede ser proporcionada por la ley o no. Si así lo dispone la ley, el agente solo podrá realizar el acto si se ha producido la situación prevista. En este caso, se *presenta como elemento vinculante de la voluntad del mandatario, quien, una vez comprobado el hecho, en términos legales, tiene la obligación de realizar el acto administrativo en la forma prescrita por la ley.* En ocasiones la razón jurídica no resulta inmediatamente de contrastar el hecho con el texto legal y *se impone su calificación jurídica*, lo que ocurre *cuando el sometimiento del hecho a la ley requiere una percepción más compleja, no se deriva de la simple verificación, y, que, por el contrario, pide un examen de conocimientos especializados*[17]. Pero si no existe una disposición legal para la razón, el agente es libre de elegir la situación (razón) en vista de la cual dictará el acto. En este caso, se *presenta como un elemento discrecional de la voluntad del mandatario, quien se encarga de valorar el hecho en base a su mérito, conveniencia u oportunidad para ejercer el derecho que debe realizar el acto administrativo, o en la forma más adecuada, según su criterio evaluativo*[18]. Sin embargo, incluso en este caso, "si el agente se fundamenta en la ocurrencia de una determinada razón, la vigencia del acto dependerá de la existencia de la razón expresada. Es decir, si el motivo que invocaste no existe, el acto será inválido"[19]. Es el vínculo del administrador con la razón que ha alegado, conocida doctrinalmente como la *teoría de las razones determinantes.*

b) *Razón del acto y razón legal.* Es posible distinguir entre el motivo legal y el motivo del acto.

El *motivo legal* "es la predicción abstracta de una situación empírica fáctica". En determinados casos, no se puede reducir a una objetividad total e indiscutible, como es el caso en el que la ley prohíbe comportamientos públicos que atenten contra la moral y, como es sabido, la noción de moral no se puede determinar con absoluto e incuestionable rigor, de modo que corresponderá a la autoridad valorar el motivo, es decir, le corresponderá verificar si una determinada conducta debe o no ser calificada como inmoral[20]. En este caso es

[16] Ricardo Marcondes Martins, *Efeitos dos vicios do ato administrativo,* cit., pág. 220.

[17] Oswaldo Aranha Bandeira Mello, *Principios gerais do direito administrativo,* cit., 3ª ed., 2ª tir., vol. I, pág. 534.

[18] Oswaldo Aranha Bandeira de Mello, *Principios gerais do direito administrativo,* cit., 3ª ed., 2ª tir., vol. V, pág. 534; Hely Lopes Meirelles, *Derecho administrativo de Brasil,* cit., 38ª ed., pág. 161.

[19] Celso Antônio Bandeira de Mello, *Curso de direito administrativo*, cit., 29ª ed., pág. 401.

[20] *Idem, ibidem*

necesaria su calificación jurídica, que se da cuando "el sometimiento del hecho a la ley requiere una percepción más compleja, no proveniente de una simple verificación, y si, por el contrario, de un examen que requiere conocimientos especializados"[21]. Este criterio de valoración de hechos tiene límites. Habrá estándares culturales que indicarán, con certeza, si el acto es moral o inmoral. No respetar estos límites viciará el acto[22].

El *motivo del acto* es la situación material, empírica, que "sirvió de soporte real y objetivo para la práctica del acto"[23].

"A los efectos de analizar la legalidad del hecho, es necesario, al examinar las razones, verificar: (a) la materialidad del hecho, es decir, verificar si la razón por la cual se cometió realmente ocurrió; (b) la correspondencia de la razón existente (y en la que se basó el acto) con la razón prevista por la ley ".[24]

c) *Motivo y móvil.* La razón es algo más que la intención. La intención es el propósito del agente que realiza el acto. "El móvil es *la* representación *subjetiva,* psicológica, interna del agente y corresponde a lo que despierta la voluntad (intención) del agente"[25].

El móvil (y, por tanto, la voluntad del agente) es relevante en los actos discrecionales, es decir, aquellos que reconocen el juicio subjetivo del agente sobre la mejor forma de proceder para cumplir con la finalidad legal. En este caso, si el móvil del agente está viciado por favoritismo o persecución, el acto será inválido[26].

El móvil del agente "es absolutamente irrelevante cuando el acto está completamente ligado, es decir, cuando la ley predetermina de antemano, objetiva y completamente, la única conducta administrativa posible por razones ya caracterizadas por ella en términos que no admiten ningún subjetivismo en cuanto al reconocimiento de su existencia", por lo que se admite la validez del acto vinculado realizado por un sirviente loco[27].

d) *Razón y motivación.* La razón del acto no debe confundirse con la motivación realizada por la autoridad administrativa, porque la motivación es un

[21] Oswaldo Aranha Bandeira de Mello, *Principios gerais do direito administrativo,* cit., 3ª ed., 2ª tir., vol. V, pág. 534.

[22] Celso Antônio Bandeira de Mello, *Curso de direito administrativo,* cit., 29ª ed., págs. 402-403.

[23] Celso Antônio Bandeira de Mello, *Curso de direito administrativo,* cit., 29ª ed., pág. 402.

[24] *Idem,* pág. 402.

[25] Celso Antônio Bandeira de Mello, *Curso de direito administrativo,* cit., 29ª ed., pág. 403.

[26] *Idem, ibidem*

[27] *Idem,* pág. 404.

requisito formalista del acto, que consiste en la exposición de las razones, el razonamiento en el que (a) la ley habilitante regla, (b) los hechos en los que se basó el agente para decidir, y (c) la enunciación de la relación de pertinencia lógica entre los hechos ocurridos y el acto realizado[28].

De hecho, según una lección impartida por OSWALDO ARANHA BANDEIRA de MELLO, "los actos jurídicos públicos realizados por el Estado, o por quienes toman su lugar, e incluso por los particulares, provocando o cumpliendo los actos de aquellos, en principio deben estar motivados, para que se pueda ejercer un control externo sobre ellos, ya sea para verificar si hubo una violación frontal del texto de la ley, en el caso de ejercicio de competencias vinculadas, o para verificar si hubo abuso de derechos, en el caso de ejercicio de facultades discrecionales"[29].

La motivación contemporánea a la práctica del acto o anterior al mismo es un requisito que debe cumplirse, bajo pena de nulidad del acto, salvo en los actos vinculados, donde la falta de motivación no sea causa de nulidad, siempre que la razón sea anterior al comportamiento obligatorio, situación en la que la motivación queda relegada a un segundo plano[30].

Esta vez, el acto discrecional desmotivado contiene un vicio y debe ser invalidado. Excepcionalmente, podrá dejarse de lado la nulidad del acto discrecional injustificado, siempre que: a) la ley no exija motivación previa; b) la administración demuestre que existió el supuesto motivo de la expedición del acto; y (c) que tal motivo fue el motivo determinante para dictarlo. Según OSWALDO ARANHA BANDEIRA DE MELLO, la falta de "motivación para un acto administrativo que surge del ejercicio de facultades discrecionales [...] en principio invalida el acto, salvo que, probado judicialmente, se haya incluido en el trámite que la precedió y, aun así, no implicó abuso de derecho, pues estaba convencida de que su práctica no solo era de interés colectivo en general, sino también del propio acto, que lo especifica como un elemento de su categoría jurídica, y por tanto, la causa determinante del acto debe ser considerada adecuada"[31].

[28] CELSO ANTONIO BANDEIRA DE MELLO, *Curso de direito administrativo,* cit., 29ª ed., pág. 404; MARÍA SILVIA DI PIETRO ZANELLA, *Derecho administrativo,* cit., 23ª ed., pág. 210.

[29] OSWALDO ARANHA BANDEIRA DE MELLO, *Principios gerais do direito administrativo,* cit., 3ª_ed., 2ª tir., vol. V, pág. 536.

[30] CELSO ANTONIO BANDEIRA DE MELLO, *Curso de direito administrativo,* cit., 29ª ed., pág. 406. Del mismo modo JOSÉ DOS SANTOS CARVALHO FILHO (*Manual de direito administrativo,* cit., 21ª ed., pág. 108), que, "como la ley ya predetermina todos los elementos de acción vinculados, el examen de la legalidad consiste solo en la confrontación del motivo del acto con el motivo legal".

[31] OSWALDO ARANHA BANDEIRA DE MELLO, *Principios gerais do direito administrativo,* cit., 3ª ed., 2ª tir., vol. I, pág. 538; CELSO ANTONIO BANDEIRA DE MELLO, *Curso de derecho administrativo,* cit., 29ª ed., pág. 407.

e) *Objetivo / Finalidad (supuesto teleológico).* La finalidad es el bien jurídico de la vida que pretende el acto o, en otras palabras, el resultado previsto por la ley y correspondiente al tipo de acto administrativo o al objetivo intrínseco a la categoría del acto[32]. "No es posible buscar, mediante un acto determinado, la protección de un interés jurídico cuya satisfacción debiera ser, conforme a la ley, obtenida por otro tipo o categoría de acto". El acto solo puede "buscar la finalidad que le corresponde"[33]. HELY LOPES MEIRELLES lo considera "un elemento vinculado a todo acto administrativo —discrecional o regulado—, porque el derecho positivo no admite actos administrativos sin finalidad pública o desviados de su finalidad específica"[34].

OSWALDO ARANHA BANDEIRA DE MELLO distingue la finalidad —a la que llama la causa final del acto jurídico— en objetiva, *al considerar el resultado práctico del acto mismo, el efecto jurídico que pretende lograr su propia categoría,* y en subjetivo, *al considerar el resultado práctico del agente, que realizó el acto, que no se confunde con eso, sino que lo excede, ya que agrega al efecto jurídico del acto la ventaja que busca obtener, el beneficio que se propone lograr*[35].

La causa final objetiva *debe adecuarse a la categoría del acto, con su personería jurídica, no desnaturalizándolo nunca al practicarlo, provocando un efecto jurídico diferente al que persigue o perturbándolo.* La causa final subjetiva, en cambio, está *subordinada al interés del agente, pero este, sin embargo, nunca debe tener fines subalternos, dañar a terceros*[36].

Si el acto busca un fin distinto al previsto por la ley, se produce lo que la doctrina denomina "desvío de poder". "La alteración de la finalidad expresada en la normativa legal o implícita en el ordenamiento de la administración configura el abuso de poder [...], que da lugar a la nulidad del acto, al carecer de un elemento primario en su formación: el público propósito deseado por el legislador"[37].

[32] CELSO ANTONIO BANDEIRA DE MELLO, *Curso de direito administrativo,* cit., 29ª ed., pág 409; MARÍA SILVIA DI PIETRO ZANELLA, *Derecho administrativo,* cit., 23ª ed., pág. 209; OSWALDO ARANHA BANDEIRA DE MELLO, *Principios generales del derecho administrativo,* cit., 3ª ed., 2ª tir., vol. V, pág. 531.

[33] CELSO ANTONIO BANDEIRA DE MELLO, *Curso de direito administrativo,* cit., 29ª ed., pág. 409.

[34] HELY LOPES MEIRELLES, *Direito administrativo do Brasil,* cit., 38ª ed., pág. 160

[35] OSWALDO ARANHA BANDEIRA MELLO, *Principios gerais do direito administrativo,* cit., 3ª ed., 2ª tir., vol. I, pág. 532

[36] OSWALDO ARANHA BANDEIRA MELLO, *Principios gerais do direito administrativo,* cit., 3ª ed., 2ª tir., vol. I, pág. 532.

[37] *Idem, ibidem.*

a') *Teoría del desvío de potencia.* Hay abuso de poder cuando el agente busca satisfacer un propósito ajeno a la naturaleza del acto utilizado. El abuso de poder representa un abuso de competencia, ya que el agente busca un fin incompatible con la naturaleza del acto[38].

El mal uso del poder se manifiesta de dos formas: (a) cuando el agente busca un propósito más allá del interés público. Ejemplo: uso de poderes para beneficiarse a sí mismo o a sus familiares o dañar a los enemigos, como denegar la emisión de una licencia comercial a un nuevo establecimiento para evitar la competencia con su propio establecimiento; (b) cuando el agente pretende un propósito, aunque sea de interés público, la categoría del hecho realizado es extraña, como en el caso de remover a alguien para sancionarlo[39].

b') *Requisitos internos.* Son los siguientes:

• Contenido —también designado como objeto— es lo que el acto dispone, decide, certifica, opina o modifica en el orden jurídico. Es una declaración que produce un cambio en el orden jurídico[40]. El contenido dispone sobre algo, que es el objeto del acto.

El mérito del acto administrativo consiste en la valoración de los motivos y la elección de contenido que hace la administración responsable de su ejercicio. Los méritos del acto administrativo solo cubren los elementos no vinculados a la administración que admiten valoración. En este sentido afirma HELY LOPES MEIRELLES: "El mérito administrativo está, por tanto, plasmado en la valoración de las razones y la elección del objeto del acto, realizada por la administración responsable de su ejercicio, cuando se le autoriza a decidir sobre la conveniencia, oportunidad y justicia del acto que debe realizar"[41].

• Forma. Es la expresión exterior del acto; la forma en que aparece y revela su existencia, prevista en la ley o libremente adoptada por la administración[42]. La obediencia a la forma en el derecho administrativo constituye una garantía legal para el administrado y para la administración, porque el respeto a la forma permite el control del acto administrativo[43].

• Formalización (supuesto *formalista).* La formalización es la forma correcta que se requiere para exteriorizar el acto, como la escritura, la forma más común y frecuente de formalizar el acto por razones de seguridad jurídica y

[38] CELSO ANTÔNIO BANDEIRA DE MELLO, *Curso de direito administrativo*, cit., 29ª ed., pág. 410.

[39] *Idem*, pág. 411.

[40] CELSO ANTÔNIO BANDEIRA DE MELLO, *Curso de direito administrativo*, cit., 29ª ed., págs. 397-398.

[41] HELY LOPES MEIRELLES, *Direito administrativo do Brasil,* cit., 38ª ed., pág. 163.

[42] CELSO ANTÔNIO BANDEIRA DE MELLO, *Curso de direito administrativo*, cit., 29ª ed., pág. 398.

[43] MARIA SYLVIA ZANELLA DI PIETRO, *Direito administrativo,* cit., 23ª ed., pág. 208.

certeza, aunque existen actos expresados de forma oral (órdenes verbales) o mediante gestos[44].

"A veces el contenido de la voluntad, su objeto, presupone solemnidades esenciales, que constituyen formalidades indispensables para la exteriorización del acto, por su carácter sustancial", cuya preterición "resulta en la nulidad del acto"[45]. Hay ciertos aspectos de la formalización que eventualmente pueden no importar a la validez del acto. La falta de respeto a estas normas no da lugar a la invalidación del acto, sino únicamente a la sanción del agente infractor[46].

• Causa. "Es una relación de adecuación entre los presupuestos del acto y su objeto"[47]; es el vínculo entre el motivo y el contenido, "en función de la finalidad tipológica del acto"[48]. En el ámbito del caso, se examina la *proporcionalidad.* A través del examen de proporcionalidad, lo que se verifica "es si la acción realizada (contenido del acto) ante un determinado hecho (motivo) se mantuvo dentro de los límites necesarios para cumplir con la finalidad legal o si fue *más intensa* o *más extensa* de lo necesario"[49].

El principio de proporcionalidad, para algunos, equivaldría al principio de razonabilidad, solo originado en otra matriz cultural y jurídica, ya que el principio de razonabilidad tendría un asiento en el derecho norteamericano e inglés, mientras que el principio de proporcionalidad derivaría de la ley alemana. Según el principio de proporcionalidad, la medida adoptada por la autoridad administrativa se juzgaría a la luz de tres criterios: adecuación, necesidad y estricta proporcionalidad.

El criterio de adecuación verifica si la medida administrativa adoptada es adecuada para lograr el propósito pretendido; se descarta cualquier medida que resulte inofensiva, ineficaz, para el fin pretendido.

Aprobado en la prueba de adecuación, se sigue el criterio de necesidad, que verifica, exactamente, si, para lograr la finalidad normativa prescrita, esa decisión tomada por la administración resulta menos lesiva para el interés de la persona.

Superada la prueba de necesidad, la última se refiere al criterio de proporcionalidad en sentido estricto, lo que implica una comparación valorativa, es

[44] Celso Antônio Bandeira de Mello, *Curso de direito administrativo*, cit., 29ª ed., págs. 415-416.

[45] Oswaldo Aranha Bandeira Mello, *Principios gerais do direito administrativo,* cit., 3ª ed., 2ª tir., vol. V, pág. 519.

[46] Celso Antônio Bandeira de Mello, *Curso de direito administrativo*, cit., 29ª ed., pág. 416.

[47] André Gonçalves Pereira, citado por Celso Antônio Bandeia de Mello, *Curso de direito administrativo,* pág. 412.

[48] Celso Antônio Bandeira de Mello, *Curso de direito administrativo*, cit., 29ª ed., pág. 412.

[49] *Idem*, pág. 414.

decir, los intereses contrapuestos deben ser comparados, evaluados y lo que es más valioso, a la luz de los valores constitucionales, deben prevalecer. Así, sin la proporcionalidad en sentido estricto se concluye que el interés lesionado por la medida administrativa es más importante que el interés que se debe proteger, la medida adoptada también es desproporcionada en sentido estricto.

En presencia de alguno de los vicios antes mencionados, los actos se consideran inválidos por vicio y pueden ser invalidados o convalidados, con la reducción de la extensión e intensidad de los efectos del acto en el ámbito jurídico del administrador.

4. Condiciones de eficacia de los actos administrativos. Eficacia condicionada y eficacia retroactiva

El acto administrativo admite análisis en términos de existencia, vigencia y efectividad. Estos planos son autónomos, independientes.

El acto *existe* cuando se agotan las operaciones necesarias para su existencia jurídica; entonces se considera concluido.

La ley es *válida* cuando se emite en pleno cumplimiento de los requisitos del sistema reglamentario.

El acto es *efectivo* cuando “está disponible para producir sus propios efectos”[50]. La efectividad del acto no estaría sujeta a condición suspensiva, plazo inicial o acto de control bajo la responsabilidad de otra autoridad. En ocasiones el acto de efectividad “depende de arreglos instrumentales o de sucesos futuros, cuya causa permanece en estado pendiente mientras no los haya” como la comunicación o publicación. “La efectividad con referencia a otros, por tanto, depende de la conciencia efectiva de la recepción de su participación, o de su divulgación pública”[51].

Los efectos del acto administrativo pueden ser típicos o atípicos.

Los efectos típicos corresponden al tipo específico del acto, su función legal; por ejemplo, el efecto típico del acto de nombramiento es permitir que alguien asuma un cargo[52]. Son las situaciones y relaciones derivadas de la tipología del propio acto[53].

Los *efectos atípicos* del acto administrativo pueden ser preliminares o reflejos.

[50] Celso Antônio Bandeira de Mello, *Curso de direito administrativo*, cit., 29ª ed., pág. 391.

[51] Oswaldo Aranha Bandeira de Mello, *Principios gerais do direito administrativo,* cit., 3ª ed., 2ª, vol. V, págs. 606-607.

[52] Celso Antônio Bandeira de Mello, *Curso de direito administrativo*, cit., 29ª ed., pág. 393.

[53] Ricardo Marcondes Martins, *Efeitos dos vicios do ato administrativo,* pág.141

Los efectos preliminares atípicos existen en la situación en la que se encuentran pendientes determinados actos, es decir, durante el período comprendido entre la producción del acto y el desencadenamiento de sus efectos típicos, como es el caso del acto sujeto a control, en el que el efecto preliminar atípico del acto controlado es el que implica para el órgano de control el deber-poder de emitir el acto de control[54].

Los efectos reflejos atípicos producen efectos en otra relación jurídica, llegando a terceros no objetivados por el acto, como el arrendatario de la propiedad expropiada que, por expropiación, "ve extinguida la relación de arrendamiento legal que tenía con el dueño expropiado"[55].

Por regla general, el acto administrativo produce efecto inmediato, es decir, busca regir las situaciones jurídicas presentes y futuras y, en principio, tiene carácter irretroactivo. Respeta los hechos pasados y no desconoce los efectos futuros de los derechos adquiridos, del acto jurídico formalmente perfecto en el pasado y de las situaciones jurídicas definitivamente constituidas de acuerdo con el orden normativo[56].

Así, por regla general, serían nulos los actos administrativos retroactivos que desconozcan hechos pasados o vulneren derechos adquiridos, aunque en determinados casos la ilegalidad se resuelve "reparando el daño, si es susceptible de composición patrimonial, en cuanto a los efectos futuros de los derechos adquiridos [...] ante la alteración del orden normativo al que se subsumió el acto administrativo anterior, que generó el derecho adquirido"[57]. Sin embargo, algunos actos administrativos pueden ser retroactivos sin que ello constituya una violación del orden legal, como los actos declarativos, cuyos efectos se remontan a la época en que ocurrieron los hechos, y les otorgan consecuencias jurídicas a partir de esa fecha; los actos de validación de actos anulables, ratificándolos y confirmándolos; los actos que invalidan otros actos[58].

A) *Atributos de los actos administrativos*

Los *atributos de los actos administrativos* existen por la calidad de los intereses por los que la administración pública es responsable de brindar. Como la administración pública vela por el interés público, el ordenamiento jurídico reconoce a los actos administrativos algunas características que no existen en

[54] *Idem, ibidem.*

[55] *Idem, ibidem.*

[56] Oswaldo Aranha Bandeira de Mello, *Principios gerais do direito administrativo,* cit., 3ª ed., 2ª tir., vol. I, pág. 608.

[57] *Idem,* págs. 608-609.

[58] *Idem,* págs. 609-610.

los actos jurídicos privados. Por tanto, los atributos de los actos administrativos son prerrogativas otorgadas a favor del interés público, que solo pueden ser invocadas por la administración si es necesario para la realización del interés público. Tales atributos no se encuentran presentes en ningún acto administrativo, como en los actos amplificadores, sino únicamente en los actos restrictivos de la ley, que establecen deberes y limitaciones a la actividad de los particulares, porque, en este caso, la efectividad del acto perfecto no puede ser obstaculizado por el tercero por la simple negativa a cumplirlo[59].

Atributos típicos de actos administrativos son la *presunción de legitimidad,* la *presunción de veracidad, imperatividad, aplicabilidad* del auto de *ejecución, tipicidad.*

B) *Presunción de legitimidad*

Presumir es emitir un juicio basado en evidencia, que califica algo como válido o inválido hasta una segunda evaluación. Así, la presunción está imbuida de la idea de precariedad, por lo que de ella no se puede extraer ninguna conclusión definitiva.

Es la *presunción de legitimidad* de calidad atribuida a los actos administrativos la que establece la convicción de elaboración del acto administrativo de conformidad con el ordenamiento jurídico, hasta que se pruebe lo contrario.

La presunción de legitimidad o cumplimiento del ordenamiento jurídico es relativa, es decir, *juris tantum,* y solo existe mientras no exista impugnación del acto en la vía administrativa o jurisdiccional.

El fundamento de la presunción de legitimidad se encuentra en el principio de legalidad, que la administración está obligada a observar en los trámites previos a la producción del acto, que señala garantía de cumplimiento de la ley, y en los motivos de rapidez en la realización de negocios garantizada por la presunción antes mencionada.

Si el acto es impugnado por vía administrativa o judicial, surgen dudas sobre la carga de la prueba.

Una corriente sostiene que el tema de la presunción de legitimidad no plantea el problema de la carga de la prueba, porque concluir, o no, la legitimidad del acto es una cuestión de derecho, y no de hecho, por lo que es suficiente. confrontar el acto con la ley.

Otra corriente defiende la idea de que corresponde a la administración la carga de probar los hechos que alega y que invalidarían la presunción de legitimidad del acto administrativo.

[59] Celso Antônio Bandeira de Mello, *Curso de direito administrativo*, cit., 29ª ed., págs. 421-423.

Otra corriente, sin embargo, sostiene que la carga de la prueba recae en la administración, en vista de la impugnación realizada por el administrador.

Creo que corresponde a la administración acreditar la legitimidad del acto, ya que representa el hecho constitutivo de su reclamo administrativo o judicial. Según la regla de reparto de la carga de la prueba descrita en el artículo 373 del Código de Procedimiento Civil es responsabilidad del demandante probar el hecho que constituye su derecho. Por tanto, corresponde a la administración pública probar, por los medios disponibles, que el acto se realizó de conformidad con el ordenamiento jurídico.

C) *Presunción de veracidad*

Es posible *distinguir entre legitimidad y veracidad,* porque la legitimidad se refiere al cumplimiento del acto con el ordenamiento jurídico, mientras que la presunción de veracidad se refiere a hechos que se presumen verdaderos. Así, se presume la veracidad de los hechos alegados por la administración, correspondiente a la realidad, como en lo que se refiere a certificados, declaraciones, informaciones, todo ello dotado de fe pública.

La *presunción de veracidad* existe hasta el momento en que se presenta una impugnación por parte del administrado. Si los hechos son impugnados, la carga de la prueba para demostrar la veracidad recae en la administración, porque es parte de su derecho.

La presunción de legitimidad o veracidad puede, sin embargo, beneficiar a los administrados de buena fe, pues el Supremo Tribunal Federal en varias sentencias sostuvo que se deben conservar los efectos de los actos administrativos en relación con los administrados de buena fe, ya que dichos actos gozarían de la presunción de legitimidad. o veracidad.

D) *Imperativo*

La imperatividad es un atributo del acto administrativo por el cual sus efectos pueden ser atribuidos a terceros sin su acuerdo. "Es el resultado de lo que Alessi denomina 'poder extroverso', que permite a la autoridad editar actos que van más allá del ámbito jurídico del sujeto emisor, es decir, que interfieren en el ámbito jurídico de otras personas, constituyéndolas unilateralmente en obligaciones"[60]. El imperativo proyecta los efectos del acto en el ámbito jurídico de terceros, quienes no participaron en la formación de la declaración legal.

[60] Celso Antonio Bandeira de Mello, *Curso de direito administrativo,* cit., 29ª ed., pág. 423.

La imperatividad existe solo en los actos restrictivos. Los actos que amplían el ámbito de acción del administrador no gozan de imperativos, tales como licencias, autorizaciones, permisos[61], salvo que se reconozca a terceros la obligación negativa de abstenerse y no obstaculizar el ejercicio del acto autorizado por el acto amplificador.

E) *Exigibilidad*

La exigibilidad es el atributo del acto "en virtud del cual el Estado, en el ejercicio de su función administrativa, puede exigir a terceros el cumplimiento y observancia de las obligaciones que ha impuesto"[62]. La exigibilidad impulsa "el cumplimiento de la obligación ya impuesta, sin necesidad de recurrir al poder judicial para inducir al administrador a cumplirla"[63]. La exigibilidad autoriza el uso de técnicas coercitivas, como la imposición de una multa, la denominada "ejecución de oficio", que permite a la administración construir por su cuenta e indilgar el costo de la obra al administrador.

La exigibilidad no debe confundirse con el imperativo, porque el imperativo constituye lo administrado en una determinada situación, en un deber u obligación, mientras que la exigibilidad permite a la administración, mediante coacción, exigir o pretender el cumplimiento de la obligación impuesta. Se ubican en diferentes planos: lo imperativo, en el campo de la constitución de la obligación; mientras que la exigibilidad, en el ámbito del cumplimiento.

F) *Autoejecución*

La autoejecución es la cualidad que permite al poder público realizar, por sus propios medios, la prestación requerida por el administrador, sin la búsqueda previa de cauces judiciales[64], como ocurre cuando la administración disuelve una marcha, prohíbe una fábrica, toma posesión de bienes de primera necesidad.

La autoejecución es, en la preciosa lección de OSWALDO ARANHA BANDEIRA DE MELLO, "la ejecución coercitiva, por un acto propio de la administración pública, sin la intervención del poder judicial, de actos administrativos. Es el resultado de su demanda previa, como consecuencia natural. Así, la autoejecución es prerrogativa de la administración pública para ejecutarla de oficio, por acción

[61] MARÍA SILVIA ZANELLA DI PIETRO, *Direito administrativo,* cit., 23ª ed., pág. 200.

[62] CELSO ANTONIO BANDEIRA DE MELLO, *Curso de direito administrativo,* cit., 29ª ed., pág. 423.

[63] *Idem, ibidem.*

[64] CELSO ANTÔNIO BANDEIRA DE MELLO, *Curso de direito administrativo,* cit., 29ª ed., pág. 423.

directa. Es el *privilegio de la action d'office.* En esta eventualidad, la administración pública, de ser necesario, coacciona a la persona para realizar el acto administrativo, ejerciendo, mediante la autoprotección, su ejecución forzosa, mediante el uso de la fuerza pública"[65].

La autoejecución no debe confundirse con la exigibilidad, porque la ejecutividad no permite la ejecución del acto mediante la acción directa de la administración, sino únicamente el uso de medios indirectos que induzcan al administrador a cumplir con el mandato imperativo.

Tanto la exigibilidad como la autoaplicación son atributos que no exigen que la administración pública recurra a los tribunales.

En cuanto a los casos de aplicación y no aplicación, OSWALDO ARANHA BANDEIRA DE MELLO nos enseña: "En el derecho administrativo del continente europeo y de América Latina prevalece, en doctrina, el punto de vista de ser el *principio de autoejecución de los actos* inherente a todos los preceptos que establecen deberes y prescriben límites a la actividad privada", pero que, "en la actualidad, los administradores franceses afirman que el uso de la fuerza pública para realizar actos administrativos constituye una excepción a la regla. Afirman que, en principio, la administración pública, para hacer cumplir su voluntad, debe acudir a los tribunales", y entre los casos de ejecución forzosa directa "se consideran los previstos expresa o implícitamente en la ley [...] aquellos en los que la desobediencia al acto administrativo no conlleva, en consecuencia, sanción penal o no existe proceso judicial que lo obligue, en el orden civil [...] en circunstancias urgentes, de necesidad pública, para que no se convierta, después, en acto inútil o impropio, inconveniente o inapropiado"[66].

Esta orientación prevalece en Brasil, donde se sostiene que las hipótesis de autoaprendizaje están restringidas porque o la ley lo prevé expresamente, o el autoaprendizaje es una condición indispensable para la garantía efectiva del interés público en el caso de medidas urgentes[67].

"En Inglaterra y Estados Unidos —según OSWALDO ARANHA BANDEIRA DE MELLO— el poder de autogobierno de la administración pública es realmente desconocido en principio", ya que "las relaciones de la corona inglesa y la

[65] OSWALDO ARANHA BANDEIRA DE MELLO, *Principios gerais do direito administrativo,* cit., 3ª ed., 2ª tir., vol. I, págs. 615-616.

[66] *Idem*, págs. 622-624

[67] MARÍA SILVIA ZANELLA DI PIETRO, *Direito administrativo,* cit., 23ª ed., pág. 200. En este sentido, también, HELY LOPES MEIRELLES (Derecho *administrativo de Brasil,* cit., 38ª ed., págs. 170-171), para quien "cuando el interés público correr peligro inminente, la autoejecutoriedad debe ser reconocido. Así, la Constitución no prohibió el *jus imperium* de la administración pública, ni la posibilidad cautelar del avance de la efectividad de una medida administrativa".

presidencia norteamericana, así como de sus órganos administrativos, se rigen por el derecho común de las personas", por lo que, "para obtener el cumplimiento de un acto administrativo al que el individuo se opone, es necesario solicitar una orden judicial o promover una acción judicial para sancionarlo penalmente por desobediencia". Con ello, "los órganos administrativos no pueden, por acción directa, hacer prevalecer su voluntad", lo que "solo se logra a través de la acción del poder judicial, a través de los tribunales comunes". Pero "últimamente, sin embargo, se ha producido un cierto cambio en el régimen jurídico angloamericano al respecto", en la medida en que "ahora se admite la autoejecución del acto administrativo si así lo otorga expresamente la ley", y se llama *poder sumario*[68].

Consideramos que la autoejecución, como atributo del acto administrativo, presupone una decisión definitiva o conclusiva dictada en el curso de un procedimiento administrativo. La ejecución es una decisión que no se puede apelar más, al menos en el ámbito administrativo.

Si aún no se ha caracterizado una decisión definitiva, al menos administrativamente, lo que tenemos es una situación de urgencia o emergencia, que puede autorizar la tramitación de una medida cautelar con miras a salvaguardar el interés público, de modo que las medidas tomadas por la administración no son definitivas sino provisionales.

"Las *vías administrativas de hecho son* todas las decisiones ejecutorias que no respetan las condiciones legales que deben tener para ser emitidas con regularidad" y, con ello, "resultan en la nulidad del acto y la responsabilidad del poder público".

G) *La tipicidad*

La tipicidad como atributo del acto administrativo significa que el acto previamente definido por la ley es capaz de producir ciertos resultados, de modo que, para cada propósito que la administración quiere lograr, existe un acto definido por la ley.

La tipicidad representa una garantía para el administrado, en la medida en que impide a la administración realizar actos obligatorios y exigibles sin ninguna disposición legal y en la medida en que impide un acto totalmente discrecional[69].

[68] OSWALDO ARANHA BANDEIRA DE MELLO, *Principios gerais do direito administrativo,* cit., 3ª ed., 2ª tir., vol. I, pág. 624.

[69] MARÍA SILVIA ZANELLA DI PIETRO, *Direito administrativo,* cit., 23ª ed., pág. 201

5. La invalidez de los actos administrativos (nulidad, anulabilidad y vías de declaración)

A) *Terminación de los actos administrativos*

El acto efectivo, es decir, que produce efectos en el orden jurídico, puede dejar de producirlos por varias razones, entre ellas:

a) *Cumplimiento de sus efectos* por (i) *agotamiento de su contenido legal* por la ocurrencia de sus efectos en el plazo previsto, tales como vacaciones de un empleado; por (ii) *ejecución material*, es decir, cuando el acto requiera una medida y se lleve a cabo, como la ejecución de la orden de demolición de una propiedad; por (iii) *implementación* de una condición resolutiva o término final[70].

b) La *desaparición del sujeto*, como la muerte del beneficiario en el acto *intuitu personae,* por ejemplo, los efectos del nombramiento del empleado se extinguen con su muerte, o la *desaparición del objeto* como la enfiteusis que se extingue con la retoma por mar de un terreno marino en alta mar[71].

c) El *retiro del acto*, cuando la autoridad emita un acto concreto con efecto extintor del anterior.

Hay varias posibilidades para retirar el acto:

(i) *revocación*: es la retirada por razones de conveniencia u oportunidad, como la revocación del permiso para establecer quioscos o puestos de venta ambulante;

(ii) *invalidación*: es la remoción del acto realizado en violación del ordenamiento jurídico, como la invalidación de una autorización para portar un arma de fuego otorgada a un menor;

(iiii) *casación*: baja por comportamiento en desacuerdo con las condiciones previamente establecidas y que deben cumplirse. Ejemplo: hotel que se convierte en casa de tolerancia[72];

(iv) *caducidad:* remoción por superveniencia de una norma legal que hace inadmisible la situación previamente permitida y otorgada por el acto anterior, como la caducidad del permiso para explorar un parque de diversiones en un

[70] Celso Antonio Bandeira de Mello, *Curso de direito administrativo,* cit., 29ª ed., págs. 454-455.

[71] *Idem*, pág. 455.

[72] *Idem*, pág. 456.

lugar que, a la vista de la nueva la ley de zonificación se ha vuelto incompatible con ese tipo de uso;

(v) *oposición:* retiro porque se dictó un acto con base en una competencia diferente a la que generó el acto anterior, pero cuyos efectos son opuestos a los del anterior, como el despido de un empleado, que extingue los efectos del acto de nombramiento;

(vi) *renuncia:* es "la extinción de los efectos del acto ante el rechazo por parte del beneficiario de una situación jurídica favorable de la que disfrutaba como consecuencia de dicho acto, como la renuncia al cargo de secretario de Estado"[73].

B) *Revocación*

a) *Concepto.* La *revocación* es la terminación de un acto administrativo o de sus efectos sobre otro acto administrativo, dictado por razones de conveniencia y oportunidad, con sujeción a los efectos anteriores[74].

La revocación es el acto administrativo discrecional por el cual la administración decide dar por terminado un acto válido previamente editado, por razones de oportunidad y conveniencia[75]. Se trata, según OSWALDO ARANHA BANDEIRA DE MELLO, de "una manifestación unilateral de la voluntad de la administración pública en la que declara que no quiere seguir manteniendo una manifestación previa de voluntad, sustentado en un acto administrativo previo, pues ya no conviene, en la ocasión, al interés público, aunque legítimo"[76].

Según la definición de DANIELE COUTINHO TALAMINI, "una forma de extinción de actos administrativos, practicada en el ejercicio de la competencia discrecional, que busca suprimir sin retroactividad la efectividad de un determinado acto que produce o está a punto de producir inconvenientes o inadecuados"[77].

b) *Sujeto a revocación.* Una autoridad que ejerza funciones y poderes administrativos puede revocar el acto administrativo[78]. Los poderes legislativo y judicial pueden revocar sus actos administrativos, pero no los actos administrativos del poder ejecutivo.

[73] *Idem, ibidem.*

[74] CELSO ANTONIO BANDEIRA DE MELLO, *Curso de direito administrativo,* cit., 29ª ed., pág. 457.

[75] MARÍA SILVIA ZANELLA DI PIETRO, *Direito administrativo,* cit., 23ª ed., pág. 249

[76] OSWALDO ARANHA BANDEIRA DE MELLO, *Principios gerais do direito administrativo,* cit., 3ª ed., 2ª tir., Vol. I, pág. 633.

[77] MARÍA SILVIA ZANELLA DI PIETRO, *Direito administrativo,* cit., 23ª ed., pág. 201.

[78] CELSO ANTONIO BANDEIRA DE MELLO, *Curso de direito administrativo,* cit., 29ª ed., pág. 458.

El agente revocador puede ser quien produjo el acto o una autoridad superior en ejercicio del poder jerárquico[79], o incluso quien no forma parte de la persona jurídica de donde se originó el acto, pero a quien la ley confiere competencia de revocación por fuera de la línea jerárquica[80].

c) *Objeto de revocación.* El objeto de la revocación puede ser "el acto administrativo válido o una relación jurídica válida que se derive de él", tales como actos abstractos —reglamentos, estatutos, etc.—, o actos concretos —como permisos, autorizaciones, etc.—. En el caso de actos concretos, la intención es poner fin a las relaciones que nacieron de ellos, manteniendo los efectos que ya han pasado indemnes[81].

d) *Motivos de revocación.* La revocación surge de un Estado de derecho que faculta a la autoridad para actuar. Suele derivarse de la misma regla de competencia que habilitó al agente.

Para la revocación, la autoridad debe tener competencia discrecional actual sobre el asunto que se decidirá.

La base de la revocación es la competencia que permite al mandatario disponer de la misma situación, objeto de una disposición anterior, a su discreción, o, en otras palabras, una regla expresa que otorgue a algún sujeto la facultad de suprimir la disposición anterior, incluso sin el poder de iniciativa para editar el primer acto[82].

e) *Razones para la revocación.* Lo que motiva la revocación es la molestia o inconveniencia del acto o situación que genera. Consiste en reevaluar una situación dada con la conclusión de su inadecuación al interés público[83].

La revocatoria de la jurisdicción solo puede ejercerse si está condicionada por el interés público, estando prohibido el ejercicio abusivo. "Por tanto, las causales de revocación deben ser de la misma naturaleza que el acto revocado, o de un orden superior, en términos de valor, en vista del interés público"[84].

f) *Efectos de la revocación.* La revocación elimina el acto o sus efectos, pero respeta los efectos que ya se han producido. Es efectivo *ex nunc a* partir de ahora, ya que la revocación no resta valor a los efectos pasados[85].

[79] *Idem, ibidem.*

[80] *Idem, ibidem.*

[81] Celso Antônio Bandeira de Mello, *Curso de direito administrativo*, cit., 29ª ed., págs. 458-460.

[82] Celso Antônio Bandeira de Mello, *Curso de direito administrativo*, cit., 29ª ed., págs. 460-461.

[83] Celso Antonio Bandeira de Mello, *Curso de direito administrativo*, cit., 29ª ed., pág. 461.

[84] Oswaldo Aranha Bandeira de Mello, *Principios gerais do direito administrativo,* cit., 3ª ed., 2ª tir., vol. I, pág. 638.

[85] Celso Antônio Bandeira de Mello, *Curso de direito administrativo*, cit., 29ª ed., págs. 462-463.

"Las razones que provocan la revocación se basan en la conveniencia y oportunidad pública y se verifican después de la emanación del acto administrativo o, en caso contrario, son contemporáneas del mismo. No se trata de anular el acto anterior para castigar su práctica. Por lo tanto, no es lícito tener alcance retroactivo y buscar cubrir los efectos ya producidos, con referencia a terceros, si se realizaron en su totalidad en el pasado. No puede, por tanto, suprimir o perturbar las situaciones jurídicas definitivamente constituidas por los actos administrativos habitualmente realizados"[86].

La revocación del acto derogatorio reconstituye el derecho que resultó del primer acto. Con esto, se produce una especie de repristinación.

g) *Naturaleza del acto revocatorio*. El acto de revocación es "un acto de administración *activa* y no un acto de administración de control, consulta, verificación o contencioso". El acto revocatorio es constitutivo, porque "su función es establecer una nueva situación"[87].

h) *Límites a la facultad de revocar*. La jurisdicción de revocación se basa en la ley. El poder de revocación se basa en: (a) la ley explícita que otorga dicha competencia; (b) competencia para disponer de una determinada relación que no se agotó cuando se ejercía previamente[88].

Los actos generales abstractos son siempre revocables.

Pero existen límites a la revocación de actos concretos.

Son irrevocables:

(a) actos que la ley declare irrevocables;

(b) actos ya agotados, es decir, cuyos efectos se agotan;

(c) los actos vinculados mientras lo son;

(d) los llamados meros actos administrativos (certificados);

(e) actos de control (en los que se agota la competencia);

(f) actos complejos (si es necesario para integrar las voluntades de diferentes órganos, una sola voluntad no puede modificar el acto);

(g) actos que generan derechos adquiridos[89].

i) *Revocación e indemnización*. El ejercicio de la jurisdicción de revocación no implica la obligación de indemnizar, por regla general; pero no puede

[86] Oswaldo Aranha Bandeira de Mello, *Principios gerais do direito administrativo,* cit., 3ª ed., 2ª tir., vol. V, págs. 638-639.

[87] Celso Antônio Bandeira de Mello, *Curso de direito administrativo,* cit., 29ª ed., págs. 463-464.

[88] Oswaldo Aranha Bandeira de Mello, *Principios gerais do direito administrativo,* cit., 3ª ed., 2ª tir., vol. I, pág. 644.

[89] Celso Antônio Bandeira de Mello, *Curso de direito administrativo,* cit., 29ª ed., págs. 465-466; María Silvia Zanella Di Pietro, *Derecho administrativo,* cit., 23ª ed., págs. 249-250.

excluirse la obligación de indemnizar, cuando la revocación llegue a una situación consolidada en el tiempo. Según enseña Oswaldo Aranha Bandeira de Mello: "En caso de revocatoria de un acto administrativo sin amparo de un derecho adquirido, indemnizándolo, o incluso de daño a la propiedad de un tercero, el titular de ese derecho y el económicamente lesionado tienen el derecho subjetivo de acción individual, ante el poder judicial, para obtener la salvaguarda del derecho adquirido irrespetado y la composición de los daños sufridos. Si esta violación conlleva un aparente daño irreparable, el poder judicial puede incluso suspender los efectos de la revocación del acto administrativo"[90].

Para Daniele Coutinho Talamini, "pueden surgir hipótesis indemnizables en los casos en que la persona realice gastos e inversiones con el fin de llevar a cabo el objeto del acto", casos en los que la "indemnización se debe únicamente a los gastos incurridos, y se basa en los principios de igualdad, seguridad jurídica y buena fe"[91].

C) *Nulidad de actos administrativos*

a) *Concepto.* La nulidad es la supresión con efecto retroactivo de un acto administrativo (o de la relación jurídica que de él se derive) por haber sido producido en desacuerdo con el ordenamiento jurídico[92]. Es la anulación del acto por motivos de ilegalidad[93]. Consiste en emitir un acto administrativo cuyo efecto es excluir del ámbito jurídico el acto inválido[94]. Es el retiro retroactivo, total o parcial, de un acto administrativo realizado en violación del ordenamiento jurídico, por otro acto administrativo[95].

b) *Sujetos activos.* Tanto la administración pública, por provocación o de oficio, como el poder judicial, por provocación, pueden ser sujetos activos de invalidación, según lo determinan los precedentes 346 y 473 del Supremo Tribunal Federal[96].

En el primer caso, la eliminación del sistema legal de un acto administrativo ilegal por parte de la administración, se llama invalidación, mientras que, en

[90] Oswaldo Aranha Bandeira de Mello, *Principios gerais do direito administrativo,* cit., 3ª ed., 2ª tir., vol. V, pág. 644

[91] *Revocación de la ley administrativa,* pág. 261

[92] Celso Antonio Bandeira de Mello, *Curso de direito administrativo,* cit., 29ª ed., pág. 470.

[93] María Silvia Zanella Di Pietro, *Direito administrativo,* cit., 23ª ed., pág. 236.

[94] Ricardo Marcondes Martins, *Efeitos dos vicios do ato administrativo,* cit., pág. 274.

[95] Diógenes Gasparini, *Derecho administrativo,* 13ª ed., pág. 112.

[96] María Silvia Zanella Di Pietro, *Derecho administrativo,* cit., 23ª ed., pág. 236.

el segundo caso, la eliminación del sistema legal de un acto administrativo ilegal por parte del poder judicial, se llama anulación[97].

c) *Objeto de invalidación.* El acto y sus efectos pueden invalidarse en actos abstractos; en actos concretos solo pueden invalidarse los efectos.

d) *Motivos de invalidación.* El deber de obediencia a la legalidad constituye para la administración el fundamento de la competencia para invalidar; y el deber de aplicar la ley al caso concreto es la base para otorgar competencia al poder judicial para invalidar[98].

La nulidad de un acto administrativo se fundamenta en la ilicitud del acto o en la ilicitud de la relación que genera, la cual debe ser eliminada.

Los defectos que autorizan la invalidación son:

(a) los vicios de la incompetencia, como la usurpación de funciones (C. P., art. 328); el exceso de poder, es decir, cuando la autoridad sobrepasa los límites de su competencia;

(b) vicios relacionados con el contenido, como contenido prohibido por la ley; contenido diferente al previsto en la ley; el contenido imposible, inmoral, incierto[99];

(c) defectos relacionados con la forma, como omisión o incumplimiento;

(d) sesgos en cuanto al motivo, como inexistencia o falsedad;

(e) sesgo de propósito, como mal uso del poder o mal uso del propósito[100].

e) *Efectos de la invalidación.* La invalidación pone fin retroactivamente al acto administrativo y sus efectos. La invalidación es retroactiva.

f) *Clasificación de invalidez.* Los actos pueden ser irregulares, anulables, nulos o inexistentes.

a') *Actos irregulares.* Son aquellos que contienen defectos materiales irrelevantes, reconocibles de plano o mal formulados, consistentes en la violación de una norma cuyo alcance es imponer una estandarización interna[101].

Para una parte de la doctrina, los actos irregulares no son actos inválidos. Se trata de situaciones en las que existe una irregularidad del acto, pero no hay nulidad, es decir, el acto está viciado, pero no se requiere su corrección, como

[97] Diógenes Gasparini, *Direito administrativo,* 13ª ed., pág. 115

[98] Celso Antonio Bandeira de Mello, *Curso de direito administrativo,* cit., 29ª ed., pág. 472.

[99] *Idem*, pág. 241.

[100] *Idem, ibidem.*

[101] Celso Antônio Bandeira de Mello, *Curso de direito administrativo,* cit., 29ª ed., pág. 478.

por ejemplo “el defecto formalista resultante de un error ortográfico que no obstaculiza el entendimiento del acto”, incumplimiento de la formalización adoptada para el acto[102].

b’) *Actos anulables.* Son anulables los actos que así lo declare la ley, así como los actos susceptibles de convalidación, es decir, los actos que puedan rehacerse con la eliminación del defecto.

c’) *Actos nulos.* Son también actos nulos los que no pueden ser convalidados, es decir, los que no pueden reproducirse sin que también se reproduzca la nulidad, como los contenidos ilícitos, el abuso de poder, la falta de motivo vinculado.

La ley que rige el proceso administrativo federal dispuso un plazo de cinco años para que la administración invalide los actos en sí, por lo que el plazo de prescripción para revocar actos nulos y anulables es el mismo.

No existe obligación de indemnizar si se invalida el acto antes de que el administrado incurra en gastos. Pero si el administrado realizó una actividad costosa, fue de buena fe y no contribuyó al vicio del acto cumplido, tiene derecho a una indemnización por los gastos, debiendo respetarse los efectos patrimoniales pasados relacionados con la relación afectada.

Sin embargo, existen límites a la invalidación de actos nulos, como el tiempo, con la consecuente estabilización de las relaciones jurídicas, y la buena fe de terceros.

d’) *Actos inexistentes.* Consisten en conductas que corresponden a conductas delictivas, prohibidas por la ley, como la orden de una autoridad a su subordinado de torturar a un preso, la autorización para que alguien explote el trabajo esclavo, la licencia para que un establecimiento funcione como local de proxenetismo, la autorización para el saqueo de las viviendas de los deudores fiscales[103].

Este concepto niega la existencia del acto, aun cumpliendo requisitos y supuestos formales, que no cumple con el supuesto de mínima corrección o justicia y, en otras palabras, caracteriza lo que se denomina “injusticia intolerable”, reconocida, según afirma Ricardo Marcondes Martins, por consenso o mediante una *consideración de los principios relevantes* que revelan la violación del núcleo esencial de los derechos humanos básicos.

[102] Ricardo Marcondes Martins, *Efeitos dos vicios do ato administrativo,* cit., págs. 270-271.

[103] Celso Antônio Bandeira de Mello, *Curso de direito administrativo*, cit., 29ª ed., pág. 486.

En los casos en que la intolerancia de la injusticia sea reconocida *consensualmente* por la sociedad, la asunción de la falta de un mínimo de efectividad o reconocimiento social es suficiente para caracterizar la inexistencia del acto administrativo, es decir, para descalificarlo como norma jurídica propia del Estado.

Cuando no hay consenso social, el reconocimiento de la inexistencia del acto administrativo por la realización de una injusticia intolerable dependerá de la *consideración de los principios del incidente* y de la conclusión de que el acto administrativo editado violó el núcleo fundamental de un derecho humano básico[104].

Régimen jurídico de actos inexistentes. Los actos inexistentes:

(a) son imprescriptibles y no pueden estabilizarse;

(b) nunca se puede validar o convertir;

(c) existe un derecho de resistencia, incluido el *manu militari,* contra ellos;

(d) Una vez declarado el vicio en que han incurrido, en ningún caso se exceptúan los efectos ya producidos[105].

D) *Decaimiento*

La decadencia del acto administrativo extingue un acto administrativo previo por la ocurrencia de una innovación legislativa, que restringe o prohíbe lo previamente permitido. Ocurre cuando la ley revocada, que dio fundamento jurídico al acto, lo reguló como un derecho sujeto al régimen de precariedad, cuando se produce la extinción de un instituto legal perpetuo o de una ley penal que tipifique la conducta que una vez fue permitida[106].

La decadencia no se producirá cuando la nueva ley prevea la causa, la formalización, la razón fáctica y los requisitos procesales, sanción de retroactividad de la ley. Tampoco se producirá la desintegración, en virtud del principio de seguridad jurídica, cuando el acto administrativo sea de competencia obligada y tenga carácter definitivo —en el caso de la licencia—, o se trate de un acto de competencia discrecional en el que la facultad de elegir, con carácter definitivo, sea uno de los contenidos entre los previamente establecidos por ley o exista una prórroga de ley con plazo fijo[107].

[104] Ricardo Marcondes Martins, *Efeitos dos vicios do ato administrativo,* cit., pág. 647

[105] Celso Antônio Bandeira de Mello, *Curso de direito administrativo*, cit., 29ª ed., pág. 491.

[106] Fábio Mauro Medeiros, *Extinção do ato administrativo em razão da mudança de lei (Decaimento)*, Belo Horizonte, Forum, 2009, pág. 177

[107] *Idem*, pág. 178.

6. El principio de conservación de los actos administrativos y sus concreciones

A) *La convalidación*

La *convalidación* es la supresión de la nulidad de un acto con efecto retroactivo, por un acto de la administración o un acto particular, afectado por la disposición del acto viciado, siempre que el acto pueda producirse válidamente en el presente[108]. "Refleja una menor repugnancia del ordenamiento jurídico al defecto, ya que no requiere la remoción total o parcial de la norma, ni su modificación: la norma se aprovecha en su totalidad, permanece en el sistema como editado. Estrictamente, el acto convalidante saca del sistema el acto inválido y asume como propios todos los efectos que produce"[109].

La convalidación deriva de la administración cuando esta corrige el defecto de un acto mediante la redacción de un segundo acto que produce conforme a la ley, lo que anteriormente se había hecho de manera disconforme. La convalidación tiene efecto retroactivo y el acto convalidante se refiere al acto nulo para legitimar sus efectos pasados.

"La convalidación puede provenir de un acto del afectado", como en el caso en el que "la manifestación de este fue un presupuesto legal para la emisión de un acto administrativo previo que se emitió en violación de este requisito"[110].

a) *Límites de validación.* La convalidación no puede exponer a los administrados que en el pasado violaron las disposiciones del acto viciado a las sanciones derivadas del incumplimiento. El incumplimiento del acto viciado corresponde a su desafío a través de la resistencia.

La administración no puede convalidar un acto viciado si fue impugnado administrativa o judicialmente, porque haría "inútil alegar el vicio, ya que la extinción de los efectos ilegítimos dependería de la voluntad de la administración, y no del deber de obediencia. al orden jurídico".

b) *Tipos de validación.* La ratificación, la confirmación y el saneamiento son tipos de validación.

La *ratificación* es la validación que proviene de la misma autoridad de la que emanó el acto viciado.

[108] Celso Antônio Bandeira de Mello, *Curso de direito administrativo*, cit., 29ª ed., pág. 482.

[109] Ricardo Marcondes Martins, *Efeitos dos vicios do ato administrativo,* cit., págs. 278-279.

[110] *Idem, ibidem.*

La *confirmación* es la validación que proviene de distintas autoridades de las que emanó el acto viciado.

El *saneamento* es la validación que proviene de un acto particular, aunque en ese caso también debe ocurrir la acción estatal, porque la actuación particular opera como condición necesaria de la validación, pero no es suficiente, en la medida en que necesariamente habrá acción estatal, caracterizado por el reconocimiento[111].

La validación no es idéntica a la conversión de actos cero. "Por conversión, cuando sea posible, el gobierno transfiere, también con efectos retroactivos, un acto de una categoría en la que sería inválido a otra categoría en la que sería válido".

La validación puede ser total o parcial; en este último caso, se denomina *reducción* o *reforma,* que "consiste en la edición de un acto administrativo que tiene el efecto de excluir la parte inválida del acto viciado, subsistiendo la parte válida", en base a la antigua regla "lo útil no está viciado por lo inútil", denominada regla de nulidad de la incomunicabilidad[112].

La administración pública "no tiene discreción administrativa que le permita optar por validar o no un acto viciado". La convalidación y la nulidad restablecen la legalidad, pero es preferible la convalidación, en su caso, porque responde a los principios de seguridad jurídica y buena fe[113]. Así, "siempre que la administración se enfrente a un acto susceptible de convalidación que no haya sido impugnado por el interesado, tendrá la obligación de convalidarlo, salvo, según se ha señalado, en caso de defecto de competencia en un actuar con contenido discrecional"[114] (corresponde al superior jerárquico, quien sería el encargado de dictarlo, decidir si confirma el acto o si lo considera inconveniente, estando obligado a invalidarlo).

[111] Ricardo Marcondes Martins, *Efeitos dos vicios do ato administrativo,* cit., pág. 279

[112] Ricardo Marcondes Martins, *Efeitos dos vicios do ato administrativo*, cit., pág. 277.

[113] Celso Antonio Bandeira de Mello, *Curso de direito administrativo*, cit., 29ª ed., págs. 483 y 485.

[114] Celso Antonio Bandeira de Mello, *Curso de direito administrativo*, cit., 29ª ed., pág.484. De igual manera Maria Sylvia Zanella Di Pietro (*Direito administrativo*, cit., 23ª ed, pág. 245), Quien se unió al pensamiento de Weida Zancaner : "Vigila la razón a la autora, [*Weida Zancaner*] porque, en el caso de un acto vinculante realizado por una autoridad incompetente, la autoridad competente no puede dejar de validarlo, si se cumplen los requisitos para la práctica del acto; la validación es obligatoria, para validar los efectos ya producidos; si no se cumplen los requisitos legales, necesariamente deberá anular el acto. Si el acto realizado por una autoridad incompetente es discrecional y, por lo tanto, admite una valoración subjetiva de los aspectos de mérito, la autoridad competente no puede estar obligada a validarlo, porque no está obligada a aceptar la misma valoración subjetiva realizada por la autoridad incompetente; en ese caso, puede o no ser validado, dependiendo de su propio juicio discrecional".

Por otro lado, siempre que la administración se enfrente a un acto que no pueda ser validado, tiene la obligación de invalidarlo, salvo que la situación generada por el acto viciado sea estabilizada por ley.

B) *La conversión*

La conversión es el uso de parte de los actos no afectados por la nulidad que aún pueden producir efectos jurídicos. Consiste en aprovechar las partes válidas del acto y con ellas componer otro acto de diferente significación jurídica.

COLOMBIA

EL ACTO ADMINISTRATIVO EN EL DERECHO COLOMBIANO

WILLIAM BARRERA MUÑOZ*

La teoría del acto administrativo, constituye quizás una de las materias más antiguas y complejas de la ciencia del derecho administrativo. Su evolución, muy ligada a la propia de la jurisdicción de lo contencioso administrativo en el modelo colombiano, ha devenido cambiante, ante los nuevos escenarios y retos que plantean una administración más efectiva así como la incorporación de nuevos derechos de contenido social[1]. El presente artículo solo pretende abordar de la mano de la doctrina más autorizada, y de las principales sentencias del Consejo de Estado, de la Corte Constitucional y de la Corte Suprema de Justicia, las materias esenciales que han guiado su desarrollo en el derecho colombiano.

* Abogado de la Pontificia Universidad Javeriana, doctor de la Universidad de Buenos Aires (área derecho administrativo), especialista en derecho administrativo de la Universidad del Rosario, DSU en derecho administrativo de la Universidad de Paris II Panthéon-Assas. Profesor titular de la cátedra de derecho administrativo de la Pontificia Universidad Javeriana. Profesor invitado de las Universidades Externado, Andes, Rosario, Sergio Arboleda y Santo Tomás.

[1] Al respecto señala CASSAGNE: "A raíz del crecimiento operado en las actividades estatales, el derecho administrativo que es su principal regulador, ha adquirido una importancia extraordinaria y una decisiva influencia en la solución de todas las cuestiones originadas por dicho fenómeno. Como característica distintiva del derecho administrativo hay que destacar el papel que cumplen en su formación los principios generales y el hecho que la doctrina ejerza una influencia comparativamente mayor que en otras disciplinas debido a que esta rama del derecho no se ha incorporada aun, en la casi totalidad de los países, al proceso de codificación que abraza a las otras materias jurídicas agrupando sus normas en un cuerpo orgánico y sistemático. En esa función creadora de principios, proponer reglas y realizar nuevas interpretaciones, la doctrina tiene hoy día la responsabilidad de construir su ciencia en un mundo signado por profundos y acelerados cambios políticos, sociales y económicos, donde la inventiva del hombre desarrolla incesantemente diferentes técnicas y sistemas que exigen una respuesta jurídica satisfactoria.

"En ese escenario, la incorporación de nuevos derechos de contenido social, basados en la promoción y protección de los derechos humanos, incorporados a los ordenamientos constitucionales y legales contemporáneos, genera la necesidad del conocimiento y aplicación de la teoría del acto administrativo por parte de las administraciones modernas dado que buena parte de los citados derechos se hacen efectivos a través del dictado de actos administrativos [...]". *Acto administrativo. Teoría y régimen jurídico*, Bogotá, Editorial Temis, págs. 1 y ss.

1. Evolución histórica de las leyes reguladoras del acto administrativo en Colombia

La evolución del acto administrativo en el derecho colombiano, ha estado íntimamente ligada a aquella referente a la jurisdicción de lo contencioso administrativo. En efecto, pueden determinarse tres grandes etapas en el desarrollo de las bases de la jurisdicción:

a) Una primera etapa que se extiende desde la Constitución Política de 1886, hasta la expedición del decreto ley 528 de 1964.

b) Una segunda etapa que abarca la evolución normativa entre el decreto 528 de 1964 hasta el actual Código Contencioso Administrativo, esto es, la ley 1437 de 2011.

c) Una tercera etapa que es la presente, atinente a la aplicación de las reglas señaladas en esta última norma.

En lo referente a la evolución normativa, se encuentran cuatro grandes cuerpos normativos, conocidos como Códigos Contenciosos Administrativos: la ley 130 de 1913, la ley 167 de 1941, el decreto 1 de 1984 y la ley 1437 de 2011.

En la primera etapa, la competencia general para atender las controversias en contra de la Nación pertenecía a la Corte Suprema de Justicia, y solo de forma especial y cuando la ley otorgara dicha competencia en materias especiales, asumiría la misma la jurisdicción de lo contencioso administrativo. Así lo señalaba expresamente el artículo 151 numeral 3 de la Constitución Política de 1886:

"Artículo 151. Son atribuciones de la Corte Suprema:

"[...]

"3. Conocer de los negocios contenciosos en que tenga parte la Nación o que constituyan litigio entre dos o más departamentos".

Por su parte, ya el artículo 141 de la Carta Política, mencionaba las posibles atribuciones del Consejo de Estado, en caso que entrara en funcionamiento la jurisdicción contenciosa administrativa:

"Artículo 141. Son atribuciones del Consejo de Estado:

"[...]

"3. Decidir, sin ulterior recurso, las cuestiones contencioso-administrativas, si la ley estableciere esta jurisdicción, ya deba conocer de ellas en primera y única instancia, o ya en grado de apelación [...]".

En dicho período y al ponerse en práctica la jurisdicción de lo contencioso administrativo, se emite el primer Código Contencioso Administrativo en Colombia, mediante la ley 130 de 1913, donde claramente asume ella la competencia para atender los juicios de nulidad contra actos administrativos. En efecto señalaba en su artículo 1°:

"Artículo 1°. La jurisdicción contencioso-administrativa tiene por objeto la revisión de los actos de las corporaciones o empleados administrativos en el ejercicio de sus funciones, o con pretexto de ejercerlas, a petición del ministerio público, de los ciudadanos en general, o de las personas que se crean vulneradas en sus derechos, en los casos y dentro de los límites señalados en la presente ley [...]".

A su vez en el Título V, se relacionaban los "diferentes procedimientos en lo contencioso-administrativo", a partir del claro entendimiento de la primigenia competencia de la jurisdicción para atender la ilegalidad de actos administrativos. Basta mirar lo relacionado en los artículos 52[2], 72[3] y 78[4].

Vuelve la naciente jurisdicción de lo contencioso administrativo, a asumir materias en torno a daños causados a partir de actos administrativos válidos mediante la ley 38 de 1918, base regulatoria en expropiación. Así se preveía en sus artículos 1° y 2°:

"Artículo 1°. De las expropiaciones, así como de los daños en propiedad ajena, por órdenes administrativas nacionales, fuera del caso previsto en el artículo 33 de la Constitución, será responsable la Nación cuando haya redundado en provecho suyo.

"Artículo 2°. El Consejo de Estado conocerá de las reclamaciones que se intenten contra la Nación por los hechos de que trata el artículo anterior [...]".

Surge entonces la necesidad de formular nuevas acciones para los casos de reparaciones en cuanto a daños causados en desarrollo de actos administrativos, cuya fuente tuviera en cuenta bien fuera su invalidez o su validez. Es así como se expide el segundo Código Contencioso Administrativo, la ley 167 de 1941, donde no solo se regula la denominada acción de plena jurisdicción sino también la acción de reparación directa, esta última propia de la responsabilidad extracontractual.

Así se lee en los artículos 66, 67 y 68 de la ley:

"Artículo 66. Toda persona puede solicitar por sí o por medio de representante la nulidad de cualquiera de los actos a que se refieren las anteriores disposiciones, por los motivos en ellas expresados. Esta acción se llama de

[2] "Todo ciudadano tiene derecho a pedir al respectivo tribunal seccional administrativo que se declare la nulidad en la ordenanza u otro acto de una asamblea departamental que se considere contrario a la Constitución o a la ley".

[3] "Todo ciudadano tiene derecho a pedir al respectivo tribunal administrativo seccional que se declare nulo un acuerdo, u otro acto de un concejo que considere contrario a la Constitución, a la ley o a la ordenanza departamental".

[4] "La revisión de los actos del gobierno o de los ministros, que no sean de la clase de los sometidos a la jurisdicción de la Corte Suprema de Justicia por el artículo 41 del acto legislativo número 3 de 1910, corresponde al tribunal supremo de lo contencioso-administrativo cuando sean contrarios a la Constitución, la ley o lesivos de derechos civiles.

nulidad y procede contra los actos administrativos, no solo por estos motivos, sino también cuando han sido expedidos en forma irregular, o con abuso o desviación de las atribuciones propias del funcionario o corporación que los profiere.

"Artículo 67. La persona que se crea lesionada en un derecho suyo establecido o reconocido por una norma de carácter civil o administrativo podrá pedir que además de la anulación del acto se le restablezca en su derecho. La misma acción tendrá todo aquel que se hubiere hecho parte en el juicio y demostrado su derecho.

"Artículo 68. También puede pedirse el restablecimiento del derecho cuando la causa de la violación es un hecho o una operación administrativa. En este caso no será necesario ejercitar la acción de nulidad, sino demandar directamente de la administración las indemnizaciones o prestaciones correspondientes [...]".

Con la vigencia de esta ley, empieza a regularse un capítulo importante en el desarrollo normativo colombiano, cual fue aquel atinente a los procedimientos administrativos, en particular el relativo al procedimiento gubernativo.

En la segunda etapa a la que se ha hecho referencia, se da aplicación a la tesis de competencia plena de la jurisdicción de lo contencioso administrativo para atender los diferentes conflictos en que esté presente el Estado, entre ellos los derivados de actos administrativos. Es así como mediante el decreto 528 de 1964 se "dictan normas sobre organización judicial y competencia, se desarrolla el artículo 217 de la Constitución, y se adoptan otras disposiciones [...]". En sus artículos 30 y siguientes se señalaban las atribuciones de la jurisdicción para atender única, primera y segunda instancia de los juicios de nulidad contra decisiones de carácter departamental, municipal, intendencial o comisarial.

En desarrollo de esta etapa se emitió el tercer Código Contencioso Administrativo, el decreto 1 de 1984, que entró a regular de forma específica en sus artículos 84 y 85, el ámbito de aplicación de las acciones de nulidad y de nulidad y restablecimiento del derecho. De igual forma en su artículo 83, se desarrollaron conceptualmente, las definiciones de acto y hecho administrativo:

"Artículo 83. *Extensión del control.* La actividad administrativa se cumple mediante actos o hechos y toda estará sujeta al control jurisdiccional en los términos previstos en la Constitución Política, en las leyes y en este Código.

"Son actos administrativos las conductas y las abstenciones capaces de producir efectos jurídicos, y en cuya realización influyen de modo directo e inmediato la voluntad o la inteligencia.

"Son hechos administrativos los acontecimientos y las omisiones capaces de producir efectos jurídicos, y en cuya realización no influyen de modo directo e inmediato la voluntad o la inteligencia.

"Las llamadas «operaciones administrativas» y «vías de hecho» se considerarán, en adelante y para todos los efectos, actos administrativos [...]".

En la última etapa encontramos la actual regulación, atinente a la ley 1437 de 2011, que en su artículo 105 creó excepciones a la regla de presencia de la jurisdicción de lo contencioso administrativo en asuntos estatales.

En efecto, determina el citado artículo:

"*Excepciones*. La jurisdicción de lo contencioso administrativo no conocerá de los siguientes asuntos:

"1. Las controversias relativas a la responsabilidad extracontractual y a los contratos celebrados por entidades públicas que tengan el carácter de instituciones financieras, aseguradoras, intermediarios de seguros o intermediarios de valores vigilados por la Superintendencia Financiera, cuando correspondan al giro ordinario de los negocios de dichas entidades, incluyendo los procesos ejecutivos.

"2. Las decisiones proferidas por autoridades administrativas en ejercicio de funciones jurisdiccionales, sin perjuicio de las competencias en materia de recursos contra dichas decisiones atribuidas a esta jurisdicción. Las decisiones que una autoridad administrativa adopte en ejercicio de la función jurisdiccional estarán identificadas con la expresión que corresponde hacer a los jueces precediendo la parte resolutiva de sus sentencias y deberán ser adoptadas en un proveído independiente que no podrá mezclarse con decisiones que correspondan al ejercicio de función administrativa, las cuales, si tienen relación con el mismo asunto, deberán constar en acto administrativo separado.

"3. Las decisiones proferidas en juicios de policía regulados especialmente por la ley.

"4. Los conflictos de carácter laboral surgidos entre las entidades públicas y sus trabajadores oficiales [...]".

Sin duda alguna la tendencia actual se marca a partir de los derroteros trazados por la propia Constitución Política de 1991, que recogió en diferentes artículos los mecanismos de protección de los ciudadanos y de los particulares, entre ellos y solo a manera de ejemplo, la tutela, la acción popular, las acciones de grupo y la materia más relevante frente a los daños causados en ejercicio de la actividad administrativa, la responsabilidad del Estado.

2. El concepto de acto administrativo en la dogmática nacional. Diferencias entre el acto y otras formas de actividad administrativa

El derecho colombiano ha seguido la tendencia doctrinaria francesa, italiana e iberoamericana en el análisis del concepto y elementos del acto administrativo. Como bien lo señala RODRÍGUEZ, "Desde el punto de vista jurídico la actividad de la administración se realiza a través de varios mecanismos: los actos, los hechos, las operaciones, las vías de hecho y las omisiones [...]"[5].

Siguiendo al mismo autor, los actos administrativos "Son las manifestaciones de voluntad de la administración tendientes a modificar el ordenamiento jurídico, es decir, a producir efectos jurídicos [...]"[6].

Analizados los antecedentes jurisprudenciales que establecen su definición y requisitos se encuentra la sentencia del 24 de septiembre de 1971:

"Requisitos para que exista. Según la doctrina, los actos administrativos «son declaraciones de voluntad de la administración destinadas a producir efectos jurídicos» (ENRIQUE SAYAGUÉS LASSO, *Tratado de derecho administrativo*, tomo I, pág. 281), o de personas u órganos distintos de la administración, si actúan en función administrativa. Se comprenden en este concepto todos los actos administrativos, por el órgano o el contenido, habida consideración de que, en el régimen jurídico colombiano, aunque prevalece en su determinación el criterio orgánico, por excepción tiene también aplicación el material o de fondo, como sucede, por ejemplo, con los actos de elección o nombramiento que, cualquiera que sea el órgano que los dicte, se definen por la ley como administrativos, o, *a contrario sensu*, con los actos a que se refieren los arts. 76, ords. 11 y 12, 80, 121 y 122 de la Constitución reputados por el art. 214 *ibidem* como leyes en sentido material aunque dictados por el gobierno nacional. Por tanto, para que exista acto administrativo se requiere, entre otros requisitos, que el funcionario u órgano que obra en función administrativa exprese su voluntad con la finalidad de producir un efecto en derecho, como sucede con todos los actos jurídicos, en forma de crear, modificar, o extinguir situaciones jurídicas generales o particulares o de colocar a una o más personas determinadas en situaciones jurídicas estatutarias [...]"[7].

Dentro de sus rasgos característicos, se ha señalado por la doctrina[8]:

1. Es una decisión jurídica administrativa de un servidor del Estado o de un particular con función administrativa.

2. Es un acto jurídico en el que existe un emisor y un destinatario.

3. Es un acto normativo (objetivo o subjetivo) que surge a la vida jurídica previo procedimiento administrativo.

4. Es una decisión unilateral obligatoria.

[5] LIBARDO RODRÍGUEZ, *Derecho administrativo. General y colombiano*, 10ª ed., Bogotá, Editorial Temis, 1998, pág. 187.

[6] LIBARDO RODRÍGUEZ, *op. cit.*, pág. 187.

[7] Consejo de Estado, Sala de lo Contencioso Administrativo, Sección primera, C. P. Humberto Mora Osejo, exp. 1389.

[8] LIBARDO ORLANDO RIASCOS GÓMEZ, *El acto administrativo*, 3ª ed., Bogotá, Editorial Ibáñez, págs. 223 y ss.

5. Es una decisión sometida al derecho administrativo y a la judicialización de una jurisdicción especializada.

6. Es una manifestación de la actividad administrativa, aunque no la única.

Sobre el primero, se establece que el "acto administrativo constituye una decisión jurídico–administrativa realizada por un servidor del Estado adscrito o vinculado a una entidad, organismo, órgano, dependencia o sección administrativa y perteneciente: (i) a una cualquiera de las tres ramas del poder público: ejecutiva, judicial o legislativa. En estas últimas dos, cuando por excepción desempeñen funciones administrativas (criterio orgánico y funcional); (ii) a los órganos del control fiscal (Contralorías), de la conducta de los servidores estatales (Procuradurías) o electoral (Registraduría y Consejos electorales), desempeñen funciones o presten servicios públicos; y, (iii) los órganos autónomos e independientes que desempeñen funciones o presten servicios públicos. Por extensión, cuando la decisión o acto administrativo es realizado por personas particulares físicas o jurídicas, que cumplen una función administrativa o prestan un servicio público por disposición del ordenamiento jurídico vigente o por delegación constitucional o legal [...]"[9].

En cuanto al segundo se predica que el "acto administrativo es un acto jurídico que crea, modifica o extingue situaciones jurídicas individuales (personales o concretas) y generales (abstractos o impersonales)"[10].

Frente al tercero se señala que el "acto administrativo surge a la vida jurídica desde el momento mismo en que se manifiesta la decisión final ius-administrativista por la autoridad o persona particular con función administrativa competente, previo un procedimiento administrativo breve, sumario o normal previsto en el ordenamiento jurídico vigente"[11].

El cuarto rasgo, hace referencia a que el "acto administrativo como decisión jurídica unilateral se exterioriza efectivamente en forma verbal, escrita, tácita o gestualmente, aun cuando el destinatario (s) o titulares del acto, no hayan dado su consentimiento. Dicha decisión obliga a todos, *erga omnes*"[12].

Por su parte, en el quinto rasgo se señala que las "controversias surgidas a raíz de la existencia, vigencia, validez, emisión irregular, falsa motivación, desviación de poder, falta de audiencia y derecho de defensa, falta de competencia o cualquier otra causa de forma o fondo en la expedición de un acto administrativo, serán de conocimiento de la jurisdicción contencioso-administrativa: jueces de circuito administrativo, tribunales administrativos y el consejo de Estado, según las reglas de competencia previstas en el C. P. A. y C. A., previa-

[9] LIBARDO RIASCOS, *op. cit.*, pág. 222.

[10] LIBARDO RIASCOS, *op. cit.*, pág. 223.

[11] LIBARDO RIASCOS, *op. cit.*, pág. 223.

[12] LIBARDO RIASCOS, *op. cit.*, pág. 223.

mente agotando la «vía gubernativa», si se trata de actos de carácter particular o subjetivos, o en forma directa si son actos de carácter general u objetivos"[13].

Finalmente y aunque es manifestación de la actividad administrativa, no es la única. Así se ha señalado que el "acto administrativo no es la única actividad, gestión o manifestación que deriva efectos jurídicos a las personas destinatarias, cuando es realizada por la administración pública del Estado o las llamadas autoridades estatales (a tenor del art. 2° num. 1 del C. P. A. y C. A.) e inclusive los particulares con función pública. Son manifestaciones de la actividad administrativa que generan efectos jurídicos y responsabilidad estatal, también las vías de hecho, las operaciones administrativas y los hechos administrativos [...]"[14].

Las demás manifestaciones de la actividad administrativa, es decir, las vías de hecho, las operaciones administrativas y los hechos administrativos se diferencian conceptual y estructuralmente del acto administrativo.

En relación con las vías de hecho, el Consejo de Estado ha establecido las siguientes diferencias:

"El acto administrativo, por ser una sub especie de acto jurídico, es la expresión de voluntad en función administrativa por medio de la cual se crean, modifican o extinguen situaciones jurídicas. En cambio: la vía de hecho administrativa —denominación de la jurisprudencia francesa— se presenta cuando en el cumplimiento de una actividad material de ejecución, la administración comete una irregularidad grosera, que atenta contra el derecho de propiedad o contra una libertad pública. Es entonces notable la diferencia entre acto administrativo y vía de hecho: el primero es manifestación de voluntad jurídica con la potencialidad de producir efecto; la segunda conducta: es la ejecución antijurídica de una actividad material de la administración [...]"[15].

En lo concerniente a la operación administrativa, ha señalado la jurisprudencia del Consejo de Estado:

"Para ello, se ha establecido que esta se trata de un hecho o un conjunto de hechos de ejecución de un acto administrativo. Sin embargo, si se discute la ilegalidad de la decisión administrativa, se deberá interponer la acción de nulidad y restablecimiento del derecho; pero si el daño proviene de la irregular ejecución de un acto que no se cuestiona en su legalidad, la acción será de reparación directa y deberá centrarse su cuestionamiento en los actos materiales de ejecución de la decisión administrativa, pero sin omitir en esa evaluación de dicha decisión, por ser, en definitiva, la que delimita los poderes de ejecución de la administración. Así mismo, será resorte de la acción de reparación directa

[13] Libardo Riascos, *op. cit.*, pág. 224.

[14] Libardo Riascos, *op. cit.*, pág. 223.

[15] Sent. del 2 de febrero de 2005.

cuando el acta, en sí, no es ilegal pero es la fuente del perjuicio por implicar rompimiento del principio de igualdad ante las cargas públicas [...]"[16].

En lo correspondiente al hecho administrativo, SANTOFIMIO lo define como: "aquellos fenómenos, situaciones y acontecimientos con entidad propia, independientes de la voluntad de la administración, que producen efectos jurídicos respecto de ella. Cualquier acontecer producido por fenómenos físicos, por la interrelación entre la naturaleza y hombre (involuntario) o la sola intervención del hombre (involuntaria), es un hecho que adquirirá connotaciones jurídicas, si vincula a las entidades públicas o crea, como comúnmente se dice, relaciones jurídicas administrativas [...]"[17].

Su diferencia con el acto administrativo la ha centrado la doctrina en cinco elementos: la ausencia de voluntad de la administración, la claridad en la exteriorización jurídica, en la forma de impugnación, en la presunción de legalidad y en sus efectos jurídicos. En desarrollo de lo anterior, en los hechos administrativos "no es la voluntad de la administración el elemento determinante del mismo; el querer de la administración no actúa directamente. A pesar de que es la actividad administrativa el medio para la producción del hecho, es evidente que este se produce, aunque no sea deseado [...]"[18]. De igual forma, "cuando se desconocen derechos de las personas individual o colectivamente consideradas, no es lo mismo estar ante un hecho administrativo con efectos jurídicos que ante un acto administrativo con efectos jurídicos (pues en un caso y otro también pueden existir sin tenerlos). Si es así, el acto siempre se exteriorizará por escrito, en forma verbal, gestual y electrónica. En cambio, el hecho jamás podría adoptar ninguna de estas formas..."[19]. Finalmente, "los actos administrativos si son subjetivos, en vía administrativa son recurribles en reposición, apelación y queja (art. 74 CPACA); si son objetivos, no podrá recurrirse en vía administrativa (art. 75 *ibidem*), pero sí excepcionalmente en vía constitucional si con ellos se vulnera o amenace derechos fundamentales y se utilice como mecanismo transitorio para evitar un perjuicio irremediable (sentencia T-923-2011) [...]"[20].

En tal sentido y tal como se verá más adelante, en tanto los actos administrativos pueden ser objeto de impugnación en sede administrativa, constitucional y contencioso administrativa, los hechos administrativos solo pueden serlo en esta última, mediante el ejercicio del medio de control de reparación directa, propio de la responsabilidad extracontractual.

[16] Sent. de 13 de junio de 2013.

[17] JAIME ORLANDO SANTOFIMIO, *El acto administrativo*, Bogotá, Universidad Externado de Colombia, 1984, pág. 42.

[18] LIBARDO RIASCOS, *op. cit.*, pág. 252.

[19] LIBARDO RIASCOS, *op. cit.*, pág. 253.

[20] LIBARDO RIASCOS, *op. cit.*, pág. 253.

Por último, se ha establecido que mientras el acto administrativo está sometido a presunción de legalidad, el hecho administrativo no puede gozar de esa condición.

3. Clases de actos

Son diversas las clases de actos que ha enlistado la doctrina y la jurisprudencia. Como bien lo señala Rodríguez: "Los actos de la administración se pueden clasificar de muy diversas maneras según el punto de vista desde el cual se les mire"[21]. El mencionado tratadista[22], recoge de la siguiente forma las posibles clasificaciones:

1. Desde el punto de vista del poder utilizado para su expedición: los actos de poder o de autoridad y los actos de gestión.
2. Desde el punto de vista de la vinculación con el servicio público: los actos de servicio público y los actos ajenos al servicio público.
3. Desde el punto de vista del contenido: los actos generales y los actos individuales.
4. Desde el punto de vista de las voluntades que intervienen en su elaboración: los actos unilaterales, los actos bilaterales y los actos plurilaterales.
5. Desde el punto de vista de la mayor o menor amplitud de la competencia: los actos reglados y los actos discrecionales.
6. Desde el punto de vista del procedimiento: los actos simples y los actos complejos.
7. Desde el punto de vista del ámbito de aplicación: los actos nacionales y los actos locales.
8. Desde el punto de vista de su relación con la decisión: los actos preparatorios y los actos definitivos.
9. Desde el punto de vista de la jerarquía: los actos legislativos y los actos administrativos.

En el mismo sentido ha señalado el Consejo de Estado[23]:

"Clasificación de los actos administrativos. Según sus destinatarios: los actos administrativos pueden ser singulares, individuales o concretos los cuales tienen efectos respecto de una o varias personas determinadas y generales, cuando los destinatarios son indeterminados y su contenido es abstracto. Según el procedimiento administrativo para su expedición: se clasifican en

[21] Libardo Rodríguez, *op. cit.,* pág. 207.

[22] Libardo Rodríguez, *op. cit.,* págs. 207 y ss.

[23] Consejo de Estado, Sala de lo Contencioso Administrativo, Sección quinta, sent. del 28 de agosto de 2013, C. P. Alberto Yepes Barreiro, exp. 2013-00017-00.

actos de trámite, que son aquellos que se profieren en el curso de la actuación administrativa, le dan impulso y agotan cada una de sus etapas, y que resultan necesarios para llegar a una decisión, pero no le ponen fin a la respectiva actuación; y resolutorios o definitivos que resuelven de fondo la cuestión, y con los cuales se concluye o finaliza el trámite o procedimiento administrativo. También pueden ser de ejecución cuando le dan eficacia al acto definitivo, permitiendo que este se materialice y cumpla sus fines. Es decir, no deciden una actuación, pues solo son expedidos para materializar o ejecutar esas decisiones previas. Según el número de órganos que participan en su elaboración, los actos administrativos se clasifican también en actos simples, complejos y colectivos. Los primeros son dictados por un solo órgano, sea individual o colegiado, que funge como unidad estructural. A su turno, los actos complejos, que se configuran por los siguientes elementos: i) concurrencia de dos o más órganos o autoridades en la formación del acto; ii) pluralidad de voluntades manifestadas en distintos momentos y de manera sucesiva; iii) unidad o igualdad de finalidad y contenido en cada acto administrativo; y iv) interdependencia entre las distintas manifestaciones de voluntad para poder existir. En el acto colectivo también intervienen distintos órganos, pero las voluntades se unen solamente en una única declaración permaneciendo jurídicamente autónomas. Las anteriores precisiones, permiten analizar la naturaleza del calendario electoral cuya nulidad se pretende en el vocativo de la referencia [...]"

En lo referente al acto político o de gobierno como acto jurídico, obran antecedentes en el derecho colombiano, a partir de la decisión de la Corte Suprema de Justicia del 5 de agosto de 1982, donde le dio la connotación de "acto administrativo discrecional que son actos jurídicos"[24].

Con posterioridad y cuando la Corte Suprema tuvo la oportunidad de analizar la constitucionalidad del artículo 82 del decreto 1 de 1984, manifestó que si bien la distinción entre acto de gobierno y administrativo tenía fundamento teórico dentro "del sistema constitucional colombiano carecen de apoyo normativo, como quiera que ninguna cláusula de aquella permite hacer dicha diferenciación que por mayor que sea el refinamiento a que se llegue, a lo sumo permitirá concluir que dichos actos de gobierno constituyen apenas una modalidad de actos administrativos"[25].

Allí se señaló:

"Frecuentemente la doctrina y ocasionalmente la jurisprudencia han tratado de otorgarle una entidad autónoma a determinados actos de gobierno o de la administración, que singularizados por ciertas circunstancias, pero mayormente por los móviles que los inspiran, se califican como actos políticos

[24] Corte Suprema de Justicia, Sala Plena, M. P. Manuel Gaona Cruz.

[25] Corte Suprema de Justicia, Sala Plena, sent. del 15 de noviembre de 1984, M. P. Ricardo Medina Moyano.

o de gobierno. Se trata empero de una distinción teórica que inclusive puede llegar a tener en ciertos casos una utilidad conceptual, pero que dentro del sistema constitucional colombiano carece de apoyo normativo, como quiera que ninguna cláusula de aquella permite hacer dicha diferenciación que por mayor que sea el refinamiento a que se llegue, a lo sumo permitirá concluir que dichos actos de gobierno constituyen apenas una modalidad de los actos administrativos.

"La Constitución no establece diferenciación alguna entre los actos políticos o de gobierno, y menos aún para excluir tales actos del control jurisdiccional [...]".

4. Elementos de los actos: subjetivos, objetivos y formales. La motivación de los actos

Para que tenga existencia y validez un acto administrativo, deben concurrir de forma articulada elementos que se consideran esenciales. Como bien lo señala Santofimio, en "el plano teórico podemos agrupar los elementos esenciales para la existencia y validez del acto administrativo en tres importantes grupos: el primero recoge los elementos externos del acto, entre los que podemos señalar el sujeto activo que comprende la competencia y la voluntad, los sujetos pasivos y las denominadas formalidades del acto; el segundo aborda sus elementos internos tales como el objeto, los motivos y la finalidad del mismo, y el tercero estudia básicamente el mérito u oportunidad para la producción del acto, que si bien no hace parte de su legalidad, como los dos anteriores, sí constituye importante argumento de ciencia administrativa y de capacidad personal del sujeto intérprete de la voluntad administrativa para la adopción del acto administrativo [...]"[26].

En ese orden de ideas se abordará su tratamiento en la dogmática nacional:

A) *Sujetos*

En las actuaciones de la administración intervienen un sujeto activo[27], un sujeto pasivo[28] y el ministerio público[29]. En el primero de ellos reposan la competencia y la voluntad para la creación del acto administrativo.

[26] Jaime Orlando Santofimio Gamboa, *Compendio de derecho administrativo*, Bogotá, Universidad Externado de Colombia, págs. 535 y ss.

[27] Como bien lo señala Santofimio, "Los sujetos activos pueden ser o no de derecho público. Los adelantos suscitados en la ciencia jurídica con el fin de ampliar los marcos conceptuales para el ejercicio de la función administrativa han llevado a que los particulares ejerciten igualmente funciones administrativas [...]", *op. cit.*, pág. 537.

[28] Puede ser una persona nacional, extranjera, natural o jurídica, de derecho público o de derecho privado.

[29] Se trata de una participación eventual en los casos previstos en el art. 277 num. 7 de la Const. Pol. de 1991: "El procurador general de la Nación, por sí o por medio de sus delegados y agentes, tendrá las siguientes funciones:

La competencia, que la doctrina homologa con la capacidad, constituye la "aptitud atribuida por la Constitución, la ley o el reglamento a entes públicos o a los particulares para que manifiesten válidamente la voluntad estatal por vía administrativa [...]"[30]. La mencionada capacidad siempre obedecerá a una visión externa e interna, en la medida que no solo es el órgano del Estado quien manifiesta su voluntad en el acto, sino también el servidor público o el particular investido de funciones administrativas[31].

La voluntad es elemento esencial para que pueda predicarse la existencia de un acto administrativo. La doctrina ha distinguido dos grandes fases en su formación: la fase interna y la fase externa o de exteriorización.

La configuración de la fase interna se da "con la totalidad de las actuaciones que se desarrollen dentro del órgano administrativo y que determinen la formación de la voluntad de la administración; esta fase se caracteriza porque el resultado obtenido no puede producir efectos jurídicos de manera inmediata. La administración no queda vinculada frente a terceros. Las decisiones producidas respecto a los derechos subjetivos, o situaciones generales, se encuentran en suspenso, bien podríamos decir, se ubican de manera exclusiva al interior de la administración [...]"[32].

La fase externa o de exteriorización, corresponde a la "proyección al exterior del órgano de las elaboraciones producidas dentro del mismo; es conocida también como la etapa de la declaración de voluntad. La decisión adoptada por quien ejerce funciones administrativas —voluntad— no produce por sí sola los efectos que la administración espera; se hace indispensable que aquel fenómeno interior se exteriorice, para lo cual se necesita acudir a procedimientos externos que lo hagan conocer, los cuales no pueden ser otros que los

"[...]

"7. Intervenir en los procesos y ante las autoridades judiciales o administrativas, cuando sea necesario en defensa del orden jurídico, del patrimonio público, o de los derechos y garantías fundamentales [...]".

[30] Santofimio Gamboa, *op. cit.*, pág. 537.

[31] Así lo establece el art. 2° de la ley 1437 de 2011: "*Ámbito de aplicación.* Las normas de esta Parte primera del Código se aplican a todos los organismos y entidades que conforman las ramas del poder público en sus distintos órdenes, sectores y niveles, a los órganos autónomos e independientes del Estado y a los particulares, cuando cumplan funciones administrativas. A todos ellos se les dará el nombre de autoridades. Las disposiciones de esta Parte primera no se aplicarán en los procedimientos militares o de policía que por su naturaleza requieran decisiones de aplicación inmediata, para evitar o remediar perturbaciones de orden público en los aspectos de defensa nacional, seguridad, tranquilidad, salubridad, y circulación de personas y cosas. Tampoco se aplicarán para ejercer la facultad de libre nombramiento y remoción. Las autoridades sujetarán sus actuaciones a los procedimientos que se establecen en este Código, sin perjuicio de los procedimientos regulados en leyes especiales. En lo no previsto en los mismos se aplicarán las disposiciones de este Código".

[32] Santofimio Gamboa, *op. cit.*, pág. 540.

tendientes a producir verdaderas declaraciones, las cuales una vez realizadas convierten el «pre-acto» en acto, es decir, le imprimen la fuerza relevante, suficiente para producir los efectos jurídicos esperados [...]"[33].

La jurisprudencia contencioso administrativa ha tenido oportunidad de analizar la voluntad como elemento esencial del acto:

"[...] El acta en estudio no permite vislumbrar la voluntad de los equipos técnicos que examinaron la normatividad [*sic*] concerniente a productos farmacéuticos, de modificarla y ni siquiera de reglamentarla. La falta de esa voluntad, sin la cual no se configura ningún acto administrativo, permite concluir que esta cumplió la función tradicional de este tipo de documentos que no es otro que el de dar cuenta, dejar constancia de las declaraciones que se hacen en una reunión, en este caso celebrada por técnicos de los Ministerios para revisar las normas vigentes sobre un tema para establecer su alcance con vista a su ulterior aplicación.

"Dichos funcionarios no expidieron normas ni establecieron con autoridad su sentido. Ni siquiera pretendieron instruir a funcionarios determinados sobre su aplicación, puesto que no identificaron servidor público alguno como su destinatario [...]"[34].

Por su parte, en el sujeto pasivo recaen los efectos del acto y es quien ve entonces alterados sus derechos e intereses, como consecuencia de la variación en las relaciones jurídicas que contaba con la administración. La mención a un sujeto pasivo no implica de suyo que se esté desnaturalizando el carácter unilateral del acto administrativo. Al respecto señala acertadamente SANTOFIMIO que se trata de hacer "notar que la proyección de la exteriorización del acto recae de manera necesaria sobre un algo que identificamos precisamente como el sujeto pasivo [...]"[35].

B) *El objeto y la causa o motivo*

El objeto está constituido por aquello de lo que se ocupa el acto administrativo jurídicamente. El mismo debe ser lícito, posible y existente. La doctrina ha tratado de distinguirlo del contenido del acto. Como bien concluye SANTOFIMIO, "En nuestro concepto se trata de elementos complementarios, coadyudantes y estrechamente vinculados. Mientras el primero consiste en el efecto que se persigue, el segundo sería la materia en la que se estructura el acto [...]"[36].

[33] SANTOFIMIO GAMBOA, *op. cit.*, pág. 541.

[34] Consejo de Estado, Sala de lo Contencioso Administrativo, Sección primera, sent. del 29 de julio de 2010, C. P. María Claudia Rojas Lasso, exp. 2004-00187-01.

[35] SANTOFIMIO GAMBOA. *op. cit.*, pág. 542.

[36] SANTOFIMIO GAMBOA, *op. cit.*, pág. 543.

La causa o motivo hace referencia a las razones por las que el sujeto activo tomó una decisión. El derecho colombiano obliga a la motivación del acto, independientemente que el mismo sea reglado o discrecional, en la medida que en este último caso el acto debe tener un fundamento legal.

Respecto de la motivación ha señalado el Consejo de Estado[37]:

"Conforme a la jurisprudencia en vigor de la Corte Constitucional, el derecho fundamental al debido proceso, consagrado, entre otras normas integrantes del bloque de constitucionalidad, en el artículo 209 de la Carta, comprende los siguientes derechos:

"(i) Derecho al juez natural;

"(ii) Derecho a ser juzgado con la plenitud de las formas de cada juicio;

"(iii) Derecho a la defensa, que incluye el derecho a probar; y

"(iv) Derecho a que las actuaciones se efectúen con base exclusivamente en normas jurídicas, y con respeto de los principios, valores y bienes jurídicos constitucionales y legales pertinentes, incluido el de prevalencia del derecho sustancial, y dentro de un término razonable.

"Este último aspecto implica que la falta de motivación es violatoria del derecho al debido proceso, como lo estableció la Corte Constitucional en un fallo de 2005, basado en la sentencia SU-250 de 1998, entre otras, y que constituye precedente aplicable al caso *sub examine*:

"El artículo 209 de la Constitución Política establece el principio de publicidad en las actuaciones adelantadas por la administración pública: «La función administrativa está al servicio de los intereses generales y se desarrolla con fundamento en los principios de igualdad, moralidad, eficacia, economía, celeridad, imparcialidad y publicidad [...]». Dentro de este principio se inscribe, precisamente, el de motivación de los actos administrativos.

"La motivación de los actos administrativos es una carga que el derecho constitucional y administrativo contemporáneo impone a la administración, según la cual esta se encuentra obligada a exponer las razones de hecho y de derecho que determinan su actuar en determinado [*sic*] sentido. Así, el deber de motivar los actos administrativos, salvo excepciones precisas, se revela como un límite a la discrecionalidad de la administración.

"En este orden de ideas, los motivos del acto administrativo, comúnmente llamados «considerandos», deberán dar cuenta de las razones de hecho, precisamente circunstanciadas, y de derecho, que sustenten de manera suficiente la adopción de determinada decisión por parte de la administración pública, así como el razonamiento causal entre las razones expuestas y la decisión adoptada [...]".

[37] Consejo de Estado, Sala de lo Contencioso Administrativo, Sección segunda, Subsección A, C. P. Gabriel Valbuena Hernández, exp. 0685.

En la misma decisión señala que el deber de motivar los actos administrativos está orientado a satisfacer tres exigencias:

"(i) En primer lugar, una exigencia propia de la democracia, toda vez que conforme a esta se impone a la administración la obligación de dar cuenta a los administrados de las razones por las cuales ha obrado en determinado sentido (art. 123 C. P.) «[...] Los servidores públicos están al servicio del Estado y de la comunidad» (art. 209 C. P.: "La función administrativa está al servicio de los intereses generales"). (ii) En segundo lugar, pone de presente la exigencia de adelantar una «buena» administración; en este sentido, la obligación de motivar los actos administrativos compele a la administración a realizar un examen acucioso de los fundamentos de las decisiones que proyecta, previniendo, de esta manera, que se adopten decisiones estudiadas de manera insuficiente o de dudosa justificación; y, (iii) en tercer lugar, la motivación de los actos administrativos facilita el control de la actuación administrativa; así, el conocimiento de los motivos por los cuales la administración ha adoptado determinada decisión permite a los interesados apreciar las razones de las decisiones que los afectan y, eventualmente, interponer los recursos administrativos o instaurar las acciones judiciales a que haya lugar, garantizando, de esta manera, el ejercicio del derecho de defensa. En el mismo sentido, facilita la tarea del juez administrativo en el «instante que pase a ejercer el control jurídico sobre dicho acto, constatando si se ajusta al orden jurídico y si corresponde a los fines señalados en el mismo».

"Así las cosas, salvo excepciones previstas en el ordenamiento, un acto administrativo sin motivación alguna o con una motivación manifiestamente insuficiente, carece de validez constitucional y legal, al no expresar las causas tácticas y jurídicas que determinan su adopción [...]".

C) *Finalidad*

Resulta claro que todo acto debe procurar dar cumplimiento al fin propuesto. Ha existido coincidencia en que el mismo persigue ante todo el desarrollo del interés general. El propio Consejo de Estado, menciona SANTOFIMIO[38], en sentencia del 25 de noviembre de 1971[39], señaló las siguientes reglas en cuanto a la finalidad del acto: "[...] el agente administrativo no puede perseguir sino un fin de interés general; el agente público no debe seguir una finalidad en oposición a la ley; no basta que el fin perseguido sea lícito y de interés general, sino que es necesario, además, que entre en la competencia del agente que realiza el acto; pero siendo aun lícito el fin, de interés público, y dentro de la com-

[38] SANTOFIMIO GAMBOA, *op. cit.*, pág. 546.

[39] Sala de lo Contencioso Administrativo, Sección segunda.

petencia del agente, no puede perseguirse sino por medio de actos que la ley ha establecido al efecto [...]".

D) *Formalidades*

La doctrina y jurisprudencia han distinguido entre formalidades sustanciales y accidentales. En tal sentido ha ilustrado el Consejo de Estado:

"A pesar de que la calificación es difícil y depende de cada caso, el criterio aplicable principalmente es el de la influencia que la omisión de la formalidad o procedimiento ha podido tener sobre la decisión, es decir que serán formalidades o procedimientos sustanciales aquellos cuya omisión implica que la decisión sería diferente a la tomada [...]"[40].

E) *El mérito*

La doctrina establece que el mérito hace referencia a la conveniencia u oportunidad para la expedición de un acto administrativo:

"Resulta imposible concebir un acto en el cual el sujeto actor no hubiere evaluado la conveniencia u oportunidad del mismo. Se trata de un esfuerzo que lleva implícita toda decisión de la administración. Lo que sí resulta claro en nuestro ordenamiento es que este elemento no genera vicios en la legalidad del acto. Al contrario de lo que ocurre en otras legislaciones, en nuestro medio puede generar controles políticos o juicios administrativos, pero de ninguna manera contencioso administrativos [...]"[41].

5. Condiciones de eficacia de los actos administrativos

El concepto de eficacia del acto administrativo está íntimamente ligado al de su existencia. En tal sentido ha señalado la Corte Constitucional[42]:

"La existencia del acto administrativo está ligada al momento en que la voluntad de la administración se manifiesta a través de una decisión. El acto administrativo existe, tal como lo señala la doctrina, desde el momento en que es producido por la administración, y en sí mismo lleva envuelta la prerrogativa de producir efectos jurídicos, es decir, de ser eficaz. De igual manera, la existencia del acto administrativo está ligada a su vigencia, la cual se da por regla general desde el momento mismo de su expedición, condicionada, claro está, a la publicación o notificación del acto, según sea de carácter general o individual.

[40] Consejo de Estado, Sala de lo Contencioso Administrativo, Sección primera, sent. del 15 de mayo de 1991, exp. 190.

[41] Santofimio Gamboa, *op. cit.,* pág. 549.

[42] Sent. del 23 de febrero de 1995, M. P. Hernando Herrera Vergara, exp. D-699.

"La eficacia del acto administrativo se debe pues entender encaminada a producir efectos jurídicos. De lo anterior se colige que la eficacia del acto comporta elementos de hecho, pues una decisión administrativa adoptada de conformidad con el ordenamiento jurídico superior, cobijada por presunción de constitucionalidad y legalidad, puede constituir un acto administrativo perfecto pero ineficaz. Así mismo una decisión viciada de nulidad por no cumplir con todos los requisitos establecidos por el ordenamiento jurídico superior, puede llegar a producir efectos por no haber sido atacada oportunamente [...]".

Ahora bien, la firmeza del acto administrativo se configura en manifestación de la eficacia real del acto. En palabras de SANTOFIMIO "nos permite visualizar el momento primario a partir del cual se presume la plena configuración de la legalidad de la decisión de la administración, y emana la obligación constitucional y legal de hacer cumplir lo dispuesto en la providencia administrativa [...]"[43].

6. LA INVALIDEZ DE LOS ACTOS ADMINISTRATIVOS

La invalidez de los actos administrativos ha sido desarrollada en los diferentes códigos contenciosos administrativos colombianos, a partir de la aplicación de la acción de nulidad. Aunque desde el decreto 1 de 1984, los denominados actos administrativos contractuales son objeto de control en la jurisdicción, a través de la acción (hoy medio de control) de controversias contractuales, las causales para declarar su ilegalidad, parten de las mismas referenciadas para cualquier acto administrativo.

Para la Corte Constitucional la finalidad de la acción de nulidad obedece a los siguientes criterios:

"La acción de nulidad de larga tradición legislativa (ley 130 de 1913) y jurisprudencial en nuestro medio, tiene como finalidad específica la de servir de instrumento [...] para pretender o buscar la invalidez de un acto administrativo, proveniente de cualquiera de las ramas del poder público, por estimarse contrario a la norma superior de derecho a la cual debe estar sujeto. A través de dicha acción se garantiza el principio de legalidad que es consustancial al Estado social de derecho que nuestra Constitución institucionaliza y se asegura el respeto y la vigencia de la jerarquía normativa. Dicha jerarquía, cuya base es la Constitución, se integra además con la variedad de actos regla, que en los diferentes grados u órdenes de competencia son expedidos por los órganos que cumplen las funciones estatales, en ejercicio de las competencias constitucionales y legales de que han sido investidos formal, funcional o materialmente [...]".

[43] SANTOFIMIO GAMBOA, *op. cit.*, pág. 561.

La ley 1437 de 2011, actual Código de Procedimiento Administrativo y de lo Contencioso Administrativo, reitera las causales que sirven de base para declarar la nulidad de los actos administrativos. En su artículo 137 señala:

"[...] *Nulidad.* Toda persona podrá solicitar por sí, o por medio de representante, que se declare la nulidad de los actos administrativos de carácter general.

"Procederá cuando hayan sido expedidos con infracción de las normas en que deberían fundarse, o sin competencia, o en forma irregular, o con desconocimiento del derecho de audiencia y defensa, o mediante falsa motivación, o con desviación de las atribuciones propias de quien los profirió.

"También puede pedirse que se declare la nulidad de las circulares de servicio y de los actos de certificación y registro.

"*Por excepción podrá pedirse la nulidad de actos administrativos de contenido particular en los siguientes casos:*

"*1. Cuando con la demanda no se persiga o de la sentencia de nulidad que se produjere no se genere el restablecimiento automático de un derecho subjetivo a favor del demandante o de un tercero.*

"*2. Cuando se trate de recuperar bienes de uso público.*

"*3. Cuando los efectos nocivos del acto administrativo afecten en materia grave el orden público, político, económico, social o ecológico.*

"*4. Cuando la ley lo consagre expresamente.*

"*Parágrafo. Si de la demanda se desprendiere que se persigue el restablecimiento automático de un derecho, se tramitará conforme a las reglas del artículo siguiente* [...]"[44].

El mencionado Código establece en sus artículos 103 a 105, 135 a 138, 141 y 229 a 241 las bases de conocimiento de la jurisdicción de lo contencioso administrativo en el caso de los actos administrativos.

A partir de su análisis ha concluido la doctrina[45]:

"1. Objeto de los procesos de nulidad ante la jurisdicción contencioso administrativo. Declarar la conformidad o no del acto impugnado con el ordenamiento jurídico vigente, buscando ante todo garantizar y proteger la efectividad de los derechos reconocidos en la Constitución, las normas jurídicas legales y de carácter administrativo, observando la plenitud de los principios constitucionales, del derecho procesal y los cambios de la jurisprudencia constitucional y contencioso administrativo.

"2. La judicialidad de los actos administrativos objetivos, subjetivos, mixtos y políticos o de gobierno son de competencia exclusiva y excluyente de la jurisdicción contencioso administrativa [...].

[44] Apartes subrayados declarados *exequibles,* por el cargo analizado, por la Corte Constitucional mediante sent. C-260-15 del 6 de mayo de 2015, M. P. Dra. Gloria Stella Ortiz Delgado.

[45] Libardo Riascos, *op. cit.*, págs. 31 y ss.

"3. Están legitimados para impugnar actos administrativos los «ciudadanos», «toda persona» y la persona interesada. La jurisdicción de contencioso administrativa mayoritariamente es rogada, es decir, a instancia de parte legitimada para defender el ordenamiento jurídico y/o su derecho subjetivo y fundamental originado en normas constitucionales, legales o de carácter administrativo [...].

"4. La jurisdicción contencioso administrativa es mayoritariamente rogada y excepcionalmente oficiosa.

"5. La institución jurídico-administrativa de la nulidad de actos hoy es más compleja y regida por diversos medios de control. Efectivamente, la nulidad de actos administrativos no solo se limita a las dos típicas e históricas acciones de nulidad simple y nulidad y restablecimiento del derecho, previstas en los artículos 137 y 138 del C. P. A. y C. A., sino que además están: a) el medio de control de nulidad por inconstitucionalidad (artículo 135 *ibidem*); b) el medio de control inmediato de legalidad (artículo 136 *ibidem*); c) el medio de nulidad electoral (artículo 139 *ibidem*); el medio de control de nulidad de actos contractuales previos, concomitantes y posteriores (artículo 141 *ibidem*); y a nivel regional y local, así: de competencia en única instancia de los tribunales administrativos de: (a) observaciones que formula el gobernador del departamento acerca de la constitucionalidad y legalidad de los acuerdos municipales, y sobre las objeciones, por los mismos motivos, a los proyectos de ordenanzas; (b) de las observaciones que los gobernadores formulen a los actos de los alcaldes, por razones de inconstitucionalidad o ilegalidad, y (c) de las objeciones que formulen los alcaldes a los proyectos de acuerdo municipales o distritales, por ser contrarios al ordenamiento jurídico superior (artículo 151-4°, 5° y 6° *ibidem*)...".

Se tiene entonces que un acto legalmente producido e integralmente válido, implica una eficacia apta para el logro de los fines en su expedición.

Diferente es el caso de un acto viciado en su validez, que "puede hacer ineficaz el cumplimiento de lo estipulado en el acto respectivo, en la medida en que el pronunciamiento jurisdiccional o la revocación le impidan continuar surtiendo los efectos jurídicos [...]"[46].

7. El principio de conservación de los actos administrativos y sus concreciones

Las discusiones en torno a la subsanación del acto administrativo, han sido analizadas ampliamente por la doctrina. Diferentes figuras tendientes al sanea-

[46] Santofimio, *op. cit.*, pág. 560.

miento o convalidación del acto como son la ratificación[47], la confirmación[48], la conversión[49] la han tratado, todas ellas dentro de lo que se ha denominado el principio de conservación del acto administrativo.

El principio de conservación ha tenido claros desarrollos en el ámbito de la contratación estatal:

"Resulta útil en este lugar dar aplicación a las reglas de interpretación que en materia de contratos se hallan disciplinadas en el Código Civil, dentro de las cuales se encuentra la contenida en el artículo 1620 de dicho Estatuto, consagratoria del principio en virtud del cual el juez ha de convenir en una interpretación de la cláusula de dudoso significado tratando de buscar el máximo efecto útil de ella, herramienta interpretativa de la cual ha expresado la Sección Tercera que se trata de un [...] principio que con la mejor doctrina encuentra la siguiente razón de ser: el fundamento común de las aplicaciones del principio de conservación reside en considerar que el empleo del instrumento práctico 'contrato' por parte de los contratantes tiende siempre a algún resultado (salvo el caso del contrato no serio), y que tal resultado (o eventualmente un resultado menor) debe ser garantizado siempre que fuese posible, aunque por cualquier razón de carácter técnico-jurídico no pudiera, en rigor, lograrse dicho resultado. Es un modo mediante el cual el ordenamiento jurídico viene en auxilio de las partes, supliendo la imperfecta manifestación de voluntad o salvando los efectos del contrato que, *utilitatis causa*, deben escapar a las razones de invalidez, de rescisión o de resolución".

Esta es, en sentir de la Sala, la interpretación más ajustada al contenido del negocio y aquella que por lo demás permite encontrar el máximo de utilidad de las cláusulas objeto de interpretación, principios estos que son de cabal aplicación en el ámbito de la contratación por así disponerlo expresamente el art. 23 de la ley 80 de 1993 [...]".

El citado principio ha sido objeto de discusión a partir de la aplicación que parte de la doctrina italiana ha realizado a la teoría del acto administrativo. Así lo expresa CASSAGNE:

"En Italia, un sector de la doctrina erige a la «conservación» como un medio específico de saneamiento o convalidación del acto administrativo. Al

[47] A este respecto señala CASSAGNE: "El acto administrativo viciado de incompetencia en razón del grado, puede ser ratificado por el órgano superior siempre que sean admisibles, en tal supuesto, la avocación y la delegación [...]", *op. cit.*, pág. 269.

[48] En palabras de CASSAGNE: "Por confirmación del acto se entiende aquella especie de saneamiento por la cual la administración o el administrado (en el acto administrativo bilateral, por ejemplo) proceden a subsanar el vicio que lo afecta [...]", *op. cit.*, pág. 270.

[49] Obedece al "dictado de un nuevo acto administrativo a través del cual se declara la voluntad de aprovechar los elementos válidos que contenía el acto viciado, integrándolos en otro acto distinto y extinguiendo los elementos y cláusulas afectados de invalidez (absoluta o relativa)". CASSAGNE, *op. cit.*, pág. 273.

respecto, se ha sostenido que ella «presupone que el defecto del acto no hiere a todas sus partes, sino solamente a algunas, y que estas no tengan carácter de preeminencia con respecto a las otras, de manera que su invalidez pueda no involucrar a estas últimas». Como caso típico de conservación, la doctrina suele indicar el acto administrativo por el cual se designan varios empleados, que resulta inválido respecto de algunos, por la carencia de requisitos de tipo personal, sosteniendo que en tal supuesto nada impide que la administración resuelva mantenerlo firme en lo que respecta a quienes cumplan las condiciones inherentes a la persona.

"No compartimos tal postura. En primer lugar, observamos que no hay en la mentada «conservación» acto alguno por el cual se subsanen o purguen los vicios o defectos del acto, que incluso puede ser tácita y que se mantiene inalterable, es decir, sin necesidad de apelar a la transformación o conversión del acto administrativo. En rigor, lo que realmente ocurre en todos los casos, es que la parte separable del acto continúa siendo válida por aplicación de los principios que rigen la invalidez parcial, acogidos expresamente, por otra parte, en nuestro derecho positivo.

"No hay necesidad entonces de dictar ningún acto que declare la validez de la parte separable, que resulta válida y exigible por los destinatarios del acto o la administración pública [...]"[50].

Antecedentes de la convalidación obran en la jurisprudencia del Consejo de Estado colombiano:

"La doctrina extranjera refiriéndose al tema de la convalidación del acto irregular ha expresado que en ciertos casos y reuniéndose determinadas condiciones, un acto inválido puede ser regularizado por otro acto administrativo posterior. En ese supuesto el acto irregular queda convalidado. Desde luego que no todos los actos pueden ser convalidados. Los actos radicalmente nulos, por falta de alguno de sus elementos esenciales, no pueden serlo. Si en tal caso se dicta un acto de convalidación, en realidad se está en presencia de un nuevo acto. El acto es radicalmente nulo o insaneable si fue dictado careciendo la administración de toda competencia; pero si la cuestión de competencia es puramente interna, la invalidez puede en algunos casos ser subsanada [...]"[51].

En un principio la convalidación del acto administrativo no fue aceptada por el Consejo de Estado[52] con base en la normatividad del anterior Código Contencioso Administrativo, esto es el decreto 1 de 1984:

[50] JUAN CARLOS CASSAGNE, *op. cit.*, pág. 276.

[51] Consejo de Estado, Sala de lo Contencioso Administrativo, Sección primera, sent. del 6 de junio de 1991.

[52] Consejo de Estado, Sala de lo Contencioso Administrativo, Sección cuarta, C. P. Jaime Abella Zárate. 24 de febrero de 1994.

"Aunque doctrinariamente y de manera general pudiera aceptarse la «convalidación» del acto administrativo, dicha figura no es de recibo en nuestro ordenamiento positivo por cuanto que en Colombia existe en forma marcada el principio de la inmutabilidad de los actos administrativos definitivos de carácter particular y concreto, conclusión que surge del análisis de dos materias reguladas en nuestro C. C. A., que, no obstante pertenecer la una al campo de los procedimientos administrativos y la otra a la parte contenciosa, guardan estrecha vinculación, a saber: la revocatoria directa de los actos administrativos tratada en los artículos 9° y siguientes, en concordancia con el artículo 2° y por otra parte, las causales de nulidad de los actos consagrada en el artículo 84 [...]"[53].

Dicha postura fue variando, hasta aceptarse la convalidación en caso de posibles irregularidades que tuvieran la condición de ser saneables. En ese sentido la sentencia del 3 de diciembre de 1997[54] estableció:

"La Sala considera que el saneamiento producido y alegado en el caso *sub examine*, con el respaldo conceptual del agente del ministerio público, no es propiamente la convalidación de que habla la jurisprudencia del Consejo de Estado, pues en esa hipótesis se trata del saneamiento de un acto administrativo por otro acto de la misma naturaleza, cuando el vicio de ilegalidad es saneable. La hipótesis analizada en el asunto *sub judice* plantea un caso de incompetencia de la autoridad administrativa, no saneable, mediante el uso del mecanismo de la convalidación de un acto administrativo por otro, pues la Comisión Nacional de Televisión no tuvo en cuenta en su momento al producir el acuerdo acusado que la ley se había ocupado de regular el procedimiento para la adjudicación del servicio de televisión por suscripción, incluida allí la televisión satelital en su modalidad de televisión directa al hogar. La sala considera que la intervención del legislador, mediante el artículo 21 de la ley 335 de 1996, en donde se dice que el servicio de televisión satelital deberá prestarse mediante permiso otorgado por la Comisión Nacional de Televisión y bajo las normas que para tal efecto dicha entidad establezca, no saneó el acto acusado porque la legalidad debe analizarse en el momento en que el acto administrativo nace a la vida jurídica y no con fundamento en normas posteriores, especialmente si se trata de vicios de nulidad absoluta como es el caso analizado, de donde la Comisión Nacional de Televisión modificó las normas legales que regulaban la televisión por suscripción, arrogándose así una competencia que correspondía al Congreso de la República [...]".

[53] Consejo de Estado, Sala de lo Contencioso Administrativo, Sección tercera, sent. del 25 de enero de 2017, C. P. Hernán Andrade Rincón, exp. 56703.

[54] Consejo de Estado, Sala de lo Contencioso Administrativo, Sección primera, C. P. Manuel Santiago Urueta Ayola, exp. 4179.

COSTA RICA

EL ACTO ADMINISTRATIVO

Ernesto Jinesta L.*

1. Concepto jurídico-positivo de acto administrativo

El ordenamiento jurídico-administrativo costarricense maneja un concepto amplio de acto administrativo en el cual tienen cabida tanto los actos administrativos de alcance concreto como los de alcance general con efectos normativos o sin ellos.

La amplitud de la noción se puede extraer, con facilidad, de la clasificación contenida en el título sexto ("De los actos administrativos"), capítulo primero, de la Ley General de la Administración Pública, al comprender tanto los concretos como los generales "[...] según vayan destinados o no a un sujeto identificado" (art. 120, pár. 1° *ibidem*). El párrafo 2° del precepto citado, distingue entre los actos administrativos de alcance general —denominados por ley decretos— y los de alcance particular o concreto —llamados por ley acuerdos—. De otra parte, el párrafo 3° del artículo 121 *ibidem*, prevé otra forma específica de acto concreto que son las denominadas resoluciones, las cuales constituyen los acuerdos que deciden un recurso o reclamo administrativo.

Por último, dentro de los actos administrativos de alcance general se distinguen dos tipos: a) los que no poseen alcance normativo —decretos—, y b) los de alcance normativo —denominados por la ley reglamentos o decretos reglamentarios (art. 120, pár. 2°) y que en el Código Procesal Contencioso Administrativo se llaman, imprecisamente, "disposiciones de carácter general" (arts. 12, pár. 8° y 37, párs. 2° y 3°)—.

Obviamente, a nuestro juicio, el legislador costarricense de 1978 excluyó, expresamente, de la clasificación de los actos administrativos *strictu sens* los actos bilaterales o plurilaterales, esto es, los contratos administrativos que tienen un régimen jurídico-positivo diferente (Ley de la Contratación Administrativa y su reglamento general), sin que por ello dejen de ser actos jurídicos de la administración pública, esto es, una de las diversas manifestaciones de la función administrativa.

* Catedrático de Derecho Administrativo de la Universidad Escuela Libre de Derecho. Profesor y miembro del Comité Académico del Doctorado en Derecho Administrativo Iberoamericano de la Universidad de La Coruña, con varias universidades de Iberoamérica. Abogado litigante. Doctor en Derecho Administrativo por la Universidad Complutense de Madrid. Miembro del Instituto Internacional de Derecho Administrativo y del Foro Iberoamericano de Derecho Administrativo. Expresidente de la Sala Constitucional de la Corte Suprema de Justicia.

2. Elementos esenciales del acto administrativo

A) *Competencia*

La competencia del ente u órgano administrativo determina la validez de su conducta externa, al respecto el artículo 129 de la Ley General de la Administración Pública estatuye que "El acto deberá dictarse por el órgano competente y por el servidor regularmente designado al momento de dictarlo, previo cumplimiento de todos los trámites sustanciales previstos al efecto y de los requisitos indispensables para el ejercicio de la competencia".

El acto administrativo debe emanar del órgano competente que, a tenor del ordenamiento jurídico, ejerza las atribuciones en razón de la materia, territorio, tiempo y grado. En ese respecto, el artículo 60, párrafo 1°, de la Ley General de la Administración Pública dispone que la competencia se limitará por razón del territorio, tiempo, materia y grado.

Es importante subrayar que la incompetencia por razón del territorio produce la nulidad absoluta del acto administrativo; así, el artículo 268, párrafo 1°, de la Ley General de la Administración Pública dispone que "La actuación administrativa deberá tener lugar en la sede normal del órgano y dentro de los límites territoriales de su competencia, so pena de nulidad absoluta del acto, salvo que este, por su naturaleza deba realizarse fuera de sede". El párrafo segundo de ese mismo numeral puntualiza que "El servidor podrá actuar excepcionalmente fuera de sede por razones de urgente necesidad", norma que resulta congruente con el ejercicio de la coacción anómala en un estado de necesidad o urgencia, durante el cual el principio de necesidad legitima la dislocación del orden de las competencias y, desde luego, la prescindencia de las formalidades sustanciales del procedimiento en circunstancias normales o la creación de un procedimiento sustitutivo especial (arts. 219, pár. 1° y 226, pár. 1°, de la Ley General de la Administración Pública).

La Ley General de la Administración Pública dispone en su artículo 63, párrafo 1°, que "Habrá limitación de la competencia por razón del tiempo cuando su existencia o ejercicio esté sujeto a condiciones o términos de extinción". Adicionalmente, el artículo 66, párrafo 3°, *ibidem* estima que "El ejercicio de las potestades en casos concretos podrá estar expresamente sujeto a caducidad, en virtud de otras leyes".

El artículo 63, párrafo 2°, *ibidem*, se encarga de establecer la regla general en el sentido de que las competencias no se extinguen por el transcurso del plazo señalado para ejercerlas, salvo norma expresa en contrario. Esa regla es confirmada por los artículos 127 y 329, párrafo 1°, *ibidem*, que le imponen a la administración pública el deber de resolver, siempre, expresamente aún después de vencidos los plazos establecidos. Consecuentemente, si la ley fija un plazo para ejercer una competencia —uno o dos meses, por ejemplo— y no sanciona expresamente la omisión con la caducidad, el órgano o ente público podrá ejercerla pese a su expiración.

El grado se traduce en la posición o situación que ocupa un órgano en la pirámide jerárquica o línea vertical de la organización administrativa por referencia a los extremos. Se caracteriza por las atribuciones que puede ejercitar el órgano dependiendo de su posición en la ordenación jerárquica de la administración. Al respecto, el artículo 64, párrafo 1°, de la Ley General de la Administración Pública estatuye que "La competencia por razón del grado y los poderes correspondientes dependerán de la posición del órgano en la línea jerárquica". Por virtud de la improrrogabilidad de la competencia, el órgano jerárquicamente inferior no puede dictar el acto administrativo que le compete al superior jerárquico mediato o inmediato, y viceversa.

El artículo 101 de la Ley General de la Administración Pública dispone que "Habrá relación jerárquica entre superior e inferior cuando ambos desempeñen funciones de la misma naturaleza y la competencia del primero abarque la del segundo por razón del territorio y de la materia". Desde el punto de vista jurídico positivo, para que exista la relación de jerarquía debe mediar identidad sustancial de funciones y concurrencia de competencias territorial y material.

Los artículos 83 a 98 de la Ley General de la Administración Pública de 1978 prevén los cambios de competencia que son la desconcentración, la delegación, la avocación, la sustitución del titular o de un acto, la subrogación y la suplencia.

Asimismo, los artículos 72 a 82 de esa ley prevén la tipología y mecanismos de solución de los conflictos de competencias.

B) *Motivo*

El motivo son los antecedentes, presupuestos o razones jurídicas (derecho) y fácticas (hechos) que hacen posible o necesaria la emisión del acto administrativo, y sobre las cuales la administración pública entiende sostener la legitimidad, oportunidad o conveniencia de este. El motivo, o como también se le denomina causa o presupuesto, está constituido por los antecedentes jurídicos y fácticos que permiten ejercer la competencia casuísticamente, su ausencia determina la imposibilidad de ejercerla, exclusivamente, para el caso concreto.

El artículo 133 de la Ley General de la Administración Pública establece lo siguiente:

"1. El motivo deberá ser legítimo y existir tal y como ha sido tomado en cuenta para dictar el acto.

"2. Cuando no esté regulado deberá ser proporcionado al contenido y cuando esté regulado en forma imprecisa deberá ser razonablemente conforme con los conceptos indeterminados empleados por el ordenamiento".

C) *Contenido*

El contenido propiamente dicho es la definición del efecto del acto administrativo como resultado jurídico inmediato del mismo. La realización del contenido es el efecto del acto administrativo. El contenido es lo que el acto administrativo declara, dispone, ordena, certifica o juzga y suele expresarse en la parte dispositiva de las resoluciones administrativas.

El artículo 132 de la Ley General estatuye lo siguiente:

"a) El contenido deberá de ser lícito, posible, claro y preciso y abarca todas las cuestiones de hecho y derecho surgidas del motivo, aunque no hayan sido debatidas por las partes interesadas.

"b) Deberá ser, además, proporcionado al fin legal y correspondiente al motivo, cuando ambos se hallen regulados.

"c) Cuando el motivo no esté regulado el contenido deberá estarlo, aunque sea en forma imprecisa.

"d) Su adaptación al fin se podrá lograr mediante la inserción discrecional de condiciones, términos y modos, siempre que, además de reunir las notas del contenido arriba indicadas, estos últimos sean legalmente compatibles con la parte reglada del mismo".

D) *Fin*

Se trata del resultado metajurídico y objetivo último que persigue el acto administrativo en relación con el motivo.

Sobre el particular, el artículo 131, párrafos 1° y 2°, de la Ley General dispone:

"1. Todo acto administrativo tendrá uno o varios fines particulares a los cuales se subordinan los demás.

"2. Los fines principales del acto serán fijados por el ordenamiento; sin embargo, la ausencia de ley que indique los fines principales no creará discrecionalidad del administrador al respecto y el juez deberá determinarlos con vista de los otros elementos del acto y del resto del ordenamiento".

E) *Formales*

La Ley General regula tres elementos formales, de suma importancia que son los siguientes:

a) *Regla de la expresión escrita del acto administrativo.* El artículo 134, párrafo 1°, dispone que "El acto administrativo deberá expresarse por escrito, salvo que su naturaleza o las circunstancias exijan forma diversa". Los artículos 137 y 138 admiten y regulan los actos tácitos e implícitos.

b) *Motivación.* El artículo 136 de la Ley General dispone lo siguiente:

"1. Serán motivados con mención, sucinta al menos, de sus fundamentos:

"a) Los actos que impongan obligaciones o que limiten, supriman o denieguen derechos subjetivos;

"b) Los que resuelvan recursos;

"c) Los que se separen del criterio seguido en actuaciones precedentes o del dictamen de órganos consultivos;

"d) Los de suspensión de actos que hayan sido objeto del recurso;

"e) Los reglamentos y actos discrecionales de alcance general; y

"f) Los que deban serlo en virtud de ley.

"2. La motivación podrá consistir en la referencia explícita o inequívoca a los motivos de la petición del administrado, o bien a propuestas, dictámenes o resoluciones previas que hayan determinado realmente la adopción del acto, a condición de que se acompañe su copia".

3. Validez del acto administrativo

A) *Noción legal de validez*

El artículo 128 de la Ley General dispone que "Será válido el acto administrativo que se conforme sustancialmente con el ordenamiento jurídico, incluso en cuanto al móvil del funcionario que lo dicta".

El artículo 158, párrafo 1°, de la Ley General establece que "La falta o defecto de algún requisito del acto administrativo, expresa o implícitamente exigido por el ordenamiento jurídico constituirá un vicio de este". Evidentemente, a tenor de este numeral, la presencia y perfección de los elementos constitutivos del acto administrativo constituyen un indicador necesario y relevante de la regularidad o conformidad sustancial del mismo con el ordenamiento jurídico, de ahí su importancia para el estudio de la invalidez del acto administrativo.

B) *Noción legal de invalidez*

La invalidez es el concepto opuesto al de validez y se traduce, en términos prácticos, en la disconformidad o inadecuación sustancial del acto administrativo con el ordenamiento jurídico. El artículo 158, párrafo 2°, de la Ley General establece que "Será invalido el acto sustancialmente disconforme con el ordenamiento jurídico".

C) *Efectos y límites*

La invalidez produce dos grandes efectos que son los siguientes: a) ausencia o precariedad de efectos y b) la responsabilidad de la administración pública y del titular del órgano.

De acuerdo con el principio *favor acti*, ante la duda acerca de la invalidez del acto se le debe tener como válido. Sobre el particular, el artículo 168 de la Ley General establece que "En caso de duda sobre la existencia o calificación e importancia del vicio deberá estarse a la consecuencia más favorable a la conservación del acto". De otra parte, de acuerdo con el artículo 174 de la Ley General, el acto relativamente nulo se presume legítimo hasta que se demuestre lo contrario firmemente en la vía jurisdiccional.

El artículo 164, párrafo 2°, de la Ley General establece que "La invalidez parcial del acto no implicará la de las demás partes del mismo que sean independientes de aquella".

En cuanto a la "conservación de actuaciones", el artículo 164, párrafo 1°, de la Ley General señala que "La invalidez de un acto no implicará la de los sucesivos en el procedimiento que sean independientes del inválido".

Los artículos 187, 188 y 189 prevén las figuras de la convalidación, saneamiento y conversión.

D) *El sistema bipartito de nulidades*

Nuestra Ley General de la Administración Pública, en su artículo 165 opta por un sistema bipartido de nulidades, por lo que la invalidez puede manifestarse como nulidad absoluta o nulidad relativa, según la gravedad o intensidad de la violación cometida.

La nulidad absoluta se produce cuando faltan totalmente uno o varios de los elementos constitutivos del acto administrativo o cuando alguno es imperfecto pero impide la realización del fin (art. 166 LGAP). Al respecto, volvemos a aclarar que los elementos constitutivos del acto administrativo no son solo el motivo, el contenido y el fin, sino que también la competencia, la legitimación, la investidura, la voluntad, la motivación, la forma de exteriorización del acto y el procedimiento administrativo. Desde luego que habrá, también, nulidad absoluta, cuando la ley sancione, expresamente, con ese grado de invalidez determinado acto defectuoso o una omisión, circunstancia que, normalmente, acontece respecto de otros de los elementos constitutivos mencionados. Así, a modo de ejemplo, el artículo 82, párrafo 2°, de la Ley General establece la nulidad de la resolución administrativa de fondo dictada por un órgano incompetente (competencia), aun cuando este se haya considerado competente; el artículo 98, párrafo 2°, establece que el órgano sustituto —en la tutela administrativa—, únicamente puede adoptar los actos necesarios para restablecer la armonía de la normalidad administrativa so pena de nulidad (competencia); el artículo 125, párrafo 2º, *ibidem*, dispone que el desconocimiento del valor y jerarquía de los reglamentos, circulares e instrucciones produce una nulidad absoluta; el artículo 155, párrafo 2º, estatuye que el acto de revocación de un acto declaratorio de derechos subjetivos debe contener el reconocimiento y, si es posible, el cálculo de la indemnización completa so pena de nulidad absoluta; el artículo 173, párrafo 3º, *ibidem*, indica que la anulación de oficio de un acto declaratorio de derechos sin observancia de los requisitos establecidos produce la nulidad absoluta de la misma; los artículos 219 y 223, *ibidem*, establecen que la omisión de la comparecencia oral y privada que se debe realizar en un procedimiento administrativo para ofrecer y recibir la prueba producirá indefensión y la nulidad de todo lo actuado posteriormente (estos numerales representan una excepción al principio de la conservación de actuaciones del art. 164, pár. 1º, *ibidem*); el artículo 237, párrafos 1º y 2º, *ibidem*, señala que la actuación de los funcionarios en los que concurra algún motivo de abstención implicará la nulidad absoluta de los actos en que haya intervenido; el artículo 247, párrafo 1º, *ibidem*, indica que la comunicación del acto efectuada por medio inadecuado, fuera del lugar debido u omisa en cuanto a una parte cualquiera de la disposición del acto, será absolutamente nula; el artículo 268, párrafo 1º, *ibidem*, preceptúa que la actuación administrativa debe tener lugar en la sede normal del órgano y en sus límites territoriales, so pena de nulidad absoluta del acto, salvo que por su naturaleza deba realizarse fuera de la sede.

La nulidad relativa se produce cuando uno de los elementos constitutivos del acto administrativo es imperfecto pero no está ausente, salvo que la imperfección impida la realización del fin, en cuyo caso se produce una nulidad absoluta (art. 167 LGAP). De igual forma, la ley, en determinados casos sanciona una omisión o irregularidad con una nulidad relativa; así el artículo 247, párrafo 2º, de la Ley General estipula que la comunicación defectuosa por cualquier otra omisión que no provoque la nulidad absoluta será relativamente nula y se tendrá por válida y bien hecha si la parte o el interesado no gestionan su anulación dentro de los diez días posteriores a su realización.

E) *Criterios de distinción entre la nulidad absoluta y relativa*

Los efectos jurídicos materiales y formales de cada categoría o grado de invalidez son diferentes, y por ello se debe echar mano de algunos criterios objetivos para deslindar sendas figuras.

El artículo 165 de la Ley General emplea el (a) criterio de la gravedad de la violación cometida. La gravedad está determinada por la noción de fin público, por lo que la violación grave que origina una nulidad absoluta es la que impide la realización del fin y la que no provoca lo anterior es una nulidad relativa. El legislador emplea, también, en el artículo 166 de la Ley General el (b) criterio de la ausencia de algún elemento constitutivo; ese numeral presume que cuando falta uno o varios de los elementos constitutivos del acto, no se puede realizar el fin público hacia el que se dirige el acto administrativo.

Cuando la utilización de los criterios indicados no permite determinar con certeza en que tipo de nulidad incurre el acto viciado, por aplicación del principio *favor acti* recogido en el artículo 168 de la Ley General, la invalidez se debe reputar como nulidad relativa.

F) *Nulidad absoluta*

Habrá nulidad absoluta cuando falta uno de los elementos constitutivos del acto administrativo (competencia, legitimación, investidura, voluntad, motivo, contenido, fin, motivación, forma de exteriorización prescrita y procedimiento administrativo) o existe un defecto en uno de estos que impide la realización del fin. En términos generales, se produce una nulidad absoluta cuando la gravedad de la infracción al ordenamiento jurídico impide la realización de los fines públicos.

Los efectos sustanciales de la nulidad absoluta son los siguientes:

a) El acto absolutamente nulo no se presume legítimo (arts. 169 y 176 LGAP, *a contrario sensu*).

b) El acto absolutamente nulo no produce, en tesis de principio, efectos jurídicos. Esta afirmación es relativamente cierta, puesto que, aunque un acto administrativo sea absolutamente nulo siempre genera, en la realidad, determinados efectos, en ocasiones, incluso de difícil remoción.

c) El acto absolutamente nulo no puede, en tesis de principio, ejecutarse lo cual es una conclusión lógica de su ilegitimidad flagrante e ineficacia intrínseca. De lo contrario, le acarrea responsabilidad a la administración pública y al funcionario (art. 146, pár. 3°, LGAP).

d) El acto absolutamente nulo, en tesis de principio, no se puede convalidar o sanear; ese es un principio doctrinal generalmente admitido. El artículo 172 de la Ley General establece que "El acto absolutamente nulo no se podrá arreglar a derecho ni por saneamiento, ni por convalidación", esta norma entra en abierta y flagrante contradicción con el artículo 175, *ibidem*, al establecer que "El administrado podrá impugnar el acto absolutamente nulo, en la vía administrativa o la judicial, en el plazo de un año contado a partir del día siguiente a su comunicación. Tratándose de actos de efectos continuados, el plazo se computará a partir del cese de sus efectos", lo que significa, *a contrario sensu*, que el acto absolutamente nulo se puede arreglar a derecho por el transcurso de ese tiempo. La reforma al artículo 175 de la Ley General por el Código de Procedimiento Contencioso Administrativo trató de subsanar el problema disponiendo que tratándose de actos administrativos de efectos continuos en el tiempo se pueden anular en cualquier momento mientras siga surtiendo efectos jurídicos; el problema persiste respecto de los actos que no tienen efectos continuos.

Los efectos formales de la nulidad absoluta son los siguientes:

a) La declaración de nulidad absoluta del acto administrativo es obligatoria para la administración pública a instancia de parte o de oficio (arts. 162 y 174, pár. 1°, LGAP).

b) La nulidad absoluta es declarable de oficio en la vía administrativa (art. 174, pár. 1°, LGAP).

c) La legitimación, por lo menos en vía administrativa, para pretender la declaración de nulidad absoluta es muy amplia (art. 275 LGAP).

d) La declaración de nulidad absoluta tiene efectos declarativos, por lo que sus efectos se retrotraen al momento del dictado del acto administrativo anulado —eficacia *ex tunc*—, sin perjuicio de los derechos adquiridos de buena fe (art. 171 LGAP).

G) *Nulidad relativa*

Hay nulidad relativa cuando no faltando los elementos constitutivos existe en alguno de estos un defecto que impide la realización del fin. La nulidad relativa tiene efectos sustanciales y formales particulares.

Los efectos sustanciales de la nulidad relativa, son los siguientes:

a) El acto relativamente nulo se presume legítimo en tanto no se declare lo contrario en la vía jurisdiccional (art. 176, pár. 1°, LGAP) o no haya sido anulado en sede administrativa (art. 174, pár. 2°, LGAP).

El acto relativamente nulo produce efectos jurídicos al presumírsele válido. Tales efectos jurídicos son precarios, puesto que, subsisten en tanto no venzan los términos de impugnación o sea convalidado.

b) El acto administrativo relativamente nulo puede ejecutarse con responsabilidad para la administración pública y, eventualmente, para el funcionario público cuando haya actuado con dolo o culpa grave (art. 146, pár. 1°, y 176, pár. 1°, LGAP).

c) El acto relativamente nulo puede ser convalidado, saneado o convertido.

Los efectos formales de la nulidad relativa son:

a) La nulidad relativa puede ser declarada —en vía administrativa— a instancia de parte o de oficio; en este último caso será discrecional y deberá estar justificada por un motivo de oportunidad específico y actual (art. 174, pár. 2°, LGAP). Solo cabe la nulidad relativa si el acto invalidado es de gravamen, puesto que, si es favorable o declaratorio de derechos la anulación en sede administrativa no está permitida, siendo necesario que la administración pública respectiva haga uso del proceso de lesividad (art.183, pár. 3°, LGAP).

b) La nulidad relativa no puede ser declarada de oficio en vía jurisdiccional.

c) La legitimación en vía administrativa para demandar la nulidad relativa es amplia.

d) La declaratoria de nulidad relativa tiene efectos constitutivos, puesto que hay una nueva actuación que no se limita a declarar el vicio sino que es un nuevo acto que dispone la anulación del acto viciado para el futuro, sus efectos son prospectivos —*ex nunc*—, excepto cuando es necesario darle un efecto retroactivo para evitar daños al destinatario, a terceros o al interés público (art. 178 LGAP).

4. Eficacia del acto administrativo y su ciclo

En el caso costarricense se sienta, como regla general, que el acto administrativo produce efectos luego de comunicado (arts. 140 y 334 LGAP).

Fundamentan tal requisito la seguridad y la certeza jurídicas del administrado para que pueda conocer los términos que rigen su relación con la administración pública. Así, el artículo 239 de la Ley General estatuye que "Todo acto de procedimiento que afecte derechos o intereses de las partes o de un tercero, deberá ser debidamente comunicado al afectado, de conformidad con esta Ley". Con este requisito deben cumplir, únicamente, los actos administrativos externos, esto es, que inciden, directa o indirectamente, sobre la esfera patrimonial o extra patrimonial del administrado, resultando innecesario cuando se trata de actos administrativos internos tales como órdenes, instrucciones o circulares, los que, en tesis de principio, carecen de valor ante el ordenamiento general del Estado cuando perjudican al administrado (art. 122, pár. 1°, LGAP). Lógicamente, en aras del principio de publicidad que rige todo el actuar administrativo, los actos internos deben exponerse en vitrinas o murales en la oficina respectiva por el plazo mínimo de un mes y compilarse en un repertorio puesto permanentemente a disposición de los servidores públicos y de los administrados (art. 125, pár. 1°, LGAP).

La Ley General reconoce o recoge dos formas básicas de comunicación que son la publicación para los actos administrativos de alcance general y la notificación para los de alcance particular.

A) *Publicación*

En principio, esta forma de comunicación solo es necesaria para los actos administrativos de alcance general, los que pueden o no tener alcance normativo (reglamentos y decretos).

Se efectúa, normalmente, por publicación en el Diario Oficial "La Gaceta". La publicación marca el inicio de la eficacia, salvo que se fije una fecha posterior. La publicación es el punto o criterio temporal de referencia para computar los plazos de los recursos judiciales admisibles contra el acto administrativo de alcance general (art. 39, pár. 1°, inc. b, CPCA).

Ahora bien, el artículo 240, párrafo 2°, de la Ley General establece una excepción a la regla señalada de la comunicación de los actos generales, puesto que, cuando estos afectan, particularmente, a una persona y el lugar para recibir notificaciones consta en el expediente administrativo o es conocido por la propia administración pública, el acto administrativo debe ser notificado.

Nuestra Ley General de la Administración Pública sienta una regla general sana y relevante para evitar indefensiones de los administrados, la misma consiste en que la publicación, normalmente, no sustituye a la notificación (art. 241, pár. 1°, LGAP). Excepcionalmente, la publicación sustituye a la notificación en los supuestos taxativamente indicados por el ordenamiento jurídico (art. 241, párs. 2° y 3°) que son los siguientes:

a) Cuando se ignore o esté equivocado, por culpa del administrado, el lugar para recibir notificaciones, en cuyo caso, la comunicación se tiene por hecha cinco días después de la publicación.

b) Para la primera notificación en un procedimiento y si no consta en el expediente respectivo el lugar para recibir notificaciones.

En tales casos de sustitución de la notificación por una publicación, debe efectuarse por tres veces consecutivas en el Diario Oficial "La Gaceta" y los términos se contabilizan a partir de la última (art. 241, pár. 4°, 256, pár. 4°, LGAP).

B) *Notificación*

Se comunican por notificación los actos administrativos concretos (destinados a un "sujeto identificado") —arts. 120, pár. 1°, y 240, pár. 1°, LGAP—. La notificación es el acto administrativo que tiene como fin poner en conocimiento de los interesados un acto administrativo anterior que les afecta particularmente. Como acto de comunicación que es, tiene independencia sustancial respecto del acto administrativo comunicado, por consecuencia, puede adolecer de una nulidad absoluta o relativa y cualquier defecto que padezca no incide sobre la validez del último.

En cuanto a la forma, la notificación puede ser efectuada personalmente, por medio de telegrama o por carta certificada, dirigida al lugar designado por el administrado. De no haber señalamiento, se hace en la residencia, lugar de trabajo o dirección del interesado si consta en el expediente administrativo por indicación de la propia administración pública o de cualquiera de las partes interesadas (art. 243, pár. 1°, LGAP).

En el supuesto de la notificación personal, servirá como prueba de la misma la respectiva acta firmada por el interesado y el notificador (art. 243, pár. 2°,

LGAP). En tratándose de telegrama o carta certificada, la notificación se tiene por hecha con la boleta de retiro o el acta de recibo firmada por quien hace la entrega (art. 243, pár. 3°, LGAP). Actualmente, se han aceptado otras formas de notificación, por ejemplo, vía fax, así la Procuraduría General de la República en el dictamen C-062-2000 del 21 de marzo del 2000, admitió la notificación por ese medio, dado que la Ley de Notificaciones, citaciones y otras comunicaciones judiciales (núm. 7637 del 21 de octubre de 1996) es de aplicación supletoria al procedimiento administrativo (art. 229, pár. 2°, LGAP), siempre y cuando el administrado lo solicite expresamente.

Cuando el acto administrativo tenga varios destinatarios, debe comunicarse a todos ellos, salvo que actúen unidos bajo una misma representación o si han designado un solo domicilio para recibir notificaciones (art. 244, pár. 1, LGAP).

En aras de los intereses tutelados con la notificación, el ordenamiento jurídico establece, además de la obligación de efectuarla, su contenido. El ordinal 245 LGAP dispone que la notificación debe contener el texto íntegro del acto con indicación de los recursos procedentes, el órgano que los resolverá, ante quien deben interponerse y el plazo para interponerlos. Asimismo, cuando se trata de un acto motivado por referencia debe contener copia de las peticiones, propuestas, decisiones o dictámenes que hayan determinado su adopción (arts. 335 y 136, pár. 2°, LGAP).

Finalmente, debe advertirse que la publicación que supla la notificación, debe contener los mismos requisitos de esta (art. 246 LGAP).

C) *Comunicación defectuosa*

El ordenamiento jurídico, para resguardar el derecho de defensa y la seguridad jurídica del administrado, regula o regla la forma, lugar y contenido de la comunicación.

De esa forma, se establece que la comunicación hecha por medio inadecuado, fuera del lugar debido u omisa, en cuanto a cualquier parte del acto, es absolutamente nula y se tiene por efectuada en el momento en que gestione el interesado dándose por enterado, expresa o implícitamente, ante el órgano competente (art. 247, pár. 1°, LGAP). Ejemplos de comunicaciones absolutamente nulas son los siguientes: a) la comunicación efectuada mediante publicación cuando debía ser notificada; b) la notificación en un lugar equivocado; c) la comunicación por un medio no previsto por el ordenamiento jurídico como sería dejarla en un sobre debajo de la puerta de una casa de habitación; d) la comunicación en la que falta el texto íntegro del acto al faltar el motivo (parte considerativa) o el contenido (parte dispositiva).

Si la comunicación es defectuosa por cualquier otra omisión (v. gr. no se indicaron los recursos procedentes, el órgano competente para resolverlos y los plazos para interponerlos), será relativamente nula y se tiene convalidada si la parte o interesado no gestiona su anulación en el plazo de los diez días posteriores a su realización (art. 247, pár. 2°, LGAP).

D) *Inicio inmediato de la eficacia*

El ordenamiento jurídico puede disponer, explícita o implícitamente, que el acto administrativo adquiera eficacia desde la fecha misma de su adopción, sin necesidad de su comunicación. Así sucede en dos hipótesis: a) cuando el acto concede únicamente derechos —acto favorable o declaratorio de derechos— (art. 140 LGAP) y b) cuando se trata de actos administrativos internos (arts. 120, pár. 1°, y 122, pár. 1°, LGAP) como un reglamento autónomo de organización o una circular, dado que su principal característica es que no inciden en la esfera del administrado por lo que no es requisito de eficacia su comunicación a este (art. 334 LGAP).

E) *Inicio de la eficacia supeditado a la aprobación*

La eficacia del acto administrativo puede estar supeditada a la aprobación de otro órgano o ente público, por razones de fiscalización o de tutela administrativa (v. gr. aprobaciones o refrendos de la Contraloría General de la República en materia de Hacienda Pública —presupuesto— y contratación administrativa). Consecuentemente, hasta tanto no se produzca el acto aprobatorio, el acto administrativo fiscalizado no cobra eficacia ni podrá comunicarse, ejecutarse ni impugnarse (arts. 145, pár. 4°, LGAP y 12, pár. 6°, CPCA).

El acto aprobatorio hará que los efectos del acto administrativo aprobado o fiscalizado se retrotraigan a la fecha de su adopción, salvo norma expresa en contrario (art. 145, pár. 2°, LGAP).

F) *Inicio demorado de la eficacia por exigencia del contenido del acto*

Del contenido natural o accidental (v. gr. acto que contiene una condición suspensiva por cuya virtud surtirá efectos tres meses después de dictado para tomar las previsiones del caso antes de su ejecución) puede derivar la necesidad de cumplir ciertos requisitos de eficacia (art. 145, pár. 1°, LGAP).

G) *Cesación de la eficacia*

La eficacia del acto administrativo puede terminar de forma temporal o definitiva.

a) *Cesación temporal.* Se produce cuando se ordena la suspensión de la ejecución del acto administrativo. La eficacia del acto administrativo puede ser suspendida, temporal o provisionalmente, tanto en la vía administrativa (art. 148 LGAP) como en la jurisdiccional (art. 20, pár. 1°, CPCA).

b) *Cesación definitiva.* El acto administrativo cesa definitivamente en la producción de sus efectos cuando se extingue. La extinción definitiva puede producirse por causas previstas en el propio acto administrativo o sobrevinientes.

Las previstas derivan de su propia naturaleza, como cuando se agotan sus efectos con la sola emisión del acto o cuando se cumple su contenido u objeto (v. gr. un acto certificatorio agota sus efectos cuando es extendido —certificación de propiedad inmueble—, los efectos de una sanción administrativa se cumplen cuando se paga la multa). También, cuando el acto administrativo prevé una condición o término resolutorios.

En punto a los motivos sobrevinientes, la regla general consiste en que los actos administrativos tienen eficacia indefinida, esto es, no tiene límites temporales. No obstante, pueden sobrevenir nuevas circunstancias que determinan la cesación definitiva de la eficacia del acto administrativo. Así, como se verá *infra*, el acto administrativo puede ser revocado (revocación) por razones de oportunidad, conveniencia o mérito, entre otros motivos, por la aparición de nuevas circunstancias de hecho, no existentes o no conocidas al momento de dictarse (arts. 152 y 153, pár. 1°, LGAP). De igual forma, el acto administrativo puede ser anulado (anulación) cuando, por circunstancias sobrevinientes, desaparezca alguna de las condiciones fácticas o jurídicas (motivo) exigidas por el ordenamiento jurídico para su adopción y las mismas sean indispensables para la existencia de la relación jurídica creada (art. 159 LGAP).

H) *Límites de la eficacia y la retroactividad*

La eficacia del acto administrativo está sometida a las condiciones derivadas de su contenido y del propio ordenamiento jurídico. Los límites de la eficacia pueden ser de tres tipos: subjetivos, objetivos, espaciales o temporales.

a) *Límites subjetivos.* En tesis de principio, el acto administrativo eficaz está capacitado para surtir efectos jurídicos *erga omnes*. La innovación creada por el acto administrativo, debe ser reconocida por todo sujeto público o privado, puesto que existe el deber jurídico general a cargo de la administración pública y de los administrados de respetar todo acto administrativo y de reconocer las situaciones jurídicas derivadas del mismo. Este tipo de eficacia es predicable, sobre todo, respecto de los reglamentos. Empero, el acto administrativo tiene una eficacia directa y relativa, limitada a los sujetos que forman parte de la relación jurídica-administrativa. La eficacia directa varía en función de los sujetos que forman parte de la relación jurídico administrativa, siendo más amplia si estamos ante actos administrativos generales y limitada si son actos administrativos concretos.

El artículo 144, párrafo 1°, LGAP recoge el principio de la relatividad del acto administrativo al señalar que "[...] no podrá surtir efecto ni ser ejecutado en perjuicio de derechos subjetivos de terceros de buena fe, salvo disposición expresa o inequívoca en contrario del ordenamiento"; por su parte, el párrafo 2° de ese ordinal estipula que toda lesión causada por un acto administrativo a terceros de buena fe debe ser indemnizada en su totalidad, sin perjuicio, claro está, de la anulación procedente.

En suma, la eficacia directa se extiende, únicamente, a los sujetos que forman parte de la relación jurídico-administrativa, ampliándose a terceros cuando el ordenamiento jurídico lo autorice y sin perjuicio de la indemnización respectiva.

b) *Límites objetivos*. La eficacia del acto administrativo puede variar según la función realizada, así hay actos que no imponen comportamiento alguno a la administración pública o a los administrados y agotan su eficacia en una simple declaración o calificación (v. gr. las certificaciones). Existen otros actos administrativos que establecen una carga, así la concesión produce efectos en tanto subsista.

c) *Límites espaciales*. La eficacia del acto administrativo se limita al territorio sobre el que tiene competencia el respectivo órgano —arts. 60 y 61 LGAP— (v. gr. las municipalidades en un cantón determinado, las direcciones regionales de un ministerio en una región específica). Desde luego que el propio órgano administrativo competente puede establecer límites espaciales como por ejemplo el dictado de un reglamento para regular ventas ambulantes en el distrito primero del Cantón Central de San José. Fuera de su ámbito territorial el acto administrativo es ineficaz.

d) *Límites temporales*. La eficacia del acto administrativo, desde un punto de vista temporal, puede verse sometida a diversos límites impuestos por el propio ordenamiento jurídico o por su contenido.

En tesis de principio y como regla general, el acto administrativo de gravamen o desfavorable surte efectos hacia el futuro —eficacia *ex nunc*— (art. 142, pár. 1°, LGAP); no obstante, bajo ciertas circunstancias puede tener efecto retroactivo —eficacia *ex tunc*— aun en contra del administrado. Como se ve, la irretroactividad es un principio generalmente aceptado y de especial aplicación en tratándose de los reglamentos o disposiciones generales, puesto que el artículo 34 de la Constitución Política se aplica a cualquier norma jurídica; obviamente, también repercute en el ámbito de los actos administrativos concretos.

El acto administrativo produce, excepcionalmente, eficacia retroactiva en los supuestos siguientes:

a) Que se trate de un acto administrativo favorable o declaratorio de derechos, en cuyo caso se requiere que desde la fecha señalada para el inicio de sus efectos existan los motivos para su adopción y que no se lesionen derechos o intereses de terceros de buena fe (art. 142, pár. 2°, LGAP).

b) Los actos administrativos de gravamen o desfavorables pueden tener eficacia retroactiva cuando se dicten para anular actos declaratorios de derechos o favorables absolutamente nulos, obviamente, sin perjuicio de los derechos adquiridos de buena fe, o bien, para consolidar, haciendo válidos o eficaces actos desfavorables (arts. 143, 171 —efectos de la declaratoria de nulidad absoluta—, 187, pár. 2°, —convalidación— y 188, pár. 3° —saneamiento— LGAP).

ESPAÑA

SOBRE EL ACTO ADMINISTRATIVO: HISTORIA Y DOGMÁTICA EN ESPAÑA

Marcos M. Fernando Pablo*

Introducción

Según una muy influyente síntesis material del derecho administrativo en España, todo lo que hace la administración pública, en régimen de derecho administrativo, puede ser enjuiciado jurídicamente conforme a cinco grandes regímenes jurídicos: acto administrativo, reglamento, contrato, actividad técnica y actividad de coacción[1]. En tal enumeración, "acto administrativo" es un régimen jurídico completo que cuenta, en España, con un tratamiento de derecho positivo codificado hoy en la Ley 39/2015[2].

Esta simplificación oculta el papel central que aquella categoría ha desempeñado en el derecho administrativo. En la noción y régimen de acto administrativo confluyen, como destacó Giannini[3], los elementos constitutivos del régimen administrativo: separación de poderes, legalidad de la acción administrativa y tutela judicial frente a la administración.

Nos proponemos utilizar esa estructura propia para ordenar la aplicación del método histórico-dogmático a la categoría "acto administrativo" tal como la configura el derecho español. Esas tres diferentes perspectivas aclararán las peculiaridades del acto administrativo en la tradición jurídica propia.

1. Acto administrativo y separación de poderes. Revisión de algunas fuentes: nacimiento y función de un nuevo tipo de acto jurídico público

A) *El lenguaje y la separación de poderes: del arrêté al acto de la administración*

La categoría acto administrativo se dice, tuvo su origen positivo en las leyes revolucionarias de 16-24 de agosto de 1790 y 3 de septiembre de 1795 (la pri-

* Catedrático de Derecho Administrativo en la Universidad de Salamanca.

[1] *Curso de derecho administrativo* de los profesores García de Enterria y Fernández Rodríguez, que cito por la 19ª ed. de su vol. I, pág. 867 (Madrid, Civitas-Thomson Reuters, 2020). El *Curso* ha sido, por décadas, la obra más influyente del derecho público español.

[2] Título III: "De los actos administrativos", título V, "De la revisión de los actos en vía administrativa", art. 25 de la Ley 29/1988 de la Jurisdicción contencioso-administrativa, actividad administrativa impugnable ante la jurisdicción contencioso-administrativa: "los actos expresos y presuntos de la administración pública que pongan fin a la vía administrativa".

[3] M. S. Giannini, *Attività amministrativa. Atto amministrativo. Contratto della Pubblica Amministrazione*, Milano, Giuffrè, 1960, págs. 28 y ss.

mera que utiliza la terminología acto administrativo), pues allí se establecieron materialmente las consecuencias de calificar una actuación administrativa como "acto de administración": la incompetencia de la jurisdicción ordinaria para "inmiscuirse" o perturbar la acción administrativa, y la imposibilidad de que mediante el ejercicio de acciones ante los tribunales ordinarios, pudiera paralizar la ejecución de lo administrativamente decidido.

Antes de aquellas referencias normativas, la cuestión (a la que por cierto se dio gran trascendencia), fue la de encontrar una *denominación formal* para este nuevo tipo de acto jurídico-público. El decreto de la Asamblea Nacional de 22 de diciembre de 1789 (publicado como ley mediante *lettre patente* del rey de enero de 1790), sobre la constitución de asambleas primarias y las asambleas administrativas, al regular las funciones de los órganos de estas nuevas estructuras, se cuidó de indicar también que "no pueden ser entorpecidos en el ejercicio de sus funciones administrativas por ningún acto del poder judicial". La Instrucción de la Asamblea Nacional de 8 de enero de 1790 que le siguió, en el punto relativo a la extensión y naturaleza de los poderes de los cuerpos administrativos (consejos y directorios de departamento y consejos y directorios de distrito) fue clara[4]: "La Constitución sería violada si el poder judicial pudiera mezclarse en las cosas administrativas y entorpecer de cualquier manera que fuera los cuerpos administrativos en el ejercicio de sus funciones [...]". Un decreto posterior de la Asamblea Nacional, de 24 de junio de 1790 (*lettre patente* de 27 de junio) establecerá, más tarde: "Ningún cuerpo administrativo podrá emplear, ni en el título ni en el dispositivo de sus deliberaciones, la expresión «*decret*», consagrado a los actos del cuerpo legislativo. Debe emplearse el término *deliberación*"[5].

Un poco después, el decreto de la asamblea de 27 de marzo de 1791 indica en su artículo 1: "Los actos de los directorios o consejos de distrito y de departamento no podrán ser titulados ni *decret*, ni *ordonnances*, ni *reglement*, ni *proclamations* [...] llevarán el nombre de «*arrêtés*»"[6].

La discusión de este artículo muestra cómo se trataba de encontrar una denominación formal de los actos a que daba lugar el ejercicio de las funciones de aquellos órganos, a fin de evitar una nomenclatura que pudiera "hacer creer

[4] Instruction de l'Assemblée Nationale sur la formation d'Assemblées représentatives et des corps administratifs de 8 janvier 1790. *Vid. Lois et actes du Gouvernement,* t. I (août 1789 à septembre 1790), L'Imprimerie Impériale, Paris, 1806, pág. 52 y ss. Se trata de una reimpresión de la muy conocida *Collections des Loi rendues depuis 1789 jusqu'au 22 du prairial an II,* de J. F. Baudoin. Mediante Ley de 14-16 frimaire an II (4-6 diciembre 1793) se implanta, con estatuto público el *Bulletin des Lois.*

[5] *Ibidem.* pág. 244. La Constitución francesa del año I (1793), distinguía formalmente, por su contenido entre *decrets* de la Asamblea (art. 55) y *lois* (art. 55).

[6] *Vid.* M. J. Madival y M. E. Laurent, *Archives Parlamentaires. Recueil complete des debats legislatifs. Premiere serie (1787-1799),* tome XXIII, pág. 646.

bajo ningún concepto a los administradores que eran jueces o legisladores" (así, literalmente la intervención del diputado Rewbell). El diputado Démeunier, que actúa como relator, acepta este argumento y la propuesta que BARNAVE expone en sesión de 3 de marzo de 1791: "todos los actos de los cuerpos administrativos deben llevar el nombre de *arrêtés*[7], en esa palabra creo que quedan comprendidos todos los actos de su competencia".

Lo que aparentemente es una pura cuestión terminológica[8], tenía un significado profundo, de aplicación material de la separación de poderes, porque aquella afirmación de la Instrucción de la Asamblea (según la cual "todo acto de los tribunales y cortes de justicia tendente a contrariar o suspender el movimiento administrativo siendo inconstitucional, devendrá sin efecto") había sido, entre tanto, llevada a la Ley 16-24 de agosto de 1790 sobre la Organización Judicial (que es la fuente generalmente citada, art. 13), y a la Constitución de 3 de septiembre de 1791.

Ha nacido un nuevo tipo de acto jurídico público no vinculado ni al poder legislativo ni al poder judicial; un acto público distinto de las "normas" y de los juicios o resoluciones judiciales (*arrêt, jugement, ordonnances*). Un nuevo *término* que será sustantivado, en la misma línea de separación de poderes, por la Ley de 3 de septiembre de 1795 (Ley de 16 de fructidor del año III) prohibiendo a los tribunales conocer de los actos de la administración cualquiera que sea su especie.

B) *Los actos de administración, los tribunales civiles, el tribunal de casación y el Directorio: el origen de una categoría teórica*

Pronto se hizo evidente que, definiendo lo que fueran esos "actos de administración", se iba a construir un ámbito de actuación del poder ejecutivo exento de control judicial e inicialmente sujeto solo a otras vías de recurso, pero en todo caso, dando lugar a la incompetencia de la jurisdicción ordinaria[9].

[7] El portal web vie publique.fr, dependiente de la *Direction de l'information légale et administrative*, define *"arrêtés"* como "acto emanado de una autoridad administrativa distinta del Presidente de la República o el Primer Ministro" y añade "*acto administrativo unilateral*".

[8] La trascendencia de estas "logomaquias", tan propias de la Revolución francesa, ha sido destacada hace ya tiempo: Sucedió algo parecido en la discusión sobre la denominación de la "Asamblea Nacional" (frente a otras denominaciones como *Asamblea del Pueblo*) que mantuvo SIEYÈS, o con el propio *concepto de ley*, surgido como denominación formal frente a la anterior "*decret*". Por todos, sobre el lenguaje en la Revolución, J. GUILHAUMOU, "Langue et discours pendant la Révolution française", en *Mots*, n°16, mars 1988. Numéro spécial. *Langages. Langue de la Révolution française*) y, en España, E. GARCÍA DE ENTERRÍA, *La lengua de los derechos. La formación del derecho público europeo tras la Revolución francesa,* Madrid, Alianza Editorial, 1994 (existen ediciones posteriores).

[9] Tribunal Civil de la Loire Inferior, 13 de noviembre 1796 (23 brumaire año V) en un recurso de apelación contra una primera sentencia civil que admitió su competencia: "Cdo:

Lo entendió así, manejando casi *avant la lettre*, la terminología moderna, la *Cour de Cassation* (civil) haciendo aplicación de aquellas leyes[10]. También lo hizo un *arrêté* del directorio ejecutivo de 2 de germinal del año V (22 de marzo de 1797) que, bajo la vigencia de la Constitución Republicana del año III —1791— en aplicación de las leyes de 16-24 de agosto de 1790 y 3 de septiembre de 1795, establece[11]: "[...] en la clase los asuntos administrativos sustraídos al conocimiento de los tribunales judiciales se incluyen *todas las operaciones que se ejecutan bajo las órdenes del gobierno por sus agentes inmediatos bajo su vigilancia y con los fondos aportados por el tesoro público*".

El pronunciamiento, muy citado en las fuentes posteriores[12] por describir el primer concepto amplio de "actos de la administración", parece ser el origen

Que las leyes de fructidor del año 3 prohíben a los tribunales conocer de los *actos de administración* de cualquier especie; que el fletamento de las embarcaciones de F. *habiendo sido realizado por cuenta de la República* a los administradores de los transportes militares [...] debe *ser considerado un acto de administración* [...] El Tribunal resuelve que ha sido incompetentemente juzgado por la sentencia apelada [...]". *Bulletin des jugements du Tribunal de Cassation rendus en matière civile,* t. II, an. VIII, Cour de Cassation, Imprimerie de la République, Paris, 1799, pág. 12.

[10] Tribunal de Casación 1 de brumario año VIII (23 octubre 1799): "en la clase de los asuntos administrativos se incluyen todas las *operaciones que se ejecutan por orden del gobierno o sus agentes inmediatos bajo su vigilancia*". *Vid. Bulletin des jugements du Tribunal de Cassation rendus en matière civile,* cit., t. II an. VIII, pág. 32.

Un pronunciamiento que utiliza ya la nueva categoría, el *jugement* (Cour de Cassation) de 5 germinal año VIII, casando sentencia del Tribunal Civil del Departamento des Vosges por haber interpretado un "*acte administratif*" [*sic*]. *Vid. Bullletin des jugement du Tribunal de Cassation en matière civil*..., cit. t. II, num. 6 25 mars 1800), págs. 193 y ss.

[11] El art. 262 de la Constitución de 1795 decía: "*Le Directoire exécutif dénonce au Tribunal de cassation, par la voie de son commissaire, et sans préjudice du droit des parties intéressées, les actes par lesquels les juges ont excédé leurs pouvoirs*". El texto original del *arrêté* en *Bulletin des lois de la République Française,* nº 115, 1797-3, con cita directa de la leyes 16-24 agosto de 1790 y la Ley de 16 de fructidor del año III, para reclamar a los comisarios del Gobierno ante el Tribunal de Casación que denuncien ante ese tribunal como *exces du pouvoir* judicial, las resoluciones de los tribunales civiles de Las Ardenas y el Marney requiera que sean casados los pronunciamientos previos de los tribunales civiles que han condenado a un agente del Gobierno al pago de una letras de cambio giradas por gastos realizados en interés de la República.

[12] J. Bremond, *Traité théorique et pratique de la compétence administrative*, tome I, Paris, Larose, 1894, pág. 23; M. Block, *Dictionnaire de l'Administration Française*, 2ª ed., Paris, 1887, pág. 10; A. Carpentier et G. Frère Jouan Du Saint, *Répertoire général alphabétique du droit français,* tome I, Paris, Larose et Forcel, 1886, pág. 461.

Todavía exposiciones recientes sobre el acto recuerdan este pronunciamiento, quizá a través del *Traité de la jurisdiction administrative* de Laferriere. Por ejemplo, J. A. García Trevijano, *Los actos administrativos*, Madrid, Civitas, 1986, pág. 47; S. Muñoz Machado, *Tratado de derecho administrativo y derecho público general*, t. XII, Actos y sanciones administrativas, 2ª ed., Madrid, BOE, 2017, pág. 17.

de la noción *doctrinal*, que resulta de la voz *acte administratif* del *repertorio de jurisprudencia* MERLIN y desde ahí generalizada[13].

Pero el *acte administratif* aparece mencionado antes de 1800 en varias ocasiones, en las fuentes documentales parlamentarias bajo el Directorio[14] (1795-1799). Los órganos legislativos enfrentados a reclamaciones de ciudadanos contra actos de la administración[15], remiten la decisión al Directorio, que actúa como "justicia administrativa": De la exención jurisdiccional en negativo, se comienza a pasar a un ámbito *positivo* de revisión, en sede del ejecutivo, que dará paso a la nueva justicia administrativa.

C) *La afirmación de iguales principios en España: de la providencia administrativa al acto previo*

El examen de algunas fuentes de nuestra propia tradición conduce a un relato histórico similar en esa conexión inicial entre la *terminología*, primero, y después, la categoría "acto administrativo", con la separación de poderes y sus consecuencias. Puede citarse, la *Instrucción para el gobierno económico político de las provincias* (decreto CCLXIX de 23 de junio de las cortes de

[13] PH. A. MERLIN, *Répertoire universel et raisonné de jurisprudence*. Paris, Garnery, 4ª ed., t. I, 1812, pág. 72. *Acte administratif* "es un *arrêté*, una decisión de la autoridad, *un hecho de un administrador en relación con sus funciones*".

MERLIN fue ministro de Justicia, por segunda vez, entre el 10 de febrero de 1797 y el 3 de septiembre de ese mismo año V del calendario republicano. Actuando como *comisario del Gobierno* ante el Tribunal de Casación, firma un requerimiento al Tribunal de Casación contra un pronunciamiento de un juzgado de paz que ha condenado a un administrador de un instituto de beneficencia municipal al pago de ciertas deudas de este. El escrito ante el Tribunal de Casación reproduce a la letra el *arrêté* del Directorio de 2 de germinal del año V antes citado. Parecería que la noción doctrinal formulada por MERLIN tiene su origen en este pronunciamiento.

Vid. los textos del requerimiento y la sentencia de casación en J. B. PAILLIET, *Droit Publique française ou histoire des institutions politiques,* Paris, Kleffer, 1822, págs. 1216 y ss.

[14] En esa misma época aparece la expresión "*droit administratif*" en un curso de legislación de T. METIVIER para la Escuela Central de Charente Inférieure y otro de M. REGNAULT DE SAINT-JEAN D'ÁNGELY (1805).

[15] El poder legislativo (*Conseil des Cinq-Cents* y *Conseil des Anciens*) contesta: "Considérant que cet arrêté n'est point un acte de législation, mais un *acte administratif* et qu'il est instant de faire réparer, s'il y a lieu, l'injustice de ses dispositions par l'autorité compétent [...] La pétition de la citoyenne Bacler, relative à la destitution de sa place de directrice de la poste aux lettres d'Arras, est renvoyée au Directoire exécutif, pour y être par lui statué définitivement [...]". *Vid. Loi qui renvoie au Directoire exécutif la pétition de la citoyenne Bacler, contre un arrêté par lequel elle a été destituée de la place de directrice de la poste aux lettres d'Arras. Du 22 prairial IV –10-6-1796)* en *Collection Baudouin, Collection général des lois et des actes du corps législatif et du directoire exécutif,* vol. 71, Directoire, pág. 200.

La expresión *acte administratif* se repite en igual sede legislativa, en los volúmenes siguientes (73, 78, 85) de esta importante fuente documental.

Cádiz que regulaba, art. 18) un recurso gubernativo ante el jefe político contra las *providencias* dictadas por el Ayuntamiento o por el alcalde: "Si algún vecino se sintiere agraviado por *providencias económicas o gubernativas* dadas por el Ayuntamiento, o por el alcalde, sobre cualquiera de los objetos que quedan indicados, *deberá acudir* al Jefe político, quien por sí oyendo a la Diputación provincial cuando lo tuviere por conveniente, resolverá gubernativamente toda duda, sin que por estos recursos se exija derecho alguno".

Por su parte, el decreto XLV de 3 febrero de 1823 de las cortes publicado como ley de 6 de junio de 1823 ya indicaba más claramente: "En los casos en que los alcaldes y ayuntamientos ejecutan las leyes del ramo gubernativo, o desempeñen las atribuciones que les son peculiares, *no pueden admitirse recursos judiciales ni en concepto de despojo ni en ningún otro a no ser que los respectivos superiores del mismo ramo a quienes deberán dirigirse las quejas, consideren que han incurrido en excesos* para cuya averiguación y castigo pasen los expedientes a los tribunales de justicia"[16].

También conocido es que, ante las dificultades que suscitaban, en España, la interrupción de las obras y actividades públicas municipales por la intervención de los tribunales ordinarios, la Real Orden de 8 de mayo de 1839 (Gaceta núm. 1664 de 17 de mayo) dispuso por punto general "que las disposiciones y *providencias* que dicten los ayuntamientos y en su caso las diputaciones provinciales, en los negocios que pertenecen a sus atribuciones según las leyes *forman estado y deben llevarse a efecto*, sin que los tribunales admitan contra ellas los interdictos posesorios de manutención o restitución"[17].

[16] En la legislación de la época el alcalde acumulaba la condición de autoridad administrativa y de órgano del poder judicial. Las cuestiones de competencia en torno a si las providencias sancionadoras dictadas por aquellos correspondían a su función como juez o como administrador —con posible recurso ante el jefe político o gobernador—, resultaron numerosas. La jurisprudencia (recopilada por Riego y J. Amat, *Jurisprudencia administrativa. Colección de competencias informadas hasta el día por el Consejo Real*, Alicante, Imprenta de José Marcili, 1847) no ofreció más que la diferencia entre *providencias gubernativas* y providencias *judiciales,* en función de si el alcalde actuaba como delegado de la autoridad judicial o "dentro del círculo de atribuciones que le confieren las leyes en los diferentes ramos de la administración": No ha nacido aún, la terminología "acto administrativo".

[17] El expediente de competencia resuelto por Real Orden comunicada de 29 de agosto de 1846 (Gaceta núm. 4380, 11 de septiembre, pág. 2) resulta llamativo, porque contiene, que sepamos, la *primera afirmación de la supremacía de la Constitución* y presenta la Orden de 8 de mayo de 1839 como expresión de la propia Constitución: "Considerando: Que siendo de la clase de las providencias administrativas el acuerdo del Ayuntamiento [...] es claro que el juez de partido, admitiendo contra él un interdicto, contravino la expresada Real Orden y *faltó al respeto debido a la independencia establecida entre las autoridades administrativa y judicial por la Constitución*, para lo cual *no pudo apoyarse en ley alguna particular, porque las de esta clase, en presencia de aquella, no tienen fuerza en lo que se oponen [...]*".

Cuarenta años antes (anticipándose tres años a *Marbury v. Madison*), el naciente *Conseil d'Etat* del Consulado, había dictado un *avis* (4 nivoso del año VIII, 25 diciembre 1799) en

Enseguida, este precepto fue considerado de aplicación general, y expresión de un principio superior, pues se entendió que dicha Real Orden no tendría sentido si no fuera de aplicación a todas las autoridades administrativas[18]. El principio es claro y si la ley de organización y atribuciones de los Ayuntamientos de 1843, artículo 62, indicaba ya que los acuerdos tomados por los ayuntamientos, en ciertas materias, *eran ejecutorios*[19], la Ley Municipal de 20 agosto de 1870 declara con rotundidad (art. 84): "Los juzgados y tribunales no admitirán interdictos contra las *providencias administrativas* de los ayuntamientos y alcaldes en los asuntos de su competencia".

Esta consecuencia, la separación de poderes como exclusión del poder judicial, venía limitada, como se ve, a la existencia de "providencia" o "acuerdo"

igual sentido: "Le Conseil d'État, délibérant sur le renvoi qui lui avait été fait par les Consuls de la République, d'un arrêté de la section de législation, présentant la question de savoir si les lois des 3 brumaire an III, 19 fructidor an V et 9 frimaire an VI, qui excluent de la participation aux droits politiques et de l'admissibilité aux fonctions publiques, les parents d'émigrés et les ci-devant nobles, ont cessé d'exister par le fait de la Constitution, ou s'il faut une loi pour les rapporter, *est d'avis que les lois dont il s'agit, et toute autre loi dont le texte serait inconciliable avec celui de la Constitution, ont été abrogées par le fait seul de la promulgation de cette Constitution, et qu'il est inutile de s'adresser au législateur pour lui demander cette abrogation.* En effet, c'est un principe éternel, qu'une loi nouvelle fait cesser toute loi précédente, ou toute disposition de loi précédente contraire à son texte, principe applicable, à plus forte raison, à la Constitution, qui est la loi fondamentale de l'Etat. Or, les conditions qui déterminent le droit de voler et celui d'être élu aux diverses fonctions publiques sont réglées par l'acte constitutionnel. *Il n'est pas permis au législateur d'en retrancher quelques-unes, ni d'en ajouter de nouvelles: son texte est général, impérieux, exclusif. Donc toute loi ancienne qui contrarierait l'application, a cessé d'exister, du moment où l'acte constitutionnel a été promulgué*". *Vid.* J. B. Sirey, *Recueil général des lois et des arrêts en matière civile, criminelle, commerciale et de droit public*, Paris, 1800, t. 1, II parte, *Lois et decision diverses*, pág. 36.

[18] Y así se declaró en alguna decisión de competencia, tal como la resuelta con fecha 1 de julio de 1846 (Gaceta núm. 4319 de 12 de julio de 1846, pág. 2) conforme a la cual "sin embargo de hablar solo de providencias de ayuntamientos y diputaciones provinciales, se extiende indudablemente por su objeto a las de todas las autoridades administrativas, superiores e inferiores" para terminar afirmando que "en ningún caso pueden los jueces, sin desconocer la independencia de la administración, juzgar sus actos, no siendo delitos, aunque sean verdaderos abusos".

[19] Lo que en la doctrina española se teoriza, no sin discrepancias, como *ejecutividad y ejecutoriedad* del acto, se fue afirmando desde antes de 1845. Por eso, por ejemplo, la decisión de competencias de 25 de septiembre de 1850 (*Colección Legislativa*, 1950, tomo 51, núm. 40, tomo II, pág. 23) puede afirmar, sin especiales argumentaciones, "es *privativo de la Administración activa económica hacer efectivos los créditos declarados a su favor*, siempre que reúnan las circunstancias de ser líquidos o determinados". La expresión "acuerdo ejecutorio" será después "ejecutivo" (así, por ejemplo, art. 361 de la Ley de Régimen Local de 1955: los actos de las corporaciones locales serán *inmediatamente ejecutivos cuando no requieran aprobación o autorización gubernativa*").

administrativo[20]. En el nivel central se adoptará la terminología "resolución" (Real Decreto de 30 de noviembre de 1846, reglamento sobre el modo de proceder del Consejo Real en los asuntos contenciosos).

El llamado posteriormente "acto administrativo", terminología técnico-jurídica superpuesta a estas diversas denominaciones (*providencia, negocio, acuerdo, acto, decisión, resolución...*) aparece, con esta importante carga procesal[21], en alguna temprana decisión de competencia[22], también en las decisiones del Consejo Real actuando como órgano contencioso[23], y es asumido por la Ley sobre jurisdicción en materias de hacienda[24], aunque a veces se cita el reglamento provisional para las reclamaciones económico administrativas de 15 de abril de 1890 como primera norma en utilizar la nueva terminología.

Tanto en la tradición francesa como en la española, las fuentes muestran cómo esta función inicial del "acto administrativo", fue perfilándose y aco-

[20] *Vid.* la voz "Providencia administrativa" en el *Repertorio de la jurisprudencia administrativa española* de PANTOJA, Madrid, Revista General de Legislación y Jurisprudencia, Imprenta de la RGLJ, 1869, págs. 957 y ss. La equiparación terminológica entre providencia administrativa y acto administrativo, en la Competencia de 28 de julio de 1866, en pág. 959: "Así como no pueden dejarse sin efectos las *providencias* de la administración por interdictos judiciales, tampoco pueden estos desvirtuarse por medio de *actos administrativos*".

[21] Para esa caracterización inicial del acto administrativo en España, *vid.* SANTAMARIA PASTOR, *La nulidad de pleno derecho de los actos administrativos*, 2ª ed., Madrid, IEAL, 1975.

[22] La primera que hemos localizado, la resuelta por Real Decreto de 20 de junio de 1849, parece aplicar la noción a una actuación material: "Que aquel desagüe *fue un acto administrativo*, ya se mire como dispuesto por el alcalde de Castellón en uso de la facultad que le atribuye el citado art. 74, párrafo 5 de la ley de 8 de enero de 1845, ya como mera ejecución de lo ordenado por el jefe político [...] Que por ello el interesado debió acudir ante la administración misma por la vía competente [...] más nunca apelar a un interdicto restitutorio que rechaza la Real orden citada [...]". Una decisión anterior, de 27 de octubre de 1847 (Gaceta de 18 de noviembre) utiliza la expresión acto administrativo, por primera vez para condicionar la posibilidad de recurso contencioso: "Considerando que...*no había acto administrativo* que diese lugar a la vía contenciosa [...]".

[23] Real Decreto, sent. 27 julio 1848, citada por J. A. SANTAMARÍA PASTOR, "Sobre el origen y evolución de la reclamación administrativa previa", *RAP*, núm. 77, págs. 81 y ss.: "se entabló el pleito *sin que hubiera acto administrativo* que le diera origen...".

[24] La Ley de 2 de febrero de 1850, se cita en ocasiones con otra terminología. Su art. 11 habla de la responsabilidad por alcance de los funcionarios públicos "por razón de los *actos administrativos* en que hubieran ejercido como funcionarios públicos".

Alguna norma anterior utilizaba ya la categoría, justamente para atribuir competencia a los tribunales contenciosos: Vid el Real Decreto de 10 de junio de 1847 que impone la liquidación de la Real Empresa de Lorca y la creación del Sindicato de Regantes. Tras señalar las competencias del Tribunal de Aguas, se dice (art. 7) que "las cuestiones que resulten del cumplimiento de las ordenanzas o de algún *acto administrativo* serán de competencia del Consejo Provincial". *Vid.* CASA Y MORAL, *Recopilación Legislativa de España*, t. IV, Granada, Imprenta de D. Manuel Ramiro, 1859, pág. 205.

tando su campo de cobertura. Primero para excluir la pura acción material, porque se exigió, para poder afectar a las situaciones posesorias de los ciudadanos sin que estos pudieran acudir al juez de derecho común, que aquella acción material administrativa estuviera amparada por un título formal que, como hemos visto, recibió diferentes nombres. En tal sentido la Decisión de competencias del 26 de junio de 1846 (Gaceta núm. 4309 de 2 de julio 1846) señala, reconociendo la competencia jurisdiccional ordinaria:

"Considerando que en el presente caso *no hay providencia alguna del ayuntamiento* de la villa de [...] de las que, en el citado párrafo segundo, artículo 62 de la ley de 14 de Julio de 1840 se expresan, a que pueda atribuirse como a causa inmediata el despojo que motivó el recurso de Doña.... al juez del partido, por lo cual queda aquel reducido a la clase de despojo de particular a particular, justificada la procedencia del interdicto, sin aplicación alguna la mencionada Real Orden de 8 de mayo de 1839"[25].

Esta situación también se producía siempre que la administración actuaba sin dar lugar a la adopción de una verdadera decisión en forma. La decisión de competencias últimamente citada añadía: "se presentó un escrito del Ayuntamiento en el que después de hacer mérito de una *sumaria información de testigos* recibida por el Ayuntamiento, se presentaba un informe de la misma corporación declarando la posesión anterior de otro vecino [...]", pero termina afirmando, como queda reseñado, que "no hay providencia alguna" del Ayuntamiento, por lo que la cuestión corresponde a la jurisdicción ordinaria[26].

Una vez arraigada en la jurisprudencia de competencias la idea de que las providencias administrativas no admitían contestación judicial ordinaria a través de interdictos, pronto se admitirá igualmente que tal forma de tutela tampoco corresponde frente a la actuación administrativa de *ejecución* de providencias, igualmente reconocida como propia y exclusiva de la administración, siempre que actuase dentro de sus competencias[27]:

Apartada, por otro lado, la pura actuación material del régimen del acto administrativo, posteriormente se segregará (en Francia, es la distinción tra-

[25] Más adelante, es ya doctrina general la de que "Cuando no media acuerdo o *acto administrativo* contra el cual se dirija un interdicto, falta el fundamento que para reclamar el negocio pudiera invocar la Administración apoyado en la RO de 8 de mayo de 1839, toda vez que esta solo prohíbe los interdictos restitutorios en cuanto por su medio se intente dejar sin efecto providencia legalmente administrativa". Competencia de 3 de diciembre de 1856, *Colección Legislativa,* t. LXX, núm. 13, t. VI, 1956, pág. 67.

[26] Cuestión de competencias del 25 de noviembre de 1866, Gaceta del 2 de diciembre: "No existiendo *acto alguno administrativo* que haya podido ser contrariado por el interdicto, no puede tener aplicación la Real Orden de 8 de mayo 1839".

[27] Cuestión de competencias de 8 de febrero 1865. Gaceta, 24 de marzo, pág. 18.

dicional entre actos de gestión y actos de poder)[28] la actuación *iure privato* de la Administración. Se observará que en ocasiones la administración no actuaba como poder en el ejercicio de funciones y competencias legalmente atribuidas, sino como un sujeto jurídico más, al modo de un sujeto privado. En tal caso, los tribunales ordinarios (a falta de atribución expresa a la nueva jurisdicción contenciosa) recuperaban la plenitud de su jurisdicción, incluso en presencia de actuaciones procedentes de una autoridad administrativa: no existía "acto administrativo", pero sí acto de administración.

La noción inicial tuvo, por tanto, un componente procesal doble: fundamentaba la incompetencia de los tribunales ordinarios y actuaba como presupuesto del nuevo recurso contencioso-administrativo: *todo procedimiento contencioso administrativo supone un acto de la administración que lo ocasione*[29].

En la medida en que el acto administrativo, ya con esa denominación, expresa parte de los *privilegios jurisdiccionales que fundamentaron la especialidad del ordenamiento jurídico administrativo*[30] no debe restarse importancia a la

[28] La distinción se encuentra ya en J. B. A. Sirey, *Jurisprudence du Conseil d'Etat, ou Recueil des décisions, arrêts et actes du Conseil d'Etat, sur le contentieux de l'administration, les conflits et les autres matières administratives... avec des tables à chaque volume, classant le tout par ordre des matières*. Publiée par A. Sirey, vol. 1 (Jurisprudencia anterior a 1812), Paris, sin fecha: "Un arrendamiento de bienes de propiedad privativa *no es un acto administrativo, es* un acto de *regie* de bienes. Por ello la cuestión relativa a la validez o no del arrendamiento, debe ser llevada ante los tribunales y no ante la autoridad judicial administrativa".

El establecimiento del *Tribunal des Conflits* en 1848 contribuyó a asentar la diferencia pero la idea estaba ya presente en el derecho comparado. *Vid.*, por ejemplo, Romagnosi, que publica la primera edición de sus *Istituzioni di diritto amministrativo* en Milán, 1814 (después republicadas bajo el título *Principi fondamentali del diritto amministrativo onde tesserne le istituzioni*, pág. 186) y ya trata la distinción entre actos de gestión y actos de autoridad, con cita del propio Merlín.

[29] Así, los diversos pronunciamientos anotados por J. M. Pantoja, *Repertorio de la jurisprudencia administrativa española*, Madrid, Biblioteca de la RGLJ, 1869, pág. 145 voz "Vía contenciosa". Entre ellos, la sent. de 5 julio 1848 (Colección Legislativa 1848, tomo 44, núm. 16: t. IV, pág. 77: "Para que proceda la vía contenciosa se requieren dos circunstancias especiales, a saber, *el acto administrativo* y el derecho o el interés legítimo preexistente que haya sido vulnerado por una resolución administrativa".

La cuestión del carácter estrictamente revisor de la inicial jurisdicción contenciosa en España fue objeto de una conocida polémica entre A. Nieto y R. Parada, en la que terció finalmente J. A. Santamaría Pastor, "Sobre el origen y evolución...", *RAP Revista de Administración Pública,* núm. 77, pág. 81, que no podemos resumir aquí.

La adopción de la terminología "acto administrativo" contribuyó a la generalización de la exigencia de vía administrativa previa y al carácter "revisor" de la jurisdicción contenciosa. Obsérvese la utilización en las fuentes de la nueva nomenclatura (acto administrativo).

[30] J. A. Santamaría Pastor, *Sobre la génesis del derecho administrativo español en el siglo XIX (1812-1845)*, Sevilla, IGO, 1973. Una visión diferente insiste, con muy buenos argumentos, en que el origen del régimen jurídico acto administrativo "se inserta en la línea de una determinada concepción del poder político que se inicia en las Monarquías absolutas en la

idea de que la terminología implicó también una nueva categoría desarrollada en torno a la determinación del objeto del naciente recurso contencioso administrativo, en la configuración de la vía administrativa previa, y en la exención jurisdiccional de la administración ante la jurisdicción ordinaria.

D) *La introducción de la terminología acto administrativo en la legislación no fue neutra*

Durante el siglo XIX, ni en la normativa sobre el procedimiento administrativo, ni en la legislación sobre la jurisdicción contencioso-administrativa, se utiliza la voz *acto*, sino la tradicional de "providencia" o "resolución". Sin embargo, el Reglamento provisional para las reclamaciones económico-administrativas de 15 de abril de 1890, presenta un punto de fractura pues allí se incorpora la voz "acto" y se da tratamiento positivo al conjunto de cues tiones que, de manera dispersa, se habían ido planteando a propósito de las "providencias" gubernativas, más allá de la exención jurisdiccional[31].

A diferencia de la redacción del anterior reglamento para las reclamaciones económico administrativas (Real Decreto de 24 de junio de 1885: "El conocimiento y resolución de los asuntos económico administrativos se ajustará en cada ramo de la administración de la hacienda pública a las instrucciones y reglamentos respectivos"), la norma de 1890 añade al artículo 1 un párrafo conforme al cual, ello sería así "[...] hasta que exista un *acto administrativo* que determine responsabilidad o niegue un derecho".

El acto administrativo se presenta como categoría diferente, que expresa el corte conceptual entre la actuación previa y la incidencia concreta en una posición jurídica. La finalización del expediente permite abrir una reclamación,

Europa continental", enlazando aquel concepto con la consideración del "acto del príncipe", especialmente en cuanto este gozaba de "*presumtio pro se* ", se imponía unilateralmente, e iba acompañado de la "*parata executio*" que le acompañaba. *Vid.* la síntesis de esta opinión en J. L. MEILAN GIL, "El acto administrativo como categoría jurídica", *Revista de Direito Administrativo & Constitucional,* núm. 38, págs. 13 y ss., con cita, inevitable, de VILLAR PALASÍ, *Apuntes de derecho administrativo*, t. II, 2ª ed., UNED, 1974, pág. 201.

[31] La Ley de Bases de procedimiento para las reclamaciones económico administrativas, de 31 de diciembre 1881 resultó ser un texto fundamental. Por ejemplo, configura una *vía administrativa previa* que terminará generalizándose; su Base 5 prefigura el ámbito posterior de revisión contencioso-administrativo; introduce un tratamiento particular del *recurso de lesividad,* que desapodera, pasados ciertos plazos, al superior jerárquico para modificar actos de órganos inferiores no recurridos, si no es a través de la declaración de lesividad y posterior pleito contencioso a instancias de la propia administración. Sobre esto y cómo a partir de esa norma es posible diferenciar entre acto *firme y acto que causa estado* (y como un acto que no causa estado por proceder de órganos inferiores, alcanza sin embargo firmeza por no haber sido recurrido) *vid.* E. GARCÍA DE ENTERRÍA, "La configuración del recurso de lesividad", RAP *Revista de Administración Pública*, núm. 15, pág. 109 y ss.

un recurso; recurso cuyo objeto es, precisamente, el acto mismo, en cuanto impone una obligación o limita un derecho. Esta primera mención legal al "acto administrativo" en nuestro derecho, se presenta como "acto final" (equivalente a *resolución*), como equivalente a *acto definitivo* de un procedimiento gubernativo anterior, asunto este que, dada la dejadez de la regulación y práctica de la vía gubernativa en la época, termina siendo decisivo[32]. El reglamento de las reclamaciones económico administrativas de 3 de septiembre de 1902, clarificando el texto anterior, establecerá un aspecto más del posterior régimen del acto: "aun cuando se promueva reclamación contra un acto administrativo [...] no se suspenderá la ejecución de este con todas las consecuencias legales".

La ley de Bases de Procedimiento Administrativo de 19 de octubre de 1889 se mantiene en la terminología tradicional (Base 11: "Las *providencias* que pongan término en cualquier instancia a un expediente se notificarán al interesado"), y esta llega, con otro sentido, a la ley sobre el ejercicio de la jurisdicción contenciosa de 13 de septiembre 1888 cuyo artículo 1° consagra ya la diferencia entre las resoluciones definitivas y las de trámite, admitiendo también recurso contra estas cuando "decidan directa o indirectamente el fondo del asunto o hagan imposible su continuación".

Las menciones que la ley jurisdiccional realiza a los actos, lo son para diferenciar, entre actos y disposiciones (art. 3), distinguir entre acto discrecional (que no admite recurso, art. 4, 1°) y acto reglado, e igualmente para destacar la diferencia entre acto administrativo y acto privado o acto de gestión (art. 4.2, párrafo segundo: actos en los que la administración "haya obrado como persona jurídica, o sea, como sujeto de derechos y obligaciones")[33].

[32] La transformación de la providencia administrativa en *acto administrativo* no es jurídicamente neutra, si se recuerda el estado de la vía gubernativa tal como lo describe, por ejemplo, F. ABELLA, *Manual teórico práctico de lo contencioso administrativo y del procedimiento especial en los asuntos de hacienda*, Madrid, El Consultor, 1982, págs. 322 y ss.: "respecto del procedimiento gubernativo en general existe el caos [...]", denunciando, la falta de audiencia y vista del expediente, el secretismo, la acumulación de notas, informes, consultas, diligencias o el desconocimiento de los recursos procedentes, para terminar, muchas veces, en *una tramitación sin resolución definitiva* (una providencia aparentemente resolutoria podía alterarse por otra posterior), a lo que habría de sumarse la posibilidad de que a lo previamente actuado "se le ponga el visto por toda providencia y se le envía al archivo".

En esta misma línea emprendida por la norma comentada, el Real Decreto de 23 de agosto de 1924 de Procedimiento Municipal al regular el procedimiento económico administrativo municipal señalará: "se entenderá *causado el acto administrativo* por el acuerdo de la comisión permanente, el alcalde o el teniente en quien éste delegue". Lo que parece ser una generalización de la expresión "acto que causa estado" (acto susceptible de recurso contencioso); también puede interpretarse en el sentido de que se entenderá *producido el acto a los efectos* de recurso, como hecho diferente de las puras diligencias internas anteriores.

[33] Una exposición crítica del sistema de la Ley, en lo que afecta al *acto administrativo* es la conocida obra de A. GONZÁLEZ CARMONA, *La materia contencioso-administrativa. Teoría.*

Una categoría implícita en la ley, la de *acto político*, insusceptible de recurso contencioso administrativo aun cuando el mismo procediera conforme a las reglas generales, había sido ya introducida por el Real Decreto de 29 de julio de 1868 "resolviendo que los actos del gobierno en circunstancias excepcionales no pueden sujetarse a revisión por la vía contenciosa"[34].

El principio de separación de poderes aportó a la noción posterior de acto administrativo los siguientes elementos: (i) se trata de una actuación de la administración pública, no de otros poderes o de acciones del personal al servicio de la misma no referidos al ejercicio de las funciones propias del oficio o cargo; (ii) el concepto excluye la actuación puramente material, fáctica, para quedar referido únicamente a la actividad *declarativa* (posteriormente se aplicará la doctrina del acto jurídico); (iii) se excluyen de la noción, igualmente, los actos de derecho privado; (iv) la noción se configuró como presupuesto de la improcedencia de recursos judiciales ordinarios y como presupuesto de otros recursos ante la naciente justicia administrativa.

La configuración positiva de esta última determinará, en España, un importante rasgo distintivo en el concepto de acto administrativo: a diferencia de lo que sucedió en Francia no fue posible la asimilación de los reglamentos (una vez descartada su condición de actos legislativos delegados)[35] a los actos administrativos, por lo que, desde entonces al menos, el derecho español opta

---

Legislación vigente. Jurisprudencia, Madrid, Imprenta de E. Rubiños, 1891, págs. 29 y ss. Se argumenta allí contra la consideración de los reglamentos como ajenos al recurso contencioso y se desarrolla la posibilidad de que a los reglamentos *no les falta ni una sola de las condiciones exigidas para la revisión en vía contenciosa de los actos de las administraciones públicas,* para concluir que, mientras no se modifique la Ley "no habrá razón para declarar que las disposiciones reglamentarias de la administración no puedan ser materia contenciosa".

El autor citado da una primera caracterización del *acto administrativo discrecional* consecuente con esta doctrina: aquel que directa o indirectamente "*no afecta a derechos y obligaciones creados o amparados por las leyes*" (*opus cit*., págs. 199 y ss.).

[34] Gaceta núm. 218, de 05/08/1868. El Real Decreto niega la procedencia de la vía contenciosa, (conforme al art. 59 de la ley orgánica del Consejo de Estado de 17 de agosto de 1870, que, en efecto, permitía al consejo de ministros denegar la procedencia de tal vía). Lo relevante de aquella resolución es que *se pronuncia contra el parecer de la mayoría* de la sección de lo contencioso del Consejo de Estado, y siguiendo el criterio discrepante de un único miembro, que estimaba que el cese en su oficio de un corredor de comercio, acordado por el Ministerio de Fomento, no daba lugar a recurso contencioso (la separación acordada "no fue un acto de administración *ejecutado aplicando las leyes o reglamentos del ramo, sino consecuencia de una medida general tomada por el Gobierno según su criterio y bajo su responsabilidad*"), dado el estado de guerra en que se procedió a tal cese y el hecho de haber participado el interesado en una sublevación contra el orden público.

[35] Desde 1907, el Consejo de Estado acepta examinar el fondo de los recursos dirigidos contra *reglamentos de administración pública* (*Conseil d'État*, 6 de diciembre 1907, *Cie. du Nord et autres*). *Vid.* M. PENIN, *Ouverture progressive du prétoire au recours pour excès de pouvoir dans la jurisprudence du Conseil d'Etat*, Paris, Sirey, 1935.

por segregar el régimen del acto administrativo y el de las "disposiciones administrativas de carácter general", construyendo dos regímenes diferentes para cada una de estas categorías.

E) *Primeras construcciones doctrinales en España: el acto como descripción del objeto del recurso contencioso*

En España, la expresión acto administrativo tomó doctrinalmente también ese sentido procesal y funcional, de inspiración francesa. ORTIZ DE ZÚÑIGA[36] en 1843 se refiere a los acuerdos o providencias de la administración dentro de sus competencias, frente a las cuales el poder judicial no tiene facultad para contrariar sus efectos; OLIVAN[37] no lo menciona (aunque sí el *derecho administrativo*) más que como *causa* de litigios administrativos; POSADA HERRERA en sus *Lecciones* no contiene más que alguna referencia aislada a las providencias[38] y es, quizá, la *Enciclopedia Arrazola* (1848)[39] la primera obra, con clara inspiración francesa (se cita a DALLOZ y LAFERRIERE y se declara expresamente así en el prólogo), que incorpora una noción de acto: "todo acto que procede del poder activo de los funcionarios encargados inmediatamente y con preferencia de la ejecución de una actuación. También lo será todo

[36] *Elementos de derecho administrativo,* Granada, Imprenta Sanz, 1843, págs. 364 y ss.

[37] OLIVAN, *De la administración pública con relación a España,* nueva edición, Madrid, 1843, pág. 10.

[38] Pero no deja de advertir (*Lecciones de administración*, Madrid, Establecimiento Tipográfico calle del Sordo número 11, 1843, tomo I, pág. 110,) a propósito de las ventas amparadas por la legislación desamortizadora y discrepando de la práctica francesa: "Los *actos administrativos no pueden convertir en administrativa, una cuestión que antes era puramente civil.* Ni la naturaleza de Ia acción administrativa, ni la conveniencia pública, pueden justificar el que se prive a un ciudadano de la garantía que le ofrecen los tribunales para la defensa de sus derechos civiles...". Sobre ello, J. A. SANTAMARIA PASTOR, "Sobre el origen y evolución de la reclamación administrativa previa", *RAP, Revista de Administración Pública,* núm. 77, págs. 81 y ss.

[39] *Enciclopedia española de derecho y administración o Nuevo teatro universal de la legislación de España e Indias.* por L. ARRAZOLA, RIUS Y ROSSEL, Madrid, 1808, t. I. La voz "Actos administrativos", en págs. 440 y ss.

Existe, no obstante, una obra anterior, *Del Consejo Real como elemento del gobierno constitucional,* de probable autoría de CRISTÓBAL BORDIÚ Y GÓNGORA, Madrid, 1846, que fue glosada por A. NIETO, bajo ese mismo título, en la *RAP, Revista de Administración Pública,* núm. 84, págs. 537 y ss. Se contiene allí una muy apretada construcción, con fundamentos constitucionales, de los *actos administrativos civiles* (es decir, privados, cuya competencia corresponde a los tribunales civiles) y los actos administrativos *públicos*, que a su vez admiten la división entre actos de imperio (discrecionales), que no admiten otro recurso que el jerárquico, y *actos de jurisdicción*, cuya impugnación debe realizarse ante los consejos provinciales o el Consejo Real cuando afecten a un derecho. *Vid. opus cit.*, págs. 25 y ss. La obra está hoy disponible en la Biblioteca Digital Hispana, de la Biblioteca Nacional.

acto de corporación administrativa encargada por la ley para acordar, decidir y ejecutar por sí misma funciones especiales".

A esta descripción se añade un elemento ya nuevo, pues la noción se aplica (de conformidad con el derecho vigente aplicable a los municipios) únicamente a los actos *ejecutivos*, separado de las *deliberaciones*. Igualmente, desde la perspectiva de la procedencia o no del recurso contencioso, se excluyen de la noción los *actos de mero imperio o de mando* (como son "los reglamentos, instrucciones o disposiciones generales"), así como los que proceden del poder *arbitrario y discrecional*: la improcedencia del recurso contencioso frente a providencias administrativas se ha transformado en *criterio delimitador* del acto.

COLMEIRO, no obstante, añadirá, que pueden ser impugnados por vía contenciosa los actos de potestad discrecional que fueran viciados de *incompetencia o exceso de poder*, porque entonces "la administración actúa vulnerando derechos dignos de respeto y violando las formas protectoras de un interés legítimo"[40]. La segunda y tercera edición del COLMEIRO contienen ya una descripción del acto como objeto del recurso contencioso administrativo. El acto administrativo se presenta como resultado de la administración subjetiva (poder) y en el examen de las competencias de cada autoridad administrativa se afirma, con relación a los ministros, lo que será doctrina común por largo tiempo: "el ministro, considerado como agente administrativo, decide soberanamente sin sujeción a otra autoridad alguna en los asuntos de simple gestión, de potestad reglamentaria, de poder discrecional, y en las medidas de orden público o seguridad común; en suma, de todas cuantas disposiciones dictare dentro de los límites de la *administración pura*, no queda a los interesados otro recurso que acudir nuevamente al ministro mejor informado. Mas si de sus varias disposiciones, en vez de intereses lastimados, resultase algún derecho ofendido, debe el agraviado pedir la revocación del acto, y si su queja no fuere escuchada, desde entonces empieza un juicio contradictorio entre el particular y el ministro, este pierde su carácter de agente, se reviste de la cualidad de juez, y ya cae el negocio bajo la jurisdicción contencioso-administrativa".

Por ello, "no dan origen a lo contencioso-administrativo los actos de puro mando que *proceden del poder discrecional de la administración*, ordenando por vía de regla general porque no lastiman derechos particulares, sino en todo

[40] COLMEIRO, examina, ante todo, los requisitos que debe cumplir el acto para dar acceso a la jurisdicción. Vid *Derecho administrativo español*, t. 2, Madrid, Ángel Calleja Editor, 1850, pág. 223. Se cita la sentencia del Consejo Real de 30 de junio de 1847 que, en efecto, había reconocido que determinados *intereses legítimos* eran también objeto de tutela por la jurisdicción contenciosa. Se trata de la conocida sentencia (Gaceta, núm. 4798 de 5 de noviembre) mencionada por GARCÍA DE ENTERRÍA ("La configuración...". *cit.* nota 1) para subrayar que quizá el sistema inicial de justicia administrativa "retenida", en España, presentaba aspectos en los que supera al sistema perfectamente jurisdiccional de 1888.

caso los intereses públicos", ni "los actos de la administración que arreglan un interés colectivo porque tampoco crean derechos"[41].

Otra obra de la época, el muy conocido *Diccionario Alcubilla*[42], precisa el trasfondo procesal de la categoría, pues, tras definir la noción de acto ("resoluciones, mandatos y acuerdos de las autoridades y corporaciones en materia de sus atribuciones") y separarla de las medidas generales que tiene por objeto la ejecución de las leyes (actos de gobierno), describe el acto en función de lo requerido para la admisibilidad del recurso contencioso administrativo, en particular la afectación a derechos reconocidos en sede administrativa.

El *Tratado* de A. POSADA[43], tras lamentar la anarquía en torno a la definición de acto, incluyó un capítulo completo dedicado al acto administrativo, comenzando con la remisión al ALCUBILLA, y definiendo, por su parte, el acto como las *decisiones de las personas administrativas en el ejercicio concreto de sus funciones, siempre que obren dentro de las prescripciones legales y en materia de su respectiva competencia.* En sentido más estricto, los actos administrativos, en el derecho positivo, serían *los actos de la administración en los que procede por vía de autoridad en virtud de su facultad imperativa*, caracterizándose por estar sometidos en su producción positiva a reglas especiales del procedimiento, por tener un carácter jurídico privilegiado, que impide que sean objeto de un procedimiento judicial ordinario, y por ser a su vez, objeto de recursos legales especiales para obtener la reparación del derecho que puede haber vulnerado.

Por su parte, SANTAMARIA DE PAREDES[44] trata el acto administrativo particularmente como resultado del procedimiento gubernativo y presupuesto del recurso contencioso-administrativo, lo que le permite hablar de esta clase de actos como "resolución *definitiva* de la administración (*decreto, orden, decisión, providencia*) sobre materia administrativa, en virtud de sus facultades regladas, que afecte a un derecho administrativo, particular y preexistente".

[41] COLMEIRO, cit., t. II, pág. 304.

[42] M. MARTINEZ ALCUBILLA, *Diccionario de administración*, t. 1, Madrid, El Consultor, 1858.

[43] A. POSADA, *Tratado de derecho administrativo según las teorías filosóficas y la legislación positiva,* t. I, Madrid, Librería de Victoriano Juarez, 1897, págs. 230 y ss. A falta de elaboración dogmática (que, tal como destacó SANTAMARIA PASTOR, comenzará con la introducción por LOENING (*Lehrbuch des Deutschen Verwaltungsrechts*, Leipzig, 1884, pág. 226), de la temática civilistica de la declaración de voluntad, la exposición de POSADA da cuenta, por completo, de las funciones que el derecho positivo otorgaba a la categoría.

[44] V. SANTAMARIA DE PAREDES, *Curso de derecho administrativo*, Madrid, Establecimiento Tipográfico de Ricardo Fé, 1885, págs. 822 y ss. Previamente, el autor ha examinado las *potestades de la administración* y allí, junto con la potestad reglamentaria se examina la *potestad imperativa o de mando*, de la que resultan los actos administrativos, y la diferencia entre potestad de mando *reglada y discrecional.*

A finales del siglo XIX, por tanto, aunque faltaba una construcción dogmática completa del acto administrativo[45], se manejaban en España ya las categorías que hemos visto aludidas en las fuentes citadas: acto *definitivo* frente a acto *de trámite*, acto *firme* (no susceptible de recurso), acto *que causa estado*, acto reglado frente a *acto discrecional*... Existía la materia jurídica (el conjunto de problemas que se abordaban con tales denominaciones). Faltaba darle forma jurídica.

2. Legalidad y dogmática del acto administrativo: un concepto construido sobre la doctrina del negocio jurídico privado y un acto de poder construido sobre el régimen de la sentencia

A) *El acto como concepto en el derecho español: la limitada jurisprudencia inicial, la doctrina y la obra del legislador*

El papel del principio de legalidad en la construcción de la noción de acto es históricamente fruto de la jurisprudencia del *Conseil d'Etat*, pero la configuración inicial de la jurisdicción contencioso-administrativa en España no permitió una evolución similar. El recurso *por exceso de poder* configurado como "*proceso al acto*" (Laferriere) dio ocasión para sistematizar los posibles vicios jurídicos de aquel, al tiempo que, puesto que el enjuiciamiento se fragmentó en dos pronunciamientos (admisibilidad y fondo), el concepto mismo de acto administrativo, que hacia el recurso "admisible", resultó depurado en su extensión, en sus efectos y requisitos.

En España, dada la ausencia de un recurso jurisdiccional *objetivo,* la evolución dogmática en torno al acto debió esperar al desarrollo teórico aportado por la recepción de la doctrina civilista del negocio jurídico. Solo entonces fue posible "sustantivar" la noción de acto y apartarlo del sustrato procesal descrito en el apartado anterior[46]. La limitada jurisprudencia contenciosa

[45] *Vid.* J. A. García Trevijano, *Los actos administrativos*, Madrid, Civitas, 1986, págs. 52 y ss.

[46] Se ha dicho que solo la Ley de Procedimiento Administrativo de 18 de julio de 1958 "rechaza la concepción tradicional del acto administrativo, lo aparta de su contexto procesal y acaba por sustantivarlo [...]". Literalmente, así se afirma en un brillante párrafo del Dictamen 48.953, de 23 de febrero de 1987 del Consejo de Estado (sección 3ª). *Vid. Recopilación de Doctrina Legal. Consejo de Estado*, Madrid, 1989, pág. 238. Recuérdese, no obstante, el tratamiento que ya se había dado al acto administrativo, en, por ejemplo, R. Fernández de Velasco, *El acto administrativo (Exposición doctrinal y estudio del derecho español)*, Madrid, Revista de Derecho Privado, 1929; M. Ballbe Prunes, "Actos administrativos", en *Nueva Enciclopedia Jurídica,* t. II, 1950. En esa misma década, aparece el tratamiento dogmático ofrecido por F. Garrido Falla, "Elementos de los actos administrativos" (*Nueva Enciclopedia Jurídica*, t. VIII, 1956, págs. 199 y ss. y *Régimen de impugnación de los actos administrativos*, Madrid, IEP, 1956). La primera edición del *Tratado de derecho administrativo* del propio Garrido

anterior a la fundamental Ley de la Jurisdicción de 27 de diciembre de 1956 destacó algunos aspectos del control de legalidad que posteriormente serán enunciados como "*elementos*" o requisitos de validez del acto administrativo: la *competencia* y el *procedimiento*[47], además de la *infracción de ley o disposición* administrativa en el *contenido* del acto.

Especial trascendencia tuvo la consideración de que aquellos dos aspectos iniciales podían enjuiciarse incluso con relación a actos materialmente excluidos de recurso contencioso bajo el imperio de la ley de 1888. Es la conocida doctrina de los "vicios de orden público", conforme a la cual el Tribunal Contencioso estaba llamado a decretar la *nulidad* de lo actuado por la administración, incluso cuando el recurrente no acredita un derecho administrativo perfecto, o se está en presencia de una decisión materialmente discrecional[48].

La doctrina del tribunal contencioso (Consejo de Estado) fue, en ocasiones, clara: si el actor no podía alegar derecho vulnerado tal como exigía el artículo 1 de la Ley de la Jurisdicción 1888, o el acuerdo impugnado recae sobre materia discrecional "tiene declarado este tribunal que *la vía contenciosa procede por infracción de las formas de procedimiento*" (sent. de 5 de febrero de 1895). Más claramente, la sentencia de 16 de enero de 1885, pese a apreciar la falta de derecho del recurrente y admitiendo que el acuerdo recurrido es discrecional, termina decretando (por incompetencia) "la nulidad de todo lo actuado tanto en vía gubernativa como contenciosa".

A esta reconstrucción, se unirá después la legalidad positiva: el estatuto municipal de 8 de marzo de 1924 reguló una acción pública vecinal sin reclamar *lesión de derechos*; la Ley municipal republicana (Ley de Bases de 10 de julio y Decreto 31 de octubre 1935), además del recurso de plena jurisdicción, regulará un recurso de anulación por alguno de estos motivos: violación *material* de ley o disposición administrativa, aunque no lesione un derecho administrativo anterior perfecto, *vicio de forma*, *incompetencia por razón de la materia*[49].

FALLA es, justamente, la del IEP, Madrid, 1958. También de la época son, por citar otras fuentes, los estudios de A. GUAITA, "Eficacia del acto administrativo", *RAP*, núm. 25, 1958, págs. 172 y ss., y N. RODRÍGUEZ MORO, *La ejecutividad del acto administrativo*, Madrid, IEAL, 1949.

[47] Sentencia del Tribunal Contencioso (Consejo de Estado) de 12 de enero 1891, anulación de una Real Orden por falta de Informe del Consejo de Estado y ausencia de *quórum* en la votación de un órgano colegiado; Autos del mismo órgano jurisdiccional de 11 de enero, y 5 de febrero de 1895 y Sentencia de 16 de enero de ese mismo año. *Vid. Jurisprudencia Administrativa,* Madrid, Revista General de Legislación y Jurisprudencia, t. 48, 1889, págs. 112, 122 y 197.

[48] Sobre ello, T. R. FERNÁNDEZ RODRÍGUEZ, *La doctrina de los vicios de orden público*, IEAL, Madrid 1970 y, antes, "La doctrina de los vicios de orden público en el contencioso administrativo: Origen y evolución", en *RAP, Revista de Administración Pública,* núm. 56, 1968.

[49] Base XXVII de la Ley de Bases y art. 223 del decreto de 31 de octubre de 1935. La Base LIX de la Ley de Bases de Régimen Local de 1945 no limita el motivo de recurso a la in-

La dogmática española más común en torno al acto es consecuencia de la incorporación de construcciones de inspiración francesa, italiana y alemana, simplificando mucho, supeditada a la recepción en España de la obra de HAURIOU y O. MAYER y, finalmente, RANELLETTI y ZANOBINI. Una síntesis de tales construcciones detecta dos corrientes en la primera dogmática española del siglo XX[50].

Por una parte, con origen en la obra de HAURIOU (que prologa el texto), FERNÁNDEZ DE VELASCO ofreció un concepto estricto (*declaración unilateral y ejecutiva en virtud de la cual la administración tiende a crear, reconocer, modificar o extinguir una situación jurídica subjetiva*) asimilable al "acto jurídico unilateral y ejecutivo", y un tratamiento completo del acto de cierto valor, respecto de la cual se ha señalado que, si es cierto que construye una noción aceptable de acto administrativo[51] (excluyendo del mismo tanto las normas administrativas como los actos de administración que no contienen declaraciones de derechos, los actos bilaterales y las operaciones materiales), no acertaba a incorporar los elementos de influencia alemana e italiana que se aprecian en la segunda parte de la definición (*crear, reconocer, modificar o extinguir situaciones jurídicas*) donde se manifiesta una "confusa aproximación al estudio de la relación entre acto y negocio jurídico"[52]. En una senda de igual mezcla de influencias, pero con un tono algo más anticuado, SEGISMUNDO ROYO VILLANOVA hablará de "*un hecho jurídico* que por su procedencia emana de *un funcionario administrativo*; por su naturaleza se concreta en una *declaración especial* y, por su alcance, *afecta* positiva o negativamente, a los *derechos* de las personas".

Por otro lado, ya a mediados de siglo, BALLBÉ incorporará una noción amplia importada en parte de cierta doctrina italiana, refiriendo el concepto a la *función administrativa* y ampliando su campo a "*cualquier acción, toda conducta, comportamiento, manifestación unilateral de voluntad,* de deseo,

---

competencia por *razón de la materia*. Tampoco lo hace el art. 386. 3 del decreto de 16 de diciembre de 1950 que aprueba el texto articulado de esta Ley de Bases.

El texto refundido de la Ley de lo contencioso administrativo (Decreto 8 de febrero de 1952) no modificó esta dualidad en el régimen de lo contencioso, puesto que el recurso de anulación *por incompetencia, vicio de forma o violación sustancial de ley o disposición administrativa* solo se mantiene en materia provincia y municipal.

[50] *Vid.*, por todos, J. BARCELONA LLOP, *Ejecutividad, ejecutoriedad y ejecución forzosa de los actos administrativos*, Universidad de Cantabria, 1995; A. BETANCORT, *El acto ejecutivo*, Madrid, CEC, 1992.

[51] Con alguna incongruencia, *vid.* GALLEGO ANABITARTE, "La influencia extranjera en el derecho administrativo español desde 1950 a hoy", en *RAP, Revista de Administración Pública*, núm. 150, pág. 89.

[52] R. BUSTILLO BOLADO, "El concepto de acto administrativo y la teoría del negocio jurídico", en *Homenaje a Luis Rojo Ajuria*, Universidad de Cantabria, 2002, págs. 785 y ss.

de conocimiento o de juicio de los *órganos del Estado* o vicarios suyos en ejercicio de la *función administrativa* sujeta a derecho público"[53].

Estas dos líneas maestras se mueven entre la caracterización inicial de MAYER que expresamente acercó la noción de acto administrativo a la sentencia, y la visión de HAURIOU que optó por caracterizar el acto en términos que lo aproximaban al *acto jurídico* ejecutorio.

Aunque omitamos la referencia expresa a las definiciones sin número que dieron lugar a la "dispersión conceptual"[54] del acto en España (recuérdese que ni la Ley de Procedimiento de 1958 ni las posteriores incluyeron una noción legal), las definiciones más utilizadas incluyen una mención a (i) la conducta de la administración (estricta *declaración* unilateral u otras conductas), (ii) al *contenido de la misma* (incluyendo o no, además de la voluntad, otros contenidos tal como deseo, juicio, conocimiento...) y en tercer lugar (iii) una mención a los efectos *jurídicos* de la misma.

Como esta estructura se acercaba a la propia del negocio jurídico privado (declaración de la voluntad creadora de efectos jurídicos), también en España se realizó en *clave negocial* una construcción dogmática del acto, aunque no sin problemas[55]. Tal incorporación fue notable en lo que se refiere al elemento "*declaración*" (*instrumentum*) pero más problemática en cuanto afecta a los "*efectos*" jurídicos (*negotium*). Aun sin aceptar acríticamente las indicaciones

[53] M. BALLBE PRUNES, "Actos administrativos", t. II, *Nueva Enciclopedia Jurídica,* 1950, pág. 297. De la referencia de BALLBE a los "órganos del Estado" y la consiguiente de que el acto administrativo "no se caracteriza tanto por su procedencia como por su sustancia" (cit. pág. 301) podía entenderse que el autor mantiene la posibilidad de actos administrativos subjetivamente extraños a la organización de la administración pública e incardinables en la esfera de acción de otros órganos del Estado. *Vid.* J. BOQUERA OLIVER, *Estudios sobre el acto administrativo*, Madrid, Civitas, 1985, pág. 26.

[54] La expresión es de J. L. MEILÁN GIL, "El acto administrativo como categoría...", cit. No es difícil apuntar algunas definiciones inespecíficas en la manualística previa a la Ley de Procedimiento Administrativo de 1958: GASCÓN Y MARÍN, *Tratado de derecho administrativo*, Madrid, Reus, 1948, pág. 180: "Acto que realiza una autoridad administrativa para lograr un efecto jurídico conducente al cumplimiento de su función pública". Igualmente, se encuentran nociones demasiado amplias: A. GUAITA ("El concepto de acto administrativo", en REDA, *Revista Española de Derecho Administrativo,* núm. 7, 1975), incluye prácticamente cualquier actuación administrativa y numerosos actos de los particulares.

Desde otro punto de vista, ciertas nociones incluyen en el concepto a los reglamentos (GARRIDO FALLA, ENTRENA CUESTA, BOQUERA OLIVER) mientras la mayoría afirman la distinta naturaleza jurídica de aquellos frente a los actos. Finalmente, ciertos autores solo admiten en el concepto de acto las "*declaraciones de voluntad*" no la de los demás elementos (juicio, conocimiento, información...), mientras la noción hoy mayoritaria admite un contenido más amplio en la declaración unilateral.

[55] Recuérdese la tardía incorporación directa y expresa de la temática del negocio jurídico a nuestra civilística. F. DE CASTRO, en *El negocio jurídico*, Madrid, Instituto Nacional de Estudios Jurídicos, 1967, pág. 21.

expresas de la privatista (que reclamaba la aplicación de la idea de negocio jurídico a la naciente doctrina de los actos administrativos)[56], a la *declaración* se le dará contenido dogmático acudiendo a la doctrina del *acto jurídico*[57].

Las posteriores leyes de la jurisdicción contenciosa y de procedimiento administrativo, coincidiendo ya con la evidente crisis de la teoría del negocio jurídico, modifican levemente el cariz dogmático del acto, centrando, simultáneamente la atención *en los efectos* (más que en la declaración) y en la dinámica de la *potestad administrativa.*

La Ley de la Jurisdicción contenciosa de 27 de diciembre de 1956[58] (LJ) contenía la *cristalización* del acto administrativo y permitió el desarrollo dogmático completo (hasta hoy) del concepto con apoyo en el derecho positivo. Por una parte, se establece allí la definitiva separación del régimen del acto respecto de la "disposición administrativa de carácter general" (reglamento), no solo enunciados separadamente en el artículo 1.1 de la ley, sino también como *objetos* distintos de posible impugnación a través de diferentes mecanismos (por ejemplo, admisión de un recurso indirecto solo contra disposiciones

[56] En el momento de mayor éxito de la doctrina del negocio jurídico, la doctrina civilista comenzó a calificar a ciertos actos administrativos de negocios jurídicos unilaterales. *Vid.* M. Cavallaro, *Gli elementi essenziale del provvedimento amministrativi,* Torino, 2021, pág. 18.

[57] La notable aportación de la doctrina tuvo en la *Revista de Administración Pública*, su mejor exponente. Allí puede verse lo mejor de esta inspiración anterior a las grandes leyes españolas de la década central del pasado siglo. El primer número de esa Revista (1950) ofrece ya una reconstrucción completa de la aplicación de la idea de negocio jurídico en el campo del derecho público desde Kormann en adelante, a cargo de F. Garrido Falla, "Los motivos de impugnación del acto administrativo", núm. 17, 1955. Otras aportaciones del mismo autor: "El tratamiento jurisprudencial de la discrecionalidad administrativa", núm. 13, 1954; "La llamada doctrina del silencio administrativo", núm. 16, 1955; "La impugnación de resoluciones administrativas de carácter general y la jurisprudencia del Tribunal Supremo", núm. 6, 1951. En la misma *RAP*, S. Martín Retortillo, "El exceso de poder como vicio del acto administrativo", núm. 23, 1957; A. Guaita, "Eficacia del acto administrativo", núm. 25, 1958; J. Villar Palasí, "La Federal Administrative Procedure Act de Estados Unidos"; "La doctrina del acto confirmatorio", núm. 8, 1952.

En la *Revista de Estudios de la Vida Local*, en época aproximada: J. Mallol Garcia, "Nulidad del acto jurídico civil y del administrativo", núm. 60, 1951; J. González Berenguer "Sobre la ineficacia del acto administrativo declaratorio de derechos", núm. 167, 1968; R. Entrena Cuesta, "El acto administrativo complejo en la esfera local", núm. 95, 1957.

[58] Sobre la "intrahistoria" de esta fundamental Ley, *vid.* M. Bassols, "La tramitación parlamentaria de la Ley de la Jurisdicción contenciosa de 1956: Modificaciones e innovaciones incorporadas", *RAP, Revista de Administración Pública*, 203, 309-341; J. R. Fernández Torres, *Historia Legal de la Jurisdicción contencioso-administrativa* (1845-1998), Madrid, Iustel, 2007 y, como actor principal de primera hora, J. González Pérez, *Comentarios a la Ley de la Jurisdicción contencioso administrativa*, Madrid, Civitas, 1978. La participación de este maestro (tal como se reproduce después en su artículo "Evolución de la legislación contencioso administrativa", *RAP, Revista de Administración Pública*, 150, pág. 222) fue, junto con M. Ballbé y el ministro Iturmendi, decisiva.

administrativas de carácter general, restricción de la legitimación para impugnar *directamente* tales disposiciones). Acto y reglamento se consagran como categorías diferentes, esencialmente diferentes, por proceder este último a una "innovación" del ordenamiento jurídico y aquel a la simple "aplicación" del mismo, con la consiguiente incorporación del primero al sistema de fuentes, mientras del segundo se proclama su "*tipicidad*" y su "*consunción*". Se rechaza el criterio de la generalidad de afectados, pues el ordenamiento admitirá el "acto plúrimo", el acto destinado a una generalidad indeterminada de sujetos.

Por otra parte, la enunciación explícita (art. 1) del concepto genérico de acto administrativo como "acto *(jurídico) unilateral*[59] de la administración pública *sujeto a derecho administrativo*", sitúa la idea de acto administrativo con referencia necesaria a alguno de los sujetos enumerados como "administración pública" en el artículo 1-2, incluyendo la posibilidad de "actos administrativos dictados por particulares cuando obren por delegación o como meros agentes o mandatarios" de la administración (art. 28 4. b), pero excluyendo los actos de otros poderes públicos.

Adicionalmente, la ley (recibiendo aquí la influencia de las doctrinas sobre la declaración de voluntad: *expresa, presunta, tácita*) manejaba un concepto de acto que pretendía incluir no solo los *actos expresos*, manifestados por escrito, sino también los actos "tácitos", resultado de "cualquier otra forma de manifestación regulada por el derecho" o los actos *presuntos*, resultado del silencio administrativo[60]. Finalmente, se daba carta de naturaleza a las categorías recibidas: acto definitivo, acto de trámite cualificado (que decidan directa o indirectamente el fondo del asunto o hace imposible la tramitación), *acto que causa estado* ("no sean susceptibles de ulterior recurso ordinario en vía administrativa"), incluso la categoría de *acto político* o de gobierno (art. 2) respecto de los cuales se dice que son actos "esencialmente distintos, por ser una la función administrativa y otra la función política".

La ley renunció a enumerar los posibles vicios o defectos del acto administrativo para afirmar que la anulación es procedente cuando el acto "incurra en cualquier infracción del ordenamiento jurídico", si bien introdujo una referencia positiva a otro elemento del acto (el fin) al aludir a la *desviación*

[59] Acto jurídico *unilateral*, puesto que también se atribuye, separadamente, a la jurisdicción contenciosa, el conocimiento del "cumplimiento, inteligencia, resolución y efectos de *los contratos* cuando tuviesen por finalidad obras o servicios públicos".

[60] La Exposición de Motivos decía: "Se habla de acto, y no de acuerdo, resolución, providencia o de cualquier otro concepto semejante, por ser aquel más extenso y *comprender todas las manifestaciones* de la actividad administrativa. El acceso a la Jurisdicción contenciosa ha de ser posible cuando la administración produce actos expresos y escritos, (y) también cuando revisten cualquier otra forma de manifestación regulada por el Derecho, o son tácitos o presuntos [...]".

de poder que define como "ejercicio de *potestades administrativas* para fines distintos de los fijados en el ordenamiento jurídico" (art. 83-3) entre las posibles infracciones jurídicas.

Al hacerlo así, con mención expresa a la potestad, resultaba evidente la conexión conceptual y positiva entre el *acto,* objeto material de recurso contencioso administrativo, y la *potestad* en cuanto tipo particular de poder jurídico. Tal conexión (que se mantendrá hasta el presente, recuperando el tratamiento que del término había realizado Santamaría de Paredes, y había introducido Ballbé en el concepto de acto) es elevada doctrinal y positivamente a *núcleo conceptual* del acto administrativo en España, bajo la influencia de Santi Romano, Ranelletti y Zanobini (a quien se atribuye la definición inicial de la que derivará después la noción más utilizada en España[61]).

La crítica a la concepción negocial del acto administrativo fue formulada expresamente, un poco más tarde, por Villar Palasí y Villar Ezcurra[62] reproduciendo las críticas que se habían formulado a la aplicación del negocio jurídico en el campo público: La producción de los efectos de la declaración no responde a la autonomía de la voluntad, sino a la aplicación del ordenamiento. El acto administrativo debe formularse en términos de "ejercicio de potestades" antes que en clave de "autonomía de la voluntad". Y este parecía el concepto de la Ley de la Jurisdicción: manifestación externa y unilateral de la administración (acto jurídico unilateral) en ejercicio de potestades administrativas, distintas de la potestad reglamentaria, y de los actos de ejercicio de la capacidad de obrar de la administración en régimen de derecho privado, que

[61] "Cualquier declaración de voluntad, de deseo, de conocimiento o de juicio realizada por un sujeto de la administración pública en el ejercicio de una potestad administrativa". El autor se cuida de señalar que tal definición procede sustancialmente de Ranelletti (*vid. Corso di diritto amministrativi,* vol. I, 6ª ed., Milano, Giuffré ,1956, pág. 186) y, aunque incorpora a la declaración de voluntad otros contenidos, la hace depender del *ejercicio de una potestad* añadiendo que todos esos contenidos de la declaración "*son actos voluntarios*, actos que reciben su existencia de la voluntad de un sujeto administrativo".

[62] La crítica al negocio jurídico como explicación del acto había sido ya comenzada por J. L. Villar Palasí en sus "Apuntes...", cit. en 1974. *Vid.*, posteriormente, Villar Palasí y Villar Ezcurra, *Principios de derecho administrativo,* tomo II, Madrid, Universidad Complutense, 1982, pág. 60. Una exposición en conjunto sobre ese punto en F. Velasco Caballero, *Las cláusulas accesorias del acto administrativo,* Madrid, Tecnos, 1996 y antes, en su *Memoria de Tesis*, 1994.

La generalización de la categoría "potestades administrativas" (que no existe en otros derechos, al decir de Gallego Anabitarte, *La influencia extranjera...*, cit., pág. 97) ha sido muy intensa, y cuenta con respaldo legal expreso: *vid.* art. 4 de la Ley 7/85 de Bases de Régimen Local. Por todos, E. Suñé Llinás, *La potestad, con especial referencia al derecho administrativo* (tesis), Madrid, Universidad Complutense, 1985; los diferentes trabajos de M. De La Cuétara, (entre ellos, *Las potestades a administrativas*, Madrid, Tecnos, 1986) y el más reciente Gamero Casado (dir) *La potestad administrativa*, Valencia, Tirant lo Blanch, 2021.

afecta unilateral y ejecutivamente a derechos e intereses legítimos y produce los efectos de la potestad ejercitada.

La otra gran ley que estableció el régimen jurídico del acto, la Ley de Procedimiento Administrativo de 17 de julio de 1958 (LPA), gracias a la doctrina previa, prestó apoyo jurídico-positivo a las exposiciones de los "elementos" o *requisitos* del acto, más una regulación de la eficacia, validez y ejecución, que componían un régimen codificado del acto administrativo que ha sobrevivido hasta hoy[63].

A falta de un concepto legal, se intuía en la ley que los actos administrativos son *actos unilaterales de la administración sujetos a derecho público* (arts. 40 y 44 que mencionaban respectivamente los actos administrativos y los actos de la administración sujetos a derecho público). En la exposición de motivos se mencionan las "declaraciones de voluntad frente a los administrados": esta asimilación parcial de la influencia civilística del acto jurídico era expresa. No obstante, aunque se reconoció que "la actuación administrativa se descompone en actos de naturaleza distinta", tal constatación solo llevó a oponer *resoluciones* (actos que ponen fin al procedimiento, art. 92) y *actos de trámite* (art. 113, actos de trámite que únicamente admiten recurso en tanto impidan la continuación del procedimiento, o produzcan indefensión), pero no fueron diferenciados los *actos negociales* y los *meros actos*, tal como comenzaba ya a suceder en la dogmática italiana, en función de si el contenido realmente crea, modifica, extingue o regula situaciones jurídicas de los administrados.

La enumeración de los *requisitos* (así mencionados en la ley) constituía una exposición del régimen de los elementos del acto: elemento subjetivo (procedencia de un *órgano administrativo competente* —art. 40—), elemento formal (procedimiento y forma de manifestación —arts. 40 y 41, 43, este último con la exigencia de motivación expresa de ciertos actos—) contenido (art. 40-2: *el contenido de los actos se adecuará al ordenamiento jurídico;* art. 47 1 b, actos *de contenido imposible*), fin (art. 115, desviación de poder como vicio del acto) y causa (art. 40 adecuación del contenido al fin)[64].

La descripción de la invalidez del acto, como carencia de requisitos en aquellos elementos, se vio complicada por la introducción de dos grados de inva-

[63] La Exposición de Motivos de la Ley indicaba, a propósito de la regulación de los actos que "*se había evitado adscribirse a una determinada posición teórica o doctrinal*"..., *Vid.* J. González Pérez, *El procedimiento administrativo*, Publicaciones Abella, 1964. Otro de los grandes actores de la Ley, M. Ballbe había fallecido en 1961.

[64] El art. 6 del Decreto de 17 de junio de 1955 (Reglamento de Servicios de las Corporaciones Locales) decía, con mayor precisión: "*El contenido de los actos* será congruente con los motivos y fines que los justifiquen". Tal requisito podría enumerarse dentro de las exigencias del *contenido* de los actos o suponer un elemento diferente (la causa). Es una de las razones de las diferentes sistemáticas utilizadas por la doctrina española en la enumeración de los elementos (y sus requisitos) de los actos.

lidez[65] (a diferencia de la Ley de la Jurisdicción) con efectos diferentes según una histórica *reconstrucción* del derecho privado[66].

La nulidad absoluta como excepción (incompetencia manifiesta por razón de la materia o del territorio, contenido imposible o delictivo, ausencia total o esencial de procedimiento o falta de requisitos esenciales en la manifestación de voluntad del órgano colegiado, art. 47 de la LPA), la nulidad relativa —anulabilidad— como regla (*cualquier otra infracción del ordenamiento*), y la existencia de ciertas irregularidades no invalidantes (defectos de forma que no ocasionen indefensión ni impidan al acto alcanzar su fin, actuaciones fuera de plazo, si no es esencial) diseñaban un cuadro de invalidez que quería tener relevancia a dos efectos.

Por una parte, al servicio de la agilidad y eficacia administrativa, "la distinción entre nulidad y anulabilidad forzosamente habrá de reflejarse en las facultades de la administración", decía la exposición de motivos. Por eso "superando viejas concepciones se le reconoce expresamente la facultad de declarar en cualquier momento *la nulidad* de sus actos en los casos taxativamente enumerados". La ley reconoce asimismo a la administración la potestad de revisar sus propios actos *declarativos de derechos* por *infracción manifiesta de ley* (con dictamen favorable del Consejo de Estado, al igual que en el caso anterior) en plazo de cuatro años, para terminar señalando: "en los demás casos será la jurisdicción la que decidirá sobre *la anulación* de los actos"[67].

Por otra parte, la segregación de la categoría de nulidad absoluta buscaba permitir la aplicación de las reglas de conservación de actos y en concreto la posibilidad de *convalidación* de actos anulables, que, lógicamente con el contenido teórico de la categoría, no se admitía respecto de los actos afectados de nulidad absoluta (art. 53)[68].

Respecto de la eficacia[69], la Ley de Procedimiento Administrativo, aunque utilizando una terminología discutible (se habla de *eficacia*, de *inmediata efec-*

[65] Según parece, por influencia de F. Garrido Falla, *Régimen de impugnación de los actos...*, que reproduce después en "Los motivos de impugnación [...]", *cit., RAP*, núm. 17, 1955.

[66] La mejor exposición de esta temática quizá fue y sigue siendo, A. Santamaría Pastor, *La nulidad de pleno derecho...*, cit., Madrid, IEA, 1972.

[67] Sobre el régimen de la revisión de oficio en la LPA de 1958 *vid.* R. Bocanegra Sierra, *La revisión de oficio de los actos administrativos*, Madrid, IEAL,1977.

[68] Tal esquema pervive en la actualidad y los importantes problemas que planteaba y plantea la diferenciación en dos grados de la invalidez del acto (se supone que con efecto declarativo y *ex tunc* la nulidad absoluta, eficacia constitutiva y alcance *ex nunc*, la anulabilidad) han comenzado a ser destacados. *Vid.*, por todos, la más reciente exposición de Santamaría Pastor, "Proposiciones sobre la teoría y la regulación de la invalidez de los actos administrativos", en RAP núm. *213*, 2020, págs. 113 y ss. El trabajo se ocupa también del problema *terminológico* de la eficacia e invalidez del acto, y es una llamada a reformular el derecho positivo recibido.

[69] Garrido Falla, "La eficacia de los actos administrativos en la nueva Ley de Procedimiento", *RAP* núm. 26, 1958; "Los actos administrativos en la Ley de Procedimiento administrativo", *Documentación Administrativa,* núm. 10, 1958.

tividad jurídica desde la fecha en que los actos se dicten —salvo exigencia de aplazamiento por el contenido del acto, exigencia de notificación o aprobación superior—, pero se realiza una remisión a las *potestades de auto ejecución* de la administración) parece fundarla en la "presunción de legalidad" del acto (art. 45: los actos serán *válidos* y producirán efecto desde la fecha en que se dicten...), a la cual no se presta ninguna atención especial en la exposición de motivos. Simplemente allí se encuentra una mención a la *decisión ejecutiva*, que recuerda a HAURIOU[70], porque inmediatamente se pasa a enunciar las consecuencias de la ausencia de "decisión previa": "Con carácter fundamental *se consagra el principio de régimen administrativo que exige la decisión previa para que la administración pueda emprender cualquier actuación material* (que limite derechos de los particulares, art. 100). *Si no existe decisión ejecutiva los particulares afectados por la actuación material podrán recurrir a la jurisdicción ordinaria incluso a través del procedimiento interdictal para defenderse de ella*"[71].

En cualquier caso, aquella sistemática no impide apreciar que, si todos los actos son ejecutivos (en el sentido de que la administración no necesita el pronunciamiento declarativo judicial previo sobre la legalidad de sus actos administrativos, ni siquiera la firmeza de los mismos), no todos son *ejecutorios*, pues esta condición (que permite la ejecución forzosa por la propia administración, salvo que la ley exija la intervención de los tribunales), solo es aplicable a los actos que impongan una obligación de satisfacer cantidad líquida, impongan una obligación no personalísima de hacer, una obligación personalísima de

[70] Sobre cómo el maestro de Toulouse construye la decisión ejecutoria, a partir de LAFERRIERE, DARESTE ("la puissance publique *a la présomption pour elle*. Elle n'a pas besoin de demander un titre authentique et exécutoire, elle donne elle-même, à ses propres actes, l'authenticité et la force d'exécution) y Chauveau (que es quien formula la aseveración, pero refiriéndose a la decisiones contenciosas, "*les décisions administratives produisent les mêmes effets et doivent obtenir la même exécution que celles émanées de l'autorité judiciaire, qu'elles sont exécutoires sans visa ni mandement des tribunaux judiciaires"), vid.* G. DARCY, "La décision exécutoire, esquisse méthodologique", AJDA, 1994, págs. 663-678.

[71] El tratamiento de la presunción de legitimidad, la eficacia, la ejecutividad y la ejecutoriedad del acto en la LPA podrían explicarse teniendo en cuenta estas confesiones del legislador de la LPA. El Prefacio de HAURIOU a la octava edición de su *Précis de droit administratif*, Paris, Sirey, 1914 y las referencias iniciales al "régimen administratif", así como a la acción directa (págs. 23, 24) más el contenido de la 11ª edición del mismo, sugieren que las menciones de la Exposición de Motivos de la LPA no son casuales.

El planteamiento de la Ley permitirá después la reconstrucción dogmática en España, a base de enunciar la posición jurídica de la Administración en régimen de derecho administrativo como *autotutela declarativa* y *ejecutiva*: E. GARCÍA DE ENTERRÍA y FERNÁNDEZ RODRÍGUEZ, *Curso...*, cit., pág. 405 y antes, del primer autor, "La formación histórica del principio de autotutela de la Administración", en *Moneda y Crédito*, 1974.

no hacer o de hacer, porque esos son los supuestos (arts. 102 y ss. de la LPA, hoy, arts. 100 y ss. de la Ley 39/2015) en los que la administración emplea medios de ejecución forzosa[72].

B) *Acto administrativo como acto jurídico: relativa contención de la noción funcional del acto administrativo en la primera jurisprudencia*

El juego conjunto de las dos leyes comentadas dio lugar a una jurisprudencia que se enfrentó, en primer lugar, a la *identificación* del acto. La Ley de la Jurisdicción partía de un concepto muy amplio de acto administrativo, mientras la Ley de Procedimiento Administrativo parecía distanciar de aquél las simples "operaciones administrativas" (*actividad material y actividad no decisoria*). Mientras que la Ley de Procedimiento Administrativo optaba por una regulación estricta del "*instrumentum*" (aunque admitió los actos no manifestados por escrito) y el *negotium* del acto jurídico (acto administrativo como *regulador* de una situación jurídica concreta), la Ley de la Jurisdicción admitió como revisable otra serie de conductas en las que, por una parte, el *instrumentum* del acto jurídico no se ajustaba a una declaración expresa y, por otra, el *negotium* parece difuminarse. De esta forma, si se admitieron los actos *tácitos*[73], durante algún tiempo confundidos con los actos presuntos (silencio administrativo), se afirmó que "el recurso jurisdiccional se da contra los actos administrativos y estos *por ser actos jurídicos exigen una declaración, generalmente de voluntad, expresa o presunta, dimanante de la administración* y por ello de la revisión jurisdiccional, deben excluirse las meras situaciones de facto como la invocada en el recurso (pues) *tal declaración puede provocarla el administrado postulando que se deje sin efecto la ocupación que no juzgue ajustada a derecho*"[74].

[72] No puede omitirse que una muy importante ley, la Ley General Tributaria (1963) daba otra noción de acto, limitando la presunción de legalidad a los "actos de determinación de las bases y deudas tributarias", presunción que "solo podrá destruirse mediante revisión, revocación o anulación practicada de oficio o a virtud de los recursos pertinentes" (art. 9) al tiempo que le otorgaba el carácter de *título* que "tendrá la misma fuerza ejecutiva que la sentencia judicial para proceder contra los bienes y derechos de los deudores" (art. 129).

[73] Actos tácitos que en ocasiones tenían reconocimiento expreso normativo y jurisprudencial a propósito de la afectación de bienes al dominio público o recepción *tácita* de una obra pública o de urbanización *siempre que la administración ha tomado efectivamente posesión de la obra ejecutada y esta se ha entregado al uso público.*

[74] Sentencia del Tribunal Supremo de 20 de mayo de 1977: se estima procedente el recurso frente a la denegación por silencio (acto presunto) y no se aprecia acto tácito en una reiterada *ocupación indebida.*

Por otra parte, respecto al *negotium* del acto, alguna sentencia inicial[75] tras definir el acto administrativo ("conducta voluntaria de un órgano de la administración en ejercicio de un poder público, de la que resulta la aplicación de normas jurídicas a un caso concreto") separa *la decisión* ("que constituye la esencia del acto administrativo") de la simple *comunicación* de un pensamiento, un criterio o una información de la administración, que "no define situaciones jurídicas individuales determinadas mediante aplicación de normas, y por tanto, ni supone acto administrativo, ni admite revisión jurisdiccional".

Se distingue así entre el contenido de la Ley de Procedimiento Administrativo (que manejaba el concepto de decisión) y el contenido de la Ley de la Jurisdicción. La doctrina expansiva ínsita en la Ley de la Jurisdicción no se aplicó a las simples "comunicaciones" y respuestas a consultas del administrado. Con relación a ellas o bien no se apreció la existencia de "potestad" (la simple comunicación o respuesta a una consulta no "obliga") o bien no se entendieron revisables por no entrar en el contenido de la función jurisdiccional "corregir" o adoptar criterios interpretativos generales[76].

Problemática similar se planteó respecto a las "medidas internas", circulares, instrucciones y órdenes de servicio que, cuando se mantenían en la pura esfera interna de la potestad doméstica, si dieron en alguna ocasión lugar a recurso no fue sin "poner en entredicho el concepto estricto de acto administrativo y todo su régimen jurídico: las circulares, instrucciones —y, ahora, órdenes de servicio— no se notifican a sus destinatarios, no se expresan los recursos que proceden frente a ellas, no son actos de trámite que no permitan su impugnación separadamente de la resolución, sino que constituyen un acto terminal, un mandato elaborado sin ajustarse a procedimiento alguno que en caso de incumplimiento —por sus destinatarios— no podrá dar lugar a la ejecución forzosa"[77] .

3. El impacto de la Constitución. El derecho a la tutela judicial efectiva y la doctrina del acto administrativo en España

A) *Ampliación, identificación, distinción en el acto administrativo*

Al igual que la vigente Constitución italiana, la Constitución española de 1978 (CE) menciona el acto administrativo, y, adicionalmente, la jurisdicción

[75] La recordada, por ejemplo, por Martín Bassols, de 6 de noviembre de 1959 (apenas un año después de la vigencia de la Ley, 1 de noviembre 1958). *Vid.* "El tratamiento jurisprudencial de la Ley de Procedimiento Administrativo", *Documentación Administrativa,* núms. 62-63, 1963, págs. 49 y ss. Añade que, en igual sentido restrictivo se pronuncian otras sentencias de 26 de diciembre de 1959, 16 de marzo de 1960, 7 y 17 de noviembre de 1961.

[76] Falcón y R. Tella, "Consultas vinculantes y jurisprudencia", *Revista Quincena Fiscal,* núm. 9/1997. Ya antes, A. Nieto, "Las consultas a la administración", *REDA, Revista Española de Derecho Administrativo*, núm. 8, 1976.

[77] M. Moreno Rebato, "Circulares, instrucciones y órdenes de servicio: naturaleza y régimen jurídico", *RAP*, núm. 147, 1998.

contenciosa y el procedimiento administrativo (arts. 153 y 105): un *régimen administratif* bien caracterizado. Por otra parte, es patente la asunción de la construcción de la posición jurídica de la administración a través de la idea de "potestad" (arts. 106 y 45) y, en particular, la potestad de autotutela que se considera implícita en la idea de que *la administración sirve los intereses generales* (STC 22/84 de 17 de febrero, fdo. jdo. 4º).

La vigencia de las anteriores Ley de Procedimiento Administrativo y Ley de la Jurisdicción no fue más que puntualmente puesta en duda; tampoco lo fue la entera construcción de un moderno derecho administrativo que se había realizado desde la década de los años setenta, sobre la base de entender que tal *régimen administratif* implicaba una posición jurídica peculiar de la administración frente al poder judicial (autotutela declarativa y ejecutiva) y ante el ordenamiento (legalidad, vinculación positiva).

Con tales líneas, la otra vertiente del acto administrativo[78], la tutela judicial, formulada como derecho fundamental (art. 24 CE), se sobrepuso al mero control objetivo de la legalidad administrativa, también enunciado en el artículo 106 CE ("los tribunales controlan la legalidad de la actuación administrativa [...]").

Puesto que el derecho a la tutela judicial no estaba debidamente atendido por la Ley de la Jurisdicción preconstitucional, además de entenderse inconstitucionales cualesquiera exenciones de control respecto de la actuación administrativa (comenzando por las expresamente contenidas en la Ley de la Jurisdicción de 1956), el derecho de acceso a la jurisdicción implicó reinterpretar el contenido de la LJ, y, por tanto, la idea misma de acto. Aquella ley solo admitía recurso frente a actos o normas reglamentarias (más los supuestos de acto presunto, por aplicación de silencio administrativo) por lo que frente a una actuación "no declarativa" no existía tutela judicial. Tampoco frente a la mera "inactividad" de la administración, que debía transformarse en inactividad formal resolutoria (silencio administrativo) a fin de acceder al recurso.

Ello motivó que el Tribunal Constitucional (STC 160/91 de 18 de julio) se viese obligado a entender que "en la expresión actos de la administración pública sujetos al derecho administrativo que definen el objeto del recurso conten-

[78] Sobre el tratamiento doctrinal en la actualidad, *vid.* F. Velasco Caballero, (2017): "El acto administrativo: concepto, clases y contenido", en E. Gamero Casado (dir.), *Tratado de procedimiento administrativo común y régimen jurídico básico del sector público*, t. II, pág. 1757, Valencia, Tirant lo Blanch, L. Parejo Alfonso, "Algunas reflexiones sobre la vigencia de la noción de acto administrativo en el Derecho Administrativo español", en M. Rebollo Puig, M. López Benítez, E. Carbonell Porras (coords.), *Régimen jurídico básico de las administraciones públicas. Libro homenaje al profesor Luis Cosculluela*, Madrid, Iustel, 2015, págs. 471-502.

cioso han de entenderse comprendidos los actos expresos, tácitos y presuntos y las actuaciones de la administración que constituyen simple vía de hecho"[79].

El *acto tácito*[80] recupera así un papel antes impensable. Posteriormente, ya vigente un nuevo texto de procedimiento (y una nueva ley de la jurisdicción, la Ley 29/1998 de 13 de junio), la noción será aplicada con decisión, por la jurisprudencia del Tribunal Supremo (por ejemplo, STS 14/06/2010 ECLI: ES:TS:2010:3715, impugnación de la *materialidad,* de la realización de una campaña institucional de propaganda prohibida por la normativa electoral, respecto de la que no se impugna acuerdo o acto expreso, que no se localiza[81]).

Pero aún más, por las mismas razones, el Tribunal Constitucional se vio obligado a extender esa noción a supuestos en los que ni siquiera existía actuación material, sino pura *inactividad* administrativa. De nuevo citando la exposición de motivos de la Ley de la Jurisdicción y contra la opinión del abogado del Estado y el ministerio fiscal (que justifican que, en aquel momento, *la inejecución de una obligación legal o de un anterior acto* no tenía tutela judicial), la STC 294/1994, de 7 de noviembre, afirma que en "la negativa de la administración al cumplimiento de su deuda pecuniaria, visto el tiempo transcurrido (desde 1986) sin que en los Presupuestos Generales del Estado se incluyeran partidas suficientes, y los muchos años transcurridos desde la entrada en vigor de la Ley que generó dicha obligación" existiría, "*un acto tácito*, esto es, producido por *facta concludentia* que indica de forma unívoca la existencia de una resolución administrativa"[82].

[79] La Sala de lo Contencioso de Valladolid había inadmitido un recurso frente a actuaciones materiales, entendiendo que no existía acto. El Abogado del Estado ante el Tribunal Constitucional respalda esta opción, afirmando que la jurisdicción contenciosa solo tiene jurisdicción frente a *actos*. El Tribunal Constitucional falla advirtiendo que frente a una actuación material, o se aplica la doctrina del acto tácito y se entiende que hay una declaración de voluntad implícita, o dicha actuación constituye una vía de hecho que posibilita el recurso.

Esta problemática (actuaciones materiales de fuerzas policiales) ya se había planteado en el asunto "Capuchinos de Sarriá" que fue comentado por T. Fernández Rodríguez, "Las medidas de policía su exteriorización e impugnación", *RAP*, núm. 61, 1970.

[80] Ya en la STS de 18 de octubre de 1986 (ECLI:ES:TS:1986:5576) el Tribunal Supremo, admitía que en "el preámbulo de la Ley de la Jurisdicción se habla de acto y no de acuerdo, resolución o providencia o cualquier otro concepto semejante, *por ser aquél más extenso y comprender todas las manifestaciones de la actividad administrativa*". La simple extinción *de facto* de una relación de servicios interina (finalizado el período contratado) se consideró acto tácito.

[81] La sentencia impugnada en casación decía: "la decisión de realizar una campaña de estas características no es un mero acto de trámite, sino *un acto sustancial que es plasmación de la voluntad administrativa y que, por ello, puede ser impugnado en la medida en que incorpora el núcleo de la decisión del órgano correspondiente*".

[82] En el contexto normativo del derecho de los vecinos a exigir la prestación de servicios municipales obligatorios, *vid.* T. Quintana López, "La inactividad de la administración como acto administrativo tácito", en *Poder Judicial*, núm. 36, 1994, págs. 415-418.

A esta tarea de *ampliación* del concepto de acto a los efectos de su impugnación contenciosa se sumó la vigencia de la nueva Ley de la Jurisdicción, cuya exposición de motivos decía querer reformular el tradicional objeto del recurso contencioso. Transformado definitivamente el objeto del proceso contencioso hacia las pretensiones frente a la actuación administrativa y no hacia las categorías jurídicas, pierde interés el concepto de acto que se desdibuja completamente. En particular, pierde importancia la distinción entre acto y *hecho jurídico*, la noción de "declaración", el que se trate de un acto formal o no formal, expreso o tácito, definitivo o de trámite... [83].

Una similar actitud se aprecia en la jurisprudencia cuando se trata de *identificar* lo que constituye acto, incluso dentro de la actividad formalmente declarativa de la administración. Ahora el criterio de distinción se traslada del *instrumentum* de expresión, al *negotium* (contenido y efectos). Las respuestas a consultas que ofrecía la administración en el campo urbanístico o tributario no se consideraron acto porque les faltaría el requisito de ser ejercicio de una potestad administrativa y responder más bien a un *deber de información y asistencia al administrado* en el cumplimiento de obligaciones o en el ejercicio de sus derechos[84]. Sin embargo, algún pronunciamiento, apreciando un efecto jurídico sobre la totalidad del sector al que se dirige la contestación a una consulta[85], ha considerado que la misma *resulta impugnable* en la medida en que "impone una obligación de hacer, con tal fuerza que su desconocimiento puede ser objeto de inspección y sanción, con lo que *para esos terceros distintos de la consultante* ya no se está en el ámbito de la mera información y asistencia al ciudadano".

[83] Una certera exposición sobre cómo la LJ incide en la categoría acto en A. BETANCORT, "Revisión de la categoría acto a la luz de la evolución de la jurisdicción contencioso-administrativa", en *Revista Jurídica de Castilla y León*, núm. 26, 2012, El autor concluye. "tal vez estamos viviendo la muerte del acto administrativo como categoría central del derecho administrativo".

[84] En ocasiones, la legalidad se cuida de señalar expresamente que la intervención administrativa se produce "sin carácter de acto administrativo". *Vid.* Ley 44/2002: "Los servicios de reclamaciones del Banco de España, la Comisión Nacional del Mercado de Valores y la Dirección General de Seguros y Fondos de Pensiones *resolverán las quejas y reclamaciones a las que se refiere el apartado anterior, mediante informes motivados, que no tendrán en ningún caso carácter de acto administrativo recurrible*" (art. 30-a Ley 44/2002 de Reforma mercados financieros)

[85] Sentencia de la Audiencia Nacional de 4 de diciembre de 2013, ECLI:ES:AN:2013:5161. Se trata de una respuesta a una consulta de un operador, que ordena "poner en conocimiento" de todos los ellos el criterio mantenido, con la advertencia de que si facturan de forma contraria incumplirían una obligación de derecho público susceptible de inspección y sanción. La sentencia, afirma la *ausencia de potestad*, por falta de atribución legal, y con ello anula la actuación del regulador.

Como ciertas declaraciones de la administración no tienen un carácter "regulador" directo de la conducta del administrado, su repercusión sobre la situación jurídica del afectado es indirecta. Tales *comunicaciones* o *informaciones* pueden dar lugar a importantes efectos materiales ¿su tratamiento debe ser el propio del acto administrativo, con admisión de recurso contencioso? Esta es la problemática reciente de las "advertencias" de los organismos reguladores del mercado de valores[86] que señalan a ciertos operadores como "no autorizados" o identifican en determinadas prácticas o productos, riesgos o peligros para ciertos inversores. Es también, en parte, la problemática de ciertas "alertas" alimentarias. Calificar estas acciones de *acto administrativo*, siempre que respondan a una *potestad* previamente atribuida por el ordenamiento, e impongan consecuencias jurídicas directas, no parece conflictivo. A falta de atribución previa de competencia/potestad en el organismo administrativo que realiza determinadas comunicaciones, informaciones o respuestas, tal conducta merece el calificativo de *vía de hecho*, y así debería ser tratada. Y si la competencia existe, debe examinarse si tal actuación no decisoria "enuncia prescripciones individuales respecto de las cuales la autoridad pueda posteriormente censurar su desconocimiento"[87].

La necesidad de *distinguir* si la noción de acto se utiliza a efectos contenciosos o no resulta patente. La definición de la "actividad administrativa impugnable" que formula el artículo 25 de la Ley de la Jurisdicción conduce necesariamente a la expansión de la noción de acto como objeto del recurso contencioso: el campo de la impugnación de la inactividad administrativa y la actividad material solo procede "en los términos establecidos en esta ley" mientras que si una actuación administrativa puede ser calificada de "acto", el recurso será siempre admisible. En el amplio arco de conductas de la administración que van desde la inactividad a las comunicaciones e informaciones, declaraciones, decisiones y llega hasta la actividad material y la vía de hecho, la reubicación de la noción de acto administrativo[88] parece depender de la *ne-*

[86] El supervisor español de los mercados financieros, la CNMV actúa sujeto a las leyes administrativas y entre sus funciones tiene atribuida la de "*realizar advertencias públicas*" respecto de ciertas conductas de operadores que no respeten lo previsto en la Ley del Mercado de Valores. En otro modelo de jurisdicción contenciosa, el *Conseil d'Etat* francés ha finalmente considerado "acto" este conjunto de actuaciones del regulador financiero (no sin previa intervención del Tribunal de Conflictos). *Vid.* CE, 21 mars 2016, *Fairvesta*.

[87] *Vid.* el pronunciamiento del *Conseil d'Etat* citado en nota anterior. Sobre la evolución del derecho europeo (cuyo sistema de control judicial se aproxima bastante al modelo francés) en este punto del control judicial del "derecho blando", *vid.* las Conclusiones del abogado general en Michal Mobek en asunto C-16/16 P.

[88] Esta es la temática, como se ve, de si deberíamos diferenciar dogmáticamente, en el derecho español, entre "actos administrativos" y "los otros actos". *Vid.* sobre ello, F. González Botija, "Los otros actos administrativos y su acceso a la jurisdicción contencioso administrativa", *RAP*, núm. 167, 2005.

cesidad de dar tutela a las pretensiones del ciudadano frente a cualesquiera de esas manifestaciones.

Tal actitud, bien intencionada, puede producir efectos perversos. Si el Tribunal Constitucional ha admitido, por ejemplo, que puede defenderse la pretensión de que "se declare ilícita —ilegal— la difusión, por cuenta de la administración de un video-reportaje perjudicial" para un administrado (STC 45/2008, de 10 de marzo), sin invocar acto tácito alguno, sino *vía de hecho* (por cuanto la administración carece de competencia para realizar tal conducta), no siempre se debería tender a calificarse la actividad previa, cuando existe, como acto administrativo[89]. Especialmente cuando tal "actitud" opera *contra la pretensión realmente ejercitada*: si esta no se dirige contra ningún acto, pero aparece cierta actividad declarativa previa de la administración, totalmente irregular (muy alejada material y formalmente de los requisitos de un acto), que el tribunal la califica de acto, el hecho de no haberle dado el recurrente esa consideración y no recurrir expresamente contra él, ocasionará la inadmisión del recurso (*vid.* STC 228/2006)[90].

[89] Bien se aprecia que la presión de la jurisprudencia sobre la noción de acto responde, en España, al todavía escueto desarrollo normativo y práctico de esas otras acciones, pretensiones frente a la actuación administrativa. Sobre ello, *vid.* S. GONZÁLEZ-VARAS, *Contencioso administrativo: praxis y propuestas*, Aranzadi, 2019.

[90] Contra la opinión del ministerio fiscal, el Tribunal afirma que la interpretación de la jurisdicción contenciosa, inadmitiendo el recurso, fue correcta. Pero lo hace sobre la base de la siguiente argumentación: "En efecto, el art. 29.1 LJCA contempla como presupuesto del recurso contra la inactividad que la administración no hubiera dado cumplimiento a la solicitud de realizar una prestación, debida en virtud de una disposición general que no precise de actos de aplicación, de un acto, de un contrato o de un convenio... El precepto no establece explícitamente que una respuesta expresa denegatoria de lo pedido en vía administrativa impida deducir el recurso jurisdiccional contra la inactividad. *Cabe, pues, una interpretación del art. 29.1 LJCA en el sentido de que la simple existencia de una denegación expresa de lo solicitado no se erige, por sí misma, en obstáculo impeditivo de un pronunciamiento jurisdiccional de fondo en el recurso contra la inactividad administrativa. Ello es lo que parece deducirse del preámbulo de la Ley de la jurisdicción contencioso-administrativa, que subraya que la carga de reclamar a la administración con carácter previo al recurso contra su inactividad no convierte a este en un recurso «contra la desestimación, en su caso por silencio, de tales reclamaciones» y que niega que «la falta de estimación total o parcial, de la reclamación [...] constituyan auténticos actos expresos o presuntos»*. No puede desconocerse, sin embargo, que cabe entender igualmente que cuando la administración da una respuesta motivada, mediante la que niega el derecho del solicitante a obtener la prestación administrativa interesada, aquella dicta un acto expreso, objeto típico de las pretensiones a que se refiere el art. 25.1 LJCA, lo que supone la negación de que concurran los presupuestos legales (art. 29.1 LJCA) para que sea deducible el recurso contencioso-administrativo contra la inactividad de la administración, de forma tal que la cuestión haya de ser planteada ante el órgano contencioso-administrativo, acudiendo al esquema impugnatorio de la resolución o acto denegatorio". Esta segunda interpretación pareció también admisible al TC.

B) *En los confines de la autotutela*

Al margen de la tutela judicial, la *identificación* del acto por sus efectos adquiere trascendencia porque calificar de acto administrativo ciertas actuaciones de la administración es admitir que la administración ejerce *potestades de autotutela* allí donde, quizá, el ordenamiento no la ha atribuido. Forzar la noción *procesal* de acto, ofrecer tutela judicial contencioso administrativa frente a tales actuaciones con un concepto "amplio", vago e indefinido de acto administrativo, tiene este riesgo.

En la jurisprudencia, esta problemática aparece al menos en dos clases de cuestiones. Por una parte, en aquellos supuestos en los que se trataba de *reclamar a los administrados responsabilidad civil* por daños a ciertos bienes demaniales, allí donde no existía una administrativización completa y expresa atribución de la potestad para decidir esas indemnizaciones *ejecutiva y ejecutoriamente*[91]. En ausencia de tal previsión legal respecto de ciertos bienes demaniales municipales, las administraciones dictaron actos administrativos determinando la existencia de la responsabilidad (declarando la culpa) y la cuantía de la indemnización (puro ejercicio, pues, de *potestad jurisdiccional*) que obligaron a los afectados a recurrir *como si de un acto* se tratase, aunque, en realidad, tal acto no existía, pues, en buen derecho, *era la administración* quien estaba obligada a acudir a la jurisdicción civil[92].

Sucede que, en el caso, el aparente "acto denegatorio" era una simple carta, sin indicación alguna de su carácter resolutorio, ni indicación del recurso, ni plazo para ejercitarlo, ni órgano ante el que recurrir, sin que tampoco se aprecie suficiente indicación del órgano resolutorio., ni el fundamento de su competencia, ni motivación alguna...

[91] Por ejemplo, art. 100 Ley 22/88 de Costas, indemnizaciones fijadas *ejecutoriamente* por la administración, art. 118 del Real Decreto Legislativo 1/2000, Ley de Aguas, *se fijarán ejecutoriamente las indemnizaciones*. La Ley 40/2015, art. 28-2 ha generalizado tal potestad cuando el daño es resultado de infracción administrativa: "la indemnización por los daños y perjuicios causados, que *será determinada y exigida por el órgano al que corresponda el ejercicio de la potestad sancionadora*".

[92] Recordemos al menos dos casos: STSJ Andalucía (Asunto *Boliden Anazcollar*) de 25 de noviembre de 2008: el art. 81 de la Ley de Minas entonces vigente (*el poseedor de los derechos mineros es responsable de daños y perjuicios que ocasionen sus trabajos)* "no otorga competencia de autotutela alguna a la administración para resarcirse de los gastos y costes que se reclaman en el Acuerdo impugnado [...]. En ningún caso, se otorga competencia a la administración para exigir, sin necesidad de acudir a los tribunales de justicia, el reintegro de los daños sufridos", doctrina que ratifica la STS de 11 noviembre 2011: "el artículo 81 de la Ley de Minas *no confiere una potestad de autotutela declarativa* [...] la *administración no está habilitada por el artículo 81 de la Ley de Minas para declarar la responsabilidad* de las entidades mercantiles, con el fin de reembolsar los costes y gastos realizados subsidiariamente por la propia administración". No era aplicable al caso, en fin, la Ley 26/2007 de responsabilidad medioambiental, como declara correctamente la sentencia de instancia.

El otro conjunto de supuestos tiene que ver con la muy confusa cuestión de los derechos de tanteo y retracto que la ordenación sectorial habilita a la administración para ejercer en ciertos casos. El régimen positivo hace que alguno de ellos (no totalmente "administrativizados" mediante la previsión expresa de autotutela para su ejercicio) deban ser aplicados por la administración *ejerciendo la acción civil de retracto* ante esa jurisdicción (art. 249. 7 Ley de Enjuiciamiento Civil). En otras ocasiones se discute *si el acto administrativo* que pretende ejercitar ese derecho atribuido por la legislación sectorial es título suficiente para acceder al registro de la propiedad[93]. En cualquier caso, suelen aparecer "actos administrativos" que pretenden ser ejercicio de autotutela declarativa, sustituyendo al juez civil, de no muy clara inserción en el ordenamiento. El acto jurídico de la administración no siempre puede, a la vista del derecho positivo, ser calificado de "acto administrativo" pues no resulta ni mucho menos claro si la administración dispone de potestades de autotutela expresamente otorgadas por la legalidad aplicable[94] o simple-

---

Con relación a los bienes demaniales de los municipios, la jurisprudencia era constante: STS de 13 de octubre 1986: *La indemnización de los daños causados por particulares en el dominio público en ausencia de norma legal expresa en contrario, es una cuestión civil, pues la administración carece de facultades para determinar la responsabilidad derivada de dichos daños, cuyo pronunciamiento corresponde a la jurisdicción civil.*

[93] La doctrina de la Dirección General de Registros y Notariado, y las calificaciones de los registradores se orientan en sentido negativo: el acto administrativo, ejecutivo y ejecutorio *no es el modo de ejercicio alguno de tales retractos*, negando la inscripción del acto en el Registro de la Propiedad: "El hecho de que un derecho de retracto tenga su origen en una norma administrativa, *no trae como consecuencia obligada que pueda ejercitarse mediante un procedimiento meramente administrativo*, pues, como ha dicho el Tribunal Supremo (cfr. Sentencia de 10 de junio de 1988) deben distinguirse los llamados «actos de la administración» de los «actos administrativos» pues, sentado que solo estos últimos son susceptibles de la vía administrativa, dicha calificación la merecen solamente aquellos actos que, junto al requisito de emanar de la administración pública, sean consecuencia de un actuar de esta con facultad de «imperium» o en el ejercicio de una potestad [...]" (Resolución de la DGRN de 16 de mayo de 2007 (BOE: 21-JUN-07).

Vid., por todos, J. I. Morillo Velarde, "Los retractos legales a favor de las administraciones públicas", *RAP*, núm. 165 (2004), el más reciente P. Puñet Gomez, "Notas sobre la naturaleza jurídica de los derechos administrativos de adquisición preferente: repercusiones prácticas" en la *Revista Andaluza de administración pública*, núm. 81 (2011) y el *Informe de la Viceconsejería de Régimen Jurídico del Gobierno Vasco 29/2020 sobre la interpretación del art. 67 de la Ley de Vivienda de esa Comunidad Autónoma*, de 27 de abril de 2020, en la web https://www.euskadi.eus/contenidos/informacion/informes_legislativo_2018/es_def/adjuntos/ddlcn_2020_-29-.pdf

[94] En ocasiones se ha configurado algún derecho de tanteo y retracto como "ejercicio de potestad expropiatoria" (*vid,* Álvarez Martín, "Notas sobre el retracto administrativo y su régimen jurídico", en *Revista de Estudios de la Vida Local,* núm. 240 (1988), lo cual resulta

mente es titular de un derecho de retracto cuya acción debe ejercitarse ante la jurisdicción ordinaria.

Estos supuestos revelan un aspecto particular de la dogmática del acto administrativo que solo recientemente ha llamado la atención de la doctrina en España: la necesidad de aplicar la reserva de ley para configurar potestades de autotutela declarativa, cuando se trata de afectar la esfera jurídica de los ciudadanos mediante acto administrativo[95]. Y con ello, agotando en la historia un giro completo, la necesidad de redefinir y aplicar sistemáticamente la distinción entre *acto de la administración* y acto administrativo, que parece oscurecerse dada la ampliación del concepto que se ha producido entre nosotros[96].

C) *Conclusión: crisis y reconstrucción dogmática del acto administrativo en el derecho español*

Una línea dogmática alternativa a la usual, busca hoy reencontrar, sobre bases de la dogmática alemana[97] algún criterio de *identificación* del acto por su carácter regulador (volver a MAYER, a la aproximación del acto a la sentencia, como enunciaba en España la Ley General Tributaria en 1963), y diferenciarlo del resto de la actividad administrativa.

---

posible a la vista de la regulación de estos derechos en materia de patrimonio histórico, artístico y arqueológico en la Ley de Expropiación Forzosa (art. 81) que, además (art. 84), salvaguarda la intervención de la jurisdicción contencioso-administrativa. Si no se ejerce otra *potestad de autotutela expresamente configurada* por la legislación positiva, el acto administrativo que pretenda dar por ejercitado el derecho de retracto, sin acudir a ejercitar la acción de retracto en la vía civil, solo puede ser "privación singular acordada imperativamente", lo cual obliga a tramitar el ejercicio del retracto conforme a la Ley de Expropiación Forzosa.

[95] *Vid.* R. BOCANEGRA SIERRA y J. GARCÍA LUENGO "La potestad de dictar actos administrativos como intromisión en la libertad", *RAP*, núm. 172, 2007, págs. 103-140.

[96] En el campo tributario es notable la incoherencia dogmática: se niega, con buen criterio, el carácter de acto administrativo a la *autoliquidación* (no admitiendo, por tanto, recurso contencioso contra ella) pero se ejecutan *como si fuesen actos administrativos,* mediante apremio, las autoliquidaciones no seguidas de ingreso. Véase el art. 161 de la LGT y la crítica a esta práctica legal en J. M. MARTÍN QUERALT, *et alter*, *Curso de derecho financiero y tributario*, 31ª ed., Madrid, Tecnos, 2020, pág. 405. y J. LAGO MONTERO, "El poder/deber de practicar liquidaciones definitivas", *Nueva Fiscalidad*, núm. 1, 2019.

[97] Es la tarea que ha emprendido señaladamente R. BOCANEGRA, *Lecciones sobre el acto administrativo,* Madrid, Civitas, 3ª ed., 2006 y *La teoría del acto administrativo*, Madrid, Iustel, 2005. El mismo autor se ha ocupado largamente de esta categoría. *Vid.*, por ejemplo, entre otros, "El concepto de acto administrativo", *Revista General de Derecho Administrativo*, núm. 2, 2003, o *La revisión de oficio de los actos administrativos*, Madrid, IEAL, 1977. También, J. GARCÍA LUENGO, *La nulidad de pleno derecho de los actos administrativos*, Madrid, Civitas, 2002. Sobre la necesidad de reconstruir la categoría, igualmente, S. MUÑOZ MACHADO, en la 2ª ed. del vol. XII de su *Tratado de derecho administrativo*, BOE, 2017. El mismo autor reseñó la *Teoria del acto administrativo* de BOCANEGRA en el núm. 169 de la RAP

Junto a ello, otra línea se preocupa por depurar el régimen legal recibido, comenzando por la "presunción de legalidad" que, formulada positivamente en España (art. 39 LRJPC), parece ser el centro del régimen de eficacia y validez, aspectos que también se someten a crítica. Sobre el primer aspecto, T. Cano[98] ha llamado la atención sobre la utilidad de la mención legal y su significado (aunque se niegue el carácter de verdadera presunción), en cuanto permite conjugar seguridad jurídica y justicia frente a la actuación administrativa, y establecer un eficaz vínculo entre validez, eficacia y ejecutividad. No obstante, la jurisprudencia tributaria muestra a las claras el abuso al que se presta la institución cuando, en sede contenciosa, se pretende alterar el régimen de carga de la prueba.

No creemos que se pueda prescindir, sin embargo, de tal institución, (aunque solo sea por su continua mención en la jurisprudencia del derecho europeo) a condición de que se interprete únicamente como la inexistencia en la esfera jurídica del destinatario del acto, de la posibilidad de *excepcionar* la ilegalidad de aquel y, por tanto, la imposición de la carga de accionar frente al mismo[99]. La otra consecuencia de tal presunción legal (el carácter no suspensivo de los recursos como manifestación de la ejecutividad) también ha sido puesta en duda recientemente, al entenderse que "la administración, cuando pende ante ella un recurso o impugnación administrativa, potestativo u obligatorio, no puede dictar providencia de apremio sin resolver antes ese recurso de forma expresa"[100].

Sobre el segundo aspecto del régimen positivo (eficacia y validez) J. A. Santamaria Pastor[101] partiendo de un trasunto anterior ya crítico[102], además de

[98] *Vid.* "La presunción de validez de los actos administrativos", *REALA. Nueva Época*, num. 14, 2020, con cita de los mejores tratamientos de la institución existentes, y entre ellos, M. Rebollo Puig,"La presunción de validez" *REDA,* núm. 128 (2005), que no obstante, con buenos argumentos, distingue entre presunción de legalidad y presunción de validez.

Interpretada como pura afirmación de la posibilidad de *ejecución sin intervención judicial previa,* su origen histórico en Francia, puede localizarse en la afirmación de que los actos administrativos "*comportan execution paree*", sin intervención judicial, desde el decreto de 23 de octubre-5 de noviembre de 1790. *Vid.*, M. Lansel, *Encyclopédie du notariat,* t. IX, Paris, 1981, epígrafe núm. 36. En España (con otro sistema de ejecución) es resultado de la *praesumptio pro se* del Monarca en el Antiguo Régimen, como demostró Villar Palasí. *Vid.* nota 30.

[99] Es un exceso, cada vez más generalizado, extender hacia el plano probatorio, en sede contenciosa, la presunción de legalidad y formalizarla como "presunción de acierto". *Vid.* J. R. Chaves, "De la presunción de validez a la presunción de valoración infalible", en su blog *De la Justicia*, on line 21-11-2019.

[100] STS de 28 de mayo 2020 ECLI:ES:TS:2020:1421. Un comentario crítico a la misma, señalando la "creación judicial" del derecho que realiza, en G. Fernández Farreres, "Recurso administrativo y ejecutoriedad del acto recurrido", en la web AEPDA, *on line* 28-09-2021.

[101] "Proposiciones sobre la teoría y la regulación de la invalidez de los actos administrativos", *RAP,* núm. 213, 2020.

[102] Que se remonta a A. Nieto (prólogo) y M. Beladiez Rojo, *Validez y eficacia de los actos administrativos*, Madrid, Marcial Pons, 1994. También se recuerdan las aportaciones

descalificar la presunción de validez ("declaración jurídicamente inútil, formulada con una finalidad puramente justificativa" pero que contiene "el mensaje subliminal de que debe suponerse que los actos administrativos son ajustados a derecho [...] y a la administración demandada le basta con intentar rebatir los argumentos impugnatorios del demandante y afirmar apodícticamente que su acto es legal, justamente porque goza de presunción de validez"), se replantea el tratamiento de la invalidez en el derecho español: la pervivencia de dos categorías de invalidez en la Ley de Procedimiento frente a lo previsto en la Ley de la Jurisdicción, categorías que, además, en sus efectos, son fácilmente intercambiables dada la indeterminación de los efectos de la invalidez y del régimen impugnatorio de una u otra categoría. Adicionalmente, la enumeración de los vicios de nulidad absoluta, "carece hoy de lógica" ha conducido a una "desvalorización de los vicios de procedimiento" que ha terminado por contaminar al enjuiciamiento de los vicios de fondo.

Más trascendente que todo esto, señala Santamaría Pastor, falta una enumeración de los posibles vicios del acto, en particular los *vicios silenciados* entre los cuales cita la "ausencia completa de potestad".

Abandonar el sentido vago y genérico que la voz *acto administrativo* ha ido tomando en el derecho español[103], retomar la idea de "ejercicio de una potestad administrativa" como núcleo del mismo, reconstruir el régimen de su eficacia más allá de la mera invocación retórica de la *presunción de validez*, y acertar a formular la invalidez del mismo sobre nuevas bases, poniendo el acento no tanto en las categorías de invalidez sino en las causas de la misma, parece ser la senda de reconstrucción dogmática del acto administrativo en España.

En particular, importa vincular la existencia, identificación y régimen del acto a la existencia *legal*, titularidad, contenido y ejercicio de la potestad ejercitada.

---

críticas de T. Cano, *La invalidez sobrevenida de los actos administrativos,* Madrid, Thomson-Civitas, 2004, y "Consideraciones generales sobre la invalidez en el derecho administrativo", *Documentación administrativa, Nueva Época,* núm. 5, 2018.

[103] En algunas ocasiones, cercano al vago sentido inicial de la expresión en Romagnosi y Mauna, *Vid.* Raggi, "Sul atto amministrativi", *Rivista di Diritto Pubblico e della Pubblica Amministrazione in Italia,* vol. 1, 1917.

ESTADOS UNIDOS

"AGENCY ACTION" EN ESTADOS UNIDOS

Javier A. Echevarría Vargas*

Introducción

El ejercicio del poder es una incesante labor desplegada por el Estado mediante la ejecución de faenas que se deben profesar con el objetivo de alcanzar la ambición del bien común. En nuestra sociedad contemporánea la mayor parte de esas tareas las ejercen las estructuras administrativas. Según Max Weber, "el poder no se ejerce ni a través de discursos parlamentarios ni enunciaciones monárquicas, sino por medio de las rutinas de administración"[1].

Como ineludible preámbulo a esta conversación con respecto al *agency action* (acción administrativa[2]) en el ordenamiento jurídico norteamericano, resulta de rigor trazar unas ligeras pinceladas conducentes a exponer el perfil de la disciplina jurídica de derecho administrativo estadinense. Con ello se evidencia una significativa diferencia entre el *agency action* y el acto administrativo según se le ha contextualizado en el derecho administrativo continental.

El sistema republicano de gobierno que prevalece en Estados Unidos establece la existencia de tres ramas constitucionales como custodios de la autoridad política. Acorde con el diseño constitucional, el poder legislativo se encuentra asignado al Congreso en virtud del artículo I, el que está compuesto por la Cámara de Representantes y por el Senado, concediéndose la autoridad para dictar las pautas normativas que imperarán en la comunidad y para ejercer todos los poderes y facultades que resulten necesarios y convenientes para acometer dicha función[3]. El poder ejecutivo está expuesto en el artículo II, que dispone sobre la oficina del presidente, así como sus cualificaciones y

* Catedrático en la Facultad de Derecho de la Pontificia Universidad Católica de Puerto Rico. Doctor en Derecho por la Universidad de Valladolid. Maestría en la Escuela de Derecho de Tulane University, New Orleans. Juris Doctor de la Pontificia Universidad Católica de Puerto Rico. Bachillerato de la Universidad de Puerto Rico, recinto de Río Piedras.

[1] Max Weber, *"Power is exercised neither through parliamentary speeches nor monarchical enunciations but through the routines of administration"*, 3 *Economy and Society: An outline of interpret sociology* 1393 (Guenther Roth & Claus Wittich eds., Ephraim Fischoff, Bedminster Press, 1968).

[2] También podría ser traducido como "acción agencial". Utilizamos el concepto "acción administrativa" siguiendo la definición de Kenneth Culp Davis, *Administrative Law*, § 1.1 (2d edition, 1978).

[3] Indica en el artículo 1, sección 1. "*All legislative powers herein granted shall be vested in a Congress of the United States, which shall consist of a Senate and House of Representatives*". Véase, *McCulloch v. Maryland*, 17 U.S. 316, 421 (1819).

deberes, estableciendo que el presidente es el jefe de Estado así como de la rama ejecutiva del gobierno federal; es el comandante en jefe de las Fuerzas Armadas; posee la autoridad para concretar tratados internacionales; puede conferir indultos; velar por el adecuado y cabal cumplimiento de las leyes, y recomendar las medidas legislativas que resulten necesarias[4]. La rama judicial se prevé en el artículo III de la Constitución exponiéndose en su primera sección, su poder y autoridad, que entre otros, cobija todas las controversias que surjan de la Constitución federal, las leyes de los Estados Unidos y de los tratados internacionales[5].

La referida estructura constitucional constituye la médula del sistema republicano de gobierno, siendo complementada por la doctrina de sistema de pesos y contrapesos, la cual va dirigida a instaurar la tarea de compartir y compensar los poderes políticos. El afán común de ambos preceptos es el de imposibilitar la tiranía gubernamental y prevenir la nociva concentración de poder (*Buckley v. Valeo*, 424 U.S. 1, 122 [1976]). La intensa interacción de estos significativos factores delineados, ha creado el escenario ideal para el nacimiento y el amplio desarrollo del derecho administrativo como un componente fundamental de esa contextualización. Vemos como, en el referido arreglo republicano de gobierno, se inserta el derecho administrativo como forma de ejercer las facultades constitucionales. Esa incorporación se formaliza mediante la delegación de poderes a entidades gubernamentales, creadas por el Congreso, con el objetivo de ser recipientes de autoridad delegada. Dicha concesión de facultades resulta esencial pues "desde hace mucho tiempo la delegación realizada por el Congreso ha sido reconocida como necesaria para que el ejercicio del poder legislativo no resulte inútil"[6]. Esa pauta se construye sobre la premisa de que "en nuestra sociedad cada vez más compleja, repleta de problemas cada vez más cambiantes y más técnicos, el Congreso simplemente no puede hacer su trabajo sin una capacidad de delegar el poder bajo amplias directrices generales"[7].

[4] Se contempla en el art. 2, sec. 2, "*The President shall be Commander in Chief of the Army and Navy of the United States, and of the Militia of the several States, when called into the actual Service of the United States; he may require the Opinion, in writing, of the principal Officer in each of the executive Departments, upon any Subject relating to the Duties of their respective Offices, and he shall have Power to grant Reprieves and Pardons for Offences against the United States, except in Cases of Impeachment.*" Véase, *Youngtown Sheet & Tube Co. v. Sawyer*, 343 U.S. 579 (1952).

[5] Dicta el art. III, sec. 2, "*The judicial Power shall extend to all Cases, in Law and Equity, arising under this Constitution, the Laws of the United States, and Treaties made [...]*". Véase, *Marbury v. Madison*, 5 U.S. 137 (1 Cranch) (1803).

[6] "*Delegation by Congress has long been recognized as necessary in order that the exertion of legislative power does not become futility.*" *Sunshine Anthracite Coal Co. v. Adkins*, 310 U.S. 381, 398 (1940).

[7] "*[I]n our increasingly complex society, replete with ever changing and more technical problems, Congress simply cannot do its job absent an ability to delegate power under broad general directives*". *Mistretta v. United States*, 448 U.S. 361, 372 (1989).

Así observamos que el derecho administrativo norteamericano emana de la referida delegación de poderes a las entidades gubernamentales. Desde la susodicha perspectiva observamos que el derecho administrativo se refiere a las pautas jurídicas que regulan los procedimientos sobre cuya base varios de los sujetos del gobierno —locales, estatales, federales— ejercen sus poderes[8]. Ese escenario se divide en tres partes que son: (1) la delegación de poderes que le es conferida a las agencias administrativas; (2) la manera en que son ejercidos los poderes delegados, y (3) la revisión judicial del ejercicio de la autoridad administrativa[9]. De esa manera se evidencia que, en Estados Unidos, este orden legal deriva del principio constitucional del debido proceso de ley pautado en la Quinta Enmienda[10] y en la Decimocuarta Enmienda[11] de la Constitución estadinense que instaura la exigencia de que no se podrá privar a ninguna persona de su vida, su libertad o su propiedad, sin el debido proceso de ley[12]. Observamos pues que el derecho administrativo norteamericano posee la característica de constituir una disciplina jurídica fundamentalmente procedimental[13]. En ese diseño se inserta el "*agency action*" exponiéndose

[8] "*[R]egulates the procedures on the basis of which a number of the subjects of the government —local, state, federal— exercise their powers*". A. C. AMAN, *Administrative Law and Process, Cases and Materials Series*, Matthew Bender & Co., Inc. 1993, p. 1.

[9] "En América, pues, el derecho administrativo no es todo el derecho que afecta a la administración pública, sino, exclusivamente, el que se refiere a esos tres temas aludidos, y nada más".

EDUARDO GARCÍA DE ENTERRÍA, "Algunas reflexiones sobre el derecho administrativo norteamericano (A propósito de una nueva exposición sistemática del mismo)", 85 *Revista de Administración Pública* 241 (1978).

[10] "*No person shall be held to answer for a capital, or otherwise infamous crime, unless on a presentment or indictment of a grand jury, except in cases arising in the land or naval forces, or in the militia, when in actual service in time of war or public danger; nor shall any person be subject for the same offense to be twice put in jeopardy of life or limb; nor shall be compelled in any criminal case to be a witness against himself, nor be deprived of life, liberty, or property, without due process of law; nor shall private property be taken for public use, without just compensation.*" Fifth Amendment of the Constitution of the United States.

[11] "*All persons born or naturalized in the United States, and subject to the jurisdiction thereof, are citizens of the United States and of the state wherein they reside. No state shall make or enforce any law which shall abridge the privileges or immunities of citizens of the United States; nor shall any state deprive any person of life, liberty, or property, without due process of law; nor deny to any person within its jurisdiction the equal protection of the laws.*" Fourteenth Amendment of the Constitution of the United States.

[12] Parafraseando al Juez Asociado FELIX FRANKFURTER, "*[t]he history of liberty has largely been the history of the observance of procedural safeguards*". *McNabb v. United States*, 318 U.S. 332, 347 (1943).

[13] Originalmente la jurisprudencia hacía hincapié en el análisis jurídico referente a la delegación de poderes y al diseño constitucional, pero ello varió a partir de los casos *Morgan*. Véase, *United States v. Morgan*, 313 U.S. 409 (1941); *United States v. Morgan*, 307 U.S. 183 (1939); *Morgan v. United States*, 304 U.S. 1 (1938), y *Morgan v. United States*, 298 U.S. 468

en el *Administrative Procedure Act*, que será judicialmente revisable toda acción de una agencia administrativa cuya revisión permita la ley, así como toda acción final de una agencia para la que no exista un remedio en la ley[14].

Por el contrario, el derecho administrativo continental se ha definido por GORDILLO como "la rama del derecho público que estudia el ejercicio de la función administrativa y la protección judicial existente contra esta"[15]. Como parte integral de ese campo jurídico se nos presenta que el acto administrativo es "(i) una 'disposición unilateral' (porque es eficaz y vinculante sin necesidad de la aceptación o consentimiento del destinatario); (ii) 'singular' (porque tiene un destinatario concreto): y, (iii) que tiene una 'eficacia efímera en el tiempo' (pues se agota por su propia aplicación, su energía es como la de un fósforo que se consume al ser utilizado)"[16]. Por su parte indica BREWER-CARÍAS, que "el derecho administrativo es aquella rama del derecho público que regula los sujetos de derecho o personas jurídicas que conforman al Estado; la administración pública como complejo orgánico de esas personas jurídicas estatales, y su organización y funcionamiento; el ejercicio de la función administrativa dentro de las funciones del Estado; la actividad administrativa, la cual siempre tiene un carácter sublegal, realizada por los órganos de las personas jurídicas estatales; y las relaciones jurídicas que se establecen entre las personas jurídicas estatales o las que desarrollan la actividad administrativas, y los administrados"[17].

A diferencia del derecho administrativo norteamericano, en el diseño continental se adoptan pautas disímiles y específicas para atender la relación del gobierno con el ciudadano, ello predicado en la visión de que "la actividad de

(1936). A partir de la aprobación de la *Administrative Procedure Act* en el año 1946 el derecho administrativo se transformó, de su desarrollo jurisprudencial, a tornarse en la interpretación de esa normativa legal. JOHN F. DUFFY, *Administrative Common Law in Judicial Review,* 77 Tex. L. Rev. 113, 121 (1998).

[14] "*Agency action made reviewable by statute and final agency action for which there is no other adequate remedy in a court are subject to judicial review. A preliminary, procedural, or intermediate agency action or ruling not directly reviewable is subject to review on the review of the final agency action. Except as otherwise expressly required by statute, agency action otherwise final is final for the purposes of this section whether or not there has been presented or determined an application for a declaratory order for any form of reconsideration, or, unless the agency otherwise requires by rule and provides that the action meanwhile is inoperative, for an appeal to superior agency authority.*" 5 U.S. Code 704.

[15] AGUSTÍN GORDILLO, *Tratado de derecho administrativo y obras selectas*, Buenos Aires, Fundación de Derecho Administrativo, 2013, pág. 115.

[16] DAVID BLANQUER, *Introducción al derecho administrativo*, 2ª ed., Valencia, Tirant lo Blanch, 2009, págs. 199-201.

[17] ALLAN R. BREWER-CARÍAS, *Sobre el concepto del derecho administrativo, Tratado de derecho administrativo, Derecho público en Iberoamerica,* Caracas, Editorial Jurídica Venezolana, 2013, pág. 729.

la administración debe regirse por normas y principios especiales diferentes de los aplicables a las relaciones entre los particulares, afirmación que constituye la base de la existencia del derecho administrativo"[18]. De esta forma se nos presentan dos visiones jurídicas disímiles que buscan atender la realidad de que todo país necesita un sistema administrativo[19]. Conforme afirma Bernard Schwartz: "El sistema de justicia administrativa en evolución bajo la *[Administrative Procedure Act]* recuerda una opinión del juez Jackson hace años, que se refería a la distinción entre el derecho estadounidense, en el que un sistema de tribunales aplica tanto el derecho público como el privado, y la práctica en un país continental, como Francia, que administra el derecho público a través de un sistema de tribunales administrativos separados de los que se ocupan de cuestiones de derecho privado. Los tribunales administrativos franceses son tribunales especializados que revisan la legalidad de los actos administrativos"[20]. Aunque se han hecho propuestas para el establecimiento de Tribunales administrativos estadounidenses, el concepto francés de tribunales de revisión administrativa ha permanecido en gran medida ajeno a los abogados administrativos estadounidenses[21].

No obstante, aun con sus muy significativas diferencias, se refleja que ambos derechos administrativos coinciden en la característica de que poseen el objetivo de asegurar la sumisión del Estado al derecho[22].

1. Delegación de poder para formalizar acciones administrativas

El lugar de donde deriva la autoridad para adoptar acciones administrativas está anclado en el precepto de la delegación de autoridad. Ese episodio de concesión de poder se fundamenta en la aspiración de lograr apartarse de los inconvenientes estructurales inherentes al proceso legislativo. "En esencia, la doctrina se basa en la noción de que la acción de la agencia debe ocurrir

[18] Libardo Rodríguez Rodríguez, *La explicación histórica del derecho administrativo*, Estudios en homenaje a don Jorge Fernández Ruiz, México UNAM, 2005, pág. 299, haciendo referencia a Fallo Blanco.

[19] Dice Javier Barnes, "*[e]very country needs a system of making initial administrative decisions, a system of administrative adjudication, and a system of administrative rulemaking.*" *Towards a third generation of administrative procedures*, Rose-Ackerman, Susan; Lindseth L. Peter (eds), *Comparative Administrative Law*, Edward Elgar Publishing, 2010.

[20] See generally Bernard Schwartz, *French Administrative Law and the Common-Law World* 19-50 (1954). Cita en el original.

[21] Bernard Schwartz, *Adjudication and the Administrative Procedure Act*, 32 Tulsa Law Review 203, 219 (1996).

[22] Véase, Eduardo García de Enterría, "La lucha contra las inmunidades del poder en el derecho administrativo", en *Revista de Administración Pública*, núm. 38, mayo/agosto (1962), págs. 159, 195.

dentro del contexto de un Estado de derecho previamente formulado por un cuerpo legislativo"[23].

Así, se inserta el sustancial valor de que las acciones dispositivas sean adoptadas con la flexibilidad y el conocimiento especializado necesario para que la pauta eventualmente adoptada constituya una eficiente medida preceptiva. Esa norma administrativa tiene que adoptarse dentro de los contornos de la delegación de poderes que sea otorgada (*Arizona Grocery Co. v. Atchison, T. & S.F. Ry, Co.*, 284 U.S. 370, 387 [1932]). Conforme a ello, las instituciones administrativas adquieren amplia capacidad para desplegar funciones originalmente visualizadas como de naturaleza estrictamente legislativa incluyendo la facultad para diseñar la formulación de política pública.

El nivel y la naturaleza de la delegación presentan legítimos interrogantes y objeciones sobre la validez constitucional de las referidas delegaciones de poder. Aun cuando no existe una expresa disposición constitucional que prohíba la delegación de autoridad, esa es una válida conclusión que podría derivar del arreglo republicano de gobierno. Entre ese resquemor se destaca el argumento de que no es procedente delegar facultades legislativas al poder ejecutivo pues es al Congreso a quien el artículo I de la Constitución le confiere todos los poderes legislativos[24]. Ese ejercicio de delegación no solo significaría una impropia e ilegítima concentración de poderes, sino que contraría postulados fundamentales de naturaleza democrática pues le confiere poder legislativo a funcionarios no electos. La filosofía jurídica derivada de la normativa jurisprudencial arroja el resultado teórico de que no es procedente la delegación de poderes[25].

Sin embargo, ese principio de "no delegación" ha quedado prácticamente soslayado pues reiteradamente el Tribunal Supremo ha validado la determinación legislativa dirigida a delegar autoridad en las agencias administrativas. Ello es el resultado de la interpretación judicial que establece que, cuando el poder ejecutivo instaura una política pública mediante el ejercicio de "llenar un vacío" (*fill the gap*)[26], el Ejecutivo se encuentra ejecutando una función

[23] Expresa Bernard Schwartz, "*[a]s Judge J. Skelly Wright put it, "At its core, the doctrine is based on the notion that agency action must occur within the context of a rule of law previously formulated by a legislative body.*" Bernard Schwartz, *Administrative Law in the Next Century*, 39 Ohio State Law Journal 805, 807 (1978).

[24] *Mistreta v. United States*, 488 U.S. 361, 371-372 (1989).

[25] El Tribunal Supremo ha afirmado que, "[I]t is a breach of the National fundamental law if Congress gives up its legislative power and transfers it to the President, or to the Judicial branch". *J. W Hampton v. United States*, 276 U.S. 394, 406 (1928). "That Congress cannot delegate legislative power [...] is a principle universally recognized as vital to the integrity and maintenance of the system of government ordained by the Constitution". *Field v. Clark*, 143 U.S. 649, 692 (1892).

[26] *Chevron USA Inc. v. NRDC*, 467 U.S. 837 (1984).

cobijada bajo el alcance del artículo II de la Constitución, y no bajo el artículo I[27]. Con arreglo a la extensa normativa jurisprudencial solo resulta necesario que el Congreso adopte un "principio inteligible" para gobernar el adecuado ejercicio de la autoridad legislativa[28]. Como cuestión de realidad, el Tribunal Supremo solo ha encontrado impropia la delegación de autoridad en dos casos que se remontan al año 1935 que lo fueron *Schechter Poultry Corp. v. United States*, 295 U.S. 495 (1935) y, *Panama Refining v. Ryan*, 293 U.S. 361 (1935). Además, el Tribunal Supremo ha validado la adopción de normas administrativas vinculantes con el propósito de concretar un "interés público"[29].

Como directa consecuencia de la prevaleciente normativa jurisprudencial, se consigna la visión de respetar la determinación congresional relativa a la asignación de potestades a las agencias administrativas para adoptar acciones administrativas indicando una posición de que, "[nosotros] casi nunca nos hemos sentido cualificados para cuestionar al Congreso en relación con el grado de juicio político que se puede delegar a quienes ejecutan o aplican la ley" (*Whitman v. American Trucking Ass*, 531 U.S. 457, 474 [2001])[30].

No obstante, esa laxa interpretación jurisprudencial tiene la consecuencia de que el ejercicio de la referida autoridad delegada, a través de las acciones administrativas, debe estar sujeto a una estrecha supervisión y fiscalización con el interés de que la misma sea verificada de una manera correcta, fidedigna y legítima. Así, resulta que el poder administrativo debe ser validado mediante apropiados mecanismos de vigilancia y de cautela, tornando a los poderes constitucionales en perennes centinelas del ejercicio de la actividad administrativa. De esa manera, el ortodoxo debate con relación a la capacidad para delegar poderes para actuar ha evolucionado y trascendido para tornarse en una ponderación sobre la aplicación de la teoría relativa a la existencia del postulado jurídico relativo a los "pesos y contrapesos"[31]. Este principio parte del reconocimiento de que nunca ha existido la absoluta separación de poderes y nunca se pretendió que existiera.

El original postulado concerniente a la capacidad para la delegación de autoridad, según fue delineada por John Locke, exponía que los legisladores carecían de autoridad para delegar sus poderes legislativos[32]. No obstante,

[27] *Whitman* v. *American Trucking Ass*, 531 U.S. 457, 474-476 (2001).

[28] *Mistreta v. United States*, 488 U.S. 361, 371-372 (1989).

[29] *National Broad Co. v. United States*, 319 U.S. 190, 225-226 (1943); *Yakus v. United States*, 321 U.S. 414, 420 (1944).

[30] "*[W]e have almost never felt qualified to second-guess Congress regarding the permissible degree of policy judgment that can be left to those executing or applying the law*". *Whitman v. American Trucking Ass.*, 531 U.S. 457, 474 (2001).

[31] "*Check and balance*".

[32] John Locke, *The Second Treatise of Government* 141, en *Two Treatises of Government*, 408-409. "*The power of the Legislative being derived from the People by positive voluntary*

los redactores de la Constitución de Estados Unidos rechazaron esa estricta noción de separación y la sustituyeron por la visión de imposibilitar que una rama constitucional ejerciera el pleno poder de otra rama constitucional[33]. A partir de esa perspectiva observamos que, desde los albores de la Constitución norteamericana, no se ambicionó que las ramas de gobierno constitucional trabajaran en el vacío, totalmente apartadas e independientes entre sí. Por el contrario, esas instituciones constitucionales se encuentran en intensa y recíproca interacción (*Youngtown Sheet & Tube Co. v. Sawyer*, 343 U.S. 579 [1952]). De esa manera se concreta la forma y manera de vigilancia recíproca partiendo de la premisa esbozada por James Madison quien afirmó:

"Si los hombres fueran ángeles, no sería necesario el gobierno. Si los ángeles gobernaran a los hombres, no serían necesarios controles externos ni internos sobre el gobierno. Al enmarcar un gobierno que debe ser administrado por hombres sobre hombres, la gran dificultad radica en esto: primero debe permitir que el gobierno controle a los gobernados. Y en segundo lugar, obligarlo a controlarse"[34].

2. Acto administrativo en contraposición al "agency action"

Expone el profesor Kenneth Culp Davis que el derecho administrativo norteamericano se refiere a las facultades y procedimientos de los organismos administrativos, especialmente la ley que rige la revisión judicial de la acción administrativa[35]. Así observamos que, incluso como parte de la articulada

Grant and Institution, can be no other, than what that positive Grant conveyed, which being only to make Laws, and nor to make Legislators, the Legislative can have no power to transfer their Authority of makings Laws, and place it in other hands".

[33] James Madison, *The Federalist*, núm. 47, "*The powers properly belonging to one of the departments ought not be directly and completely administered by either of the other departments*." Esa visión fue expuesta por el Tribunal Supremo de Estados Unidos el que manifestó que, *"[T]he Constitution by no means contemplates total separation of each of these three essential branches of Government [...]. [A] hermetic sealing off of the three branches of* Government from one another would preclude the establishment of a Nation capable of governing itself effectively". Buckley v. Valeo, 424 U.S. 1, 121 (1976).

[34] "*If Men were angels, no government would be necessary. If angels were to govern men, neither external nor internal controls on government would be necessary. In framing a government which is to be administered by men over men, the great difficulty lies in this: you must first enable the government to control the governed; and the next place, oblige it to control itself.*" The Structure of the Government Must Furnish the Proper Checks and Balances Between the Different Departments, The Federalist Papers, núm. 51.

[35] "*The law that concerns the powers and procedures of administrative agencies, specially the law governing judicial review of administrative action.*" Kenneth Culp Davis, *Administrative Law*, § 1.1 (2d edition 1978).

definición del derecho administrativo estadounidense, identificamos una muy estrecha e intrínseca relación entre la acción administrativa y la revisión judicial[36]. Encontramos de esa manera que esta disciplina jurídica es definida en función a la prerrogativa de control que se le reconoce al poder judicial de las acciones adoptadas por las agencias administrativas en el descargo de sus potestades delegadas.

Se evidencia que uno de los aspectos más significativos y ejemplificantes con respecto a sus diferenciables perfiles se encuentra en la oposición existente entre el concepto de "acto administrativo" conceptualizado en el derecho administrativo continental y la visión de "acción administrativa"[37] que se proyecta en la jurisdicción norteamericana. En ese sentido EDUARDO GARCÍA DE ENTERRÍA define el "acto administrativo", como "la declaración de voluntad, de juicio, de conocimiento o de deseo realizada por la administración en ejercicio de una potestad administrativa distinta a la potestad reglamentaria"[38]. Expone RAMÓN PARADA que, "[l]a Administración formaliza su función gestora con repercusión directa o inmediata en los intereses, derechos y libertades de los ciudadanos a través de los actos administrativos. Precisamente porque el acto administrativo concreta y mide el alcance de esa incidencia, el concepto de este se ha construido para delimitar el objeto de la jurisdicción contencioso-administrativa, y para facilitar el control judicial de la actividad administrativa jurídicamente relevante [...][39].

Ahora bien, la *Administrative Procedure Act* indica que una "agency action" incluye la totalidad, o parte, de cada regla, orden, licencia, sanción, remedio o el equivalente o denegación de la misma, o la falta de acción[40]. En ese sentido, en el sistema jurídico norteamericano se exige la existencia de un mecanismo adecuado para evaluar la validez de las acciones administrativas efectuadas por las entidades gubernamentales. Así observamos que la "agency action" se define en su directa relación con la revisión judicial ostentada por los tribunales. Así pues, se estaría privado de características de legitimidad a un escenario legal desprovisto de herramientas encaminadas a justipreciar las ejecutorias gubernamentales.

[36] Ello también se ve presente en la definición de SCHWARTZ que define el derecho administrativo como, "la rama del derecho que controla las operaciones administrativas del gobierno". BERNARD SCHWARTZ, *Administrative Law*, Little, Brown and Company, Boston, 1976.

[37] "*Administrative action*"

[38] EDUARDO GARCÍA DE ENTERRÍA, TOMÁS-RAMÓN FERNÁNDEZ, *Curso de derecho administrativo*, t. I, 11ª ed., 2002, Madrid, Civitas, pág. 544.

[39] RAMÓN PARADA, *Derecho administrativo*, t. I, Parte general, Madrid, Marcial Pons, 17ª ed., 2008, págs. 99 y 100.

[40] *"Agency action" includes the whole or a part of every agency rule, order, license, sanction, relief, or the equivalent or denial thereof, or failure to act*". 5 USC 551(13).

3. Diversas clases de "agency actions"

Las entidades gubernamentales se instituyen para administrar a través de la gestión de ejercer funciones. Con ese objetivo le pueden ser delegados poderes capacitándoles para efectuar diversas *agency actions* (acciones administrativas) encaminadas a materializar los objetivos públicos que justifican su existencia. Esas actividades de ejercicio de poder delegado son la autoridad para reglamentar, emitir, o dejar de emitir, reglas, órdenes, licencias, sanciones o remedios[41].

Al respecto se define en la *Administrative Procedure Act* que una "regla" significa la totalidad o parte de cualquier declaración de una agencia que tenga aplicabilidad general, o particular, con efecto futuro, diseñada para implantar, interpretar o determinar leyes o políticas o para describir la organización, procedimiento o requisitos de práctica de cualquier agencia e incluye la aprobación o precepto para el futuro de tarifas, salarios, estructuras corporativas o financieras o reorganizaciones de las mismas, precios, instalaciones, electrodomésticos, servicios o asignaciones para los mismos o valoraciones, costos o prácticas contables relacionadas con cualquiera de los anteriores[42]. El término "licencia" incluye la totalidad, o parte, de un permiso, certificado, aprobación, registro, concesión, membresía, exención legal u otra forma de permiso[43]. La "sanción" incluye la totalidad, o parte, de una determinación que prohíbe, requiere, limita o adopta otra condición que afecte la libertad de una persona; la retención del remedio; la imposición de penalidad o multa; la destrucción, posesión, incautación o retención de propiedad; la evaluación de daños, reembolso, restitución, compensación, costos, cargos o cobros; los requisitos, revocación o suspensión de licencia, o la adopción de cualquier otra medida obligatoria o tomar otras medidas obligatorias o restrictivas[44]. El "remedio"

[41] *"[A]gency action" includes the whole or a part of every agency rule, order, license, sanction, relief, or the equivalent or denial thereof, or failure to act*". 5 USC 551(13).

[42] *"[R[ule" means the whole or any part of any agency statement of general or particular applicability and future effect designed to implement, interpret, or prescribe law or policy or describing the organization, procedure, or practice requirements of any agency and includes the approval or prescription for the future of rates, wages, corporate or financial structures or reorganizations thereof, prices, facilities, appliances, services or allowances therefor or of valuations, costs, or accounting, or practices bearing on any of the foregoing."* 5 USC 551(4).

[43] *"[L]icense" includes the whole or a part of an agency permit, certificate, approval, registration, charter, membership, statutory exemption or other form of permission"*. 5 USC 551(8).

[44] *"[S]anction" includes the whole or a part of an agency—*

"(A) prohibition, requirement, limitation, or other condition affecting the freedom of a person;

"(B) withholding of relief;

"(C) imposition of penalty or fine;

incluye la totalidad, o una parte de una concesión de dinero, asistencia, licencia, autoridad, exención, excepción, privilegio o concesión; tomar otra acción en la solicitud o petición de, y beneficiosa para, una persona[45].

Por su parte, en la *Administrative Procedure Act* se define una "orden" como la totalidad, o parte, de una disposición final, ya sea afirmativa, negativa, por mandato o declaratoria, en un asunto que no constituye reglamentación pero que incluye la concesión de licencias[46]. Interesantemente podemos identificar que se le define como una "adjudicación" al proceso seguido para la formulación de una "orden"[47].

Desde la perspectiva de su propia naturaleza podemos postular que existen dos posibles amplias clasificaciones de lo que constituyen *agency actions*, que son la reglamentación y la adjudicación[48]. No obstante, más ampliamente pueden ser reconocibles las acciones administrativas de reglamentar[49], de investigar[50], de adjudicar[51] y de licenciar[52].

Cada una de esas potestades posee su propio perfil, segmentaciones y características. Entre esos rasgos diferenciales logramos identificar acciones administrativas formales o informales[53], así como las discrecionales o

---

"(D) destruction, taking, seizure, or withholding of property;

"(E) assessment of damages, reimbursement, restitution, compensation, costs, charges, or fees;

"(F) requirement, revocation, or suspension of a license; or

"(G) taking other compulsory or restrictive action". 5 USC 551(10).

45 *"Relief" includes the whole or a part of an agency-*

"(A) grant of money, assistance, license, authority, exemption, exception, privilege, or remedy;

"(B) recognition of a claim, right, immunity, privilege, exemption, or exception; or

"(C) taking of other action on the application or petition of, and beneficial to, a person". 5 USC 551(11).

46 *"[O]rder" means the whole or a part of a final disposition, whether affirmative, negative, injunctive, or declaratory in form, of an agency in a matter other than rule making but including licensing".* 5 USC 551(6).

47 *"[A]djudication" means agency process for the formulation of an order".* 5 USC 551(6).

48 *Judicial Review Under the Administrative Procedure Act (APA,)*, pág. 1, Congressional Research Service, December 8, 2020.

49 *Auer v. Robbins*, 519 U.S. 452 (1997).

50 Kenneth Culp Davis, *The Administrative Power of Investigation*, 56 The Yale Law Journal 1111 (1947).

51 Bernard Schwartz, *Adjudication and the Administrative Procedure Act*, 32 Tulsa Law Review 203, 219 (1996).

52 *National Broadcasting Co. v. United States,* 319 U.S. 190 (1943).

53 Alfred C. Aman, *Informal Agency Actions and U.S. Administrative Law - Informal Procedure in a Global Era*, 42 The American Journal of Comparative Law 665 (1994).

ministeriales[54], incluso, la inacción de una agencia gubernamental podría ser clasificada como acción administrativa[55].

4. Fiscalización del "agency action"

Por imperativo constitucional resulta forzoso concluir que en nuestro ordenamiento jurídico debe existir una adecuada garantía de fiscalización sobre el imprescindible ejercicio de poder que ejercen las agencias administrativas. La legalidad administrativa depende de la adecuada supervisión de las acciones administrativas, como resultado de la realidad de que debe ser apropiadamente calificada la vasta autoridad investida en las entidades administrativas con el objetivo de garantizar que ese delegado poderío no se ejecute de manera irrestricta, arbitraria o caprichosa. Ese reseñado deber cautelar principalmente se ejerce mediante el mecanismo de la revisión judicial que configura un complejo entramado jurídico orientado a validar la propia existencia del derecho administrativo.

Nótese que está ampliamente reconocido que resulta inevitable delegar poderes a las agencias administrativas pues estas poseen los recursos, el conocimiento especializado y la flexibilidad necesaria para delinear los contornos de la política pública, así como para eventualmente ejecutarla. Sin embargo, la legitimidad del poder legislativo se haya severamente cuestionada como consecuencia de objeciones relativas al diseño constitucional norteamericano. Incluso, la adopción de decisiones y la formulación de políticas administrativas se considera que está más cerca de la política, de lo que se encuentra el conocimiento especializado y la ciencia[56]. Como su consecuencia, se arguye que el poder administrativo debe ser validado y legitimado mediante la supervisión y el incisivo control de las acciones administrativas ejecutadas por las entidades gubernamentales. Esa sanción va dirigida a legitimar el poder administrativo y el promover la más adecuada consecución del interés público.

Desde esa perspectiva se debe entender que la intervención de la rama judicial es la más significativa interposición y se ejecuta mediante el recurso de la revisión judicial que concreta el objetivo de cotejar el ejercicio de las facultades delegadas (*Michigan v. Environmental Protection Agency*, 576 U.S. 743 [2015]). Con independencia de la valía del interés público que puedan representar las agencias administrativas, la estructura constitucional estadi-

[54] *Citizens to Preserve Overton Park v. Volpe*, 401 U.S. 402 (1971).

[55] *Heckler v. Chaney*, 470 U.S. 821 (1985). Véase, Lisa Schultz Bressman, *Judicial review of agency inaction: an arbitrariness approach*, 79 New York University Law Review 1657 (2004).

[56] Elena Kagan, *Presidential Administration*, 114 Harvard Law Review, 2245, 2262 (2001).

nense no puede tolerar la existencia de un poder autónomo de burócratas no electos. Por otro lado, la inquietud de la legitimidad no debe constituir un impertinente lastre al adecuado ejercicio de plenas facultades administrativas. Como resultado de los susodichos componentes, se plantea una coyuntura donde se intersecan las actividades de la adecuada fiscalización judicial con la del resguardo de la apropiada gestión administrativa; valores que deben ser debidamente armonizados.

5. Validación de la acción administrativa

Resulta fundamental la legitimación del poder administrativo, el que ha adquirido características de un cuarto poder constitucional[57]. No obstante, esa validación no debe entenderse como un fin en sí mismo. Una inflamada e irrestricta imposición de esa visión podría tener como consecuencia menoscabar las significativas virtudes del derecho administrativo. Acorde con esto, se debe identificar y promover una interacción que lleve a conciliar, por un lado el interés de legitimación, con el objetivo de la flexibilidad y de la imprescindible discreción para concretar el interés público. El resultado de esa intensa dinámica nos presenta valores que no son mutuamente excluyentes pero que tampoco son interdependientes. Por el contrario, parecen constituir innatas contrapartes de un mismo proyecto.

Surge como elemento distintivo de la necesidad de legitimar, tanto la estructura como las acciones administrativas, el reconocimiento de un espacio vital para accionar en consecución del objetivo de materializar las facultades delegadas. Así, es axiomático que la intensa fiscalización no debe conllevar la absoluta restricción. Una implacable necesidad de legitimar podría representar el inclemente menosprecio de los mismos valores que inspiran la existencia de la acción administrativa. No obstante, la inercia o la debilidad de una efectiva supervisión podría tener la consecuencia de constituir un incentivo para que las instituciones gubernamentales pudiesen sentirse proclives a trocar su discreción en arbitrariedad, así contrariando sus objetivos públicos. En su consecuencia resulta que, la faena de "llenar el vacío"[58] disiparía su naturaleza y se podría transformar en usurpación de poder.

Acorde con ello aflora la conclusión de que una intensa fiscalización promueve la legitimación, pero ello en patente menosprecio de la promoción de la consecución del interés público que pudiese ser promovido por la autonomía y la discreción administrativa. En otro extremo, la ausencia de fiscalización puede

[57] *FTC v. Ruberoid Co.* 343 U.S. 470, 487 (1952).

[58] *Chevron USA Inc. v. NRDC*, 467 U.S. 837 (1984).

interpretarse como la abdicación de los poderes constitucionales conferidos a las ramas de gobierno. De esa inquietud surge el planteamiento de que resulta imprescindible la fiscalización, y el interrogante se reduce a definir el grado y las características de dicha intervención. La búsqueda del fino equilibrio es la pregunta; y la respuesta a esa pregunta es compleja, controversial y enigmática.

De esa manera resulta que es inversamente proporcional el significativo valor de la fiscalización confrontado con el transcendental valor de la acción. En un esfuerzo de trazar los contornos de ese delicado balance, por un lado se debe establecer que la dilatada delegación de poderes parece desdeñar el postulado constitucional de un sistema republicano de gobierno. En contraposición a ello, se puede concluir que se haría complejo materializar los objetivos del Estado sin adoptar el mecanismo de viabilizar el amplio ejercicio de autoridad mediante la creación de un aparato administrativo con amplia capacidad para actuar. Así, resulta que ineludiblemente se requiere un componente de delegación de potestades para satisfacer las funciones y la concreción de los valores públicos. Una vez delegada esa autoridad y constituido ese armazón administrativo, surge que el ejercicio de ese poder se materializará conforme las características y las funciones de la entidad administrativa concernida.

Ejemplifica el descrito escenario aquellas ocasiones en las que identificamos agencias administrativas que ostentan funciones altamente especializadas sobre asuntos que conllevan determinaciones científicas, en cuyo caso se entiende que proporcionalmente decrece la facultad revisacional (*Industrial Union Dept. v. American Petroleum Institute*, 448 U.S. 607 [1980] [*Benzene Case*])[59]. En contraste, en compensación a la ausencia de control del ejecutivo sobre las agencias administrativas independientes, tanto el poder legislativo como el judicial podrían poseer mayor grado de supervisión cuando se enfrente al ejercicio de autoridad por parte de esas entidades independientes.

[59] Delegación de autoridad al *Occupational Safety and Health Administration* para *"assure, to the extent feasible [...] that no employee will suffer material impairment of health or functional capacity."* 29 USC 655(b)(5). Conforme con dicha delegación de poder, la agencia promulgó una regla para que la industria limitara el uso de bencina en el lugar de trabajo a una cantidad no mayor de una parte de bencina en un millón de partes de aire. Se argumentó por la industria que resultaría excesivamente costoso cumplir con esa exigencia administrativa sin que ello resultara en ningún beneficio significativo para los empleados. La decisión pluralista del tribunal revocó el reglamento, pero validó la ley. El Tribunal Supremo Federal concluyó que, a pesar de que la delegación era válida, el reglamento no lo era pues previa a la promulgación de la regla la agencia no había llegado a la determinación fáctica de qué cantidades mayores de bencina representaban un riesgo significativo. De esta forma, a partir del defecto de la reglamentación adoptada la agencia no pudo establecer la existencia de un hallazgo de riesgo significativo de daño según era el objetivo que pretendía lograrse mediante la delegación de autoridad legislativa.

6. Revisión judicial de las acciones administrativas

En la disciplina jurídica del derecho administrativo, la revisión judicial constituye la facultad que ostentan los tribunales de justicia para justipreciar la validez de las acciones administrativas. Aun cuando en la Constitución de Estados Unidos no se dispone sobre la presencia de la susodicha autoridad judicial, la misma se reconoce como un natural derivado de la estructura, las provisiones y la historia de la Constitución norteamericana[60].

Como máxima de la teoría de gobierno se manifiesta que el poder legislativo ha entendido necesario y conveniente delegar autoridad a las agencias administrativas con el propósito de atender una amplia variedad de retos y desafíos sociales. La premisa de esa delegación se encuentra predicada en la perspectiva de que las susodichas instituciones gubernamentales tienen un conocimiento especializado para lidiar con complejos temas de impacto público. Una parte significativa de ese modelo inserta la figura del poder judicial con el objetivo de garantizar que los poderes delegados puedan válidamente ser desplazados a las agencias administrativas y que la potestad delegada se ejecute dentro de los legítimos límites de la autoridad concedida. Ese procedimiento de revisión judicial de una acción administrativa forma parte de un trámite apelativo cuyo diseño responde al principio constitucional de mayor acceso a los tribunales.

Esto implica que, a pesar de que la revisión judicial no constituye un derecho constitucional, sí se puede enmarcar dentro de la gama de los principios constitucionales. Es precisamente mediante este mecanismo como el tribunal cumple con el mandato constitucional de velar por la legalidad de las acciones administrativas de las diversas entidades gubernamentales. Mediante ese procedimiento se vigila la acción, o la inacción, de las agencias administrativas.

El objetivo primordial de dicha revisión judicial consiste en demarcar el ámbito de las acciones administrativas y cerciorarse que las entidades públicas ejecuten sus funciones de acuerdo con las disposiciones y el alcance de la ley. Esa evaluación judicial debe ser realizada con la visión del pleno resguardo de los valores fundamentales contenidos en nuestro ordenamiento jurídico. De esa manera, la revisión judicial aspira a que las agencias administrativas demuestren el raciocinio de sus determinaciones y la legitimidad de los fundamentos para arribar a sus decisiones. Además, pretende que las acciones administrativas se conformen al ámbito del poder y autoridad de las agencias y que sus decisiones sean legítimas. Los tribunales tienen el deber de fiscalizar rigurosamente los actos de las agencias administrativas para asegurar que estas desempeñen cabalmente sus trascendentales funciones, y para que no se pierda la indispensable fe y confianza en las instituciones de gobierno. Así

[60] *Marbury v. Madison*, 5 U.S. (1 Cranch) 137 (1803).

observamos que, acorde con su significado y su alcance, se puede entender que la revisión judicial constituye la última frontera para la fiscalización del adecuado y legítimo ejercicio de las acciones administrativas.

El ánimo de auscultar el concepto de la revisión judicial de las acciones administrativas nos requiere recordar los orígenes del derecho administrativo. Así, observamos que al comienzo de la conceptualización de esa disciplina jurídica se reflejaron profundos y significativas aprensiones ante el legítimo recelo generado por razón de los amplios poderes y facultades con los que se investían a los funcionarios administrativos. Significativa desconfianza se forjó por la inquietud de lo que podía representar el crecimiento desmedido de estas instituciones ejecutivas, en patente detrimento de las otras ramas constitucionales de gobierno. Como consecuencia, desde una perspectiva analítica ortodoxa y tradicional no era posible concebir la validez de la idea de efectuar una delegación de poderes legislativos y adjudicativos en entes administrativos adscritos al poder ejecutivo. No obstante, ese esquema de delegación de autoridad fue convalidado por los tribunales de justicia y desde ese momento el derecho administrativo se ha transformado y desarrollado hasta linderos significativos e imprevistos.

La filosofía sobre la que se sostiene y se valida el régimen administrativo fundamentalmente radica en la subordinación al sistema judicial. Conforme con ello se puede aducir que la delegación de poderes, si bien posee razones legítimas para justificarla y defenderla, necesariamente tienen que estar enmarcadas en nuestro arreglo y esquema constitucional para poder entenderse como válidas en el ordenamiento jurídico. Solo desde esa perspectiva de sumisión a la rama judicial puede validarse un cuerpo administrativo con potestad y capacidad para determinar derechos, prerrogativas y responsabilidades de ciudadanos. Se menoscabaría y degradaría el principio cardinal de determinación y de adjudicación de derechos y deberes en la medida en que el sistema administrativo no se encuentre cabalmente sometido al poder judicial. De esa manera no se puede pretender sostener y validar como un sistema normativo o adjudicativo de naturaleza paralelo. Acorde con lo expuesto, sería insostenible pretender argumentar la validez de un foro administrativo instaurado con el propósito de imponer acciones administrativas en sustitución del cuerpo legislativo o de interpretar la ley en sustitución de los tribunales de justicia, sin que exista la posibilidad de que las cortes de justicia pasen juicio sobre las acciones administrativas que estas adopten.

Como cuestión de hecho, resulta ineludible concluir que el cardinal principio de la separación de poderes requiere la existencia de la revisión judicial como mecanismo custodio y tutelar del adecuado y el razonable ejercicio de lícitas acciones administrativas.

7. Orígenes de la revisión judicial de las acciones administrativas

La génesis de este poder de revisión se puede identificar en la decisión del Tribunal Supremo Federal *Hylton v. United States*, 3 U.S. (3 Dall.) 171 (1796), donde se pasó juicio sobre la validez constitucional de una ley congresional conocida como el *carriage tax*. Posteriormente el Tribunal de Estados Unidos resolvió *Marbury v. Madison*, 5 U.S. (1 Cranch) 137 (1803) y, mediante esa opinión, y por primera ocasión, se afirmó que el poder judicial posee la autoridad para declarar inconstitucionales las leyes federales.

En el área de derecho administrativo encontramos las primeras expresiones judiciales en el caso *Scott v. Negro Ben*, 10 U.S. (6 Cranch) 3 (1810) donde el Tribunal Supremo caracterizó los deberes delegados al recaudador de arbitrios del *Custom Service* como deberes correspondientes a un "*quasi-judge*". Posteriormente el Tribunal Supremo de Estados Unidos concluyó como válido que el Congreso delegara poder legislativo para permitir que las agencias administrativas reglamentaran diversas áreas del quehacer comunitario (*The Big Aurora*, 11 U.S. [7 Cranch] 1382 [1813]). Como parte de estas iniciales decisiones de la jurisprudencia también podemos identificar el caso de *Wayman v. Southard,* 23 U.S. (10 Wheat) 1 (1825), donde el Tribunal Supremo resolvió que el Congreso federal válidamente puede delegar poderes que ostentan los tribunales de justicia.

De esa ascendencia, y su posterior desarrollo jurisprudencial, se manifiesta que el principio de la revisión judicial constituye parte integral de un trámite apelativo cuyo diseño responde al postulado constitucional del adecuado y cabal acceso a los tribunales de justicia. De ello se deriva que, aun cuando la revisión judicial no constituye un derecho constitucional, si se puede enmarcar dentro del entorno de los postulados constitucionales (*Citizens to Preserve Overton Park v. Volpe*, 401 U.S. 402 [1971]). Es mediante la revisión judicial como primordialmente se fiscaliza la acción, o la inacción, de las instituciones administrativas. El fundamental objetivo de dicho escrutinio judicial consiste en delimitar el contorno de discreción que ostentan las agencias administrativas y cerciorarse que estas instituciones efectúen su desempeño de acuerdo con las disposiciones de ley. Como consecuencia de ese objetivo, se debe interpretar que la revisión judicial constituye el control más directo y contundente que se le puede imponer a las acciones administrativas.

8. Autoridad de las agencias administrativas frente al señorío de los tribunales

La capacidad para ejercer el procedimiento de la revisión judicial se efectúa acorde con el amplio reconocimiento del señorío que ostentan las agencias administrativas para refinar los detalles de la determinación regulatoria adoptado por el poder legislativo con el ánimo de normar áreas del quehacer social. Desde esa óptica evaluativa se puede concluir que las acciones administrativas deben ser entendidas como correctas, y con fuerza de ley, a menos que con evidencia significativa se establezca que hubo mala fe o que existió una conducta indebida o impropia (*Camp v. Pitts*, 411 U.S. 138 [1990]). Esto tiene la consecuencia de que, mediante una particular disposición legislativa, se puede conferir una amplia facultad a un funcionario administrativo para identificar las acciones administrativas relevantes, adecuadas y razonables en contraposición de aquellas que pueden constituir conductas ilegítimas e improcedentes que conlleven la imposición de potenciales sanciones, gravámenes y penalidades.

Esa facultad para tomar acciones administrativas, investida en los funcionarios gubernamentales, se encuentra supeditada al escrutinio legal mediante una eventual revisión judicial. Esto tiene el concreto y directo efecto de que serán los tribunales de justicia los que ostentarán la autoridad final para determinar la legitimidad del poder delegado, así como también de su adecuado ejercicio efectuado al adoptar acciones administrativas (*Gegiow v. Uhl*, 239 U.S. 3 [1915]). Como consecuencia directa de la referida premisa, se agrega que la ineludible discreción administrativa no debe ser livianamente sustituida por los tribunales de justicia. *Oceanic Steam Navigation Co. v. Stranahan,* 214 U.S. 320 [1909]; *Passavant v. United States,* 148 U.S. 214 [1893]; *Hampton & Co. v. United States,* 276 U.S. 394 [1928]; *Zakonaite v. Wolf,* 226 U.S. 272 [1912]).

De manera armónica con esta perspectiva, por medio de disposiciones legales se puede conferir autoridad a las agencias administrativas para determinar penalidades, sanciones o multas por la infracción de leyes o de reglamentos. Una vez otorgada esa potestad, su implantación y ejercicio debe regirse por escrupulosos criterios de razonabilidad (*Butz v. Glover Livestock Comm'n.,* 411 U.S. 182 [1973]). Esa acción administrativa solo debe ser modificada cuando se determine que esta se ha adoptado "sin justificación de hecho"[61] lo que pueda validar el arribar a una determinación de un abuso de discreción [*American Power Co. v. SEC,* 329 U.S. 90 [1946]; *Moog Industries, Inc. v. FTC,* 355 U.S. 414 [1958]: *Barsky v. Board of Regents*, 347 U.S. 442 [1954]). Con arreglo a esto, se entiende que no le corresponde a los tribunales de justicia, sino a las agencias administrativas, prescribir lo que constituye un "remedio apropiado y razonable"[62] (*Butz v. Glover Livestock Comm'n.,* 411 U.S. 182, 188 [1973]). Como corolario de ello, en ocasiones de imposición de sanciones, la función judicial se circunscribe a analizar si la agencia administrativa emitió

[61] "*Without justification in fact*".

[62] "*Appropriate and reasonable remedy*".

"una determinación permisible en [su] elección del remedio"[63] (*Jacob Siegel Co. v. FTC*, 327 U.S. 608 [1946]).

9. Presunción de la revisión judicial

El entretejido jurídico carece de jurisdicción para la supervisión en aquellas ocasiones en las cuales el poder legislativo expresamente prohíba la revisión judicial de las acciones administrativas[64]. Dicha premisa surge pues se ha reconocido que el Congreso tiene autoridad para prohibir la revisión judicial. Ello tiene como consecuencia que los tribunales carecerían de la opción de supervisar la corrección de las acciones administrativas adoptadas por las agencias públicas. Instancias de esa naturaleza se pueden identificar cuando el Congreso concluye que los costos de una revisión judicial exceden los potenciales beneficios o cuando la intervención judicial pudiese atentar contra el poder discrecional que le fue conferido a la agencia administrativa[65].

Sobre esa premisa legislativa observamos que la *Administrative Procedure Act,* 5 USC 551 ss. dispone que, "excepto en la medida en que [...] las leyes impiden la revisión judicial [...] una persona que sufre una infracción legal debido a una acción de la agencia, o resulta adversamente afectada o agraviada por la acción de la agencia conforme con el sentido de la ley relevante, tiene derecho a la revisión judicial de la misma"[66]. Ante esa expresión legislativa se ha interpretado que la presunción de revisión judicial solo puede desestimarse mediante prueba clara y contundente (*Abbott Laboratories v. Gardner*, 387 U.S. 136 [1967]; *Dunlop v. Bachowski*, 421 U.S. 560 [1975]). No obstante, el desarrollo jurisprudencial de esa norma legal ha mitigado esa pauta para entender que en nuestro sistema jurídico la revisión judicial constituye la regla y la irrevisibilidad es la excepción (*Block v. Commun. Nutrition Inst.*, 467 U.S. 340 [1984]). El Tribunal Supremo ha expuesto que la conclusión no puede ser que el hecho de que la normativa sea eficiente, no lo puede derrotar todo[67] (*Sackett v. EPA*, 566 U.S. 120 [2012]).

[63] "*An allowable judgment in [his] choice of the remedy*".

[64] La evaluación sobre la disponibilidad del recurso de revisión judicial depende de factores constitucionales (*Lujan v. Defenders of Wildlife*, 504 U.S. 555 [1992]); de prudencia (*Bennett v. Spear*, 520 U.S. 154 [1997]) y de consideraciones legales (*Sackett v. EPA*, 566 U.S. 120 [2012]).

[65] Ejemplos de esto se nos presentan en la disciplina jurídica concerniente a la inmigración donde se podría proscribir la revisión judicial en casos de determinaciones discrecionales efectuadas por el secretario de justicia y ante reclamos de criminales. 8 USC 1252 (a)(2).

[66] "*Except to the extent that ... statutes preclude judicial review ... a person suffering legal wrong because of agency action, or adversely affected or aggrieved by agency action within the meaning of a relevant statute, is entitled to judicial review thereof.*" 5 USC 701-702.

[67] "*The APA's presumption of judicial review is a repudiation of the principle that efficiency of regulation conquers all*". Sackett v. EPA, 566 U.S. 120, 130 (2012).

Conforme con ello, no resulta totalmente fidedigno que el poder legislativo pueda ostentar la plenipotenciaria autoridad para restringir el acceso de todas las controversias ante los tribunales de justicia. Es antigua la norma de que "las acciones de todos [...] los funcionarios tienen que estar justificadas por la ley; y generalmente los tribunales poseen jurisdicción en aquellos casos en que esos funcionarios violen la ley al grado de infringir una lesión a un individuo"[68] (*American School of Magnetic Healing v. McAnnulty*, 187 U.S. 94, 108 [1902]). Acorde con esa visión, "[l]a inexorable conclusión es que la supremacía de la ley reclama que haya oportunidad para aplicar una incorrecta norma de ley [...]"[69] (Opinión concurrente el juez asociado Brandeis en *St. Joseph Stock Yards Co. v. United States*, 298 U.S. 38, 84 [1936]). Con ello se arriba al forzoso e inevitable resultado de que no pueden encontrarse ajenos a una potencial revisión judicial los planteamientos legales mediante los que se cuestionen las acciones administrativas que ofendan las prerrogativas constitucionales (*Webster v. Doe*, 486 U.S. 592 [1988].

10. Estándar aplicable para la revisión judicial

La revisión judicial constituye un elemento de control de las acciones administrativas y es consustancial a nuestro ordenamiento jurídico. En ese contexto el interrogante planteado se centra en el grado y las características de revisión judicial que resulta procedente en aquellas ocasiones en las cuales se cuestionen acciones administrativas. En atención a ello, observamos que las normas jurídicas intentan regular el grado de intervención que podrá ejercer el tribunal al revisar acciones administrativas de las agencias gubernamentales. Como su corolario, el estándar de revisión judicial define el grado de deferencia que le deberá el tribunal a la decisión emitida por la agencia gubernamental.

Se reconocen diversos escrutinios para formalizar el ejercicio de supervisión por parte de los tribunales de justicia que consisten en las categorías de "abuso de discreción", "claramente erróneo"[70], "evidencia sustancial"[71] y "revisión *de novo*"[72]. Como variantes de estas categorías logramos identificar derivados que el ordenamiento jurídico estadinense ha reconocido como criterios orientados a apreciar los méritos de la acción administrativa como lo

[68] "The acts of all its officers must be justified by some law, and in case an official violates the law to the injury of an individual the courts generally have jurisdiction to grant relief".

[69] "*The supremacy of law demands that there shall be opportunity to have some court decide whether an erroneous rule of law was applied and whether the proceeding in which facts were adjudicated was conducted regularly*".

[70] "*Clearly Erroneous*". *Anderson v. City of Bessemer City*, 470 U.S. 564 (1985).

[71] "*Substantial evidence*". *Universal Camera Corp. v. NLRB*, 340 U.S. 474 (1951).

[72] *Dickinson v. Zurko,* 527 U.S. 150 (1999).

son los estándares de "mirada dura"[73], "regla de alguna prueba"[74], "preponderancia de prueba"[75], "prueba clara, inequívoca y convincente"[76] y "certeza moral"[77]. Todas esas valoraciones tienen el denominador común de aspirar a conferirle armonía a la interacción entre las agencias administrativas y los tribunales de justicia. Como su resultado, se obtiene el significativo objetivo de que el proceso judicial se visualice como una natural, inteligible y fluida continuación del previo proceso administrativo.

Podemos observar que la evaluación de la revisión judicial de las acciones administrativas en gran manera depende de la circunstancia de si la determinación agencial es formal o informal, así como si se revisa una decisión adjudicativa o reglamentaria[78]. Acorde con ello resulta que las controversias de hechos que derivan de decisiones formales reglamentarias o adjudicativas serán revisables bajo los escrutinios de "evidencia sustancial" y de "arbitraria y caprichosa" (5 USC 706[2][E])[79]. No obstante, cuando se actúa de manera informal, el tribunal apelativo revisará si esa determinación de hecho es "arbitraria o caprichosa" (*Citizens to Preserve Overton Park v. Volpe*, 401 U.S.

[73] "*Hard look*". *Robertson v. Methow Valley*, 490 U.S. 331 (1989). El análisis de "mirada dura" (*hard look*) puede ser utilizado bajo el alcance de la prohibición de adoptar decisiones de manera arbitraria y caprichosa. Para esa evaluación, entre otros extremos, puede ser considerado si la determinación de la agencia resulta arbitraria y caprichosa por no apoyarse en factores que el Congreso no intentó considerar o falló en considerar importantes aspectos del problema, para su decisión ofrece una explicación que es contraria a la prueba presentada ante la agencia; o es tan inverosímil por lo que no se puede entender que sea el producto del conocimiento especializado de la agencia. *Motor Veh. Mfrs. Ass'n v. State Farm Ins.*, 463 U.S. 29 (1983).

[74] "*Some evidence rule*". *Superintendent v. Hill*, 472 U.S. 445 (1985).

[75] "*Preponderance of the evidence. United States v. Watts*, 519 U.S. 148 (1997).

[76] "*Clear and convincing evidence*". *Cooper v. Oklahoma*, 517 U.S. 348 (1996); *Woodby v. INS*, 385 U.S. 276 (1966).

[77] "*Moral certainty.*" *Victor v. Nebraska*, 511 U.S. 1 (1994).

[78] *Kidmore v. Swift & Co.*, 323 U.S. 134 (1994).

[79] "*The reviewing court shall ... hold unlawful and set aside agency action, findings, and conclusions found to be.*

"*(A) arbitrary, capricious, an abuse of discretion, or otherwise not in accordance with law;*

"*(B) contrary to constitutional right, power, privilege, or immunity;*

"*(C) in excess of statutory jurisdiction, authority, or limitations, or short of statutory right;*

"*(D) without observance of procedure required by law;*

"*(E) unsupported by substantial evidence in a case subject to sections 556 and 557 of this title or otherwise reviewed on the record of an agency hearing provided by statute; or*

"*(F) unwarranted by the facts to the extent that the facts are subject to trial de novo by the reviewing court.*

"*In making the foregoing determinations, the court shall review the whole record or those parts of it cited by a party, and due account shall be taken of the rule of prejudicial error.*" 5 USC 706.

402, 413-15 [1971]). Además de ello, todas las acciones administrativas serán revisables bajo el escrutinio de "abuso de discreción".

Generalmente, en los procesos adjudicativos administrativos el estándar de la prueba que resulta necesario es el de "evidencia sustancial" (*Universal Camera Corp. v. NLRB*, 340 U.S. 474 [1951]). Este criterio probatorio viene a significar, "prueba relevante que una mente razonable podría aceptar como adecuada para respaldar una conclusión"[80] (*Consolidated Edison Co. v. NLRB*, 305 U.S. 197, 229 [1938]; *Richardson v. Perales*, 402 U.S. 389, 401 [1971]). El fundamento de este principio de revisión determina la extensión en la cual el poder judicial aplaca el improcedente ejercicio de autoridad por parte del poder ejecutivo. Esa acción de revisión judicial se debe efectuar bajo la premisa de que "el tribunal no debe sustituir su propia noción de conveniencia y equidad por aquellos que han guiado a las agencias a quienes ha sido confiada la formulación y ejecución"[81] (*Railroad Commission of Texas v. Rowan & Nichols Oil Co,* 310 U.S. 573 [1940]). De esa manera, la decisión se encuentra apoyada en el expediente si posee base razonable en derecho (*NLRB v. Hearst Publications, Inc.*, 322 111 [1944]). Así observamos que ese criterio de evaluación requiere algo más que una "mera cintilla"[82] de prueba (*Consolidated Edison Co. v. NLRB*, 305 U.S. 197, 229 [1938]). Ese análisis variará dependiendo del *quantum* de prueba que resulta necesario y preciso para establecer una conclusión.

El escrutinio de "arbitrario o caprichoso" es primariamente utilizado para la evaluación de acciones informales. Podría ser identificado como acciones que se adopten sin considerar apropiadamente los hechos y en menosprecio de las circunstancias del caso. Ello implica que una decisión no es arbitraria o caprichosa cuando la conclusión es incorrecta pero se arribó a ella de una manera honesta y legítima[83] (*Citizens to Preserve Overton Park v. Volpe*, 401 U.S. 402, 416 [1971])[84]. Generalmente una acción administrativa es arbitraria o caprichosa cuando la agencia se fundamentó en factores que el Congreso no intentó considerar, erró al no considerar aspectos importantes de la controversia, u ofreció una explicación para su decisión que es contraria a la prueba

[80] "*[S]uch relevant evidence as a reasonable mind might accept as adequate to support a conclusion*".

[81] "[...] *Courts must not substitute their notions of expediency and fairness for those which have guided the agencies to whom the formulation and execution of policy have been entrusted*".

[82] "*Mere scintilla*".

[83] "*To make this finding [arbitrary or capricious] the court must consider whether the decision was based on a consideration of the relevant factors and whether there has been a clear error of judgment*".

[84] "*Clear error of judgment*".

en el expediente o que resulta tan inverosímil que no puede atribuirse a un diferente punto de vista o al resultado del conocimiento especializado de la agencia administrativa.

Por su parte, la revisión *de novo* generalmente aplica a la evaluación de las conclusiones de derecho. Mediante la misma se revisa la acción administrativa sin reconocerle deferencia a la decisión adoptada. Ante lo anterior observamos que una revisión *de novo*, no es lo mismo que un *juicio de novo*. No significa un juicio totalmente nuevo donde nuevamente se escuchan los testigos y se recibe la prueba. La revisión *de novo* se utiliza para identificar las ocasiones en las cuales el tribunal apelativo se encuentra en una buena posición para evaluar la prueba presentada en el foro de instancia. Mediante este ejercicio de revisión judicial se remueve el ámbito deferencial y el tribunal evalúa por sí mismo la interpretación de la prueba para arribar a sus propias conclusiones[85].

El criterio de "claramente erróneo" por lo general es aplicable a las determinaciones de hechos. Ese concepto jurídico parte de la premisa de que la primaria función de instancia es el hallazgo de los hechos lo que previene o limita su evaluación por el tribunal apelativo. De acuerdo con el Tribunal Supremo de Estados Unidos, una determinación es claramente errónea cuando el tribunal revisor, al considerar toda la evidencia llega a la firme convicción de que se cometió un error, aun cuando exista evidencia para arribar a la misma (*United States v. United States Gypsum Co.*, 333 U.S. 364, 395 [1948]).

11. La deferencia judicial

Acorde con las premisas derivadas de estas visiones jurídicas, queda establecido como postulado inequívoco del significado y el alcance de la revisión judicial, que los tribunales no deben abrogarse la irrestricta facultad para reemplazar la acción administrativa adoptada por las agencias administrativas. Según se ha esbozado, al considerar el alcance de una ley congresional el Tribunal Supremo federal expresó, "[l]a NEPA [*National Environmental Policy Act*] establece metas sustantivas importantes para la Nación, pero su mandato para las agencias es esencialmente de procedimiento. Es para asegurar una decisión plenamente informada y bien considerada, no necesariamente una decisión que los jueces de la Corte de Apelaciones o de esta Corte [Suprema] hubieran tomado si hubieran sido miembros de la unidad de toma de decisiones de la agencia. Las decisiones administrativas deben dejarse de lado en este contexto, como en cualquier otro, solo por razones sustanciales de procedi-

[85] Este es el tipo de revisión judicial que sería aplicable en ocasiones en las que el tribunal se confronte con controversias constitucionales. *Bose Corp. v. Consumers Union of United States*, 466 U.S. 485, 508 (1984).

miento o sustantivas según lo dispuesto por la ley, no simplemente porque el tribunal no esté satisfecho con el resultado alcanzado"[86].

Esa norma de deferencia a las acciones administrativas deriva del amplio reconocimiento de la necesidad de que las entidades gubernamentales desplieguen una significativa facultad para dictar pautas de conducta, así como para resolver controversias y eventualmente prescribir todos aquellos resarcimientos y desagravios que resulten cónsonos y proporcionales con las argüidas desviaciones legales y reglamentarias. En la conquista de dichos objetivos, los tribunales de justicia le reconocen una extensa discreción a las agencias administrativas en la selección de la imposición de las acciones administrativas que le auxilien en el afán de consumar los propósitos asentados en la ley que administran. Esa deferencia aplicará siempre y cuando actúen dentro del ámbito de su conocimiento especializado y dentro de los márgenes de la ley. Armónico con lo anteriormente expuesto, no es objeto de cuestionamiento que se valide la deferencia judicial con relación a la selección del remedio adoptado por la agencia pública (*Chevron USA Inc. v. NRDC*, 467 U.S. 837 [1984]).

No obstante, la pauta de deferencia que es aplicable en el ámbito de la revisión judicial no tiene la forzosa consecuencia de que los tribunales de justicia se encuentren impedidos de acometer la faena de preciar la selección de las acciones administrativas adoptadas por la entidad gubernamental en el descargo de las funciones que le han sido válidamente delegadas (*St. Joseph Stock Yards Co. v. United Status*, 298 U.S. 38 [1936]). Así, incluso se ha reconocido la existencia de otros criterios para atender la visión relativa a la revisión judicial en aquellas ocasiones en las que concurran controversias derivadas de aspectos constitucionales (*Ohio Valley Water Co. v. Ben Avon Borough*, 253 U.S. 287 [1920]).

La perspectiva jurídica imperante con relación a las acciones administrativas adjudicativas es que, en el adecuado ejercicio de la revisión judicial, se les otorga más amplia deferencia a las determinaciones de hecho que a las conclusiones de derecho. Esa pauta interpretativa en nuestro concepto parece estar fundamentada en que la interpretación de la ley es un inherente atributo de los tribunales (*SEC v. Sloan*, 436 U.S. 103 [1978]). Sin embargo, aun cuando los tribunales son los últimos evaluadores de la ley, se le suele dispensar deferencia a la interpretación legal a la que arriba la agencia administrativa. Ese

[86] "*NEPA does set forth significant substantive goals for the Nation, but its mandate to the agencies is essentially procedural. It is to insure a fully informed and well-considered decision, not necessarily a decision the judges of the Court of Appeals or of this Court would have reached had they been members of the decisionmaking unit of the agency. Administrative decisions should be set aside in this context, as in every other, only for substantial procedural or substantive reasons as mandated by statute, not simply because the court is unhappy with the result reached.*" *Vermont Yankee Nuclear Power Corp. v. NRDC*, 435 U.S. 519, 558 (1978).

susodicho enfoque surge en función de que, al ejercer su responsabilidad revisora, los tribunales no pueden licenciosamente descartar las conclusiones e interpretaciones de la agencia sustituyendo su propio y particular criterio por el que fuera adoptado por la agencia administrativa. De esa forma, se ha reconocido la presencia de la deferencia hacia la interpretación legal efectuada por la agencia gubernamental. Ese modelo interpretativo se evidencia en *Chevron USA Inc. v. NRDC*, 467 U.S. 837 (1984) que es una controversia judicial donde se dilucidaba la validez de un nuevo procedimiento para calcular el descargo de contaminación ambiental. En el antedicho caso judicial, el Tribunal Supremo federal concluyó que, si la norma específica se desprende de la ley, esa será la aplicable. No obstante, si la pauta evaluativa no se encuentra específicamente en la ley[87] se debe buscar analizar si la interpretación administrativa es válida y permisible.

La consecuencia de *Chevron* es haber creado una presunción aplicable a diseños de ordenación regulatorio que debe ser interpretado en el sentido de que cuando la ley es ambigua se debe presumir que el poder legislativo delegó a la agencia la tarea de llenar el vacío (*fill the gap*)[88] de una manera razonable. Acorde con esa visión, solo se requiere que la acción administrativa sea racional para que sea sostenida por los tribunales. Así, la interpretación de un organismo administrativo, al cual le atañe administrar una disposición de ley, merece deferencia sustancial y dicha interpretación no requiere ser la única interpretación razonable para que merezca esa deferencia. Basta con que la acción administrativa sea razonable y consistente con el propósito y con los objetivos legislativos. Incluso se interpreta que en casos dudosos la acción administrativa de la agencia merece la referida deferencia judicial. Sin embargo, la presencia de la norma de deferencia no se ensancha como para validar cualquier tipo de interpretación a la que pretenda arribar una agencia administrativa (*Cuomo v. Clearing House Association*, 557 U.S. 519 [2009]). Además de lo anterior, también se debe descartar una acción administrativa si la misma se aparta de las facultades legales concedidas a la agencia (*ultra vires*) o es contraria a un previo precedente judicial (*Lechmere Inc. v. NLRB*, 502 U.S. 527 [1992]).

En contraposición, el vacío interpretativo no existe en aquellas ocasiones en las cuales el cuerpo legislativo imparte instrucciones específicas a la agencia administrativa, pero esta ignora o minimiza esos criterios y los sustituye por elementos disímiles. Un contexto de esa naturaleza se presentó en el caso de *Addison v. Holly Hill Fruit Products*, 322 U.S. 607 (1944) cuando el Tribunal Supremo de Estados Unidos revocó un reglamento adoptado por el *Wage-Hour*

[87] *"Silent or ambiguous with respect to the specific issue"*. *Chevron USA Inc. v. NRDC*, 467 U.S. 837, 843 (1984).

[88] *Chevron USA Inc. v. NRDC*, 467 U.S. 837, 866 (1984).

Administrator que tenía la consecuencia de catalogar compañías según su tamaño y descartando utilizar criterios geográficos como específicamente se ordenaba en la ley. En aquellas situaciones en las cuales se identifican cuestiones que el poder legislativo concretamente atendió, se tiene que identificar cuánta deferencia merece la acción administrativa acogida por la agencia gubernamental.

Coetáneo con ese desarrollo se ha estructurado una laxa interpretación de lo que debe constituir la revisión judicial de las acciones administrativas. Ello tiene como consecuencia que los interrogantes sobre las acciones administrativas solo prosperarán en la medida en que ese acto sea contrario a los términos de la ley o que sea manifiestamente irrazonable (*Chevron USA Inc. v. NRDC*, 467 U.S. 837 [1984]). Con respecto a esa pauta normativa se expresó en el citado caso:

"Los jueces no son expertos en la materia y no forman parte de ninguna de las ramas políticas del gobierno. Los tribunales deben, en algunos casos, conciliar intereses políticos en conflicto, pero no sobre la base de las preferencias políticas personales de los jueces. En contraste, una agencia en la que el Congreso ha delegado responsabilidades de formulación de políticas puede, dentro de los límites de esa delegación, confiar adecuadamente en las opiniones de la administración predominante sobre la sabia política para informar sus determinaciones. Si bien las agencias no son directamente responsables ante la gente, el director ejecutivo sí lo es, y es totalmente apropiado que esta rama política del gobierno tome tales decisiones políticas, resolviendo los intereses en conflicto que el propio Congreso inadvertidamente no resolvió o abandonó intencionalmente para ser resuelto por la agencia encargada de la administración del estatuto a la luz de las realidades cotidianas.

"Cuando un desafío a la interpretación de una agencia de una disposición legal, bastante conceptualizada, realmente se centra en la sensatez de la política de la agencia, en lugar de si es una opción razonable dentro de una brecha abierta por el Congreso, el desafío debe fracasar. En tal caso, los jueces federales, que no tienen circunscripción, tienen el deber de respetar las decisiones políticas legítimas hechas por quienes lo hacen. Las responsabilidades para evaluar la sensatez de tales opciones políticas y resolver la lucha entre opiniones en conflicto del interés público no son judiciales: Nuestra Constitución confiere tales responsabilidades a los poderes políticos" (*TVA v. Hill, 437 U.S. 153 [1978]*. *Chevron USA Inc. v. NRDC*, 467 U.S. 837, 885-886 [1984])[89].

[89] "*Judges are not experts in the field, and are not part of either political branch of the Government. Courts must, in some cases, reconcile competing political interests, but not on the basis of the judges" personal policy preferences. In contrast, an agency to which Congress has delegated policymaking responsibilities may, within the limits of that delegation, properly rely upon the incumbent administration's views of wise policy to inform its judgments. While*

No obstante, el canon de deferencia judicial no constituye un *"cheque en blanco para la acción arbitraria"*[90] (*Detroit Edison Co. v. NLRB*, 440 U.S. 301 [1979]). La realidad es que los tribunales poseen la autoridad y la obligación de cautelar los derechos constitucionales o legales que hayan podido ser lacerados por una acción administrativa caprichosa o arbitraria (*American Power & Light Co. v. Securities and Exchange Commission*, 329 U.S. 90 [1946]). De esta manera, se entiende que la decisión administrativa podrá ser descartada si es extremadamente severa y desproporcionada con relación a la desviación efectuada. La eventual acción administrativa debe ser razonable y corresponder a la actuación desplegada. Una acción administrativa podrá ser válidamente descartada, o modificada, si es arbitraria, caprichosa, irrazonable o constituye un claro abuso de autoridad (*Cities Service Gas Co. v. Perles Oil & Gas Co.*, 340 U.S. 179 [1950]). En aquellas ocasiones en las que los tribunales concluyan que la agencia administrativa aplicó correctamente la ley y adoptó una visión racional y adecuada de los hechos, se tiene que considerar si la acción administrativa fue arbitraria, caprichosa, en abuso de su discreción, o por el contrario fue acorde con las disposiciones de la ley.

Así se puede concluir que, normalmente una acción administrativa es arbitraria y caprichosa si la agencia pública descansó en factores que la rama legislativa no intentó considerar, completamente erró en no considerar un aspecto importante de la controversia, ofrezca una explicación para su decisión que contradice la evidencia presentada ante la agencia gubernamental, o es una interpretación tan poco plausible que no puede ser interpretada como el sano producto de la especialización de la institución pública (*Motor Vehicle Mfrs. Ass'm v. State Farm Mut. Auto. Ins. Co.*, 463 U.S. 29 [1983]).

No obstante los valores esbozados, el Tribunal Supremo ha subrayado que los tribunales no están "facultados para reescribir la legislación de acuerdo con sus propias concepciones de política pública prudente"[91]. Los tribunales

---

agencies are not directly accountable to the people, the Chief Executive is, and it is entirely appropriate for this political branch of the Government to make such policy choices —resolving the competing interests which Congress itself either inadvertently did not resolve, or intentionally left to be resolved by the agency charged with the administration of the statute in light of everyday realities.

When a challenge to an agency construction of a statutory provision, fairly conceptualized, really centers on the wisdom of the agency's policy, rather than whether it is a reasonable choice within a gap left open by Congress, the challenge must fail. In such a case, federal judges —who have no constituency— have a duty to respect legitimate policy choices made by those who do. The responsibilities for assessing the wisdom of such policy choices and resolving the struggle between competing views of the public interest are not judicial ones: 'Our Constitution vests such responsibilities in the political branches'.

[90] *"Blank check for arbitrary action"*.

[91] "[...] *empowered to rewrite legislation in accord with their own conceptions of prudent public policy*". *United States v. Rutherford*, 442 U.S. 554, 555 (1979).

de justicia se deben restringir a la función de garantizar que se materialice la voluntad legislativa. La inquietud que se genera ante esa exigencia de restricción emana de la incertidumbre o la opacidad de la disposición legislativa. Como consecuencia de ello se atenúa la función judicial como garante de la intención legislativa. O sea, ante la ausencia o la fragilidad en el texto de una ley, la función judicial legitimadora se disipa. Así el tribunal se podría ver compelido a respetar una particular acción administrativa pues carece de un referente legal para confrontarla.

Conforme con ello, los tribunales se confrontan con la responsabilidad de valorar la faena administrativa como un complemento de la función legislativa, y su rol de supervisión y fiscalización se atenúa pudiendo transformarse en elementales vigilantes de sutiles fronteras de autoridad y poder.

12. Dos fases de evaluación judicial de las acciones administrativas

La norma jurisprudencial con relación a la revisión de acciones administrativas delinea un proceso de dos etapas donde el tribunal debe evaluar la interpretación de la ley que se administra[92].

Primero, siempre está la pregunta de si el Congreso se ha referido directamente de la pregunta precisa en cuestión. Si la intención del Congreso es clara, ese es el fin del asunto; tanto el tribunal como la agencia deben dar cumplimiento a la intención expresada sin ambigüedades del Congreso. Sin embargo, si el tribunal determina que el Congreso no ha abordado directamente la cuestión precisa en cuestión, el tribunal no simplemente impone su propia interpretación de la ley, como sería necesario en ausencia de una interpretación administrativa. Pero si la ley ha observado silencio o es ambigua con respecto al tema específico, la pregunta para el tribunal es si la respuesta de la agencia se basa en una permisible interpretación de la ley[93].

La consecuencia de esta pauta interpretativa es que mediante la revisión judicial se escudriña la letra de la ley para identificar su claro significado y, de no encontrarlo, se deberá ser deferente a la acción administrativa adoptada

[92] "*[R]eview[ing] an agency's construction of the statute which it administers.*" *Chevron USA v. NRDC*, 467 U.S. 837 (1984).

[93] "*First, always, is the question whether Congress has directly spoken to the precise question at issue. If the intent of Congress is clear, that is the end of the matter; for the court, as well as the agency, must give effect to the unambiguously expressed intent of Congress. If, however, the court determines Congress has not directly addressed the precise question at issue, the court does not simply impose its own construction on the statute, as would be necessary in the absence of an administrative interpretation. Rather, if the statute is silent or ambiguous with respect to the specific issue, the question for the court is whether the agency's answer is based on a permissible construction of the statute*". (*Chevron U.S.A. Inc. v. NRDC*, 467 U.S. 837, 842 [1984]).

por la agencia gubernamental. De esa manera, ante el silencio del Congreso la entidad administrativa tendrá la facultad para seleccionar entre la amplia gama de legítimas interpretaciones alternativas que estén disponibles. El referido ejercicio debe efectuarse una vez ha sido identificado que el Congreso ha delegado la autoridad a la agencia administrativa (*United States v. Mead Corp.* 553 218, 229 [2001]). Así, se interpreta que el Congreso puede delegar en las agencias administrativas la selección de la política pública (*Sierra Club v. Morton*, 405 U.S. 727 [1972]). Como complemento de este precepto se puede articular que la acción administrativa será considerada como arbitraria cuando:

"[...] La agencia se ha apoyado en factores que el Congreso no ha tenido la intención de considerar, no consideró por completo un aspecto importante del problema, ofreció una explicación de su decisión que va en contra de la evidencia ante la agencia, o es tan inverosímil que no podría atribuirse a una diferencia visual o producto de la experiencia de la agencia"[94] (*Motor Veh. Mfrs. Ass'n v. State Farm Ins. Co.*, 463 U.S. 29, 43 [1983]).

13. La jurisdicción primaria y el agotamiento de los remedios administrativos

Igualmente se debe tener presente que el ejercicio de la potencial fiscalización de las acciones administrativas, por parte del poder judicial, debe aplazarse hasta que el asunto de encuentre maduro para su eventual escrutinio (*Pakdel v. City and County of San Francisco*, 594 U.S. [2021]).

Las doctrinas jurídicas de agotamiento de remedios administrativos y de jurisdicción primaria son de creación judicial y se refieren al análisis de la facultad inicial para pasar juicio sobre una controversia. En otras palabras, es una deferencia al proceso administrativo que tiene como resultado el que los tribunales opten por declinar el ejercicio de su jurisdicción. Con la aplicación de estos principios se establece un mecanismo para que la agencia administrativa atienda primeramente el asunto para obtener los beneficios de su conocimiento especializado tanto en asuntos fácticos, como en aspectos de derecho (*Chevron USA Inc. v. NRDC*, 467 U.S. 837 [1984]). Por esa razón se debe permitir que las agencias administrativas pasen juicio sobre aspectos legales y finalmente adopten una acción administrativa, y en ese momento es cuando esas conclusiones administrativas podrán ser posteriormente revisadas por los tribunales bajo criterios deferenciales.

[94] "*[...] The agency has relied on factors which Congress has not intended it to consider, entirely failed to consider an important aspect of the problem, offered an explanation for its decision that runs counter to the evidence before the agency, or is so implausible that it could not be ascribed to a difference in view or the product of agency expertise*".

El origen de la doctrina de jurisdicción primaria la podemos encontrar en el año 1907 cuando el Tribunal Supremo federal decidió el caso de *Texas & Pacific Railway Co. v. Abilene Cotton Oil Company*, 204 U.S. 426 (1907) donde se resolvió que la *Interstate Commerce Commission* posee jurisdicción primaria para resolver las disputas relacionadas con las tarifas de transporte de carga. Estas doctrinas pretenden investir de regularidad y uniformidad los procesos adjudicativos con relación a la adjudicación de derechos y obligaciones legales entre las partes en disputa. Entre sus visiones encontramos la expresión del juez asociado Brandeis quien expuso que esa doctrina debe ser aplicada en aquellas ocasiones en las cuales, la evaluación corresponde a hechos y a discreción concerniente a aspectos técnicos[95].

Por su parte, la doctrina de agotamiento de remedios administrativos se enmarca en la apreciación de que el tribunal no debe intervenir en una controversia sino hasta que se hayan consumado los remedios administrativos disponibles. La decisión judicial que le sirvió de precedente es *Myers v. Bethlehem Shipbuilding Corp.*, 303 U.S. 41 (1938), donde se decidió la improcedencia de un recurso de *injunction* ante la circunstancia de que el peticionario no había agotado los remedios administrativos disponibles. No obstante, ante la aplicación de dicha doctrina se pueden anteponer excepciones como, "la inadecuacidad de los remedios administrativos" (*Smith v. Illinois Bell Tel. Co.*, 270 U.S. 587 [1926]).

Como resultado de la aplicación de estas doctrinas surge la consecuencia de que la intervención judicial se pospone y se difiere en deferencia de la intervención administrativa (*McCarthy v. Madigan*, 503 U.S. 140, 144-145 [1992]; *Dardy v. Cisneros*, 509 U.S. 137, 153-154 [1993]).

14. Conclusión

Las agencias administrativas se instituyen para ejecutar acciones. El actuar es una consecuencia directa de existir. El *agency action* constituye el manifiesto acto que ejecuta una agencia administrativa para cristalizar las responsabilidades que le son legalmente asignadas por el poder legislativo. Estas potenciales acciones administrativas son las de interpretar la ley, formular la política pública, las determinaciones fácticas y los juicios discrecionales.

Ese ejercicio de autoridad pública tiene que verse subordinado al ordenamiento jurídico por lo que esa autoridad para actuar se confiere bajo la expresa condición de que cualquier persona agraviada por la acción administrativa posea el legítimo derecho de impugnarla ante los tribunales de justicia. La validez y la ejecutabilidad del concepto jurídico del *agency action,* se encuentra pre-

[95] *Great Northern R. Co. v. Merchants Elevator Co.*, 259 U.S. 285 (1922).

dicado en función de su posible revisión judicial. De esa manera trasluce que, cualquiera que sea el valor y la relevancia de la acción administrativa, ella no se podría justificar fuera del andamiaje constitucional. Esa realidad es consecuencia de que las agencias administrativas no pueden operar en el vacío, la abstracción o la ausencia de una adecuada fiscalización. La susodicha función de supervisión se debe ejecutar en atención a la acción administrativa efectuada por la entidad gubernamental. Esto es, constituye un requisito jurisdiccional para acceder a los tribunales de justicia, el que se identifique una acción administrativa susceptible de impugnación judicial pues un desierto de fiscalización, es tierra fértil para el capricho y la arbitrariedad.

Conforme con lo expuesto identificamos que el derecho administrativo norteamericano se compone que tres espacios básicos que son: la delegación de poderes para efectuar acciones administrativas; el ejercicio de las acciones legislativas según del poder delegado, y la revisión judicial de las acciones administrativas. Con ello se ejemplifica que la acción administrativa (*agency action*) es el tema cardinal del derecho administrativo estadounidense.

FRANCIA

NATURE ET CATEGORISATION DES ACTES ADMINISTRATIFS

Gilles J. Guglielmi*

L'acte administratif constitue avant tout une catégorie juridique forgée par les interprètes du droit administratif français pour les besoins du contrôle contentieux exercé par le Conseil d'État à partir du XIXe s[1]. Il correspond aussi, matériellement, à un besoin instrumental rencontré par les autorités administratives chargées d'agir, qui est de concrétiser des décisions et des modes opératoires rendus nécessaires par les stratégies politiques de l'action publique et de le faire dans le respect du cadre juridique existant[2]. Pour ces deux raisons fondamentales, la locution « acte administratif », qui pourrait comprendre la totalité des agissements volontaires des autorités administratives, c'est-à-dire aussi les actes matériels élémentaires, est usuellement comprise comme ne désignant que des actes juridiques.

Les actes juridiques, définis comme des manifestations de volonté ayant pour but de produire des effets de droit, sont de toute façon la raison d'être de l'activité administrative. En effet, non seulement la fonction administrative de réglementation, d'application, de contrôle et de police n'est concevable que par la production d'actes juridiques, mais de plus la fonction de prestation, développée notamment dans les activités de service public, nécessite comme préalable aux actes matériels d'exécution du service, des actes juridiques de stratégie, d'organisation ou de gestion.

L'acte administratif est ainsi en permanence marqué d'un double sceau. Pour les autorités administratives actives, il est un instrument dont les contours sont aussi hétérogènes que ses usages[3]. Pour le juge administratif, il est un critère de délimitation de sa propre compétence juridictionnelle, soit en éliminant les actes de gouvernement, de législation et de juridiction dont il ne saurait connaître, soit en écartant les actes certes administratifs, mais dont la teneur juridique est insuffisante pour mériter une contestation contentieuse devant lui.

* Professeur de droit public à l'université Paris II Panthéon-Assas.

[1] F. Blancpain et A.-L. Girard, *La formation historique de la théorie de l'acte administratif unilatéral*, Dalloz, coll. Nelle Bibl. de thèses, 2013.

[2] E. Laferriere, *Traité de la juridiction administrative et des recours contentieux*, 1896, t. II, p. 33 s.

[3] B. Defoort, *La décision administrative*, LGDJ, coll. Bibl. de droit public, 2015.

Cette dialectique engagée depuis plus de deux siècles entre administrateur actif et juge autonome spécialisé explique que le législateur n'ait jamais souhaité se saisir de façon générale de la question. L'acte administratif entre dans le champ de compétences du gouvernement et des autorités administratives en constituant l'exercice même de leurs compétences d'action, qui consistent à appliquer la loi ou à accomplir des tâches ne relevant pas du niveau législatif. Il appartient au juge administratif de rectifier, le cas échéant et pour des situations particulières, les pratiques juridiques des autorités exécutives, dans un rapport pratique et subordonné à la norme générale posée par le législateur, lequel ne saurait entrer dans ce genre de détails. La loi n'intervient donc que sur le régime des actes, pour donner des garanties aux administrés (obligation de publication, de motivation par exemple) mais lorsque le législateur conçoit, au terme d'un effort inhabituel, le premier « code des relations entre le public et l'administration », c'est à une liste d'actes administratifs qu'il recourt et non à une définition générale de la catégorie[4].

Pour ces raisons tenant à l'apparition et à la constitution historique de la catégorie juridique de l'acte administratif, il convient de préciser le statut des actes produits par les agents des services administratifs en distinguant nettement les actes matériellement administratifs mais qui ne répondent pas à la définition générale de l'acte juridique, des actes administratifs à part entière, qui constituent à n'en pas douter des manifestations de volonté destinés à produire des effets de droit précis et initialement prévus par leur auteur.

1. Actes matériellement administratifs

A) *Imparfaites manifestations de volonté*

Plusieurs types d'actes usuellement produits au cours de l'action administrative ne manifestent pas une volonté suffisamment précise ou suffisamment aboutie pour entraîner une modification de l'ordonnancement juridique ou de la situation juridique des tiers.

Il existe tout d'abord des actes divers dont le but exclusif est de délivrer des informations, de confirmer un état du droit ou de fait existant, de reconnaître une situation juridique et des droits subjectifs. Il en est ainsi des sites internet, des guides pratiques, des notices d'explication des formulaires administratifs[5]. De même, un acte répétant un acte juridique précédent sans ajouter à son contenu ni à ses effets est un acte matériel administratif non accessible à un

[4] V. par ex. art. L. 200-1 du Code ; F. Melleray, « Les apports du CRPA à la théorie de l'acte administratif unilatéral », *AJDA* , 2015, p. 2491.

[5] CE, 27 juillet 2001, Assoc. « La Défense libre », n° 217024.

recours[6]. Ces actes informatifs et confirmatifs ne sont pas des actes juridiques. Par contre, une mesure administrative qui reconnaît un état de fait, même si ce dernier entraîne automatiquement et mécaniquement une qualification juridique, appelée acte recognitif ou déclaratif, est bien un acte juridique car une telle mesure traduit au moins la volonté, par cette reconnaissance, de donner un point de départ possible à une nouvelle situation juridique subjective. Ce sera le cas par exemple des actes constatant *a posteriori* la conformité d'une construction aux règles d'urbanisme[7].

Ensuite, un acte juridique doit, avant de naître et de produire ses effets de droit, être précédé d'une procédure composée d'une succession d'étapes comportant elles-mêmes des séries d'opérations préparatoires. Il peut s'agir de réunions aboutissant à des comptes rendus analytiques arrêtant des positions intermédiaires ; de délibérations formelles validant des propositions ou des options ; d'inclusion de ces acquis dans une procédure poursuivie par d'autres autorités administratives. Deux types d'actes (ou d'ensembles d'actes) matériels traduisent bien ces processus internes à la décision administrative : les déclarations d'intention et les projets d'actes. L'annonce par une autorité administrative de son intention d'arriver à un résultat au moyen d'un acte n'est pas un acte juridique[8]. De même un projet d'acte, même s'il paraît définitif, n'est pas un acte juridique tant qu'il n'a pas reçu la sanction finale de l'ultime étape de la procédure[9].

Enfin, les actes contenant de véritables décisions qui servent de base à la procédure d'édiction d'un acte administratif, bien qu'ils aient une existence autonome et bien qu'ils soient obligatoires aux termes de la procédure, sont des « actes préparatoires ». Leur statut est particulier puisqu'il varie selon le moment considéré. Avant l'édiction de l'acte administratif final, les actes préparatoires sont des actes administratifs matériels non accessibles à un recours juridictionnel. Par contre, une fois édicté l'acte administratif, leur légalité peut être contestée à l'occasion du recours dirigé contre l'acte administratif final, et parfois directement lorsque l'acte préparatoire entraîne par lui-même des conséquences juridiques distinctes de l'acte final[10].

Le code des relations entre le public et l'administration tire ainsi les conséquences de ces règles jurisprudentielles, puisqu'il ne considère pas comme

[6] CE sect., 8 avril 1961, Klein : *Rec. CE* 1961, p. 216 ; *D.* 1961, jurisp. p. 587, concl. J.-F. Henry, note P. Weil.

[7] CE, 6 juin 2012, Epoux Vidal, n° 329123 : *AJDA*, 2012, p. 2019, note J. Trémeau.

[8] CE, 22 mai 2013, Fédération Interco CFDT, n° 356903 : *AJDA* 2013, p. 2041, note F. Melleray.

[9] CE, 22 février 2008, Syndicat mixte central de traitement des ordures ménagères de l'agglomération parisienne, n° 280931 : *Rec. CE*, 2008, p. 64.

[10] CE, 27 juin 2011, Assoc. Sauvons l'Université, n° 340164 : *Rec. CE*, 2011, p. 725.

documents administratifs communicables les actes qui ne sont pas achevés ou les documents préparatoires à une décision tant que celle-ci demeure en cours d'élaboration[11].

B) *Imparfaite portée juridique*

D'autres actes matériels résultant de l'activité administrative, dont il n'est pas douteux qu'ils manifestent une volonté ni qu'ils soient parfaitement édictés, ne produisent pas des effets juridiques suffisants pour qu'ils soient considérés comme des actes juridiques.

Certains actes, tout d'abord, sont ainsi par principe dépourvus de portée juridique. Il s'agit des actes superflus, des vœux et des mesures d'ordre intérieur. Les deux premiers types d'actes ne sauraient en effet par nature produire un effet juridique, l'acte superflu parce que cet effet existe déjà, le vœu parce qu'il n'exprime qu'un souhait sans aucun moyen de réaliser par lui-mêle une modification des situations juridiques existantes. Les mesures d'ordre intérieur obéissent à une logique plus subtile. Il s'agit de mesures internes à l'organisation ou à la vie des services, dictées par l'intérêt du bon fonctionnement de ceux-ci et qui atteignent les destinataires, agents ou administrés, en tant que participants à une activité administrative et non en tant que sujets de droit affectés dans leur situation juridique personnelle. Les mesures d'ordre intérieur ne sont pas totalement dépourvues d'effets juridiques, mais ceux-ci ne sont pas estimés suffisamment importants pour justifier un débat contentieux[12].

D'autres actes, ensuite, produisent des effets majeurs et importants en pratique, mais leur teneur juridique est *a priori* considérée comme trop faible. L'acte n'est pas suffisamment contraignant ou n'a pas été conçu pour que ses dispositions fassent l'objet d'une sanction légale. Trois types d'actes administratifs sont ainsi l'objet d'une qualification excluant en principe la qualité d'acte juridique : les actes interprétatifs, les actes consultatifs et les actes incitatifs. Les actes interprétatifs sont majoritairement des circulaires générales qu'une autorité administrative adresse à ses propres services pour préciser et unifier le sens qu'il faudra donner aux règles de droit que ceux-ci sont chargés d'appliquer. Il s'agit bien d'une mesure interne, qui n'est pas destinée à avoir des effets sur les tiers et dont l'interprétation intégrée ne possède pas en elle-même de caractère juridiquement contraignant. Les actes consultatifs résultent de la présence dans les processus décisionnels de phases de consultation aboutissant à des avis, propositions et recommandations. Toutefois ces actes de volonté sont dépourvus d'effets juridiques en eux-mêmes

[11] Art. L. 311-2 du CRPA.

[12] Ce régime très dérogatoire sera détaillé *infra*.

puisque seul l'acte administratif pris au terme de la procédure produira des effets identifiables en les intégrant ou non dans son contenu.

Quant aux actes incitatifs, ils sont produits par des autorités administratives qui invitent les destinataires à accomplir une action ou à adopter un comportement. Ces indications précises peuvent être accompagnées d'avantages sous forme de subvention ou de label. Ce type d'actes n'entraîne aucune contrainte juridique parce qu'il ne modifie tout simplement pas les droits et les obligations des destinataires. Toutefois, ces actes ont une portée certaine et la jurisprudence administrative est amenée à constater certaines de leurs conséquences juridiques. Le concept de « droit souple » calqué sur celui de « soft law » a été avancé par la doctrine française[13] et par le Conseil d'Etat[14] pour tenter de qualifier cette production d'actes. L'enjeu est d'importance en raison de la place éminente prise par les mesures incitatives dans l'intervention économique et sociale des autorités administratives. Les actes administratifs de droit souple, même s'ils ne sont pas normatifs, finissent par induire des schémas de comportement homogènes chez des destinataires qui en viennent à les considérer comme conformes à un droit « classique », c'est-à-dire unilatéral, obligatoire et contraignant. Rétrospectivement, peuvent être considérés comme appartenant à la catégorie du droit souple des actes aussi variés que les « lignes directrices »[15], les actes d'orientation, de contractualisation ou de planification[16], les chartes, recommandations et guides de bonnes pratiques[17].

2. Les différentes catégories d'actes administratifs

Sont regroupés par la locution « actes administratifs » les actes *juridiques* pris dans l'exercice d'une fonction administrative et dont le régime est de droit public. Il apparaît à ce titre que les actes administratifs se différencient à plusieurs points de vue qui constituent autant de sous-catégories.

Selon qu'ils ont ou non un caractère unilatéral (A), selon qu'ils ont ou non un caractère décisoire (pour les actes unilatéraux) (B), selon qu'ils ont ou non un caractère réglementaire (pour les actes décisoires) (C).

[13] V. une synthèse dans W. Zagorski, *Le contentieux des actes administratifs non décisoires. Contribution à une typologie du droit souple*, Mare et Martin, 2016.

[14] *Le Droit souple*, Etude annuelle n° 64, La Doc. fr., 2013.

[15] E. Untermayer-Kerleo, « Le droit souple, un regard circonspect sur la jurisprudence Crédit Foncier de France » : *RFDA* 2014, p. 1029 s. CE sect., 11 décembre 1970, Crédit Foncier de France : *Rec. CE*, p. 750 concl. L. Bertrand.

[16] CE, 25 octobre 1996, Association Estuaire-Ecologie : *Rec. CE*, 1996, p. 415 ; *RFDA*, 1997, p. 339, concl. J.-H. Stahl, note Y. Madiot.

[17] CE, 20 mars 2000, Mayer et Richer, n° 202295 : *AJDA*, 2000, p. 756, note Y. Jegouzo.

A) *Actes unilatéraux et contrats*

Cette distinction réalise une partition des actes administratifs, dans le sens où, si un acte administratif n'est pas un contrat, il est forcément un acte unilatéral. Une nuance doit cependant être citée : il est possible de trouver à l'intérieur d'un contrat certaines dispositions non contractuelles, donc unilatérales.

a) *Principe de distinction.* Avant toute chose, ce principe ne repose pas sur le nombre de parties à l'acte. Il est faux de départir l'acte unilatéral en considération du fait qu'il n'est pris par une seule personne alors qu'un contrat en suppose plusieurs. Le plus fréquemment, en effet, l'acte unilatéral est le fait d'une personne (arrêté municipal, décision d'un chef de service). Mais ce n'est pas là un critère. Ainsi un arrêté interministériel, pris et signé par plusieurs ministres, est également un acte administratif unilatéral.

Le principe de distinction repose sur l'objet de l'acte. L'acte unilatéral régit le comportement de personnes qui ne sont pas auteurs de l'acte, même si elles ont pris part de manière non décisionnelle à son élaboration. Le contrat, au contraire, régit les relations réciproques de leurs seuls auteurs. Autrement dit, dans un acte unilatéral les auteurs sont du même côté de l'acte, dans un contrat les auteurs sont de chaque côté de l'acte, ils se font face.

b) *Atténuations de la distinction.* Tout d'abord, comme en bien d'autres circonstances, le droit administratif n'est pas formaliste. Il n'est pas déterminant qu'un acte soit appelé contrat pour qu'il en soit un. Ainsi en est-il des «contrats types» lorsque toutes leurs clauses s'imposent aux signataires des contrats de la même espèce[18] : ils ne sont évidemment pas des contrats, mais des actes unilatéraux.

Ensuite, certains contrats ont un contenu entièrement déterminé par l'une des parties. La seule manifestation de volonté de l'autre partie consiste à accepter de conclure le contrat. Cette dernière ne peut ni en modifier les clauses ni *a fortiori* participer à son élaboration. C'est le cas des marchés de fournitures, de services ou de travaux publics dont l'essentiel figure dans les cahiers des charges établis par la personne publique contractante; mais aussi de contrats plus fréquents comme le contrat de transport d'un client de la RATP. On appelle ces actes, en droit public comme en droit privé, «contrats d'adhésion». Ils sont bien des contrats, mais leurs caractéristiques atténuent l'intérêt de la qualification.

Et puis, il arrive couramment que le contenu d'un acte unilatéral soit l'objet d'une négociation, ou d'une concertation avec des représentants non

[18] CE, 24 mai 1956, Union des industries métallurgiques et minières : *Dr. Soc.* 1956. 235, concl. Chardeau, pour les règlements intérieurs des caisses de sécurité sociale; CE, 13 mai 1987, Synd. nat. prof. des médecins du travail, *Dr. soc.* 1987.749, concl. de Clausade, pour les conditions d'exercice de la médecine du travail.

politiques des citoyens qui seront concernés par son application. L'usage en est fréquent dans le secteur économique et professionnel[19]. On qualifie ce procédé d'administration concertée, consultative, négociée, de politique contractuelle, de contractualisation. Il n'empêche que les particuliers ou leurs représentants ne participent qu'à l'élaboration intellectuelle de l'acte. Mais l'acte, une fois publié, sera un acte purement unilatéral[20]. La justification de cette assimilation d'actes négociés à des actes unilatéraux est principalement d'en assurer l'opposabilité aux tiers.

Enfin, il est possible qu'un acte soit qualifié de mixte. Mais cette expression ne saurait signifier que l'acte est d'une double nature, ni qu'il soit d'une nature intermédiaire. Il s'agit seulement de désigner les cas où un acte globalement contractuel contient des dispositions unilatérales. L'exemple le plus classique en est la concession de services publics ou de travaux publics par laquelle une personne publique (autorité délégante) confie à son cocontractant (opérateur délégataire) la responsabilité d'assurer la gestion d'un service public ou celle d'un ouvrage public. Le concessionnaire assure la gestion à ses frais et conformément à un cahier des charges, mais il se rémunère en percevant directement des redevances sur les usagers (par exemple, concession d'autoroutes : péages). A l'intérieur de ce contrat de concession, réellement négocié sur l'essentiel (durée, rémunération, exclusivité, protection, rémunération) existent des clauses réglementaires : en résumé, celles qui concernent les conditions de gestion du service public et les rapports avec les usagers. L'intérêt est d'une part que les tiers ou les usagers peuvent invoquer les clauses réglementaires pour demander dans un recours pour excès de pouvoir l'annulation des décisions du concessionnaire qui méconnaîtraient ces clauses[21]. Les tiers ou les usagers peuvent également demander au juge l'annulation des clauses elles-mêmes[22]. L'intérêt est d'autre part que ces clauses peuvent être modifiées unilatéralement par l'autorité concédante, sous réserve de respecter l'équilibre financier du contrat, c'est-à-dire de verser une compensation pécuniaire.

[19] Conventions collectives étendues, conventions entre la sécurité sociale et les praticiens, CE sect., 18 février 1977, Hervouët, *Rec. CE* 1977, p. 98, concl. Dondoux, *AJDA*, 1977, p. 71 ; CC, 22 janvier 1990, *Rec. CC*, 1990, p. 33, *RFD adm.*, 1990, p. 406, note B. Genevois. Conventions établies pour le fonctionnement d'un service public en lieu et place d'un règlement, TA Strasbourg, 13 décembre 1983, Préfet de la Moselle, *Rec. CE*, 1983, p. 576.

[20] R. Romi, « La requalification par le juge des actes négociés en actes unilatéraux », *AJDA*, 1989, p. 9 s.

[21] CE, 21 décembre 1906, Synd. des propriétaires et contribuables du quartier Croix-de-Seguey-Tivoli : *Rec. CE*, 1906, p. 962, concl. Romieu, *S.* 1907.3.33, note Hauriou; même le refus de l'autorité concédante de contraindre le concessionnaire à appliquer le cahier des charges prévoyant la desserte de certains quartiers est attaquable par la voie du recours pour excès de pouvoir.

[22] CE ass., 10 juillet 1996, Cayzeele : *Rec. CE*, 1996, p. 274 ; *AJDA*, 1996, p. 732, chr. ; *RFD adm.*, 1997, p. 89, note P. Delvolvé.

c) *Modalités de la distinction.* Les personnes publiques n'ont pas toujours le choix entre acte unilatéral et contrat. Dans deux cas, elles doivent utiliser la voie de l'acte administratif unilatéral. Le premier cas est celui où les personnes publiques disposent du pouvoir réglementaire sur l'objet à gérer[23]. Le second est celui des mesures de police administrative[24]. Ces contraintes étant peu nombreuses, les actes administratifs contractuels sont plus fréquents qu'on ne le croit. On citera les trois types principaux.

Tout d'abord, existent des contrats par lesquels une personne publique locale charge son cocontractant de la gestion d'un service public : concession, affermage, régie intéressée. Ces contrats, appelés « conventions de délégation de service public » sont soumis au régime global de la loi du 29 janvier 1993, codifiée au Code général des Collectivités territoriales.

Ensuite viennent les contrats portant sur l'exécution d'éléments du service public ou conclus à l'occasion du service public. Par exemple les marchés de fourniture (achat du véhicule du ministre), les marchés de services (nettoyage du bureau du ministre), les marchés de prestations intellectuelles (conseil en communication du ministre), les marchés de travaux publics (construction de locaux du ministère). Ces contrats sont soumis au Code de la commande publique et au droit européen.

Enfin, les plus importants, parce qu'ils traduisent la finalité de l'activité administrative de prestations, sont les contrats conclus par une personne publique ou une personne privée chargée d'un service public pour fournir des services aux usagers (téléphone, eau, électricité, gaz), ainsi que ceux conclus dans le cadre d'un service public administratif et qui contiennent une autorisation (concession de cimetières, de places dans les marchés ou de voirie).

B) *Décisions et actes unilatéraux non décisoires*

a) *Notion de décision, ou acte décisoire*

1°) Critère de la décision. La décision est, dans l'esprit des juristes spécialisés en droit public, le type-même de l'acte unilatéral. Pourtant une confusion doit être d'ores et déjà écartée : tous les actes unilatéraux ne sont pas des décisions.

La décision est un acte juridique qui modifie l'ordonnancement juridique et qui s'impose, c'est-à-dire s'intègre dans cet ordonnancement, par la seule volonté de son auteur, indépendamment de l'acquiescement de son, ou de ses destinataires.

[23] CE sect., 20 janvier 1978, Synd. nat. de l'enseignement technique agricole privé, Rec. CE, 1978, p. 22 ; *AJDA*, 1979, n° 1, p. 37, concl. R. Denoix de Saint-Marc.

[24] CE, 8 mars 1985, Assoc. Les amis de la Terre : *Rec. CE*, 1985, p. 73 ; *AJDA*, 1985, p. 382, note J. Moreau; *RFD adm.*, 1985, p. 363, concl. Jeanneney.

Le pouvoir pour les personnes publiques d'édicter ces mesures est la plus importante de toutes les prérogatives de puissance publique. Les personnes publiques sont tenues d'exercer leur pouvoir de décision et ne sauraient faire valider préalablement par un juge leur droit à agir[25]. Ce « privilège du préalable », selon l'expression de Hauriou, a été reconnue par le Conseil d'État comme « la règle fondamentale du droit public »[26].

Les actes à caractère décisoire ont pour trait principal d'entraîner un changement dans l'ordonnancement juridique. Ce changement peut être positif : il peut s'agir de l'édiction, de la modification d'une norme, ou de sa suppression. Mais certains actes peuvent aussi bien être négatifs c'est-à-dire consister en un refus de produire une décision. Or, le refus de produire une décision positive est une décision, car il traduit une manifestation de volonté de ne pas changer l'état du droit[27].

2°) Caractère exécutoire. L'adjectif exécutoire désigne une propriété particulière que les décisions peuvent présenter ou ne pas présenter. Une décision peut exister sans être pour autant exécutoire.

La doctrine la plus classique entend par décision exécutoire une décision qui, d'une part est entrée en vigueur, d'autre part est susceptible d'exécution forcée par une personne publique. Ces propriétés peuvent faire l'objet d'une étude précise, mais elle n'est pas essentielle à la compréhension de la nature de décision. Ainsi, une décision administrative de refus n'est pas exécutoire, mais elle est tout de même une décision, qui plus est susceptible de recours contentieux. Il en est de même des décisions non encore entrées en vigueur, par défaut de publicité, qui peuvent être annulées par le juge administratif à la date de leur édiction[28].

b) *Les différents types de décisions*. Les actes décisoires peuvent intervenir de manière très variée, ainsi qu'en témoigne la diversité de leurs formes.

1°) Décisions explicites écrites ou orales. La plupart des décisions administratives sont écrites. Cependant, nombreux sont les cas de la vie quotidienne où une autorité administrative prend des décisions orales, voire muettes parce qu'elles sont simplement gestuelles ou sémaphoriques. Il en va ainsi des décisions de régulation de la circulation routière (feux ou agents), d'attribution de places sur les halles et marchés, de certaines interdictions motivées par l'urgence, et même de certains contrats.

[25] CE, 30 mai 1913, Préfet de l'Eure, *S.* 1915.3.9, note Hauriou.

[26] CE ass., 2 juillet 1982, Huglo : *Rec. CE*, p. 257 ; *AJDA*, 1982, p. 657, concl. Biancarelli, note Lukaszewicz.

[27] CE, 5 février 1965, Lebas, *Rec. CE*, 1965, p. 71; CE, 18 novembre 1987, Marcy, *Rec. CE*, 1987, p. 371.

[28] CE sect., 26 juin 1959, *Synd. gén. des ingénieurs-conseils :* Rec. CE, 1959, p. 394 ; *AJDA*, 1959, n°1, p. 153, chr. ; *RD publ.* 1959, p. 1004, concl. J. Fournier ; *S.* 1959, p. 202, note R. Drago.

Si, majoritairement, les décisions sont écrites, le juge n'impose pas en principe à leurs auteurs une forme quelconque.

Il faut ici spécialement étudier ces décisions explicites écrites qui ont la forme et la dénomination de décret. Les décrets sont la forme la plus élevée de décisions administratives. Les décisions que prennent le Président de la République et le Premier ministre en application des pouvoirs que leur confère la Constitution doivent avoir la forme de décrets. Cette forme spéciale comporte des visas, des articles, la signature de l'auteur et certains contreseings.

En vertu de l'article 19 de la Constitution, les actes du Président de la République accomplis dans l'exercice de sa fonction politique sont exclus du contreseing d'autres autorités (nomination du Premier ministre, soumission de projets de loi au référendum, dissolution de l'Assemblée nationale, messages au Parlement, nomination des membres du Conseil constitutionnel, saisine de ce Conseil, mise en œuvre de l'article 16). Tous les autres actes du Président de la République doivent être contresignés par le Premier ministre, et le cas échéant, par les ministres responsables. Le Conseil d'État considère que ces ministres sont « ceux auxquels incombent à titre principal la préparation et l'application des actes en cause »[29].

En vertu de l'article 22 de la Constitution, les actes du Premier ministre doivent, le cas échéant, être contresignés par les ministres chargés de leur exécution. Le Conseil d'État interprète cette disposition comme suit : les ministres chargés de l'exécution sont ceux compétents « pour signer ou contresigner les mesures réglementaires ou individuelles que comporte nécessairement l'exécution » des actes en cause[30].

Les problèmes concernant la forme particulière des décrets délibérés en Conseil des ministres seront traités comme éléments de la répartition du pouvoir réglementaire entre le Président de la République et le Premier ministre. L'interprétation jurisprudentielle, dans tous les cas, est délicate, et le Secrétariat général du gouvernement préfère apposer des contreseings surabondants.

2°) Décisions explicites ou implicites. Contrairement aux décisions précédemment citées (qu'elles soient écrites, gestuelles ou orales) qui sont explicites, certaines décisions administratives peuvent résulter implicitement soit d'autres actes juridiques —la signature d'un contrat présuppose la décision de le signer—, soit de comportements convergents —l'exécution de travaux présuppose de la décision d'y procéder[31], la mise en œuvre effective d'une délocalisation suppose la décision de délocaliser[32]—.

[29] CE sect., 10 juin 1966, Pelon : *Rec. CE*, 1966, p. 384 ; *AJDA*, 1966, p. 492, concl. Galabert.

[30] CE ass., 27 avril 1962, Sicard : *Rec. CE*, p. 279 ; *AJDA*, 1962.284, chr.

[31] CE, 12 mars 1986, Cusenier : *AJDA*, 1986, p. 258, concl. Massot.

[32] CE ass., 3 mars 1993, Comité central d'entreprise de la SEITA : *Rec. CE*, 1983, p. 41, concl. Schwartz ; *AJDA*, 1993, p. 199 chr.

Le point le plus remarquable de cette théorie de la décision implicite est certainement qu'une décision administrative puisse valablement résulter du silence gardé par une personne publique pendant un certain temps. Le principe en la matière est que ce silence est une acceptation de la demande. Cependant le législateur a introduit de très nombreuses et complexes exceptions qui en atténuent la portée générale.

3°) Décisions insusceptibles de recours. Un tel intitulé peut surprendre. L'intérêt principal de la qualification de décision est précisément que les décisions, en tant qu'actes juridiques modifiant une situation juridique, sont par principe susceptibles de recours. Pourtant certains actes administratifs unilatéraux qui constituent à n'en point douter des décisions ne peuvent pas faire l'objet de recours pour excès de pouvoir.

Il en est ainsi des décisions de faible importance, en application de l'adage *De minimis non curat prætor*. On les appelle mesures d'ordre intérieur. Il peut s'agir des mesures purement gracieuses (à ne pas confondre avec les recours administratifs gracieux), telles la distribution de cadeaux aux enfants des agents publics, lors des « arbres de Noël »[33]. Il arrive aussi que ces mesures soient réglementaires, telles des interdictions nécessaires à assurer le fonctionnement interne d'une organisation, lorsqu'elles ne portent pas non plus atteinte aux droits des usagers[34]. Il s'agit le plus souvent de punitions, sanctions, internes à certaines organisations : caserne, prison, lycée, qui n'ont pas de conséquence sur la situation juridique des intéressés.

Cependant, dès lors que les mesures d'ordre intérieur, eu égard à la nature et à la gravité de la décision, ont un effet sur la situation juridique d'un individu, elles sont bien sûr, susceptibles de faire l'objet d'un recours pour excès de pouvoir. Peu importe l'institution au nom de laquelle la mesure d'ordre intérieur a été prise : n'y échappent ni l'école[35], ni l'armée[36], ni la prison[37], ni les assemblées délibérantes des collectivités locales[38].

c) *Les actes unilatéraux non décisoires.* Une grande quantité d'actes unilatéraux ont pour but de préparer l'édiction de décisions soit en tant qu'élé-

[33] CE, 4 novembre 1992, Ghirardi : *Dr. Adm.*, 1992, p. 516.

[34] CE, 21 octobre 1938, Lote : *Rec. CE*, 1938, p. 786.

[35] CE ass., 2 nov. 1992, Kherouaa et autres, *Rec. CE*, 1992, p. 389; *RFD adm.*, 1993, p. 112, concl. D. Kessler ; *RD publ.*, 1993, p. 220, note Sabourin.

[36] CE ass., 17 février 1995, Hardouin : *Rec. CE*, 1995, p. 82 ; *AJDA*, 1995, p. 421, chron.

[37] CE ass., 17 février 1995, Marie : *Rec. CE*, 1995, p. 83 ; *AJDA*, 1995, p. 420, chron., revenant sur une jurisprudence abondamment critiquée où le Conseil d'État avait considéré que les décisions ayant pour objet les conditions de détention d'un détenu dans un établissement pénitentiaire étaient des mesures d'ordre intérieur ne pouvant pas faire l'objet de recours pour excès de pouvoir : CE ass., 27 janvier 1984, Caillol : *Rec. CE*, p. 28 ; *RD publ.*, 1984, p. 483, concl. contr. Genevois ; *RFD adm.* 1984, p. 187, note Moderne.

[38] CE sect., 10 février 1995, Riehl : *AJDA* 1995, p. 370.

ments de la procédure, soit en fixant des règles de procédure, soit enfin en influençant leur contenu. Ces actes, parce qu'ils ne sont pas des décisions, sont insusceptibles de recours.

La distinction est parfois malaisée entre décisions et actes unilatéraux non décisoires. En aucun cas, il ne faudra être arrêté par la dénomination officielle de l'acte à qualifier.

1°) Mesures diverses dépourvues de caractère décisoire. Les vœux, les avis, les propositions, les actes types, les mises en demeure, ne sont pas des décisions. Cependant, pour se déterminer, le juge administratif examinera toujours le contenu de l'acte.

Ainsi, à titre d'exemple, les « avis » aux exportateurs et importateurs, publiés au Journal Officiel à l'initiative du ministre chargé de l'Économie et du commerce extérieur, sont en réalité des décisions[39]. Certaines « recommandations » d'autorités administratives indépendantes sont aussi des décisions[40].

De même, certains actes types seulement proposés par les personnes publiques et ne constituant que des modèles indicatifs de rédaction, ne sont pas des décisions : comme tels, les recours ne sont pas recevables contre eux[41]. Mais d'autres actes types, imposés en réalité à leurs destinataires, sont considérés comme des décisions, réglementaires qui plus est[42].

2°) Les circulaires. Essentiellement ministérielles, les circulaires sont des actes dans lesquels un chef de service fait savoir aux agents de ses services la façon qu'il juge la plus opportune pour procéder à l'application d'une législation, d'une réglementation et à l'instruction des dossiers. Elles prennent souvent la dénomination d'instruction ou de note de service.

Normalement, les circulaires sont interprétatives. Elles commentent les dispositions à appliquer, elles déterminent une procédure interne, des contrôles, des délais de transmission entre services (sur l'usage souhaitable des circulaires, voir... une circulaire du Premier ministre du 15 juin 1987, *D.* 1987.231). Ainsi, les circulaires ne s'adressent qu'aux agents des services, elles sont inopposables aux particuliers (même si elles sont publiées en application de l'article L. 312-2 du CRPA, obligation allégée par de nombreuses exceptions[43]). Etant une mesure interne, la circulaire ne peut donc pas être invoquée par un particulier

[39] CE sect., 28 juin 1974, Charmasson : *Rec. CE*, 1974, p. 376 ; *AJDA*, 1975, p. 33, note Durupty ; *RTD eur.*, 1975, p. 105, concl. R. Denoix de Saint-Marc.

[40] CE ass., 20 mai 1985, Labbé et Gaudin : *Rec.CE*, 1985, p. 157 ; *RFD adm.*, 1985, p. 554, concl. Roux.

[41] CE, 4 février 1983, Assoc. des médecins du travail : *Rec. CE*, 1983, p. 39.

[42] CE, 13 mai 1987, Synd. nat. prof. des médecins du travail : *Dr. Soc.*, 1987, p. 749, concl. de Clausade.

[43] CE 24 juill. 2019, Ligue des droits de l'homme, req. n° 427638.

pour en exiger l'application[44], ni *a fortiori* pour contester la légalité d'une décision. Elle ne peut évidemment pas directement faire l'objet d'un recours pour excès de pouvoir. La jurisprudence judiciaire d'ailleurs considère par principe toutes les circulaires comme interprétatives.

Néanmoins, la pratique administrative et contentieuse fait apparaître que, sous couvert d'une circulaire, sont fréquemment édictées des dispositions qui ont en réalité un caractère impératif. La circulaire ne se borne plus à commenter, elle contient des normes modifiant l'ordonnancement juridique et elle les impose aux agents. Le recours contre ces circulaires est donc admis et la jurisprudence en fixe les conditions de recevabilité. La distinction est ainsi formulée : circulaires donnant une interprétation des textes « dénuée de caractère impératif » ou au contraire circulaires contenant des « dispositions impératives à caractère général »[45]. Cette jurisprudence ne se limite d'ailleurs pas aux circulaires, mais s'étend à divers actes analogues[46].

Néanmoins, le fait que le recours soit jugé recevable selon cette distinction qui évite de préjuger de son bien-fondé, ne signifie pas qu'il aboutira à l'annulation de la circulaire. Les principes préalablement fixés[47] demeurent applicables, ainsi que le confirme l'arrêt Duvignières. Le juge administratif sanctionnera d'une part les circulaires qui ajoutent des normes d'application à celles qu'elles prétendent seulement commenter. Elles sont en effet de nature réglementaires puisqu'elles confèrent de nouveaux droits, ou imposent de nouvelles sujétions aux particuliers, au-delà de ce qui est prévu par la réglementation en vigueur[48]. Si le ministre ne détient pas de compétence réglementaire sur l'objet de la circulaire, cette dernière est illégale parce qu'elle émane d'une autorité incompétente. Le juge administratif pourra d'autre part annuler une circulaire n'ajoutant rien au droit existant mais qui, en raison de son caractère impératif, impose une interprétation erronée ou contient une contrariété à des normes supérieures à celles qu'elle prétend appliquer[49], ou possède simplement des vices propres[50].

3°) Les lignes directrices. Essentiellement ministérielles, les lignes directrices sont des actes adressés par un chef de service aux agents de ses services

[44] CE, 19 juin 1992, Bouchon : *AJDA*, 1992.528, chron.

[45] CE sect., 18 décembre 2002, Duvignières : *RFDA* 2003, p. 280, concl. P. Fombeur et p. 510 note J. Petit ; *AJDA* 2003, p. 483, chron.

[46] Par ex. les recommandations de bonnes pratiques médicales : CE, 26 sept. 2005, Conseil nat. de l'Ordre des médecins : *AJDA*, 2006, p. 308, note J.-P. Markus.

[47] CE ass., 29 janvier 1954, Instit. Notre-Dame du Kreisker : *Rec. CE*, 1954, p. 64 ; *AJDA*, 1954, n° 2, p. 5, chron.

[48] CE ass., 25 octobre 1991, Synd. nat. de l'enseignement chrétien CFTC et autres : *Rec. CE*, 1991, p. 134 ; *RFD adm.* 1992, p. 995, note C. Durand-Prinborgne.

[49] CE, 2 juin 2006, Chauderlot, n° 275416 : *Rec. CE*, 2006, p. 275.

[50] CE, 4 juin 2007, Ligue de l'enseignement, n° 289792 : *Rec. CE*, 2007, p. 643.

pour définir le contenu des décisions que ces derniers peuvent être amenés à prendre dans des circonstances précises de fait et de droit. Ces directives ne concernent pas la procédure de décision, mais les éléments devant déterminer la prise de décision. C'est une manière pour un ministre d'assurer une certaine cohérence des décisions de ses services notamment lorsqu'ils sont déconcentrés.

L'existence et la qualification de ces actes, appelés à l'époque « directives », ont été fixées dans un arrêt Crédit foncier de France[51]. Elles sont dorénavant qualifiées par le juge administratif de lignes directrices pour éviter toute confusion avec les normes européennes appelées directives.

L'originalité des lignes directrices est d'être un type d'actes intermédiaire entre règlements et circulaires. A la différence des règlements, les directives contiennent des normes d'orientation, qui ont un caractère indicatif et non impératif. L'autorité administrative subordonnée, chargée de l'application, aura toujours la faculté de s'écarter de la ligne fixée par les lignes directrices, après avoir examiné chaque affaire, en raison des particularités de celles-ci ou de nécessités d'intérêt général. A la différence des règlements encore, les lignes directrices ne modifient pas la situation juridique des particuliers[52], cela tout simplement parce qu'elles ne sont pas des décisions.

A la différence des circulaires, les lignes directrices sont opposables aux particuliers. L'autorité administrative peut se fonder sur elles pour justifier ses décisions. Elles sont aussi opposables aux personnes publiques, c'est-à-dire qu'un particulier peut faire valoir des lignes directrices devant le juge pour prouver qu'une décision ne s'y est pas conformée ou qu'elle y a indûment dérogé. Les lignes directrices peuvent enfin voir leur légalité contestée à propos d'un recours exercé par un particulier contre une décision qui en ferait application. Une ligne directrice est en général reconnue illégale lorsqu'elle n'est pas adaptée à son but, qui reste l'application d'une réglementation. L'illégalité d'une ligne directrice entraîne celle des décisions prises sur son inspiration.

C) *Règlements et décisions non réglementaires*

Parmi les décisions, certaines présentent des caractéristiques remarquables qui les distinguent des autres : il s'agit des règlements. Ce type de décisions possède en effet un régime juridique particulier. Tant au plan de la procédure d'élaboration, de la mise en vigueur, de la compétence juridictionnelle pour en connaître, des délais de recours, de l'exception d'illégalité, les règlements se différencient de toutes les autres décisions. Cependant, le caractère régle-

[51] CE sect., 11 décembre 1970, Crédit foncier de France : *Rec. CE*, p. 750, concl. Bertrand ; *RD publ.*, 1971, p. 1224, note M. Waline.

[52] CE sect., 29 juin 1973, *Soc. Gea :* Rec. CE, p. 453 ; *AJDA*, 1973, p. 587, chron., note C.-L. Vier, *RD publ.*, 1974, p. 547, note M. Waline ; *D* 1974.141, note M. Durupty, en conséquence à cette époque, les directives n'avaient pas à être publiées; la loi du 17 juillet 1978 puis le CRPA en ont disposé autrement.

mentaire d'une décision n'est pas toujours aisé à établir. A l'inverse, parmi les décisions non réglementaires, certaines sont aisées à identifier, quoique leur régime juridique ne présente aucun trait remarquable : il s'agit des décisions nominatives. Les autres décisions, dites atypiques, dépourvues à la fois de caractère réglementaire et de caractère nominatif, sont pour l'instant mal connues et ne se prêtent guère à une synthèse.

a) *Les décisions nominatives.* Une décision est nominative lorsque la norme qu'elle introduit dans l'ordonnancement juridique prend pour destinataire une ou plusieurs personnes nominativement désignées. On doit les appeler décisions individuelles lorsqu'elles portent sur une personne, décisions collectives lorsqu'elles en concernent plusieurs. Peu importe à cet égard que les personnes soit physiques ou morales, publiques ou privées. Ces décisions sont courantes (nomination de fonctionnaires : acte individuel pour un emploi à la discrétion du gouvernement, collectif pour la liste des candidats reçus à un concours).

Ces décisions nominatives peuvent être prises dans une forme aussi utilisée pour les actes réglementaires : décret ou arrêté par exemple[53]. Il est à noter que les actes de tutelle, actes par lesquels une autorité administrative approuve, suspend ou annule les délibérations soumises à son contrôle en application des textes législatifs et réglementaires sont des décisions nominatives[54].

b) *Les décisions réglementaires.* Une décision réglementaire est caractérisée en théorie juridique par sa portée générale et impersonnelle. Cela signifie précisément que la norme édictée est une norme générale. Peu importe cette fois le nombre de personnes concernées par l'acte, qu'elles soient désignées ou non par celui-ci, que l'acte ait une durée d'application déterminée ou indéterminée. De même, peu importe qu'il désigne ou non des catégories de destinataires, un acte réglementaire peut en effet se borner à qualifier une situation de fait pour lui donner des effets de droit, comme par exemple la déclaration de catastrophes naturelles[55]. En tant qu'il constitue une décision, le refus de prendre un règlement est lui-même une décision susceptible de recours, et cette décision possède par analogie un caractère réglementaire[56].

Constituent toujours des actes réglementaires les mesures d'organisation du service public[57], les modifications apportées à un acte réglementaire[58],

[53] CE sect., 27 novembre 1987, Assoc. recherche pour une communication nouvelle : *Rec. CE*, 1987, p. 381 ; *RD publ.* 1988, p. 868, concl. M. Fornacciari, cas d'un arrêté ministériel.

[54] CE, 12 juin 2002, Synd. interdép. de la protection sociale Rhône-Alpes CFDT, n° 231800 : *AJDA* 2002, p. 848, concl. S. Boissard ; mais il n'en a pas toujours été ainsi, revir. de CE ass., 8 janvier 1971, URSSAF des Alpes-maritimes : *Rec. CE*, 1971, p. 11, concl. Vught ; *AJDA*, 1971, p. 160, note Ferrari.

[55] CE, 10 février 1993, Ets Jean Diant et Cie : *AJDA*, 1993, p. 580, obs. X. Prétot.

[56] CE ass., 8 juin 1973, Richard : *Rec. CE*, 1973, p. 405 ; *AJDA*, 1974, p. 218.

[57] CE sect., 13 juin 1969, Commune de Clefcy (Vosges) : *Rec. CE*, 1969, p. 308 ; *AJDA*, 1969.428, chron. - CE, 26 février 1975, Garrigou : *Rec. CE*, 1975, p. 154.

[58] CE ass., 8 novembre 1974, Assoc. des élèves de l'ENA : *Rec. CE*, 1974, p. 541.

les clauses essentielles des contrats types transférant la gestion d'un service public[59], les décisions de délégation de signature[60].

c) *Les décisions atypiques, ni réglementaires, ni nominatives.* Ces décisions produisent des normes dépourvues à la fois de caractère nominatif et de caractère réglementaire[61]. Il est d'usage de dire que ces actes édictent des normes d'espèce ou normes particulières, qui modifient une situation juridique ou réalisent une opération juridique sans désigner directement les personnes auxquelles ils s'appliquent, mais sans pour autant posséder une portée générale[62]. Ces décisions ne font que réaliser une qualification juridique précise afin que puisse ensuite s'appliquer à des cas particuliers une réglementation existante sans créer ni modifier cette dernière.

Il ne s'agit pas à proprement parler d'une catégorie, mais d'actes échappant à la catégorisation précédente. Appartiennent à cette catégorie résiduelle les décisions qui déclenchent des opérations administratives complexes, par exemple celles déterminant le nombre d'établissements distincts dans une entreprise[63]; celles d'ouverture et d'organisation des concours de la fonction publique[64]; les déclarations d'utilité publique, qui permettent de procéder à des expropriations[65]. Il en est de même des décisions de classement ou d'inscription sur des listes diverses ou dans un périmètre particulier[66], ainsi que des décisions de constatation[67].

Quant à leur régime juridique (publicité, contestation), si certaines décisions atypiques ont pu suivre celui des décisions nominatives[68], les plus nombreuses sont tout de même plus proches de celui des décisions réglementaires[69], notamment quant à l'absence de motivation et à la publication.

[59] CE sect., 23 février 1968, Picard : *Rec. CE*, 1968, p. 131.

[60] CE, 29 juin 1990, De Marin : *Rec. CE*, 1990, p.183 ; *AJDA*, 1990, p. 830, obs. J. Moreau.

[61] Code des relations entre le public et l'administration, art. L. 200-1.

[62] I. Poirot-Mazeres, « Les décisions d'espèce » : *RDP*, 1992, p. 443.

[63] CE, 11 octobre 1985, Féd. nat. des synd. de cadres des ind. chimiques : *Rec. CE*, 1985, p. 455, explicite sur ce point : la décision ne constitue pas un acte réglementaire mais n'a pas pour autant le caractère d'une décision individuelle.

[64] CE, 17 juin 1988, Commune de Garges-lès-Gonesse : *Rec. CE*, 1988, p. 658, *D.* 1989. SC.377, obs. Llorens et Soler-Couteaux.

[65] CE, 6 mars 1987, Commune de Saint-Egrève : *RD publ.*, 1988, p. 564, défaut de caractère nominatif ; CE ass., 14 février 1975, Epoux Merlin : *Rec. CE*, 1975, p. 110 ; *AJDA*, 1975.229, chron., *RD publ.*, 1975, p. 1705, note M. Waline, défaut de caractère réglementaire.

[66] CE, 2 novembre 2005, Association Coordination des syndicats de la baie de l'Aiguillon, n° 269007 : *Rec. CE*, 2005, p. 693, pour un site Natura 2000.

[67] CE, 24 février 2006, Commune de Mourenx : *Rec. CE*, 2006, p. 87 ; *JCP A*, 2006, p. 331, concl. Y Aguila, pour une déclaration de catastrophe naturelle.

[68] CE, 19 janvier 1990, Soc. fr. de revues : *AJDA*, 1990, p. 96, chron.

[69] CE sect., 6 février 1976, Union CFDT-CFTC : *Rec. CE*, 1976, p. 87 - CE sect., 23 mars 1979, Commune de Bouchemaine : *Rec. CE*, 1979, p. 127, concl. D. Labetoulle ; *AJDA*, 1979, n° 5, p. 80, chron.

3. La nature administrative de l'acte

Un acte émanant d'une personne publique ou d'une personne privée spécialement habilitée peut être, ou non, un acte administratif. C'est la question des critères de la nature administrative de l'acte.

Les actes d'une personne publique, qu'il s'agisse d'actes unilatéraux ou de contrats, ne sont pas tous des actes administratifs, soumis à un régime de droit public et à l'appréciation de la juridiction administrative en cas de contestation. Beaucoup de ces actes sont soumis à un régime de droit privé et leur contentieux appartient à l'ordre juridictionnel judiciaire.

Inversement, certaines personnes privées qui ont reçu par voie unilatérale ou contractuelle la charge de gérer un service public sont amenées à produire des actes que la jurisprudence qualifie d'actes administratifs et qu'elle soumet à un régime de droit public et au contentieux administratif.

Pour ces deux raisons, il est nécessaire de préciser dans quelles conditions et par quels moyens est reconnue la nature administrative d'un acte. Les deux modes de reconnaissance de cette nature administrative varient selon qu'ils s'agit d'actes unilatéraux décisoires ou de contrats. Il conviendra donc de les distinguer à ce propos.

A) *La nature administrative d'une décision*

En présence d'une décision, la qualification d'acte administratif doit être séparée en deux cas : celui où la décision émane d'une personne publique, et celui où elle émane d'une personne privée.

a) *Décisions émanant d'une personne publique.* L'état du droit administratif permet d'affirmer encore un principe simple. Les décisions émanant des personnes publiques sont présumées dotées d'une nature administrative. Autrement dit, ces actes sont par principe des actes administratifs.

1°) Fondement du principe. Le principe est simple mais son fondement n'est pas précisé par la jurisprudence. Il semble que les décisions des personnes publiques soient des actes administratifs surtout parce que personne n'a sérieusement contesté qu'il en soit ainsi. Les décisions prises par des ministres, des conseils généraux, régionaux ou municipaux ne sauraient être que des actes administratifs parce qu'ils émanent d'autorités administratives qui ont été généralement ou spécialement habilitées à produire des actes au nom d'une personne publique dans le cadre d'une fonction administrative. L'évidence organique prévaut souvent sur la recherche des sources formelles du droit. Cependant, en cas de doute, il sera possible de recourir à la notion de prérogatives de puissance publique dont la présence implique nécessairement la nature administrative de l'acte[70].

[70] TC, 21 mars 1983, Consorts Raphanel et Époux Dumanchin (2 arrêts) : *Rec. CE*, 1983, p. 538, *RD publ.*, 1983, p. 1629, note J.-M. Auby.

2°) Portée du principe. Le principe est général, il trouve à s'appliquer quelles que soient les décisions, réglementaires ou non réglementaires. Mais s'il n'y a pas d'exception reconnue dans le cas des décisions réglementaires, il en est d'importantes en revanche pour certaines décisions non réglementaires.

• Les décisions non réglementaires de gestion des services publics à caractère industriel et commercial

Le principe de base en la matière est que la personne publique a souhaité fournir des prestations en se plaçant par principe sous un régime dominant de droit privé. Les décisions prises par les personnes publiques responsables de ces services sont donc des actes de droit privé et relèvent des tribunaux judiciaires, tant en ce qui concerne les rapports avec les usagers potentiels[71], qu'avec le personnel[72].

• Les décisions non réglementaires de gestion du domaine privé.

Les personnes publiques gèrent la partie de leur patrimoine qui n'est pas affecté à l'usage public comme n'importe quel propriétaire privé. Les décisions d'autorisation de circulation, de passage, d'occupation, d'exploitation du domaine privé sont donc des actes de droit privé et relèvent des tribunaux judiciaires[73].

Il n'en va autrement que lorsque la décision est reconnue détachable de la seule gestion du domaine privé. C'est le cas, logiquement, lorsque le domaine privé n'est que le support accessoire de l'exécution d'un service public administratif[74]. C'est aussi le cas, d'une manière beaucoup plus contestable, d'actes reconnus détachables sans motifs clairs par le Conseil d'État, qui tend à considérer comme tels les principaux actes de gestion domaniale comme les cessions ou les achats[75], sauf lorsqu'ils posent des problèmes de responsabilité[76].

b) *Décisions émanant d'une personne privée*. Par analogie, on peut énoncer le principe selon lequel les décisions émanant des personnes privées sont

[71] CE, 18 décembre 1957, Commune de Golbey : *Rec. CE*, 1957, p. 686, refus par un maire de l'autorisation de se brancher sur un réseau d'eau.

[72] CE, 8 mars 1957, Jalenques de Labeau : *Rec. CE*, 1957, p. 158 ; *D* 1957, p. 378, concl. Mosset, note de Laubadère.

[73] CE, 23 juillet 1931, Dame Grand d'Esnon : *Rec. CE*, 1931, p. 837; CE, 20 janvier 1984, Soc. civ. du domaine du Bernet : *Rec. CE*, 1984, p. 12 ; *RD publ.*, 1984, p. 1708.

[74] CE, 3 mars 1975, Courrière : *Rec. CE*, 1975, p. 165, *AJDA*, 1975, p. 233, chron. : l'autorisation de coupe de bois dans une forêt appartenant au domaine privé d'une personne publique est relative à l'exécution du service public de protection de la forêt et constitue donc un acte administratif détachable de la gestion du domaine privé.

[75] TC, 5 mars 2012, Dewailly, n° 3833 : *Rec. CE*, 2012, p. 506 ; *JCP A*, 2012, 2180, note J. Martin.

[76] CE sect., 17 novembre 1980, Gaillard : *Rec. CE*, 1980, p. 378 ; *AJDA*, 1981, p. 312, concl. D. Labetoulle.

présumées de nature privée. Par principe, ces décisions sont des actes privés soumis à un régime de droit privé.

Cependant, on sait que les décisions des personnes privées chargées de la gestion d'un service public *administratif* peuvent être des actes administratifs. Il s'agit de la conséquence de la jurisprudence Monpeurt-Magnier[77]. Il faut tout de même préciser que ces décisions ne sont aisément reconnues comme des actes administratifs que lorsqu'elles matérialisent une prérogative de puissance publique. L'arrêt Magnier, s'agissant de la fixation d'une participation financière obligatoire, précise que les décisions prises pour l'accomplissement du service public sont administratives *en raison de* l'existence d'une prérogative de puissance publique. Cette jurisprudence est confirmée de manière constante[78].

Mais, en revanche, le pouvoir de décision mis en œuvre par des personnes privées pour leur organisation interne, qui ne concerne pas l'activité de service public administratif, ne constitue pas une prérogative de puissance publique et relève du droit privé normalement applicable à la personne privée[79]. Cette solution reçoit une application importante dans les rapports entre la personne privée et son personnel, qui se trouve donc dans une situation de droit privé[80].

Lorsque, au contraire, les personnes privées sont amenées à gérer un service public à caractère *industriel et commercial*, toutes les décisions nominatives même prises en vue du fonctionnement du service public, sont des actes de droit privé. Cependant, certains actes réglementaires peuvent être qualifiés d'actes administratifs. Cela n'est pas en vertu de l'existence de prérogatives de puissance publique, mais parce qu'ils sont relatifs à l'organisation du service public. En effet, la jurisprudence du Tribunal des conflits reconnaît un caractère pleinement administratif à ces actes réglementaires depuis 1968[81].

[77] CE ass., 31 juillet 1942, Monpeurt : *Rec. CE*, 1942, p. 239, *RD publ.*, 1943, p. 57, concl. Ségalat, note R. Bonnard; CE sect., 13 janvier 1961, Magnier : *Rec. CE*, 1961, p. 32, *RD publ.*, 1961, p. 155, concl. J. Fournier; *AJDA*, 1961, p. 142, note C.P.

[78] TC, 2 mai 1988, Soc. Georges Maurer : *Rec. CE*, 1988, p. 488; CE, 8 juin 1988, Gradone : *Rec. CE*, 1988, p. 231 ; *RFD adm.*, 1988, p. 737; CE, 31 mars 1995, Touzet et Desaunay (2 arrêts) : *AJDA*, 1995, p. 562, concl. J. Arrighi de Casanova.

[79] CE, 20 juin 1946, Morand : *Rec. CE*, 1964, p. 183 ; *S.* 1947.3.19, note P.H.; CE sect., 21 mai 1976, GIE Brousse-Cardell : *Rec. CE*, 1976, p. 268 ; *AJDA*, 1977, p. 42, concl. Grévisse.

[80] TC, 20 novembre 1961, Centre rég. de lutte contre le cancer Eugène-Marquis : *Rec. CE*, 1961, p. 879 ; *AJDA*, 1962, p. 17, chron. ; *RD publ.*, 1962, p. 964, note M. Waline ; *D.* 1962, p. 389, note A. de Laubadère.

[81] TC, 15 janvier 1968, Epoux Barbier : *Rec. CE*, 1968, p. 789 concl. J. Kahn ; *RD publ.*, 1968, p. 193, note M. Waline; *AJDA*, 1968, p. 225, chron. : le règlement établi par le Conseil d'administration d'une compagnie aérienne, exigeant le célibat pour les hôtesses de l'air, contient des dispositions qui sont des " éléments de l'organisation du service public exploité ", en conséquence il s'agit d'un acte administratif.

L'évolution ultérieure[82] a permis de préciser ce critère jurisprudentiel de l'organisation du service public pour qualifier un règlement privé d'acte administratif : par exemple, " le statut des relations collectives entre la SNCF [personne formellement privée à l'époque], et son personnel touche à l'organisation du service public "[83] ainsi que les règles relatives aux congés payés[84]; mais les règlements pris par la SNCF relativement aux régimes de retraite de son personnel ne sont pas des actes administratifs parce qu'ils ne concernent pas l'organisation du service public[85].

B) *La nature administrative d'un contrat*

Les contrats conclus par les personnes publiques peuvent être de deux sortes. Soit l'action de ces personnes peut se contenter des cadres juridiques courants, ce qui relève d'une appréciation d'opportunité, et dans ce cas leurs contrats sont assimilés à ceux des particuliers, soumis au droit privé et au juge judiciaire. Soit il a semblé nécessaire de sortir de ce cadre, de prévoir des règles particulières, plus adaptées à l'intervention et le contrat doit être considéré comme de nature publique, soumis au droit administratif et contrôlé par la juridiction administrative.

Il existe des cas où le doute n'est pas permis : ceux où les contrats ont bénéficié d'une qualification législative expresse. On appelle ces contrats « contrats administratifs par détermination de la loi ». Les deux exemples les plus connus et les plus vastes sont les marchés de travaux publics (en application originelle de la loi du 28 pluviôse an VIII, puis plus récemment du Code de la Commande publique), et les contrats portant occupation du domaine public (en application originelle du décret-loi du 17 juin 1938, puis récemment du Code de la propriété des personnes publiques). Un exemple moins connu est celui des ventes d'immeubles du domaine privé de l'Etat (solution de l'an VIII afin que le contentieux des biens des émigrés soit jugé par la juridiction administrative). Mais il en existe une grande quantité prévue par des lois spéciales[86].

[82] CE, 14 novembre 1984, Syndicat de l'aéronautique civile : *Rec. CE*, 1984, p. 361 ; CE, 27 mars 1985, Bourhis et autres : *Rec CE*, 1985, p. 91.

[83] TC, 26 octobre 1981, Grostin : *Rec. CE* 1981, p. 656 ; *RD publ.*, 1982, p. 1139.

[84] CE ass. 7 juillet 1995 M. Damiens et autres : n° 146028, 149495 à 149497 ; *AJDA*, 1995, p. 692 chron.

[85] TC, 12 juin 1961, Rolland : *Rec. CE*, 1961, p. 866 ; *AJDA*, 1961, p. 606, chron.; *RD publ.*, 1962, p. 725, note M. Waline.

[86] Par ex. contrats d'association à l'école prévus par la loi de programmation pour l'école n° 95-836 du 13 juillet 1995 par lesquels un établissement public local d'enseignement peut confier la charge d'activités éducatives à des demandeurs d'emploi.

Il existe par ailleurs des blocs de compétence posés par la jurisprudence. D'une part, le contentieux des services publics à caractère administratif avec leurs agents est un bloc de compétence administrative. Dans tous ces litiges, les agents sont considérés comme des agents publics, leur contrat est toujours administratif et le contentieux appartient à la juridiction administrative[87]. D'autre part, le contentieux des services publics à caractère industriel et commercial avec leurs usagers est un bloc de compétence judiciaire. Dans tous les cas de litiges répondant à cette situation, la compétence pour en connaître appartient à la juridiction judiciaire[88].

Cependant, en présence d'un contrat, il est parfois difficile de savoir s'il est de nature publique ou privée, c'est-à-dire de le qualifier de contrat administratif ou de contrat privé. Là encore, le droit administratif n'est pas formaliste et ne saurait s'en tenir par exemple à la dénomination de l'acte telle qu'elle a pu être donnée par les parties[89].

L'évolution jurisprudentielle récente invite à distinguer, pour l'examen de la question, les contrats conclus entre personnes publiques, ceux conclus entre une personne publique et une personne privée, et enfin ceux conclus entre personnes privées.

a) *Contrats conclus entre personnes publiques*. Le principe est simple, il a été posé par le Tribunal des conflits[90] à propos d'un contrat entre l'Etat et le CNEXO, établissement public), et repris par le Conseil d'État[91]. On peut l'énoncer ainsi : un contrat conclu entre deux personnes publiques revêt en principe un caractère administratif, il est présumé administratif.

Ce principe connaît cependant une inversion, que rappellent le Conseil d'État dans l'arrêt précité et le Tribunal des conflits[92]. Lorsque le contrat, *en raison de son objet* " ne fait naître entre les parties [personnes publiques] que des rapports de droit privé ", il est présumé ne pas être un contrat administratif. C'est le cas par exemple d'un contrat de bail entre personnes publiques, ou des contrats de prestations de services publics à caractère industriel et commercial,

[87] TC, 25 mars 1996, Préfet de la Région Rhône-Alpes c. Berkani : *Rec. CE*, 1996, p. 535, concl. P. Martin ; *AJDA*, 1996, p. 355, chron.

[88] CE, 13 octobre 1961, Ets Campanon-Rey : *Rec. CE*, 1961, p. 567 ; *AJDA*, 1962, p. 98, concl. Heumann, note de Laubadère ; *D.* 1962, p. 506, note Vergnaud ; TC, 17 décembre 1962, Dame Bertrand : *Rec. CE*, 1962, p. 831, concl. Chardeau ; *AJDA*, 1963, p. 88, chron.

[89] TC, 9 juin 1986, Fabre : *RD publ.*, 1987, p. 1682.

[90] TC, 21 mars 1983, Union des assurances de Paris : *Rec. CE*, 1983, p. 537 ; *AJDA*, 1983, p. 356, concl. D. Labetoulle ; *Rev. Adm.* 1983, p. 368, note B. Pacteau.

[91] CE, 11 mai 1990, Bureau d'aide sociale de Blénod-lès-Pont-à-Mousson : *AJDA*, 1990, p. 614, note F. Colly.

[92] TC, 7 octobre 1991, CROUS de l'académie de Nancy-Metz : *Rec. CE*, 1991, p. 472 ; *AJDA*, 1992, p. 157, obs. L. Richer.

conclus entre la personne publique prestataire et une personne publique usager (EDF et les collectivités territoriales par exemple).

b) *Contrats conclus entre personnes privées.* On peut également poser le principe, analogue au précédent, selon lequel les contrats conclus entre personnes privées sont présumés être des contrats de nature privée, c'est-à-dire des actes régis par le droit privé[93]. Ce principe est, selon le Tribunal des conflits, doté d'une valeur législative[94], et il s'applique même aux contrats ayant pour objet l'exécution de travaux publics ou d'un service public, même s'ils se réfèrent aux dispositions du Code de la commande publique[95].

Ce principe connaît lui aussi des exceptions, dont la plus notable est celle du contrat conclu «pour le compte de la personne publique», expression qui peut recouvrir des situations différentes. Il peut s'agir d'un contrat conclu en application d'un mandat formel préalable régi par les règles du droit civil, et dans ce cas, la personne publique est en réalité partie au contrat[96].

Mais il peut aussi s'agir d'un mandat administratif[97]. En l'absence de mandat formel entre la personne publique et la personne privée chargée de la gestion d'un service public, il peut arriver que la personne publique intervienne indirectement dans un contrat conclu entre des personnes privées (des clauses marquent une dépendance à ses décisions ou à son contrôle, on lui remet les ouvrages construits[98], elle cautionne des prêts, elle subventionne les travaux[99] etc.), au point que l'une des personnes privées ne puisse pas être vue comme agissant dans son intérêt propre.

Cette exception au principe est toutefois strictement encadrée par la jurisprudence[100]. Par exemple, elle exige que le pouvoir de contrôle exercé par la

[93] TC, 10 janvier 1983, Centre d'action pharmaceutique : *Rec. CE*, 1983, p. 535 ; *AJDA*, 1983, p. 539, obs. J. Moreau ; *JCP* 1983, 19938, concl. Gulphe ; *Dr. Soc.* 1983, p. 645, note X. Prétot.

[94] TC, 26 juin 1989, Soc. an. Comp. gén. d'entr. de chauffage : *D.* 1990.SC.191, obs. X. Prétot.

[95] CE, 20 décembre 1961, Soc. de l'autoroute Estérel-Côte d'Azur : *Rec. CE*, 1961, p. 274 ; *AJDA*, 1962, p. 288, chron.; TC, 19 janvier 1972, Entr. Solon et Barrault : *Rec. CE*, 1972, p. 944 ; *RD publ.*, 1972, p. 465, concl. Braibant ; *AJDA*, 1972, p. 353, note Dufau ; *JCP*, 1973, 17312, note F. Moderne.

[96] CE sect., 2 juin 1961, Leduc : *Rec. CE*, 1961, p. 365 ; *AJDA*, 1961, p. 345, concl. G. Braibant.

[97] M. Canedo, *Le mandat administratif*, LGDJ, coll. Bibl. de droit public, t. 216.

[98] CE, 30 mai 1975, Soc. d'équipement de la région montpelliéraine : *Rec. CE* 1975, p. 326 ; *AJDA* 1975, p. 345, chron. ; *D.* 1976, p. 3, note F. Moderne, contrats d'aménagement.

[99] TC, 7 juillet 1975, Commune d'Agde : *Rec. CE* 1975, p. 797.

[100] CE, 25 octobre 2017, n° 404481, Société les compagnons paveurs, *AJDA* 2018, p. 255 ; TC, 11 décembre 2017, n° 4103, Commune de Capbreton, *AJDA* 2018, p. 267, chron. S. Roussel et Charline Nicolas.

personne publique excède nettement les pouvoirs habituels du propriétaire sur l'entreprise de travaux transformant son bien[101] ; ou encore que la personne privée ne se borne pas à appliquer des normes réglementaires générales, mais perde véritablement l'initiative de ses actions[102].

Par ailleurs, si ce contrat peut être reconnu administratif parce que l'on suppose satisfait le critère organique, il ne le sera effectivement que si est réalisé un second critère, qui est le même que celui exigé dans les contrats conclus entre une personne publique et une personne privée.

c) *Contrats conclus entre une personne publique et une personne privée.* Ces contrats sont déclarés administratifs lorsque s'avère satisfait un critère alternativement matériel ou fonctionnel. Soit l'objet du contrat est l'exécution même du service public (critère fonctionnel), soit le contenu du contrat est exorbitant du droit commun (critère matériel).

a') *L'objet du contrat : l'exécution même du service public.* L'objet du contrat peut être défini comme l'activité qu'il permet de réaliser (travaux, vente, location, prestation de services). Il s'agit d'un point de vue fonctionnel. Mais cet objet, relatif au service public, est triple.

1. *L'exécution même du service public est confiée au cocontractant privé de la personne publique.* Le contrat est alors administratif. L'état du droit résulte de la jurisprudence Époux Bertin[103]. Au moment de la Libération, en 1944, les époux Bertin avaient accepté d'assurer l'hébergement de ressortissants soviétiques, en vertu d'un contrat verbal. Le Conseil d'État a estimé qu'il s'agissait de l'exécution même du service public chargé d'assurer le rapatriement des réfugiés.

On peut classer dans cette catégorie les contrats de concession de service public qui ont précisément pour objet de confier à une personne privée la charge de gérer un service public[104]. Plus généralement aujourd'hui, ces contrats relèvent de la catégorie des concessions du Code de la commande publique et des " conventions de délégation de service public " régies par le Code général des collectivités territoriales.

2. *Les contrats qui constituent l'une des modalités de l'exécution même du service public.* En pratique, il s'agit des contrats conclus avec les usagers des services publics à caractère administratif. L'état du droit résulte de la

[101] TC, 16 juin 2014, Soc. d'exploitation de la Tour Eiffel, n° 3944.

[102] TC, 9 mars 2015, Soc. des autoroutes du Sud de la France, n° 3992 : *RFDA*, 2015, p. 270, concl. N. Escaut, note M. Canedo-Paris.

[103] CE sect., 20 avril 1956, Époux Bertin : *Rec. CE*, 1956, p. 167 ; *AJDA*, 1956, n° 2, p. 272, concl. M. Long, chron. ; *RD publ.*, 1956, p. 869, note M. Waline ; *D.* 1956, p. 433, note A. de Laubadère.

[104] CE, 4 mars 1910, Thérond : *Rec. CE*, 1910, p. 193, concl. Pichat ; *RD publ.*, 1910, p. 249, note Jèze ; *S.* 1991, 3, 17, note Hauriou, pour l'enlèvement des chiens errants; TC, 22 avril 1990, GIE Copagau : *Dr. Adm.* 1990, 389, pour l'enlèvement des automobiles.

jurisprudence Consorts Grimouard[105]. Les contrats passés en vue des opérations de reboisement, par les services des Eaux et Forêts, avec les propriétaires concernés usagers du service public de la mise en valeur de la forêt, sont des contrats administratifs. Les contrats de prêt pour la réinstallation des rapatriés d'Outre-mer, sont conclus avec des usagers du service public administratif d'aide aux rapatriés et constituent des modalités de l'exécution même de ce service public[106].

3. *Le contenu du contrat : un caractère exorbitant.* Même si le contrat n'a pas pour objet l'exécution même du service public, il peut être reconnu administratif en raison de la satisfaction d'un autre critère : son caractère exorbitant. Le contenu du contrat liant une personne publique à une personne privée peut avoir intrinsèquement un caractère exorbitant : certaines de ses clauses sont exorbitantes du droit commun. Il peut aussi recevoir ce caractère exorbitant en raison de dispositions qui lui sont extérieures mais qui régissent son contenu, c'est le régime exorbitant.

Une remarque doit être faite : l'adjectif exorbitant doit s'entendre par rapport au centre qu'on lui suppose. Il faut entendre exorbitant du droit commun des contrats, c'est-à-dire d'une branche particulière du droit privé.

d) *Les clauses exorbitantes.* C'est quantitativement le cas le plus fréquent d'application du critère. Il s'agit de l'application de la jurisprudence classique dite des Granits[107]. La ville de Lille y avait conclu un contrat de droit privé pour la fourniture de pavés selon les règles et conditions des contrats intervenus entre les particuliers, ce qui signifie que la solution eût été inverse dans le cas où des clauses exorbitantes auraient été détectées.

Qu'entend-on par clauses exorbitantes ? Celles qui ont pour objet de conférer aux parties des droits ou des obligations étrangers par leur nature à ceux qui sont susceptibles d'être librement consentis par quiconque dans le cadre des lois civiles et commerciales. Elles sont insérées dans les contrats en vue de garantir les exigences de l'intérêt général. A titre d'exemple, constituent des clauses exorbitantes, celles qui prévoient la faculté pour la personne publique de résilier unilatéralement le contrat[108], le droit de contrôler les résultats financiers[109], un régime fiscal dérogatoire[110].

[105] CE sect., 20 avril 1956, Consorts Grimouard : *Rec. CE*, 1956, p. 168 ; *AJDA*, 1956, n° 2, p. 221 chron. ; *RD publ.*, 1956, p. 1058, concl., note M. Waline.

[106] CE sect., 18 juin 1976, Dame Culard : *Rec. CE*, 1976, p. 319 ; *AJDA*, 1976, p. 579, note M. Durupty.

[107] CE, 31 juillet 1912, Soc. des Granits porphyroïdes des Vosges : *Rec. CE*, 1912, p. 909, concl. L. Blum ; *RD publ.*, 1914, p. 145, note G. Jèze.

[108] CE ass., 26 février 1965, Soc. du vélodrome du Parc des Princes : *Rec. CE*, 1965, p. 133 ; *RD publ.*, 1965, p. 506, concl. Bertrand et 1175, note M. Waline.

[109] CE sect., 10 mai 1963, Soc. coop. agri. de prod. La Prospérité fermière, *Rec. CE* 1963, p. 289 ; *RD publ.*, 1963, p. 584, concl. G. Braibant.

[110] TC, 13 juin 1955, Stanesco : *Rec. CE*, 1955, p. 620.

Les controverses sur la définition des clauses exorbitantes par leur contenu ont cessé à la suite d'une décision du Tribunal des Conflits[111], qui préfère les définir par un critère téléologique comme des clauses qui « notamment par les prérogatives reconnues à la personne publique contractante, impliquent, dans l'intérêt général, qu'il relève du régime exorbitant des contrats administratifs ».

e) *Le régime exorbitant.* Cette expression est tirée du texte d'un arrêt du Conseil d'État[112]. L'idée est ici que le contenu d'un contrat peut se trouver changé par des éléments de son régime, imposés de l'extérieur par la loi ou le règlement.

Il en est ainsi des contrats par lesquels EDF achetait l'électricité fabriquée par de petits producteurs. La distribution de l'électricité étant à l'époque un monopole, sinon sa production, les producteurs sont obligés par la loi à contracter avec EDF et à soumettre leurs litiges au ministre chargé de l'énergie avant tout recours juridictionnel.

Il existe donc des contrats administratifs par leur régime exorbitant[113]. Cela ne signifie pas que le juge administratif qualifie le contrat au vu d'un halo d'éléments du régime contractuel voulu par les parties, mais qu'il se fonde sur le caractère exorbitant du droit commun que contient leur cadre législatif et réglementaire. Il s'agit presque de contrats administratifs par détermination indirecte de la loi, le juge administratif se bornant à qualifier ce que la loi aurait aussi bien pu nommer. La jurisprudence semble cependant devenir réticente à l'utilisation de la notion de régime exorbitant[114].

[111] TC, 13 octobre 2014, Soc. Axa France, n° 3963 : *Rec. CE*, 2014, p. 471 ; *RFDA*, 2014, p. 1068, concl. F. Desportes ; *JCP A*, 2015, 2010, note H. Pauliat.

[112] CE Sect., 19 janvier 1973, Soc. d'exploitation électrique de la rivière du Sant : *Rec. CE*, 1973, p. 48 ; *AJDA*, 1973, p. 358, chron. ; *Rev. Adm.*, 1973, p. 633, note Amselek, *CJEG*, 1973, p. 239, concl. Rougevin-Baville, note Carron; ultérieurement reprise par TC, 24 avril 1978, Soc. Boulangerie de Kourou : *Rec. CE*, 1978, p. 645 ; *D.* 1978, p. 584, note P. Delvolvé.

[113] La solution n'est pas nouvelle s'agissant du service public : CE, 23 mai 1924, Soc. Les affréteurs réunis : *Rec. CE*, 1924, p. 498 ; *S.* 1926, 3, 10, concl. Rivet.

[114] TC, 16 janvier 1995, Préfet de la Région Ile-de-France : *CJEG*, 1995, p. 259, note Delpirou,

NATURALEZA Y CATEGORIZACIÓN DE LOS ACTOS ADMINISTRATIVOS

GILLES J. GUGLIELMI*

El acto administrativo constituye, ante todo, una categoría jurídica forjada por los intérpretes del derecho administrativo francés a los efectos del control contencioso ejercido por el Consejo de Estado a partir del siglo XIX[1]. Corresponde también, en sustancia, a una necesidad instrumental de las autoridades administrativas competentes para actuar, responsables de concretar las decisiones y operaciones materiales requeridas por las estrategias políticas de la acción pública y de hacerlo ceñido al marco jurídico vigente[2]. Por estas dos razones fundamentales, la expresión "acto administrativo", que podría comprender la totalidad de las actuaciones voluntarias de las autoridades administrativas, es decir también las operaciones materiales, es usualmente utilizada para designar únicamente a los actos jurídicos.

Los actos jurídicos, definidos como manifestaciones de voluntad destinadas a producir efectos jurídicos, son en todo caso la razón de ser de la actividad administrativa. En efecto, además de que la función administrativa de reglamentación, de ejecución, de control y de policía no es concebible sin la producción de actos jurídicos, la función de prestación, desarrollada especialmente en las actividades de servicio público, necesita actos jurídicos de definición estratégica, de organización o de gestión, como requisito previo de las actuaciones materiales de ejecución del servicio.

El acto administrativo queda así marcado de forma permanente por un doble sello. Para las autoridades administrativas actuantes, es un instrumento cuyos deslindes son tan heterogéneos como sus usos[3]. Para el juez administrativo, constituye un criterio para delimitar su propia competencia jurisdiccional, sea respecto de actos de gobierno, de legislación y de jurisdicción que no le corresponde conocer, como de actos ciertamente administrativos, pero cuyo contenido jurídico no amerita un reproche contencioso.

* Catedrático de derecho público en la Universidad de París II Panthéon-Assas

[1] F. BLANCPAIN et A.-L. GIRARD, *La formation historique de la théorie de l'acte administratif unilatéral*, Dalloz, coll. Nelle Bibl. de thèses, 2013.

[2] E. LAFERRIERE, *Traité de la juridiction administrative et des recours contentieux*, 1896, t. II, pág. 33 y ss.

[3] B. DEFOORT, *La décision administrative*, LGDJ, coll. Bibl. de droit public, 2015.

Esta dialéctica entablada durante más de dos siglos entre el administrador activo y el juez independiente especializado explica que el legislador nunca haya querido abordar la cuestión de manera general. El acto administrativo se ubica en el ámbito de competencia del gobierno y de las autoridades administrativas constituyendo el ejercicio mismo de sus atribuciones de actuación, consistentes en aplicar la ley o realizar las tareas que no corresponden al nivel legislativo. Compete al juez administrativo rectificar, de ser necesario y para situaciones particulares, las actuaciones jurídicas de las autoridades administrativas, en un hacer subordinado a la norma general definida por el legislador, que no puede ingresar en tal género de detalles. La ley, por tanto, solo interviene en el régimen de los actos, para dar garantías a los ciudadanos (obligación de publicidad, de motivación, por ejemplo) pero cuando el legislador diseña, al final de un esfuerzo inhabitual, el primer "código de las relaciones entre el público y la administración" (CRPA), recurre a una lista de actos administrativos y no a una definición general de la categoría[4].

Por estas razones relativas al origen y la construcción histórica de la categoría jurídica de acto administrativo, es necesario precisar el estatuto de los actos dictados por los agentes de los servicios administrativos distinguiendo con claridad entre actos materialmente administrativos pero que no corresponden a la definición general del acto jurídico, y actos administrativos propiamente tales, que constituyen sin duda manifestaciones de voluntad destinadas a producir efectos jurídicos precisos e inicialmente previstos por su autor.

1. Actos materialmente administrativos

A) *Manifestaciones imperfectas de voluntad*

Diversos tipos de actos usualmente producidos en el curso de la acción administrativa no manifiestan una voluntad suficientemente precisa o idónea para dar lugar a una modificación del ordenamiento jurídico o de la situación jurídica de los terceros.

En primer lugar, existen diversos actos cuya finalidad exclusiva es informar, confirmar una situación de hecho o de derecho o reconocer una situación jurídica y derechos subjetivos. Este es el caso de la información en sitios web, las guías prácticas y las notas explicativas de los formularios administrativos[5]. Incluso, un acto que reitera un acto jurídico anterior sin modificar su contenido ni sus efectos es un acto administrativo en su materia, pero no

[4] V. por ejemplo. art. L. 200-1 del Código; F. Melleray, « Les apports du CRPA à la théorie de l'acte administratif unilateral », *AJDA,* 2015, pág. 2491.

[5] CE, 27 de julio, 2001, Assoc. « La Défense libre », núm. 217024.

susceptible de impugnación[6]. Estos actos informativos y confirmatorios no son actos jurídicos. Sin embargo, una medida administrativa que reconoce una situación de hecho, incluso si esta última implica de manera automática y mecánica una calificación jurídica, llamada acto de reconocimiento o declarativo, es efectivamente un acto jurídico porque tal medida al menos traduce la voluntad, a través de ese reconocimiento, de proporcionar un posible punto de partida para una nueva situación jurídica subjetiva. Este será el caso, por ejemplo, de los actos que muestren *a posteriori* que una construcción se ajusta a las normas urbanísticas[7].

Entonces, un acto jurídico debe, para nacer y producir sus efectos jurídicos, ser precedido de un procedimiento integrado por una sucesión de etapas que comprenden una serie de operaciones preparatorias. Pueden consistir en reuniones que den lugar a actas resumidas estableciendo posiciones intermedias; deliberaciones formales que validen propuestas u opciones; inclusión de estos resultados en un procedimiento seguido por otras autoridades administrativas. Dos tipos de actos (o conjuntos de actos) materiales traducen bien estos procesos internos en la toma de decisiones administrativas: las declaraciones de intención y los proyectos de actos. El anuncio por parte de una autoridad administrativa de su intención de llegar a un resultado mediante un acto no es un acto jurídico[8]. Asimismo, un proyecto de acto, aunque parezca definitivo, no es acto jurídico mientras no haya recibido la sanción final correspondiente a la última etapa del procedimiento[9].

En definitiva, los actos que contienen ciertas decisiones que sirven de base al procedimiento de emisión de un acto administrativo, si bien tienen una existencia independiente y son obligatorios en los términos del procedimiento, son "actos preparatorios". Su estatus es especial ya que varía según el momento considerado. Antes de la emisión del acto administrativo final, los actos preparatorios son actos administrativos materiales no susceptibles de acción jurisdiccional. Sin embargo, una vez dictado el acto administrativo, su legalidad puede ser impugnada con ocasión de la impugnación dirigida contra el acto administrativo final y, en ocasiones, directamente cuando el acto preparatorio supone en sí mismo consecuencias jurídicas distintas del acto final[10].

[6] CE sect., 8 de abril, 1961, Klein: *Rec. CE*, 1961, pág. 216; *D*. 1961, jurisp. pág. 587, concl. J.-F. Henry, nota P. Weil.

[7] CE, 6 de junio, 2012, Epoux Vidal, núm. 329123: *AJDA*, 2012, pág. 2019, nota J. Trémeau.

[8] CE, 22 de mayo, 2013, Fédération Interco CFDT, núm. 356903: *AJDA,* 2013, pág. 2041, nota F. Melleray.

[9] CE, 22 de febrero, 2008, Syndicat mixte central de traitement des ordures ménagères de l'agglomération parisienne, núm. 280931: *Rec. CE,* 2008, pág. 64.

[10] CE, 27 de junio, 2011, Assoc. Sauvons l'Université, núm. 340164 : *Rec. CE,* 2011, pág. 725,

El código de las relaciones entre el público y la administración extrae así las consecuencias de estas reglas jurisprudenciales, ya que no considera documentos administrativos comunicables a los actos que no se hayan completado o documentos preparatorios de una decisión mientras ella se encuentre en proceso de elaboración[11].

B) *Alcance jurídico imperfecto*

Otros actos materiales resultantes de la actividad administrativa, de los que no cabe duda que manifiestan una voluntad o que se encuentran perfectamente dictados, no producen efectos jurídicos suficientes para que puedan ser considerados actos jurídicos.

En primer lugar, ciertos actos carecen, en principio, de trascendencia jurídica. Se trata de los actos superfluos, de los que expresan un propósito y de las medidas de orden interno. En efecto, los dos primeros tipos de actos, por naturaleza, no pueden producir un efecto jurídico; el acto superfluo porque este efecto ya existe, el de propósito porque expresa solo un anhelo sin posibilidad de realizar por sí mismo una modificación de las situaciones jurídicas existentes. Las medidas de orden interno siguen una lógica más sutil. Se trata de medidas internas de la organización o de la vida de los servicios, dictadas por el interés del buen funcionamiento de estos y que alcanzan a los destinatarios, agentes o ciudadanos, como partícipes de una actividad administrativa y no como sujetos de derecho afectados en su situación jurídica subjetiva. Las medidas de orden interno no se encuentran completamente desprovistas de efectos jurídicos, pero no se estiman lo suficientemente importantes para justificar una controversia contenciosa[12].

Otros actos, a su vez, producen efectos relevantes e importantes en la práctica, pero su contenido jurídico es considerado *a priori* como demasiado débil. El acto no es lo suficientemente vinculante o no ha sido formulado para que sus disposiciones sean sujetas a sanción jurídica. Tres tipos de actos administrativos son, así, objeto de una calificación que excluye en principio la calidad de acto jurídico: los actos interpretativos, los actos consultivos y los actos de incentivo. Los actos interpretativos son en su mayoría circulares de carácter general que una autoridad administrativa dirige a sus propios servicios para precisar y unificar el significado que se dará a las reglas de derecho que es su responsabilidad aplicar. Se trata, en efecto, de una medida interna, que no está destinada a tener efectos sobre terceros y cuya interpretación no tiene en sí misma un carácter jurídicamente vinculante. Los actos consultivos resultan de la presencia de instancias de consulta en los procesos de toma de

[11] Art. L. 311-2 de CRPA.

[12] Este régimen derogatorio se detallará *infra*.

decisiones, que dan lugar a opiniones, propuestas y recomendaciones. Sin embargo, estos actos de voluntad carecen de efectos jurídicos en sí mismos ya que solo el acto administrativo adoptado al término del procedimiento producirá efectos identificables, integrándolas o no en su contenido.

En cuanto a los actos de incentivo, son producidos por autoridades administrativas que invitan a los destinatarios a desarrollar una acción o a adoptar un comportamiento. Estas indicaciones precisas pueden ir acompañadas de ventajas en forma de concesión u otra. Son actuaciones que no conllevan restricción jurídica alguna porque simplemente no afectan los derechos y obligaciones de los destinatarios. Sin embargo, tienen un cierto impacto y la jurisprudencia administrativa ha llegado a señalarles algunas consecuencias jurídicas. El concepto de "droit souple" (derecho suave) inspirado en el de "soft law" ha sido propuesto por la doctrina francesa[13] y por el Consejo de Estado[14] en un intento de calificar la producción de estos actos. La apuesta es importante por el lugar eminente que ocupan los incentivos en la intervención económica y social de las autoridades administrativas. Los actos administrativos de "droit souple", aunque no sean normativos, terminan induciendo patrones de comportamiento homogéneos entre los destinatarios que llegan a considerarlos como conformes a un derecho "clásico", esto es unilateral, obligatorio y vinculante. En retrospectiva, pueden ser considerados como pertenecientes a la categoría de "droit souple", actos tan variados como las "lignes directrices"[15], los actos de orientación o dirección, de contratación o de planificación[16], los estatutos, recomendaciones y guías de buenas prácticas[17].

2. Las diferentes categorías de actos administrativos

Se recogen en la expresión "actos administrativos" los actos *jurídicos* adoptados en el ejercicio de una función administrativa y regidos por el derecho público. A su vez, los actos administrativos se distinguen desde varios puntos de vista, constituyendo diversas subcategorías.

[13] V. una síntesis en W. Zagorski, *Le contentieux des actes administratifs non décisoires. Contribution à une typologie du droit souple*, Mare et Martin, 2016.

[14] *Le Droit souple*, Etude annuelle, núm. 64, La Doc. fr., 2013.

[15] E. Untermayer-Kerleo, « Le droit souple, un regard circonspect sur la jurisprudence Crédit Foncier de France »: *RFDA*, 2014, pág. 1029 s. CE sect., 11 de diciembre, 1970, Crédit Foncier de France: *Rec. CE*, pág. 750 concl. L. Bertrand.

[16] CE, 25 de octubre, 1996, Association Estuaire-Ecologie: *Rec. CE*, 1996, pág. 415; *RFDA*, 1997, pág. 339, concl. J.-H. Stahl, nota Y. Madiot.

[17] CE, 20 de marzo, 2000, Mayer et Richer, núm. 202295: *AJDA*, 2000, pág. 756, nota Y. Jegouzo.

Según sean o no unilaterales (A), sean o no de carácter decisorio (para los actos unilaterales) (B), sean o no de carácter reglamentario (para los actos decisorios) (C).

A) *Actos unilaterales y contratos*

Esta clasificación realiza una distinción de los actos administrativos, en el sentido de que, si un acto administrativo no es un contrato, es necesariamente un acto unilateral. No obstante, debe marcarse un matiz: es posible encontrar en el contenido de un contrato determinadas disposiciones no contractuales y, por tanto, unilaterales.

a) *Principio de distinción.* En primer lugar, este principio no se basa en el número de partes intervinientes en el dictado del acto. Es incorrecto descartar el carácter unilateral en virtud de que no sea adoptado por una sola persona y atendiendo a que el contrato supone varias. En efecto, con mayor frecuencia, el acto unilateral es dictado por una persona (decreto municipal, decisión de un jefe de servicio). Pero este no es un criterio. Así, un decreto interministerial, adoptado y firmado por varios ministros, es también un acto administrativo unilateral.

El principio de distinción se basa en el objeto del acto. El acto unilateral rige el comportamiento de las personas que no son los autores del acto, incluso si participaron de manera no decisoria en su elaboración. El contrato, por el contrario, rige las relaciones recíprocas entre sus propios autores. Dicho de otro modo, en un acto unilateral los autores están del mismo lado, en un contrato los autores están uno frente al otro.

b) *Atenuaciones de la distinción.* En primer lugar, como en muchas otras circunstancias, el derecho administrativo no es formalista. No es determinante que un acto se llame contrato para que lo sea. Este es el caso de los "contratos estándar" cuando todas sus cláusulas obligan a quienes firman los contratos de la misma especie[18]: obviamente no son contratos, sino actos unilaterales.

Así, algunos contratos tienen un contenido íntegramente determinado por una de las partes. La única manifestación de la voluntad de la otra parte consiste en aceptar celebrar el contrato. Esta última no puede modificar sus cláusulas ni *a fortiori* participar en su formulación. Es el caso de los contratos de suministro, servicio u obra pública, en que lo esencial se encuentra establecido en el pliego de condiciones elaborado por la administración contratante; pero también de contratos más frecuentes como el contrato de transporte de

[18] CE, 24 de mayo, 1956, Union des industries métallurgiques et minières: *Dr. Soc.* 1956. 235, concl. Chardeau, para el reglamento interno de las cajas de seguridad social; CE, 13 de mayo, 1987, Synd. nat. prof. des médecins du travail, *Dr. soc.*, 1987.749, concl. de Clausade, para las condiciones de ejercicio de la medicina laboral.

un cliente del metro. Estos actos se denominan, tanto en derecho público como privado, "contratos de adhesión". En efecto, son contratos, pero sus características atenúan el interés de la calificación.

Y luego, sucede a menudo que el contenido de un acto unilateral es objeto de negociación, o de consulta con representantes no políticos de los ciudadanos a los que afectará su aplicación. Su uso es frecuente en el sector económico y profesional[19]. Este proceso se ha denominado administración concertada, consultiva, negociada. Los particulares o sus representantes participan únicamente en la formulación intelectual del acto. Pero el acto, una vez dictado, será un acto puramente unilateral[20]. La razón de esta recepción de actos negociados en actos unilaterales es principalmente asegurar su oponibilidad a terceros.

Finalmente, es posible que un acto se califique como mixto. Pero esta expresión no puede significar que el acto sea de doble naturaleza ni de naturaleza intermedia. Solo se trata de designar los casos en los que un acto generalmente contractual contiene disposiciones unilaterales. El ejemplo más clásico de esto es la concesión de servicio público o de obra pública, por los que una entidad pública (autoridad delegante) encomienda a su cocontratante (operador delegado) la responsabilidad de asegurar la gestión de un servicio público o la de una obra pública. El concesionario lo gestiona por cuenta propia y de acuerdo con las especificaciones, pero se remunera percibiendo ingresos provenientes de los usuarios (por ejemplo, concesión de autopista: peajes). Dentro de este contrato de concesión, realmente negociado en lo esencial (duración, remuneración, exclusividad, protección, retribución), existen cláusulas reglamentarias: en resumen, las relativas a las condiciones de gestión del servicio público y las relacionadas con los usuarios. El interés radica, por un lado, en que terceros o usuarios puedan invocar las cláusulas reglamentarias para solicitar, en un recurso por exceso de poder, la nulidad de las decisiones del concesionario que las incumpla[21]. Los terceros o usuarios pueden igualmente solicitar al

[19] Convenios colectivos ampliados, acuerdos entre la seguridad social y los profesionales, CE sect., 18 de febrero, 1977, Hervouët, *Rec. CE* 1977, pág. 98, concl. Dondoux, *AJDA*, 1977, pág. 71; CC, 22 de enero, 1990, *Rec. CE*, 1990, pág. 33, *RFD adm.*, 1990, pág. 406, nota B. Genevois. Convenios establecidos para el funcionamiento de un servicio público en lugar de un reglamento, TA Strasbourg, 13 de diciembre, 1983, Préfet de la Moselle, *Rec. CE*, 1983, pág. 576.

[20] R. Romi, « La requalification par le juge des actes négociés en actes unilatéraux », *AJDA*, 1989, pág. 9 y ss.

[21] CE, 21 de diciembre, 1906, Synd. des propriétaires et contribuables du quartier Croix-de-Seguey-Tivoli: *Rec. CE*, 1906, pág. 962, concl. Romieu, *S.* 1907.3.33, nota Hauriou; incluso la negativa de la autoridad concedente a obligar al concesionario a aplicar las especificaciones que prevén el servicio de determinados distritos es impugnable por vía de recurso por exceso de poder.

juez la anulación de las cláusulas en sí mismas[22]. Por otro lado, el interés es que estas cláusulas puedan ser modificadas unilateralmente por la autoridad concedente, siempre que se respete el equilibrio financiero del contrato, es decir, el derecho al pago de una compensación pecuniaria, en su caso.

c) *Modalidades de la distinción.* Las personas públicas no siempre pueden optar entre un acto unilateral y un contrato. Existen dos situaciones en que deben utilizar la vía de un acto administrativo unilateral. La primera es aquella en que las entidades públicas tienen poder regulatorio sobre el objeto que se pretende gestionar[23]. La segunda es la de las medidas administrativas de policía[24]. Siendo pocas estas limitaciones, los actos administrativos contractuales son más frecuentes de lo que se podría pensar. Mencionaremos los tres tipos principales.

En primer lugar, existen contratos mediante los cuales una entidad pública local encarga a su cocontratante la gestión de un servicio público: concesión, delegación de explotación ("affermage"), "régie intéressée". Estos contratos, denominados "convenios de delegación de servicios públicos", están sujetos al régimen general de la ley de 29 de enero de 1993, codificada en el Código general de las colectividades territoriales.

Luego, están los contratos relacionados en su ejecución, con elementos del servicio público, o celebrados con ocasión del servicio público. Por ejemplo, contratos de suministro (compra del vehículo del ministro), contratos de servicios (limpieza de la oficina del ministro), contratos de servicios intelectuales (asesoramiento en la comunicación ministerial), contratos de obras públicas (construcción de locales del ministerio). Estos contratos están sujetos al Código de la contratación pública (*Code de la commande publique*) y a la normativa europea.

Por último, los más importantes, por reflejar la finalidad de la actividad administrativa de prestación, son los contratos celebrados por una persona pública o un particular encargado de un servicio público, para brindar servicios a los usuarios (teléfono, agua, luz, gas), así como los celebrados en el marco de un servicio público administrativo y que contienen una autorización (concesión de cementerios, de plazas en mercados o de carreteras).

[22] CE ass., 10 de julio, 1996, Cayzeele: *Rec. CE*, 1996, pág. 274, *AJDA*, 1996, pág. 732, chr.; *RFD adm.* 1997, pág. 89, nota P. Delvolvé.

[23] CE sect., 20 de enero, 1978, Synd. nat. de l'enseignement technique agricole privé, Rec. *CE*, 1978, pág. 22; *AJDA*, 1979, núm. 1, pág. 37, concl. R. Denoix de Saint-Marc.

[24] CE, 8 de marzo, 1985, Assoc. Les amis de la Terre: *Rec. CE*, 1985, pág. 73; *AJDA*, 1985, pág. 382, nota J. Moreau; *RFD adm.*, 1985, pág. 363, concl. Jeanneney.

B) *Decisiones y actos unilaterales no decisorios*

a) *Noción de decisión, o acto decisorio*

1°) Criterio de la decisión. La decisión es, en el espíritu de los juristas especializados en derecho público, el prototipo mismo de acto unilateral. Sin embargo, una confusión debe descartarse desde ya: no todos los actos unilaterales son decisiones.

La decisión es un acto jurídico que modifica el ordenamiento jurídico y que se impone, es decir, se integra en el ordenamiento, por la sola voluntad de su autor, independientemente de la aquiescencia de su o sus destinatarios.

La potestad de las personas públicas para dictar estas medidas es la más importante de todas las prerrogativas del poder público. Las personas públicas están obligadas a ejercer su poder de decisión y su derecho a actuar no puede ser validado en forma previa por un juez[25]. Este "privilège du préalable" ("privilegio previo"), para usar la expresión de HAURIOU, ha sido reconocido por el Consejo de Estado como "la regla fundamental del derecho público"[26].

La característica principal de los actos decisorios es provocar un cambio en el ordenamiento jurídico. Este cambio puede tener un sentido positivo: puede suponer el dictado o la modificación de una norma, así como dejarla sin efecto. Pero ciertos actos también pueden tener un sentido negativo, es decir, traducir la negativa a producir una decisión. Sin embargo, la negativa a producir una decisión positiva es una decisión, porque supone una manifestación de voluntad de no cambiar el estado del derecho[27].

2°) Carácter ejecutorio. El adjetivo ejecutorio designa una propiedad particular que las decisiones pueden o no presentar. Una decisión puede existir sin ser ejecutoria.

La doctrina más clásica entiende por decisión ejecutoria una decisión que, por un lado, ha entrado en vigor y, por otro, es susceptible de ejecución forzada por parte de una entidad pública. Estas propiedades pueden ser objeto de un estudio preciso, pero no es esencial para la comprensión de la naturaleza de la decisión. De este modo, una decisión administrativa denegatoria no es ejecutoria, pero es igualmente una decisión susceptible de impugnación contenciosa. Lo mismo ocurre con las decisiones que aún no han entrado en vigor, por falta de publicidad, las cuales pueden ser anuladas por el juez administrativo a la fecha de su promulgación[28].

[25] CE, 30 de mayo, 1913, Préfet de l'Eure, *S.* 1915.3.9, nota Hauriou.

[26] CE ass., 2 de julio, 1982, Huglo: *Rec. CE*, pág. 257; *AJDA*, 1982, pág. 657, concl. Biancarelli, nota Lukaszewicz.

[27] CE, 5 de febrero, 1965, Lebas, *Rec. CE*, 1965, pág. 71; CE, 18 de noviembre, 1987, Marcy, *Rec. CE*, 1987, pág. 371.

[28] CE sect., 26 de junio, 1959, *Synd. gén. des ingénieurs-conseils: Rec. CE*, 1959, pág. 394; *AJDA*, 1959, núm. 1, pág. 153, chr.; *RD publ.*, 1959, pág. 1004, concl. J. Fournier; *S.* 1959, pág. 202, nota R. Drago.

b) *Los diferentes tipos de decisiones.* Los actos decisorios pueden presentarse en una amplia variedad de maneras, como se evidencia en la diversidad de sus formas.

1°) Decisiones explícitas escritas u orales. La mayoría de las decisiones administrativas son escritas. Sin embargo, son numerosos los casos en la vida cotidiana en los que una autoridad administrativa toma decisiones orales, o incluso silenciosas, porque son simplemente gestuales o semafóricas. Es el caso de las decisiones en la regulación del tránsito (luces o agentes), de adjudicación de plazas en espacios y mercados, de determinadas prohibiciones motivadas por la urgencia, e incluso de ciertos contratos.

Si bien, en su mayor parte, las decisiones son escritas, en principio la jurisprudencia no impone a sus autores una forma determinada.

Es especialmente necesario estudiar aquí las decisiones explícitas escritas que tienen la forma y la denominación de decreto. Los decretos son la forma más elevada de decisiones administrativas. Las decisiones que toman el presidente de la República y el primer ministro en aplicación de las competencias que les confiere la Constitución deben revestir la forma de decretos. Esta forma especial incluye articulado, la firma del autor, refrendaciones y demás requisitos para su validez.

En virtud del artículo 19 de la Constitución, los actos del presidente de la República dictados en el ejercicio de su función política quedan excluidos de la refrendación de otras autoridades (nombramiento del primer ministro, sometimiento de proyectos de ley a referéndum, disolución de la Asamblea Nacional, mensajes al Parlamento, nombramiento de miembros del Consejo Constitucional, remisión a este Consejo, aplicación del artículo 16). Todos los demás actos del presidente de la República deben ser refrendados por el primer ministro y, en su caso, por los ministros competentes. El Consejo de Estado considera que estos ministros son "los principales responsables de la preparación y aplicación de los actos en cuestión"[29].

En virtud del artículo 22 de la Constitución, los actos del primer ministro deben, en caso necesario, ser refrendados por los ministros responsables de su ejecución. El Consejo de Estado interpreta esta disposición de la siguiente manera: los ministros encargados de la ejecución son los competentes "para suscribir o refrendar las medidas reglamentarias o individuales que necesariamente conlleven la ejecución" de los actos en cuestión[30].

Los problemas relacionados con la forma particular de los decretos dictados en Consejo de Ministros serán tratados como elementos de la distribución de

[29] CE sect., 10 de junio, 1966, Pelon: *Rec. CE*, 1966, pág. 384; *AJDA*, 1966, pág. 492, concl. Galabert.

[30] CE ass., 27 de abril, 1962, Sicard: *Rec. CE*, pág. 279; *AJDA*, 1962.284, cr.

la potestad reglamentaria entre el presidente de la República y el primer ministro. La interpretación de la jurisprudencia, en todos los casos, es delicada, y la secretaría general del gobierno prefiere incorporar las refrendaciones sobreabundantes.

2º) Decisiones explícitas o implícitas. Contrariamente a las decisiones anteriormente citadas (escritas, gestuales u orales) que son explícitas, determinadas decisiones administrativas pueden resultar implícitamente o de otros actos jurídicos —la firma de un contrato presupone la decisión de celebrarlo— o de comportamientos convergentes —la ejecución de obra presupone la decisión de hacerla[31], la implementación efectiva de una relocalización supone la decisión de relocalizar—[32].

El punto más destacable de esta teoría de la decisión implícita es ciertamente que una decisión administrativa puede resultar válidamente del silencio que observa una persona pública durante cierto tiempo. El principio en esta materia es que este silencio es una aceptación de lo solicitado. Sin embargo, el legislador ha introducido excepciones muy numerosas y complejas que debilitan su alcance general.

3º) Decisiones no susceptibles de impugnación. Este título puede sorprender. El principal interés de la calificación como decisión es precisamente que las decisiones, como actos jurídicos que modifican una situación jurídica, sean en principio impugnables. Sin embargo, determinados actos administrativos unilaterales que sin duda constituyen decisiones no pueden ser objeto de recurso por exceso de poder.

Este es el caso de decisiones de poca importancia, en aplicación del adagio *de minimis non curat prætor*. Se denominan medidas de orden interno. Estas pueden ser medidas puramente graciosas (que no deben confundirse con recursos administrativos graciosos), como la distribución de obsequios a los hijos de los funcionarios públicos, para los "árboles de Navidad"[33]. También puede ocurrir que se trate de medidas reglamentarias, tales como las prohibiciones necesarias para asegurar el funcionamiento interno de una organización, cuando no afectan derechos de los usuarios[34]. En la mayoría de los casos se trata de sanciones internas de determinadas organizaciones: cuartel, prisión, liceo, que no tienen consecuencias sobre la situación jurídica de terceros.

Sin embargo, cuando las medidas de orden interno, teniendo en cuenta la naturaleza y la gravedad de la decisión, tengan un efecto sobre la situación

[31] CE, 12 de marzo, 1986, Cusenier: *AJDA*, 1986, pág. 258, concl. Massot.

[32] CE ass., 3 de marzo, 1993, Comité central d'entreprise de la SEITA: *Rec. CE*, 1983, pág. 41, concl. Schwartz; *AJDA*, 1993, pág. 199 chr.

[33] CE, 4 de noviembre, 1992, Ghirardi: *Dr. Adm.*, 1992, pág. 516.

[34] CE, 21 de octubre, 1938, Lote: *Rec. CE*, 1938, pág. 786.

jurídica de una persona, por supuesto podrán ser objeto de un recurso por exceso de poder. No importa cuál sea la institución en nombre de la cual se haya adoptado la medida de orden interno: la escuela[35], el ejército[36], la prisión[37], las asambleas deliberantes de las colectividades locales[38].

c) *Los actos unilaterales no decisorios.* Un gran número de actos unilaterales están destinados a preparar la adopción de decisiones, ya sea como parte del procedimiento, o estableciendo reglas de procedimiento, o finalmente influyendo en su contenido. Estos actos, por no ser decisiones, no son impugnables.

A veces es difícil distinguir entre decisiones y actos unilaterales no decisorios. En cualquier caso, la calificación no puede verse condicionada por el nombre oficial del acto.

1º) Medidas diversas desprovistas de carácter decisorio. Las expresiones de propósito, los dictámenes, las propuestas, los actos estándar, los avisos formales, no son decisiones. Sin perjuicio de ello, para decidir, el juez administrativo examinará siempre el contenido del acto.

Así, a modo de ejemplo, los "avisos" a exportadores e importadores, publicados en el Diario Oficial por iniciativa del ministro de economía y comercio exterior, son en realidad decisiones[39]. Algunas "recomendaciones" de autoridades administrativas independientes también son decisiones[40].

Por su parte, determinados actos estándar propuestos únicamente por personas públicas y que constituyen modelos indicativos de redacción, no son decisiones: como tales, los recursos contra ellos no son admisibles[41]. Pero otros actos estándar, impuestos en realidad a sus destinatarios, se consideran decisiones reglamentarias[42].

[35] CE ass., 2 de noviembre, 1992, Kherouaa et autres, *Rec. CE*, 1992, pág. 389, *RFD adm.*, 1993, pág. 112, concl. D. Kessler; *RD publ.*, 1993, pág. 220, nota Sabourin.

[36] CE ass., 17 de febrero, 1995, Hardouin: *Rec. CE*, 1995, pág. 82; *AJDA*, 1995, pág. 421, cron.

[37] CE ass., 17 de febrero, 1995, Marie: *Rec. CE*, 1995, pág. 83; *AJDA*, 1995, pág. 420, cron., invirtiendo así una abundante jurisprudencia en que el Consejo de Estado había considerado que las decisiones que tenían por objeto las condiciones de detención de un establecimiento penitenciario eran medidas de orden interno que no podían ser objeto de recurso por abuso de poder: CE ass., 27 de enero, 1984, Caillol : *Rec. CE*, pág. 28; *RD publ.*, 1984, pág. 483, concl. contr. Genevois; *RFD adm.*, 1984, pág. 187, note Moderne.

[38] CE sect., 10 de febrero, 1995, Riehl : *AJDA*, 1995, pág. 370.

[39] CE sect., 28 de junio, 1974, Charmasson: *Rec. CE*, 1974, pág. 376; *AJDA*, 1975, pág. 33, nota Durupty; *RTD eur.* 1975, pág. 105, concl. R. Denoix de Saint-Marc.

[40] CE ass., 20 de mayo, 1985, Labbé et Gaudin: *Rec. CE*, 1985, pág. 157; *RFD adm.*, 1985, pág. 554, concl. Roux.

[41] CE, 4 de febrero, 1983, Assoc. des médecins du travail: *Rec. CE*, 1983, pág. 39.

[42] CE, 13 de mayo, 1987, Synd. nat. prof. des médecins du travail: *Dr. Soc.* 1987, pág. 749, concl. de Clausade.

2°) Las circulares. Esencialmente ministeriales, las circulares son actos en los que un jefe de servicio informa a los funcionarios de sus dependencias la forma que considera más adecuada para proceder con la aplicación de una ley o reglamento y la instrucción de expedientes. A menudo toman la denominación de instructivo o memorando.

Normalmente, las circulares son interpretativas. Explican las disposiciones que se deben aplicar, determinan un procedimiento interno, controles, detalles de pases entre servicios (sobre el uso deseable de circulares, ver la circular del primer ministro de 15 de junio de 1987, *D.* 1987.231). Así, las circulares están dirigidas únicamente a los agentes de los servicios, son inoponibles a los particulares (aunque se publiquen en aplicación del art. L. 312-2 del CRPA, obligación limitada por muchas excepciones[43]). En consecuencia, por tratarse de una medida interna, un particular no puede invocar la circular para exigir su aplicación[44], ni *a fortiori* para impugnar la juridicidad de una decisión. En efecto, no puede ser objeto directamente de una impugnación por exceso de poder. Por otra parte, la jurisprudencia judicial considera, como principio, que todas las circulares son interpretativas.

Sin embargo, la práctica administrativa y contenciosa muestra que, en el marco de una circular, con frecuencia se dictan disposiciones que en realidad son obligatorias. La circular ya no se limita a explicar, contiene normas que modifican el ordenamiento jurídico y las impone a los agentes. Por tanto, se admite un recurso contra estas circulares y la jurisprudencia establece las condiciones de admisibilidad. La distinción se formula de la siguiente manera: circulares que dan una interpretación de los textos "desprovistas de carácter imperativo" o, por el contrario, circulares que contienen "disposiciones imperativas de carácter general"[45]. Esta jurisprudencia no se limita a circulares, sino que se extiende a varios actos análogos[46].

Sin embargo, el hecho de que el recurso sea considerado admisible según esta distinción que evita prejuzgar sobre su fondo, no significa que dé lugar a la anulación de la circular. Los principios definidos previamente[47] siguen siendo aplicables, como confirma la sentencia *Duvignières*. El juez administrativo sancionará por un lado las circulares que agreguen normas de aplicación a las que solo pretenden explicar. De hecho, tienen un carácter normativo, ya

[43] CE 24 juill. 2019, Ligue des droits de l'homme, req. núm. 427638.

[44] CE, 19 de junio, 1992, Bouchon: *AJDA*, 1992.528, cron.

[45] CE sect., 18 de diciembre, 2002, Duvignières : *RFDA*, 2003, pág. 280, concl. P. Fombeur et pág. 510 nota J. Petit; *AJDA*, 2003, pág. 483, cron.

[46] Por ejemplo, las recomendaciones de buenas prácticas médicas: CE, 26 sept. 2005, Conseil nat. de l'Ordre des médecins : *AJDA*, 2006, pág. 308, nota J.-P. Markus.

[47] CE ass., 29 de enero, 1954, Instit. Notre-Dame du Kreisker: *Rec. CE*, 1954, pág. 64; *AJDA*, 1954, núm. 2, pág. 5, cron.

que confieren nuevos derechos o imponen nuevas sujeciones a las personas, más allá de lo previsto por la normativa vigente[48]. Si el ministro no tiene competencia reglamentaria sobre el objeto de la circular, esta última es ilegal porque emana de una autoridad incompetente. El juez administrativo puede por otra parte anular una circular que no incorpore nada al derecho existente pero que, por su carácter imperativo, imponga una interpretación errónea o contradiga normas superiores a las que pretende aplicar[49], o simplemente presente vicios propios[50].

3°) Las líneas directrices. Esencialmente ministeriales, las líneas directrices son actos dirigidos por un jefe de servicio a sus funcionarios para definir el contenido de las decisiones que estos últimos pueden ser llamados a tomar en determinadas circunstancias de hecho y de derecho. Estas directivas no se refieren al proceso de toma de decisiones, sino a los elementos que se deben considerar para la toma de decisiones. Es una forma que tiene un ministro de asegurar cierta coherencia en las decisiones de sus servicios, especialmente cuando están desconcentrados.

La existencia y la calificación de estos actos, en su tiempo denominados "directivas", han sido definidas en la sentencia *Crédit foncier de France*[51]. En la actualidad son calificados por el juez administrativo como líneas directrices para evitar cualquier confusión con las normas europeas llamadas directivas.

La originalidad de las líneas directrices es que son una especie de acto intermedio entre los reglamentos y las circulares. A diferencia de los reglamentos, las directivas contienen normas de orientación, que son indicativas y no imperativas. La autoridad administrativa subordinada, encargada de la aplicación, siempre tendrá derecho a desviarse de la línea fijada por las directrices, después de haber examinado cada caso, por las particularidades de este o por necesidades de interés general. A diferencia de los reglamentos, nuevamente, las líneas directrices no modifican la situación jurídica de los particulares[52], porque simplemente no son decisiones.

A diferencia de las circulares, las líneas directrices son oponibles a los particulares. La autoridad administrativa puede apoyarse en ellas para justificar

[48] CE ass., 25 de octubre, 1991, Synd. nat. de l'enseignement chrétien CFTC y otros: *Rec. CE*, 1991, pág. 134; *RFD adm.*, 1992, pág. 995, nota C. Durand-Prinborgne.

[49] CE, 2 de junio, 2006, Chauderlot, núm. 275416: *Rec. CE*, 2006, pág. 275.

[50] CE, 4 de junio, 2007, Ligue de l'enseignement, núm. 289792: *Rec. CE*, 2007, pág. 643.

[51] CE sect., 11 de diciembre, 1970, Crédit foncier de France: *Rec. CE*, pág. 750, concl. Bertrand; *RD publ.*, 1971, pág. 1224, nota M. Waline.

[52] CE sect., 29 de junio, 1973, *Soc. Gen : Rec. CE*, pág. 453; *AJDA*, 1973, pág. 587, cron., nota C.-L. Vier, *RD publ.*, 1974, pág. 547, nota M. Waline; *D* 1974.141, nota M. Durupty, en consecuencia, en esta época, las directivas no tenían que ser publicadas; la ley del 17 de julio de 1978 y luego la CRPA dispuso lo contrario.

sus decisiones. También son oponibles a las personas públicas, es decir que un particular puede hacerlas valer ante el juez probando que una decisión no las cumplió o que se apartó indebidamente de ellas. En definitiva, las directrices pueden ser impugnadas con un recurso interpuesto por un particular contra una decisión que las aplica. Una directriz se reconoce generalmente como ilegal cuando no es idónea para su propósito, que sigue siendo la aplicación de una reglamentación. La ilegalidad de una directriz conlleva la de las decisiones adoptadas en su aplicación.

C) *Reglamentos y decisiones no reglamentarias*

Entre las decisiones, algunas tienen características destacables que las distinguen: se trata de los reglamentos. En efecto, este tipo de decisiones posee un régimen jurídico particular. Tanto en el procedimiento de elaboración, como en el régimen de su entrada en vigor, competencia jurisdiccional para revisarlos, plazos de impugnación, excepción de ilegalidad, los reglamentos se diferencian de todas las demás decisiones. Sin embargo, la naturaleza reglamentaria de una decisión no siempre es fácil de determinar. Por el contrario, entre las decisiones no reglamentarias, algunas son fáciles de identificar, aunque su régimen jurídico no presenta rasgos destacables: se trata de decisiones nominativas. Las otras decisiones llamadas atípicas, desprovistas de carácter tanto reglamentario como nominativo, son por el momento poco conocidas y difícilmente se prestan a una síntesis.

a) *Las decisiones nominativas.* Una decisión es nominativa cuando la norma que introduce en el ordenamiento jurídico tiene como destinatarios a una o más personas designadas nominativamente. Deberían llamarse decisiones individuales cuando se refieren a una persona, decisiones colectivas cuando conciernen a varias. Poco importa a este respecto si las personas son físicas o jurídicas, públicas o privadas. Estas decisiones son comunes (nombramiento de funcionarios públicos: acto individual que designa para un puesto al servicio del gobierno, acto colectivo que lista candidatos seleccionados en un concurso).

Las decisiones nominativas pueden tomarse en una forma que también se utiliza para los actos reglamentarios: decreto, por ejemplo[53]. Cabe señalar que los actos de tutela, actos mediante los cuales una autoridad administrativa aprueba, suspende o anula las decisiones sujetas a su control en aplicación de textos legislativos y reglamentarios, son decisiones nominativas[54].

[53] CE sect., 27 de noviembre, 1987, Assoc. recherche pour une communication nouvelle: *Rec. CE*, 1987, pág. 381; *RD publ.*, 1988, pág. 868, concl. M. Fornacciari, caso de un "arrêté ministériel".

[54] CE, 12 de junio, 2002, Synd. interdép. de la protection sociale Rhône-Alpes CFDT, n° 231800: *AJDA*, 2002, pág. 848, concl. S. Boissard; pero no siempre ha sido así, revir. de CE ass., 8 de enero, 1971, URSSAF des Alpes-maritimes: *Rec. CE*, 1971, pág. 11, concl. Vught; *AJDA*, 1971, pág. 160, nota Ferrari.

b) *Las decisiones reglamentarias.* Una decisión reglamentaria se caracteriza en teoría jurídica por su alcance general e impersonal. Esto significa precisamente que la norma dictada es una norma general. Poco importa quienes sean las personas afectadas por el acto, que ellas sean o no designadas por el mismo, que el acto tenga un plazo de aplicación determinado o no. Asimismo, poco importa si define o no categorías de destinatarios; en efecto, un acto reglamentario puede limitarse a calificar una situación de hecho para otorgarle efectos jurídicos, como, por ejemplo, la declaración de catástrofes naturales[55]. En la medida en que constituye una decisión, la negativa a adoptar un reglamento es en sí misma una decisión susceptible de impugnación, y esta decisión tiene por analogía un carácter reglamentario[56].

Las medidas de organización del servicio público siempre constituyen actos reglamentarios[57], las modificaciones realizadas a un acto reglamentario[58], las cláusulas esenciales de los contratos estándar para la gestión de un servicio público[59], las decisiones de delegación de atribuciones[60].

c) *Las decisiones atípicas, ni reglamentarias ni nominativas.* Estas decisiones producen normas desprovistas a la vez de carácter nominativo y de carácter reglamentario[61]. Se acostumbra a decir que estos actos dictan normas especiales o normas particulares, que modifican una situación jurídica o realizan una operación jurídica sin designar directamente a las personas a quienes se aplican, pero sin tener, no obstante, una aplicación general[62]. Estas decisiones se limitan a realizar una calificación jurídica precisa a fin de que una reglamentación existente pueda ser aplicada a casos particulares sin que sea necesario dictar una nueva o modificar esta última.

En rigor, no se trata de una categoría, sino de actos que escapan a la categorización precedente. Esta categoría residual incluye decisiones que desencadenan operaciones administrativas complejas, v. gr., las que determinan el número de reparticiones separadas en una empresa[63]; las de apertura y

[55] CE, 10 de febrero, 1993, Ets Jean Diant et Cie: *AJDA*, 1993, pág. 580, obs. X. Prétot.

[56] CE ass., 8 de junio,1973, Richard: *Rec. CE*, 1973, pág. 405; *AJDA*, 1974, pág. 218.

[57] CE sect., 13 de junio, 1969, Commune de Clefcy (Vosges): *Rec. CE*, 1969, pág. 308; *AJDA*, 1969.428, chron. - CE, 26 de febrero, 1975, Garrigou: *Rec. CE*, 1975, pág. 154.

[58] CE ass., 8 de noviembre, 1974, Assoc. des élèves de l'ENA: *Rec. CE*, 1974, pág. 541.

[59] CE sect., 23 de febrero, 1968, Picard : *Rec. CE*, 1968, pág. 131.

[60] CE, 29 de junio, 1990, De Marin : *Rec. CE*, 1990, pág. 183; *AJDA*, 1990, pág. 830, obs. J. Moreau.

[61] Código de las relaciones entre el público y la administración, art. L. 200-1.

[62] I. Poirot-Mazeres, « Les décisions d'espèce »: *RDP*, 1992, pág. 443.

[63] CE, 11 de octubre, 1985, Féd. nat. des synd. de cadres des ind. chimiques: *Rec. CE*, 1985, pág. 455, explícito en este punto: la decisión no constituye un acto reglamentario pero no tiene el carácter de una decisión individual.

organización de concursos para la función pública[64]; declaraciones de utilidad pública, que permiten realizar expropiaciones[65]. Lo mismo se aplica a las decisiones de clasificación o de inscripción en registros diversos o dentro de un área específica[66], así como a las decisiones de constatación[67].

En cuanto a su régimen jurídico (publicidad, impugnación), si bien algunas decisiones atípicas han podido seguir el de las decisiones nominativas[68], las más numerosas se aproximan al de las decisiones reglamentarias[69], en particular en lo que refiere a la ausencia de motivación y a la publicación.

3. La naturaleza administrativa del acto

Un acto emanado de una persona pública o de un particular especialmente habilitado puede ser o no un acto administrativo. Se trata de la cuestión de los criterios sobre la naturaleza administrativa del acto.

Los actos de una persona pública, sean actos unilaterales o contractuales, no son todos ellos actos administrativos, sujetos a un régimen de derecho público y a la apreciación de la jurisdicción administrativa en caso de controversia. Muchos de estos actos están sujetos a un régimen de derecho privado y el litigio respectivo pertenece al orden jurisdiccional judicial.

Por el contrario, determinadas personas privadas que han recibido por decisión unilateral o contractual la responsabilidad de gestionar un servicio público se ven llamadas a producir actos que la jurisprudencia califica como actos administrativos y que ella somete a un régimen de derecho público y al contencioso administrativo.

Por estas dos razones es necesario precisar en qué condiciones y por qué medios se reconoce el carácter administrativo de un acto. Los dos modos de reconocimiento de este carácter administrativo varían según se trate de actos decisorios unilaterales o de contratos. Por tanto, será necesario distinguir entre ellos con ese propósito.

[64] CE, 17 de junio,1988, Commune de Garges-lès-Gonesse: *Rec. CE*, 1988, pág. 658, *D.* 1989. SC.377, obs. Llorens y Soler-Couteaux.

[65] CE, 6 de marzo, 1987, Commune de Saint-Egrève: *RD publ.*, 1988, pág. 564, falta de carácter nominativo; CE ass., 14 de febrero, 1975, Epoux Merlin: *Rec. CE*, 1975, pág. 110; *AJDA*, 1975.229, cron., *RD publ.*, 1975, pág. 1705, nota M. Waline, falta de carácter reglamentario.

[66] CE, 2 de noviembre, 2005, Association Coordination des syndicats de la baie de l'Aiguillon, n° 269007: *Rec. CE*, 2005, pág. 693, para un espacio Natura 2000.

[67] CE, 24 de febrero, 2006, Commune de Mourenx: *Rec. CE*, 2006, pág. 87; *JCP A*, 2006, pág. 331, concl. Y. Aguila, para una declaración de catástrofe natural.

[68] CE, 19 de enero, 1990, Soc. fr. de revues : *AJDA*, 1990, pág. 96, chron.

[69] CE sect., 6 février 1976, Union CFDT-CFTC : *Rec. CE*, 1976, pág. 87 - CE sect., 23 mars 1979, Commune de Bouchemaine : *Rec. CE*, 1979, pág. 127, concl. D. Labetoulle; *AJDA*, 1979, núm. 5, pág. 80, chron.

A) *La naturaleza administrativa de una decisión*

En presencia de una decisión, la calificación como acto administrativo debe distinguir dos supuestos: aquel en el que la decisión emana de una persona pública y aquel en el que emana de un particular.

a) *Decisiones que emanan de una persona pública.* El estado del derecho administrativo permite afirmar otro principio simple. Se presume que las decisiones que emanan de entidades públicas tienen naturaleza administrativa. En otras palabras, estos actos son en principio actos administrativos.

1°) Fundamento del principio. El principio es simple pero su fundamento no ha sido precisado por la jurisprudencia. Parece que las decisiones de las personas públicas son actos administrativos sobre todo porque nadie ha controvertido seriamente que así sean. Las decisiones de los ministros, consejos generales, regionales o municipales solo pueden ser actos administrativos, porque emanan de autoridades administrativas a las que, de manera general o especial, se ha conferido competencia para dictar actos en nombre de una persona pública en el marco de una función administrativa. La evidencia orgánica a menudo prevalece sobre la búsqueda de las fuentes formales del derecho. No obstante, en caso de duda, se podrá recurrir a la noción de prerrogativas del poder público, cuya presencia implica necesariamente el carácter administrativo del acto[70].

2°) Alcance del principio. El principio es general, y se aplica independientemente de cuáles sean las decisiones, reglamentarias o no reglamentarias. Pero, mientras que no existen excepciones reconocidas en el caso de decisiones reglamentarias, existen excepciones importantes para ciertas decisiones no reglamentarias.

• Las decisiones no reglamentarias de gestión de servicios públicos de carácter industrial y comercial. El aspecto básico que se debe considerar es el propósito de la persona pública de prestar servicios colocándose en principio bajo un régimen predominante de derecho privado. Las decisiones tomadas por los responsables públicos de estos servicios son, por tanto, actos de derecho privado y son competencia de los tribunales judiciales, tanto en lo que concierne a las relaciones con los usuarios potenciales[71], como con el personal propio[72].

• Las decisiones no reglamentarias de gestión del dominio privado. Las personas públicas gestionan la parte de su patrimonio que no está destinada al

[70] TC, 21 de marzo, 1983, Consorts Raphanel et Époux Dumanchin (2 arrêts): *Rec. CE*, 1983, pág. 538, *RD publ.*, 1983, pág. 1629, nota J.-M. Auby.

[71] CE, 18 de diciembre, 1957, Commune de Golbey: *Rec. CE*, 1957, pág. 686, denegatoria de un alcalde a la solicitud de autorización para conectarse a una red de agua.

[72] CE, 8 de marzo, 1957, Jalenques de Labeau: *Rec. CE*, 1957, pág. 158; *D* 1957, pág. 378, concl. Mosset, nota de Laubadère.

uso público como cualquier propietario privado. Las decisiones que autorizan la circulación, el paso, la ocupación y la explotación del dominio privado son, por tanto, actos de derecho privado, y son competencia de los tribunales judiciales[73].

Solo es diferente cuando la decisión se reconoce como separable de la gestión exclusiva del dominio privado. Este es el caso, lógicamente, cuando el dominio privado es solo soporte accesorio para la ejecución de un servicio público administrativo[74]. Este es también el caso, aunque de manera mucho más discutible, de los actos reconocidos como separables sin motivos claros por el Consejo de Estado, que tiende a considerar como tales los principales actos de gestión dominial, como las cesiones o las adquisiciones[75], salvo cuando plantean problemas de responsabilidad[76].

b) *Decisiones que emanan de una persona privada.* En paralelo, podemos enunciar el principio según el cual las decisiones que emanan de un particular se presumen de carácter privado. En principio, estas decisiones son actos privados sujetos a un régimen de derecho privado.

Sin embargo, sabemos que las decisiones de los particulares responsables de la gestión de un servicio público *administrativo* pueden ser actos administrativos. Esta es la consecuencia de la jurisprudencia *Monpeurt-Magnier*[77]. No obstante, conviene precisar que estas decisiones no son fácilmente reconocidas como actos administrativos salvo cuando materializan una prerrogativa de poder público. La sentencia *Magnier*, relativa a la definición de una participación financiera obligatoria, precisa que las decisiones tomadas para el desempeño del servicio público son administrativas *en razón de* la existencia de una prerrogativa de poder público. Esta jurisprudencia se ha venido confirmando de manera constante[78].

[73] CE, 23 de julio,1931, Dame Grand d'Esnon: *Rec. CE*, 1931, pág. 837; CE, 20 de enero, 1984, Soc. civ. du domaine du Bernet: *Rec. CE*, 1984, pág. 12; *RD publ.*, 1984, pág. 1708.

[74] CE, 3 de marzo, 1975, Courrière: *Rec. CE*, 1975, pág. 165, *AJDA*, 1975, pág. 233, cron: la autorización para cortar madera en un monte perteneciente al dominio privado de una entidad pública se relaciona con la ejecución del servicio público de protección forestal y por tanto constituye un acto administrativo separable de la gestión del dominio privado.

[75] TC, 5 de marzo, 2012, Dewailly, núm. 3833: *Rec. CE*, 2012, pág. 506; *JCP A*, 2012, 2180, nota J. Martin.

[76] TC, 5 de marzo, 2012, Dewailly, núm. 3833: *Rec. CE*, 2012, pág. 506; *JCP A*, 2012, 2180, nota J. Martin.

[77] CE ass., 31 de julio, 1942, Monpeurt: *Rec. CE*, 1942, pág. 239, *RD publ.*, 1943, pág. 57, concl. Ségalat, nota R. Bonnard; CE sect., 13 de enero, 1961, Magnier: *Rec. CE*, 1961, pág. 32, *RD publ.*, 1961, pág. 155, concl. J. Fournier; *AJDA*, 1961, pág. 142, nota C. P.

[78] TC, 2 de mayo, 1988, Soc. Georges Maurer: *Rec. CE*, 1988, pág. 488; CE, 8 de junio, 1988, Gradone: *Rec. CE* 1988, pág. 231; *RFD adm.*, 1988, pág. 737; CE, 31 de marzo, 1995, Touzet et Desaunay (2 fallos): *AJDA,* 1995, pág. 562, concl. J. Arrighi de Casanova.

Pero, por otro lado, el poder de decisión que ejercen los particulares para su organización interna, que no concierne a la actividad de servicio público administrativo, no constituye una prerrogativa de poder público y se rige por el derecho privado normalmente aplicable a los particulares[79]. Esta solución recibe una aplicación importante en las relaciones entre el particular y su personal, que se encuentra en una situación de derecho privado[80].

Cuando, por el contrario, se requiere de particulares para la gestión de un servicio público de carácter *industrial y comercial*, todas las decisiones nominativas, incluso tomadas con miras al funcionamiento del servicio público, son actos de derecho privado. Sin embargo, determinados actos reglamentarios pueden calificarse de actos administrativos. Esto no se debe a la existencia de prerrogativas de poder público, sino a que se relacionan con la organización del servicio público. En efecto, la jurisprudencia del tribunal de conflictos ha reconocido a estos actos reglamentarios un carácter plenamente administrativo desde 1968[81]. La evolución posterior[82] ha permitido precisar este criterio jurisprudencial de la organización del servicio público para calificar un reglamento privado como acto administrativo: por ejemplo, "el estado de las relaciones colectivas entre la SNCF [persona formalmente privada en aquel momento] y su personal afecta a la organización del servicio público"[83], así como las reglas relativas a las vacaciones pagadas[84]; pero los reglamentos adoptados por la SNCF relativos a los regímenes de jubilación de su personal no son actos administrativos porque no conciernen a la organización del servicio público[85].

[79] CE, 20 de junio, 1946, Morand: *Rec. CE,* 1964, pág. 183; *S.* 1947.3.19, nota P.H.; CE sect., 21 de mayo 1976, GIE Brousse-Cardell: *Rec. CE,* 1976, pág. 268; *AJDA,* 1977, pág. 42, concl. Grévisse.

[80] TC, 20 de noviembre 1961, Centre rég. de lutte contre le cancer Eugène-Marquis: *Rec. CE*, 1961, pág. 879; *AJDA*, 1962, pág. 17, crron.; *RD publ.*, 1962, pág. 964, nota M. Waline; *D.* 1962, pág. 389, nota A. de Laubadère.

[81] TC, 15 de enero, 1968, Epoux Barbier: *Rec. CE*, 1968, pág. 789 concl. J. Kahn; *RD publ.*, 1968, pág. 193, nota M. Waline; *AJDA*, 1968, pág. 225, cron.: el reglamento elaborado por la junta directiva de una línea aérea, que exige el celibato de las azafatas, contiene disposiciones que son "elementos de la organización del servicio público operado", por lo que se trata de un acto administrativo.

[82] CE, 14 de noviembre, 1984, Syndicat de l'aéronautique civile : *Rec. CE*, 1984, pág. 361; CE, 27 mars 1985, Bourhis et autres : *Rec. CE*, 1985, pág. 91.

TC, 12 juin 1961, Rolland : *Rec. CE*, 1961, pág. 866; *AJDA*, 1961, pág. 606, chron.; *RD publ.* 1962, pág. 725, note M. Waline.

[83] TC, 26 de octubre, 1981, Grostin: *Rec. CE*, 1981, pág. 656; *RD publ.*, 1982, pág. 1139.

[84] CE ass. 7 de julio, 1995 M. Damiens y otros: núm. 146028, 149495 à 149497; *AJDA*, 1995, pág. 692 cron.

[85] TC, 12 de junio, 1961, Rolland: *Rec. CE*, 1961, pág. 866; *AJDA*, 1961, pág. 606, cron.; *RD publ.*, 1962, pág. 725, nota M. Waline.

B) *La naturaleza administrativa de un contrato*

Los contratos celebrados por entidades públicas pueden ser de dos tipos. En función de una apreciación de oportunidad, la actuación de estas entidades puede conformarse a los marcos jurídicos vigentes, y en este caso se asimila a la de los particulares, sujetos al derecho privado y al juez judicial. O bien puede estimarse necesario ir más allá de ese marco, previendo reglas específicas, más adaptadas a la situación, de manera que el contrato debe ser considerado de carácter público, sujeto al derecho administrativo y controlado por la jurisdicción administrativa.

Hay casos en los que no cabe duda: aquellos en los que los contratos han recibido una calificación legal expresa. Estos contratos se denominan "contratos administrativos por determinación de la ley". Los dos ejemplos más conocidos y extendidos son los contratos de obras públicas (bajo la aplicación original de la ley del 28 pluvioso, año VIII, más recientemente del Código de la contratación pública), y los contratos para la ocupación del dominio público (en aplicación original del decreto-ley de 17 de junio de 1938, y recientemente del Código de la propiedad de las personas públicas). Un ejemplo menos conocido es el de la venta de inmuebles del dominio privado del Estado (solución del año VIII para que el contencioso de bienes de los emigrantes sea juzgado por la jurisdicción administrativa). A su vez, existe una gran cantidad de situaciones previstas por leyes especiales[86].

También existen bloques de jurisdicción establecidos por la jurisprudencia. Por un lado, el contencioso de los servicios públicos de carácter administrativo con sus agentes es un bloque de competencia administrativa. En todos estos litigios, los agentes son considerados agentes públicos, su contrato es siempre administrativo y el contencioso pertenece a la jurisdicción administrativa[87]. Por otro lado, el contencioso de servicios públicos de carácter industrial y comercial con sus usuarios es un bloque de competencia judicial. En todos los casos de litigios que respondan a esta situación, la competencia para conocer recaerá en la jurisdicción judicial[88].

Sin embargo, en presencia de un contrato, a veces es difícil saber si es de carácter público o privado, es decir, calificarlo como contrato administrativo

[86] Por ejemplo, contratos de asociación escolar previstos por la ley de programación escolar n° 95-836 del 13 de julio de 1995 por los cuales un establecimiento educativo público local puede confiar la responsabilidad de actividades educativas a solicitantes de empleo.

[87] TC, 25 de marzo,1996, Préfet de la Région Rhône-Alpes c. Berkani: *Rec. CE*, 1996, pág. 535, concl. P. Martin; *AJDA*, 1996, pág. 355, cron.

[88] CE, 13 de octubre, 1961, Ets Campanon-Rey: *Rec. CE*, 1961, pág. 567; *AJDA*, 1962, pág. 98, concl. Heumann, nota de Laubadère; *D.* 1962, pág. 506, nota Vergnaud; TC, 17 de diciembre, 1962, Dame Bertrand: *Rec. CE*, 1962, pág. 831, concl. Chardeau; *AJDA*, 1963, pág. 88, cron.

o como contrato privado. Tampoco en este caso, el derecho administrativo es formalista, y no puede condicionarse, por ejemplo, por la denominación que las partes hayan dado al acto[89].

La evolución reciente de la jurisprudencia administrativa invita a distinguir, a los efectos del examen de la cuestión, los contratos celebrados entre personas públicas de los celebrados entre una persona pública y una persona privada y, finalmente, los celebrados entre particulares.

a) *Contratos celebrados entre personas públicas.* El principio es simple y ha sido establecido por el Tribunal de Conflictos[90] respecto de un contrato entre el Estado y el CNEXO (un establecimiento público), y retomado por el Consejo de Estado[91]. Puede enunciarse de la siguiente manera: un contrato celebrado entre dos personas públicas tiene en principio un carácter administrativo, se presume administrativo.

Sin embargo, este principio puede verse invertido, como lo recordaron el Consejo de Estado en la sentencia antes referenciada y el Tribunal de Conflictos[92]. Cuando el contrato, *por razón de su objeto* "solo da lugar entre las partes [personas públicas] a relaciones de derecho privado", se presume que no es un contrato administrativo. Este es el caso, por ejemplo, de un contrato de arrendamiento entre entidades públicas, o contratos de prestación de servicios públicos de carácter industrial y comercial, celebrados entre la persona pública proveedora del servicio y una persona pública usuaria (EDF y entidades territoriales, por ejemplo).

b) *Contratos celebrados entre personas privadas.* También puede establecerse el principio, paralelo del anterior, según el cual los contratos celebrados entre particulares se presumen contratos de carácter privado, es decir, actos regidos por el derecho privado[93]. El principio está dotado, según el Tribunal de Conflictos, de un valor legal[94], y se aplica aun a los contratos que tienen

[89] TC, 9 de junio, 1986, Fabre: *RD publ.*, 1987, pág. 1682.

[90] TC, 21 de marzo, 1983, Union des assurances de Paris: *Rec. CE*, 1983, pág. 537; *AJDA* 1983, pág. 356, concl. D. Labetoulle; *Rev. Adm.*, 1983, pág. 368, nota B. Pacteau.

[91] CE, 11 de mayo, 1990, Bureau d'aide sociale de Blénod-lès-Pont-à-Mousson: *AJDA*, 1990, pág. 614, nota F. Colly.

[92] TC, 7 de octubre, 1991, CROUS de l'académie de Nancy-Metz: *Rec. CE*, 1991, pág. 472; *AJDA*, 1992, pág. 157, obs. L. Richer.

[93] TC, 10 de enero, 1983, Centre d'action pharmaceutique: *Rec. CE*, 1983, pág. 535; *AJDA* 1983, pág. 539, obs. J. Moreau; *JCP*, 1983, 19938, concl. Gulphe; *Dr. Soc.*, 1983, pág. 645, nota X. Prétot.

[94] TC, 26 de junio, 1989, Soc. an. Comp. gén. d'entr. de chauffage: *D.* 1990.SC.191, obs. X. Prétot.

por objeto la ejecución de una obra pública o de un servicio público, incluso si refieren a disposiciones del Código de la contratación pública[95].

También existen excepciones a este principio, la más notable de las cuales es la del contrato celebrado "por cuenta de la persona pública", expresión que puede abarcar distintas situaciones. Puede tratarse de un contrato celebrado en aplicación de un mandato formal previo regido por las reglas del derecho civil y, en este caso, la persona pública es en realidad parte del contrato[96].

Pero también puede tratarse de un mandato administrativo[97]. En ausencia de un mandato formal entre la persona pública y la persona privada responsable de la gestión de un servicio público, puede suceder que la persona pública interviene indirectamente en un contrato celebrado entre particulares (con cláusulas que indican una sujeción a sus decisiones o su control, se le entregan las obras construidas[98], garantiza préstamos, subvenciona la obra[99], etc.), hasta el punto de que no se pueda considerar que uno de los particulares actúa por derecho propio.

En principio, esta excepción es, sin embargo, estrictamente enmarcada por la jurisprudencia[100]. Por ejemplo, ella exige que el poder de control ejercido por la entidad pública exceda claramente las facultades normales del propietario sobre la empresa de obras que transforma su inmueble[101]; o que el particular no se limite a aplicar normas reglamentarias generales, sino que realmente se vea privado de la iniciativa sobre sus acciones[102].

Por otro lado, si bien este contrato puede ser reconocido como administrativo porque se asume que se cumple con el criterio orgánico, solo lo será efectivamente si se verifica un segundo criterio, el mismo que se exige en los contratos celebrados entre una persona pública y una persona privada.

[95] CE, 20 de diciembre, 1961, Soc. de l'autoroute Estérel-Côte d'Azur: *Rec. CE*, 1961, pág. 274; *AJDA*, 1962, pág. 288, cron.; TC, 19 de enero, 1972, Entr. Solon et Barrault: *Rec. CE*, 1972, pág. 944; *RD publ.*, 1972, pág. 465, concl. Braibant; *AJDA*, 1972, pág. 353, nota Dufau; *JCP*, 1973, 17312, nota F. Moderne.

[96] CE sect., 2 de junio, 1961, Leduc: *Rec. CE*, 1961, pág. 365; *AJDA*, 1961, pág. 345, concl. G. Braibant.

[97] M. Canedo, *Le mandat administratif*, LGDJ, col. Bibl. de droit public, t. 216.

[98] CE, 30 de mayo, 1975, Soc. d'équipement de la région montpelliéraine: *Rec. CE*, 1975, pág. 326; *AJDA*, 1975, pág. 345, cron.; *D.* 1976, pág. 3, nota F. Moderne, contratos de « amenagement ».

[99] TC, 7 de julio, 1975, Commune d'Agde: *Rec. CE*, 1975, pág. 797.

[100] CE, 25 de octubre, 2017, n° 404481, Société les compagnons paveurs, *AJDA*, 2018, pág. 255 y TC, 11 de diciembre, 2017, núm 4103, Commune de Capbreton, *AJDA*, 2018, pág. 267, cron. S. Roussel et Charline Nicolas.

[101] TC, 16 de junio, 2014, Soc. d'exploitation de la Tour Eiffel, núm 3944.

[102] TC, 9 de marzo, 2015, Soc. des autoroutes du Sud de la France, núm 3992: *RFDA*, 2015, pág. 270, concl. N. Escaut, nota M. Canedo-Paris.

c) *Contratos celebrados entre una persona pública y una persona privada.* Estos contratos se declaran administrativos cuando se satisface un criterio alternativamente funcional o material. O el objeto del contrato es la ejecución misma del servicio público (criterio funcional), o el contenido del contrato es exorbitante del derecho común (criterio material).

a') El objeto del contrato: la ejecución misma del servicio público. El objeto del contrato puede definirse como la actividad que permite ejecutar (obras, venta, alquiler, prestación de servicios). Esto es desde un punto de vista funcional. Pero este objeto, relacionado con el servicio público, es triple.

1. *La ejecución misma del servicio público es confiada al cocontratante privado de la persona pública.* El contrato es entonces administrativo. El criterio resulta de la jurisprudencia *Époux Bertin*[103]. En el momento de la Liberación, en 1944, los esposos Bertin habían acordado proporcionar alojamiento a ciudadanos soviéticos, en virtud de un contrato verbal. El Consejo de Estado consideró que se trataba de la ejecución misma del servicio público encargado de garantizar la repatriación de los refugiados.

En esta categoría podemos clasificar los contratos de concesión de servicio público que tienen precisamente por objeto confiar a un particular la responsabilidad de gestionar un servicio público[104]. De manera más general, en la actualidad, estos contratos pertenecen a la categoría de las concesiones del Código de orden público y de los "convenios de delegación de servicio público" regidos por el Código general de las colectividades territoriales.

2. *Los contratos que constituyen una de las modalidades de la ejecución misma del servicio público.* En la práctica, se trata de contratos celebrados con usuarios de servicios públicos de carácter administrativo. El criterio resulta de la jurisprudencia *Consorts Grimouard*[105]. Los contratos celebrados para las operaciones de reforestación, por los servicios de Agua y Silvicultura, con los propietarios interesados, usuarios del servicio público para el desarrollo del bosque, son contratos administrativos. Los contratos de préstamo para el reasentamiento de los repatriados de los territorios de ultramar se celebran con los usuarios del servicio público administrativo de apoyo a los repatriados y constituyen modalidades de la ejecución misma de este servicio público[106].

[103] CE sect., 20 de abril, 1956, Époux Bertin: *Rec. CE*, 1956, pág. 167; *AJDA*, 1956, núm. 2, pág. 272, concl. M. Long, cron.; *RD publ.*, 1956, pág. 869, nota M. Waline; *D.* 1956, pág. 433, nota A. de Laubadère.

[104] CE, 4 de marzo 1910, Thérond: *Rec. CE*, 1910, pág. 193, concl. Pichat; *RD publ.*, 1910, pág. 249, nota Jèze; *S.* 1991, 3, 17, nota Hauriou, para la eliminacion de perros callejeros; TC, 22 de abril, 1990, GIE Copagau: *Dr. Adm.*, 1990, 389, para el caso de automóviles.

[105] CE sect., 20 de abril,1956, Consorts Grimouard: *Rec. CE*, 1956, pág. 168; *AJDA*, 1956, núm 2, pág. 221 cron.; *RD publ.*, 1956, pág. 1058, concl., nota M. Waline.

[106] CE sect., 18 de junio, 1976, Dame Culard: *Rec. CE*, 1976, pág. 319; *AJDA*, 1976, pág. 579, nota M. Durupty.

3. *El contenido del contrato: el carácter exorbitante.* Aunque el objeto del contrato no sea la ejecución misma del servicio público, puede reconocerse como administrativo por el cumplimiento de otro criterio: su carácter exorbitante. El contenido del contrato que vincula a una persona pública con una persona privada puede tener intrínsecamente un carácter exorbitante: algunas de sus cláusulas son exorbitantes del derecho común. También puede recibir este carácter exorbitante por disposiciones ajenas a él pero que rigen su contenido, es el régimen exorbitante.

Debe hacerse una observación: el adjetivo exorbitante debe entenderse en relación con lo central de la categoría. Debe entenderse como exorbitante del derecho común de los contratos, es decir, de una rama particular del derecho privado.

d) *Las cláusulas exorbitantes.* Es, en términos cuantitativos, el caso más frecuente de aplicación del criterio. Se trata de la aplicación de la jurisprudencia clásica conocida como *Granits*[107]. La ciudad de Lille había celebrado un contrato de derecho privado para el suministro de adoquines según las reglas y condiciones de los contratos entre particulares, por lo que la solución se habría revertido en el caso en que se hubieran detectado cláusulas exorbitantes.

¿Qué entendemos por cláusulas exorbitantes? Aquellas que tienen por objeto conferir a las partes derechos u obligaciones extraños por su naturaleza a aquellos que pueden ser libremente consentidos por cualquiera en el marco de las leyes civiles y comerciales. Se insertan en los contratos para garantizar las exigencias del interés general. Por ejemplo, constituyen cláusulas exorbitantes, aquellas que prevén la facultad del ente público de rescindir unilateralmente el contrato[108], controlar los resultados financieros[109], un régimen fiscal derogatorio[110].

Las controversias sobre la definición de cláusulas exorbitantes por su contenido han cesado a raíz de una decisión del Tribunal de Conflictos[111], que prefiere definirlas con un criterio teleológico como cláusulas que "especialmente por las prerrogativas reconocidas a la persona pública contratante, implican, por razones de interés general, el encuadre en el régimen exorbitante de los contratos administrativos".

[107] CE, 31 de julio, 1912, Soc. des Granits porphyroïdes des Vosges: *Rec. CE*, 1912, pág. 909, concl. L. Blum; *RD publ.*, 1914, pág. 145, nota G. Jèze.

[108] CE ass., 26 de febrero, 1965, Soc. du vélodrome du Parc des Princes: *Rec. CE*, 1965, pág. 133; *RD publ.*, 1965, pág. 506, concl. Bertrand et 1175, nota M. Waline.

[109] CE sect., 10 de mayo, 1963, Soc. coop. agri. de prod. La Prospérité fermière, *Rec. CE*, 1963, pág. 289; *RD publ.*, 1963, pág. 584, concl. G. Braibant.

[110] TC, 13 de junio, 1955, Stanesco: *Rec. CE*, 1955, pág. 620.

[111] TC, 13 de octubre, 2014, Soc. Axa France, núm. 3963: *Rec. CE*, 2014, pág. 471; *RFDA*, 2014, pág. 1068, concl. F. Desportes; *JCP A*, 2015, 2010, nota H. Pauliat.

e) *El régimen exorbitante.* Esta expresión se toma del texto de una sentencia del Consejo de Estado[112]. La idea aquí es que el contenido de un contrato puede ser modificado por elementos de su régimen, impuestos por la ley o el reglamento.

Este es el caso de los contratos mediante los cuales EDF compró la electricidad producida por pequeños productores. Siendo la distribución de electricidad en ese momento un monopolio, no así su generación, los productores estaban obligados por ley a contratar con EDF y a someter sus controversias al ministro de energía, previo a cualquier impugnación jurisdiccional.

Existen pues contratos administrativos por su régimen exorbitante[113]. Esto no significa que el juez administrativo califique el contrato en virtud de un halo de elementos del régimen contractual querido por las partes, sino que se fundamenta en el carácter exorbitante del derecho común contenido en su marco legislativo y reglamentario. Se trata casi de contratos administrativos por determinación indirecta de la ley, limitándose el juez administrativo a calificar conforme a lo que ella habría definido. La jurisprudencia parece, sin embargo, reacia a utilizar el concepto de régimen exorbitante[114].

[112] CE Sect., 19 de enero, 1973, Soc. d'exploitation électrique de la rivière du Sant: *Rec. CE*, 1973, pág. 48; *AJDA*, 1973, pág. 358, cron.; *Rev. Adm.*, 1973, pág. 633, nota Amselek, *CJEG*, 1973, pág. 239, concl. Rougevin-Baville, nota Carron; retomada por TC, 24 avril 1978, Soc. Boulangerie de Kourou: *Rec. CE*, 1978, pág. 645; *D.* 1978, pág. 584, nota P. Delvolvé.

[113] La solución no es nueva cuando se trata de servicio público: CE, 23 de mayo, 1924, Soc. Les affréteurs réunis: *Rec. CE*, 1924, pág. 498; *S.* 1926, 3, 10, concl. Rivet.

[114] TC, 16 de enero, 1995, Préfet de la Région Ile-de-France: *CJEG*, 1995, pág. 259, nota Delpirou,

MÉXICO

EL ACTO ADMINISTRATIVO Y SU REGULACIÓN EN MÉXICO

LUIS JOSÉ BÉJAR RIVERA*

INTRODUCCIÓN

Como es debido, manifestamos nuestro agradecimiento y reconocimiento al jurista español RICARDO RIVERO ORTEGA, responsable de la edición de esta obra que sin duda será de referencia obligada en breve. Por otra parte, el esfuerzo de coordinación de esta obra está acompañado sin duda del liderazgo que el presidente del Instituto Internacional de Derecho Administrativo, el profesor LIBARDO RODRÍGUEZ RODRÍGUEZ ha tenido en estos años, uniendo a profesores de la materia de todas las latitudes del mundo y que gracias a ello, nos ha entregado una importante colección sobre el derecho administrativo comparado, de la cual forma parte esta obra. Sin duda una labor no solo loable sino titánica, como parte de este esfuerzo en la transmisión y enseñanza del pensamiento científico en la materia.

En esta ocasión, nos ocuparemos en uno de los temas torales del derecho administrativo: el acto administrativo, como una de las grandes categorías de nuestra disciplina y eje de la justicia administrativa, desde los orígenes mismos de la materia en Francia.

La construcción doctrinal del concepto no ha sido fácil. Así lo señala VICENTE ESCUIN PALOP:

"La dogmática administrativa, como demostrara MARTÍN RETORTILLO, se ha basado en gran medida en la civil. En particular, una de las instituciones nucleares del derecho, sin calificativos, es la del acto jurídico considerado como una manifestación de voluntad que produce consecuencias jurídicas. Sobre tal idea se ha desarrollado la de acto administrativo, entendiendo por tal el dictado por un órgano de la administración, en el ejercicio de una potestad administrativa, por el que se crea, modifica o extingue una situación individualizada[1].

* Doctor en derecho y maestro en ciencias jurídicas por la Universidad Panamericana, campus México. Licenciado en derecho por el ITESO. Miembro del Sistema Nacional de Investigadores del CONACYT. Profesor investigador de la facultad de derecho de la Universidad Panamericana, campus México.

[1] VICENTE ESCUIN PALOP, *El acto administrativo implícito*, Madrid, Civitas, 1999, pág. 71.

Otro problema que enfrenta la conceptualización del acto administrativo, según el propio Escuin, radica en que, dada la diversidad de las materias que abarca la actuación de la administración pública y sus características particulares, resulta casi imposible arribar a un concepto incluyente, pues la actuación administrativa no puede limitarse, en cuanto al contenido de los actos, a la ciencia jurídica. Dicho de otra manera: en la administración pública, pese a verse obligada a actuar legalmente en todo momento, también deben intervenir otras ciencias sociales o exactas que sobrepasen la idea jurídica que nos podamos formar al respecto, pues encontramos la necesidad de la utilización de ciencias tan distantes unas de otras como la contabilidad y la economía, tratándose de ingresos y fiscalización, así como veterinaria y medicina, en relación con la salud pública.

Sin embargo, la realidad es que la doctrina es más o menos uniforme al día de hoy, y prácticamente todos los sistemas jurídicos (incluido el mexicano) han asumido ya un concepto claro de acto administrativo y funcional en relación con su propio sistema.

En el caso del derecho administrativo mexicano, su recorrido ha estado presente en la doctrina desde el siglo XIX, como la materialización de la decisión jurídico-administrativa de la administración pública. Sobre este tema hemos de centrar nuestro aporte a la colección. Es importante señalar que debido a que los Estados Unidos Mexicanos es una República Federal, que cuenta con tres órdenes de gobierno, el federal, estatal y el municipal, por lo que las consideraciones vertidas en este trabajo se limitarán al ámbito federal, debido a que sería imposible en pocas líneas hacer una síntesis relativa al estado de la cuestión en el ámbito local. Baste por lo pronto con señalar que en muchos casos, la legislación local es una legislación espejo del ámbito federal, aunque en algunos, notablemente el estado de México y el estado de Jalisco fueron pioneros en la regulación del acto administrativo mediante sus leyes procedimentales y de justicia administrativa local.

Así pues, no nos resta más que agradecer nuevamente a los profesores Rodríguez y Rivero por este monumental esfuerzo y reiterar lo honrados que nos sentimos por la invitación a participar en el mismo.

1. Consideraciones históricas sobre la regulación del acto administrativo en México

Tal y como lo señalamos en precedencia, del concepto de acto administrativo se habla en nuestra doctrina desde el siglo XIX; concretamente podemos referir que el profesor Teodosio Lares, en sus *Lecciones de derecho admi-*

nistrativo en 1850[2] se refiere a los actos administrativos, si bien esto pasó desapercibido en la obra de José María del Castillo Velasco[3].

En el ámbito legislativo, la ley para el arreglo de lo contencioso administrativo y su reglamento, redactadas por Teodosio Lares, publicadas el 25 de mayo de 1853, establece en su artículo 1° que no corresponde al poder judicial el conocimiento de las cuestiones administrativas, entre ellas: "IV. A los actos administrativos en las materias de policía, agricultura, comercio e industria que tengan por objeto el interés general de la sociedad [*sic*]" (art. 2)[4].

Infortunadamente, la vida de esta norma fue efímera, pues a los pocos años, el ministro de la Suprema Corte de Justicia de la Nación (SCJN), Ignacio L. Vallarta, declaró la inconstitucionalidad de esta ley y su reglamento[5], probablemente, por considerarlo una herencia del dictador Antonio López de Santa Anna y del partido conservador, pero en todo caso, argumentando que el contencioso atentaba contra la división de poderes[6].

A partir de ahí, la idea de un acto administrativo siguió presente en nuestra legislación, pero no se definió en ninguna norma (a la fecha en el ámbito federal continuamos sin un concepto normativo de acto administrativo). En todo caso, las distintas disposiciones de carácter administrativo que refieren a los actos administrativos se hacen presentes en todo el sistema, pero debemos indicar que dentro de nuestro derecho se hizo mucho más común el uso de la expresión acto de autoridad, debido a que nuestro texto constitucional, en sus artículos 14 y 16 alude a los mismos.

En concreto, se señala que todo acto de autoridad debe ser escrito y estar debidamente fundado y motivado y, con esta base, se le otorga un fundamento constitucional a la actuación de la autoridad y a los actos administrativos. Es importante hacer notar que la denominación de acto de autoridad es mucho más amplia que la de acto administrativo, y nuestro sistema, debido a la existencia

[2] Florence Toussaint Alcaraz (comp.), Teodosio Lares, Senado de la República - IIJ-UNAM, México, 1987, págs. 37-42, consultable en https://biblio.juridicas.unam.mx/bjv/detalle-libro/2662-teodosio-lares

[3] José María Del Castillo Velasco, *Ensayos sobre el derecho administrativo*, ts. I y II (edición facsimilar 1870), IIJ-UNAM, México, 1994, consultable en https://biblio.juridicas.unam.mx/bjv/detalle-libro/708-ensayo-sobre-el-derecho-administrativo-mexicano-t-ii

[4] Consultable en http://www.internet2.scjn.gob.mx/red/marco/PDF/C.%201846-1855/d)%20LEY%20ARREGLO%20CONTENCIOSO%201853.pdf

[5] A mayor abundamiento, cfr. Luis José Béjar Rivera, "La dualidad jurisdiccional en materia administrativa en México", en *Contenciosos administrativos en Iberoamérica* (Jaime Rodríguez-Arana, Willam Vázquez Irizarry & María del Carmen Rodríguez Martín-Retortillo, coords.), San Juan, Universidad de San Juan, 2015, págs. 273-287.

[6] Sobre este particular, Cfr. José Luis Vázquez Alfaro, *El control de la administración pública en México,* IIJ-UNAM, México, 1996, págs. 180 y 181.

del juicio de amparo, se convirtió en una expresión mucho más difundida, pues ante la inexistencia de un contencioso administrativo, la vía de impugnación existente era precisamente el amparo en materia administrativa[7].

En materia fiscal, el Código Fiscal de la Federación introduce la regulación del acto administrativo para dicha materia, que constituyó la base del modelo antiguo de contencioso administrativo, mediante la instauración del Tribunal Fiscal de la Federación (Ley de Justicia Administrativa de 1936), cuya competencia estaba restringida a la anulación o confirmación de los actos administrativos tributarios hasta el año 2000, momento en el que se amplió su competencia al ámbito administrativo y modificó su denominación a Tribunal Federal de Justicia Fiscal y Administrativa, hoy en día Tribunal Federal de Justicia Administrativa (TFJA).

Sin embargo, el 4 de agosto de 1994 se publica en el *Diario Oficial* de la Federación (DOF) la Ley Federal de Procedimiento Administrativo (LFPA) como una ley marco de la materia, donde se regula expresamente el acto administrativo, su procedimiento, invalidez y demás características, de tal forma que esta norma sustituye y resulta de aplicación concurrente al resto de la legislación administrativa para efectos de acto y procedimientos administrativos. Es propiamente aquí donde encontramos, por primera vez, una regulación clara y sistemática del acto administrativo. Norma que aun cuando resulta útil, probablemente sea necesario hacerle algunos ajustes y modificaciones con arreglo a los nuevos paradigmas del derecho administrativo.

2. El concepto de acto administrativo en la doctrina mexicana

Ahora bien, tal y como se indicó, nuestra legislación federal en ningún momento contempla un concepto de acto administrativo como tal, así que le ha correspondido a la doctrina y a la jurisprudencia su determinación conceptual.

Así, en un breve recorrido por algunos de nuestros autores (que en razón de la extensión de este documento no realizamos de manera exhaustiva) tratamos de identificar los conceptos más significativos y, con ello, proporcionar una visión general de la forma en que ha sido conceptualizado el acto administrativo en nuestro país.

El ministro de la Suprema Corte de Justicia de la Nación, Alberto Pérez Dayán define al acto administrativo como "[...] toda declaración de voluntad unilateral y concreta, dictada por un órgano de la administración, en ejercicio de su competencia administrativa, cuyos efectos jurídicos son directos e inmediatos"[8].

[7] Sobre este particular, Cfr. Humberto Enrique Ruíz Torres, *Curso general de amparo*, México, Oxford University Press México, 2007.

[8] Alberto Pérez Dayán, *Teoría general del acto administrativo*, México, Porrúa, 2003, pág. 53.

Por su parte, Luis Humberto Delgadillo Gutiérrez y Manuel Lucero Espinosa señalan que el acto administrativo es [...] una declaración unilateral de voluntad, de conocimiento o juicio, de un órgano administrativo, realizada en ejercicio de la función administrativa, que produce efectos jurídicos concretos en forma directa"[9].

Para Alberto C. Sánchez Pichardo, el acto administrativo es "[...] un acto, ejecutivo y unilateral, que determina situaciones jurídicas (crea, reconoce, modifica, transmite o extingue obligaciones y derechos) para casos individuales, y que se efectúa en cumplimiento de las atribuciones y facultades que las leyes determinan a la administración pública. En dicho acto está contenida la voluntad de la autoridad administrativa de aplicar la ley y proveer lo necesario para su cumplimiento, en función del interés general o del interés público"[10].

La jurisprudencia ha desarrollado el concepto de acto de autoridad y sus distintas modalidades, muchas de ellas encaminadas al acto administrativo; sin embargo, no lo señala como tal, pues tal y como ya lo indicamos en líneas precedentes, en la tradición mexicana, es más usual referirnos al acto de autoridad que al acto administrativo. Sin embargo, encontramos un criterio aislado que nos dice que el acto administrativo es "[...]el medio por el cual se exterioriza esa voluntad [de la administración] y puede conceptuarse como el acto jurídico unilateral que declara la voluntad de un órgano del Estado en ejercicio de la potestad administrativa y crea situaciones jurídicas conducentes a satisfacer las necesidades de la colectividad"[11].

Finalmente, en nuestro concepto el acto administrativo es "[...] la manifestación unilateral de la voluntad de la autoridad administrativa, dirigida a un particular (aunque excepcionalmente se dirige a otro ente público), y que en cumplimiento de sus funciones provoca consecuencias jurídicas para el sujeto y terceros, atendiendo a los fines públicos"[12].

3. Elementos de los actos administrativos

En cuanto al análisis de los elementos del acto administrativo, la doctrina no ha resultado uniforme (como no lo ha sido en ninguna parte del mundo),

[9] Luis Humberto Delgadillo Gutiérrez y Manuel Lucero Espinosa, *Compendio de derecho administrativo,* primer curso, 3ª ed., México, Porrúa,1998, pág. 256.

[10] Alberto C. Sánchez Pichardo, *Los medios de impugnación en materia administrativa,* 3ª ed., México, Porrúa, 2001, pág. 59.

[11] Cuarto Tribunal Colegiado en Materia Administrativa del Primer Circuito, Tesis I.4°A. 341 A, Novena Época, Semanario Judicial de la Federación y su Gaceta (SJFyG), t. XV, marzo de 2002, pág. 1284, con el rubro "Acto administrativo. Concepto".

[12] Luis José Béjar Rivera, *El acto administrativo y su finalidad* (reimp.), México, Porrúa, 2016, pág. 6.

pero no es nuestra intención entrar en una discusión al respecto, por lo que, para efectos de explicar los elementos del acto administrativo en México, nos hemos decantado por tomar como base de nuestra postura a los profesores españoles EDUARDO GAMERO CASADO y SEVERIANO FERNÁNDEZ RAMOS[13], que consiste en distinguir cuatro elementos esenciales: a) elemento subjetivo, b) elemento objetivo, c) elemento formal y d) elemento teleológico.

Claramente, los elementos esenciales del acto administrativo están íntimamente vinculados a la validez (legalidad) y eficacia de los actos administrativos[14], pero reducir la idea de los elementos a la validez del acto nos parece que sería caer en un reduccionismo del concepto de acto administrativo, y necesariamente tenemos que analizar esta institución iusadministrativa en relación con su misma esencia.

El análisis que proponemos en este trabajo, la desviación de poder, corresponde precisamente a defectos en cuanto al elemento teleológico, tal y como se abordará más adelante.

A) *Elemento subjetivo*

En primer término, prácticamente toda la doctrina coincide en establecer como elemento subjetivo del acto administrativo a la administración pública, desde un punto de vista orgánico, es decir, se refiere a la administración como estructura dotada de atribuciones[15].

Por tanto, la característica esencial que debe guardar la administración como sujeto en el acto administrativo es la competencia, la cual para su ejercicio recae, necesariamente, sobre una persona física (funcionario público). En este sentido, GABINO FRAGA señala:

"La amplitud de la función administrativa impone por una parte la necesidad de crear múltiples órganos que se caracterizan por ser esferas especiales de competencia y, por otra parte, por requerir de personas físicas que ejerciten esa competencia"[16].

Con esto no pretendemos un divorcio entre la llamada teoría del órgano y la teoría de la representación, sino simplemente reiterar la natural vincu-

[13] EDUARDO GAMERO CASADO y SEVERIANO FERNÁNDEZ RAMOS, *Manual básico de derecho administrativo,* Madrid, Tecnos, 2008, págs. 337 y sigs.

[14] Cfr. JOSÉ ROLDÁN XOPA, *Derecho administrativo,* México, Oxford University Press, 2008, pág. 15; también, RAÚL BOCANEGRA SIERRA, *Lecciones del acto administrativo*, Madrid, Civitas, 2002, pág. 67.

[15] Esta posición es sostenida por autores como NAVA NEGRETE y PÉREZ DAYÁN, quienes centran esta distinción en el aspecto organicista de la administración. Sobre este particular, cfr. ALFONSO NAVA NEGRETE, *Derecho administrativo mexicano*, 2ª ed., corregida y aumentada, México, FCE, 2001, pág. 354; también Cfr. ALBERTO PÉREZ DAYÁN, *Teoría general del acto administrativo,* México, Porrúa, 2003, pág. 108.

[16] GABINO FRAGA, *Derecho administrativo,* 28ª ed., México, Porrúa, 1989, pág. 122.

lación que existe entre el órgano y el funcionario público que lo representa, de tal forma que resulta casi una obviedad señalar que cuando un órgano ha sido atribuido de competencia, esta se ejercerá por conducto de funcionario competente. Esto es, la competencia se le atribuye al órgano y se ejercerá por persona física legalmente facultada para ello.

Complementando lo anterior, el criterio jurisprudencial V-P-1aS-17 emitido por la Primera Sección de la Sala Superior del TFJA ilustra claramente este punto:

"*Competencia.* Su estudio puede realizarse de oficio. La competencia, por ser una cuestión de orden público, relativa a la idoneidad atribuida a un órgano de autoridad para conocer y llevar a cabo determinadas funciones o actos jurídicos, puede estudiarse de oficio al resolverse el juicio de nulidad, resultando suficiente que en la sentencia controvertida en el recurso de apelación se haya resuelto esta cuestión afirmando que la autoridad carecía de ella, para que la Sala Superior pueda analizar exhaustivamente si esa autoridad efectivamente era o no competente"[17].

Aunque parecería casi ocioso, y como ya lo señalamos, la competencia solo puede ser ejercida por personas físicas que estén legalmente imbuidas del poder público, es decir, que sobre ellas recaiga un nombramiento como funcionario y por ello esté legalmente habilitado para ejercer un empleo, cargo o comisión.

Esta característica corresponde a lo que la doctrina ha señalado como debida investidura del funcionario o investidura legítima, es decir, que el ejercicio del nombramiento esté libre de vicios y por tanto, el depósito de las atribuciones corresponda adecuadamente con la persona[18]; cabe señalar que esta situación

[17] *Revista del Tribunal Federal de Justicia Fiscal y Administrativa* (RTFJFA), núm. 3, Cuarta Época, Año I, octubre de 1998, pág. 50.

[18] Este punto está plenamente ilustrado por la tesis aislada P. XLVIII/2005 emitida por el Pleno de la SCJN, Novena Época, visible en el SJFyG, t. XXII, noviembre de 2005, pág. 5, que señala textualmente:

"*Servidores públicos. No pueden, válidamente, conocer de su legitimidad los tribunales de amparo ni los ordinarios de jurisdicción contenciosa administrativa.* La noción de «incompetencia de origen» nació para significar los problemas que entrañaban la ilegitimidad de las autoridades locales por infracciones a las normas reguladoras de su designación o elección. Dicha incompetencia se distinguía de las irregularidades examinadas en el contexto de control de legalidad de los actos de autoridad, porque su conocimiento por los tribunales federales se traduciría en una intervención injustificada en la soberanía de las entidades federativas, y redundaría en el empleo del juicio de amparo como instrumento para influir en materia política. Sin embargo, la referida noción, limitada al desconocimiento de autoridades locales de índole política o judicial, se hizo extensiva a todos los casos en que por cualquier razón se discutiera la designación de un funcionario federal o local perteneciente, inclusive, al poder ejecutivo, o la regularidad de su ingreso a cualquier sector de la función pública, introduciéndose una distinción esencial entre la incompetencia de origen y la incompetencia derivada del artículo 16 de la Constitución Política de los Estados Unidos Mexicanos, de lo que derivó que frente

pareciera que por si misma no es suficiente para determinar vicios sobre la ilegalidad de las actuaciones de un funcionario público, es importante señalar que se trata de una situación no menor, pues afecta el origen mismo de la legitimidad de su actuación.

Como un argumento adicional respecto de la importancia de la investidura legítima del funcionario está la idea que reiteramos de que un acto administrativo únicamente puede emanar de un órgano administrativo y mediante funcionario público competente.

Así, JUAN ALFONSO SANTAMARÍA PASTOR señala: "Parece casi ocioso advertir que los actos realizados por personas privadas que participan como interesados en un procedimiento no son actos administrativos, aunque su producción se rija por el derecho administrativo [...]"[19].

Desde la concepción clásica de ZANOBINI sobre el acto administrativo ha quedado plenamente establecido que el acto administrativo únicamente puede emanar de una autoridad administrativa, a pesar de que existen casos, como los concesionarios de los servicios públicos, quienes sustituyen a la administración pública en el ejercicio de sus funciones, no se considera que se les otorgue el carácter de autoridad para efectos de emitir actos administrativos, aun cuando si pueden llegar a emitir actos de autoridad[20].

---

a los funcionarios *de jure*, se creó una teoría de los funcionarios *de facto*, es decir, aquellos cuya permanencia en la función pública es irregular, ya sea por inexistencia total o existencia viciada del acto formal de designación, o por ineficacia sobrevenida del título legitimante, frecuentemente debida a razones de temporalidad e inhabilitación. Ahora bien, el examen de la legitimidad de un funcionario y de la competencia de un órgano supone una distinción esencial, pues mientras la primera explica la integración de un órgano y la situación de una persona física frente a las normas que regulan las condiciones personales y los requisitos formales necesarios para encarnarlo y darle vida de relación orgánica; la segunda determina los límites en los cuales un órgano puede actuar frente a terceros. En ese sentido, el indicado artículo 16 no se refiere a la legitimidad de un funcionario ni a la manera como se incorpora a la función pública, sino a los límites fijados para la actuación del órgano frente a los particulares, ya que son justamente los bienes de estos el objeto de tutela del precepto, en tanto consagra una garantía individual, y no un control interno de la organización administrativa. Por tanto, los tribunales de amparo ni los ordinarios de jurisdicción contenciosa administrativa federal pueden conocer, con motivo de argumentos sobre incompetencia por violación al artículo 16 constitucional, de la legitimidad de funcionarios públicos, cualquiera que sea la causa de irregularidad alegada, sin perjuicio de la posible responsabilidad administrativa o penal exigible a la persona sin investidura o dotada de una irregular".

[19] JUAN ALFONSO SANTAMARÍA PASTOR, *Principios de derecho administrativo,* vol. II, 3ª ed., Madrid, Ceura, 2002, pág. 139.

[20] Este punto queda perfectamente ilustrado con la tesis aislada I.4ºA. 640 A, emitida por el Cuarto Tribunal Colegiado en Materia Administrativa del Primer Circuito, Novena Época, visible en el SJFyG, t. XXVIII, noviembre de 2008, pág. 1326, que reza:

"*Comité Olímpico Mexicano, asociación civil. La determinación tomada por su asamblea general de expulsar a uno de sus miembros, fundada en la ley general de cultura física*

Ahora bien, no podemos negar tampoco la necesidad de un sujeto pasivo del acto administrativo: el administrado (o contribuyente, según corresponda), pues aquel acto administrativo que no está dirigido a ninguna persona, carece de razón de ser, pues precisamente el acto consiste en la aplicación concreta de una norma a un particular. Esto es que, necesariamente debemos considerar como elemento subjetivo del acto administrativo al particular al cual se dirige el acto.

En tales condiciones, el elemento subjetivo del acto tiene dos partes: en primer lugar la autoridad administrativa como sujeto activo y, no menos importante, el administrado como sujeto pasivo, siendo esta la razón de ser del sistema como tal, es decir, se trata de las decisiones que afectan al particular y por tanto, no podemos hablar de una decisión en forma de acto administrativo sin este.

B) *Elemento objetivo*

Entrando de lleno al tema, en palabras de FERNANDO GARRIDO FALLA, el objeto del acto administrativo es el contenido mismo del acto, es decir "[...] el efecto práctico que con dicho acto se pretende obtener [...]"[21].

---

y deporte y en su estatuto, es un acto de autoridad para efectos de la procedencia del juicio de amparo. De la interpretación sistemática de los artículos 1, 2, 3, fracciones V y VIII, 9, 10, fracción IV, 56, 65, 68, 70, 71 y 135, fracción I, de la Ley General de Cultura Física y Deporte y 1°, 2°, 8°, incisos d), e), h), j), k), 13, 18 y 44 del Estatuto del Comité Olímpico Mexicano, Asociación Civil, se colige que la indicada ley es de orden público e interés social, cuyo objetivo es establecer las reglas generales de coordinación de la facultad concurrente entre las autoridades de los diversos niveles de gobierno (Federación, estados y municipios), así como con los sectores social y privado en materia deportiva, quienes a su vez integran el Sistema Nacional de Cultura Física y Deporte, siendo uno de sus miembros el mencionado comité, compuesto por las diversas federaciones deportivas nacionales, cuya actividad es de utilidad pública y al que se le ha conferido la facultad exclusiva para la representación del país en la esfera de su competencia a nivel nacional e internacional, así como atribuciones para la aplicación de sanciones en el ámbito de la justicia deportiva; es decir, tiene el carácter de autoridad suprema del movimiento olímpico en la República mexicana. Además, el referido comité se gobierna por una asamblea general, considerada como su autoridad suprema, que tiene reconocido un cúmulo de facultades con las que puede interferir en la esfera jurídica de sus afiliados —respecto de los cuales tiene una relación de supra a subordinación— al actuar como autoridad de hecho y de derecho, de tal suerte que crea, modifica o extingue derechos de los organismos que integran el deporte confederado nacional, como cuando impone sanciones por violación a su estatuto y reglamento. Por consiguiente la determinación tomada por dicha asamblea de expulsar a uno de sus miembros —como puede ser el presidente de una federación deportiva nacional—, fundada en la Ley General de Cultura Física y Deporte y en el aludido estatuto, es un acto de autoridad para efectos de la procedencia del juicio de amparo".

[21] FERNANDO GARRIDO FALLA, *Tratado de derecho administrativo,* vol. I, 13ª ed., Madrid, Tecnos, 2002, pág. 595.

La doctrina[22], en términos generales coincide en que el objeto del acto debe ser: a) lícito, b) posible y c) cierto. El profesor en cita apunta además que el acto debe ser moral[23].

Por lícito, debemos entender que el acto administrativo en todo momento deberá estar ajustado plenamente a la norma de la cual emana, sea la Ley Federal de Procedimiento Administrativo o bien, en su caso, el Código Fiscal de la Federación[24].

Cuando señalamos que el objeto del acto administrativo debe ser posible, estamos abocando la viabilidad fáctica del acto administrativo, es decir, que no sea contraria a la naturaleza de las cosas o de las situaciones.

Y por último, al señalar que el objeto del acto administrativo debe ser cierto, alude a la obligación de que el acto administrativo debe tener un objeto claro,

[22] Cfr. Eduardo Gamero Casado y Severiano Fernández Ramos, *op. cit*, pág. 378; Miguel S. Marienhoff, *Tratado de derecho administrativo*, t. I, Buenos Aires, Abeledo Perrot, pág. 273; Miguel Acosta Romero, *Teoría general del derecho administrativo, primer curso,* 14ª ed., México, Porrúa, 1999, pág. 830 y Juan Carlos Cassagne, *Derecho administrativo,* t. II, 7ª ed. actualizada, Buenos Aires, Lexis Nexis, 2002, pág. 105.

[23] Sobre este particular nos referiremos en el último apartado del presente trabajo, por ser el objeto específico sobre el cual se valorará la figura de la desviación de poder, por lo cual diferimos parcialmente de la postura de Marienhoff, cuando señala que el objeto del acto administrativo debe ser además moral, aunque no deja de ser una idea necesaria de explorar.

[24] En términos de lo dispuesto por el art. 1° de la Ley Federal de Procedimiento Administrativo se establece que la materia tributaria está expresamente excluida cuando se trate de los elementos del tributo, porque la norma aplicable sobre los requisitos del acto administrativo no es la Ley Federal de Procedimiento Administrativo sino el Código Fiscal de la Federación en su art. 38. A mayor abundamiento, la Tesis V-TASR-XVII-1502, emitida por la Sala Regional del Pacífico del TFJFA, Quinta Época, visible en la Revista del Tribunal Federal de Justicia Fiscal y Administrativa (RTFJFA), año V, núm. 50, febrero de 2005, pág. 221, con el rubro y texto:

"*Ley Federal de Procedimiento Administrativo. resulta inaplicable en materia fiscal federal entratándose de aprovechamientos.* En términos del art. 1° de la Ley Federal de Procedimiento Administrativo, la misma no es aplicable a la materia fiscal, pues para los efectos de dicha ley solo queda excluida la materia fiscal tratándose de las contribuciones y los accesorios que deriven directamente de aquellas. Por tanto, si la resolución recurrida estriba en un oficio a través del cual la autoridad fiscal determinó a cargo de la parte actora, un crédito fiscal por concepto de multa, deviene inconcuso que la resolución recurrida contiene una sanción (multa), por ende, en términos de lo dispuesto en el artículo 2°, último párrafo del Código Fiscal de la Federación, dicha sanción constituye un accesorio de una contribución y, por tal motivo, participa de la naturaleza de esta, en consecuencia, al consistir la resolución recurrida en una sanción impuesta con fundamento en disposiciones del Código Fiscal de la Federación, e integrar un accesorio de una contribución, es de estimarse que no es aplicable en la especie, la Ley Federal de Procedimiento Administrativo, habida cuenta que el artículo 1°, último párrafo de la Ley Federal de Procedimiento Administrativo, dispone de manera expresa, que para los efectos de dicha Ley solo queda excluida la materia fiscal tratándose de las contribuciones y los accesorios que deriven directamente de aquéllas, lo cual aconteció en el particular".

determinado o determinable[25], es decir, el objeto del acto administrativo en pocas palabras es aquello que le da sentido de individualidad al acto administrativo respecto del resto de los actos administrativos[26]. Así pues, podemos señalar que el objeto del acto administrativo constituye, a su vez, el contenido del mismo, el cual, en palabras del profesor español FERNANDO GARRIDO FALLA[27], tiene tres tipos de contenido: a) natural, b) implícito y c) eventual.

El contenido natural se refiere al mínimo indispensable que distingue al acto administrativo en cuanto al efecto específico que se busca sobre un particular en concreto; en palabras de JUAN ALFONSO SANTAMARÍA PASTOR, se refiere a la tipicidad del acto administrativo, es decir, la inclusión en el acto administrativo de la medida permitida por la norma atributiva de la potestad que se ejercita en el caso concreto[28].

El contenido implícito se refiere a todas aquellas situaciones inherentes al acto administrativo mas no expresas en el mismo, por tratarse de una disposición de la norma específica que regula al acto administrativo, esto es que, aun cuando no se especifique en la propia redacción del acto, existe este contenido por disposición de la norma de la cual emana y que en última instancia, aun cuando no es necesaria su invocación, si constituye parte del objeto del acto administrativo.

Por último, en cuanto al contenido eventual, en palabras del profesor español SANTAMARÍA PASTOR: "[...] se admite la posibilidad de incorporar determinaciones accesorias no previstas normativamente en la medida en que las mismas viabilicen la constitución de una situación jurídica que, sin la misma, habría de ser denegada [...]"[29]. En pocas palabras, nos referimos pues a situaciones como la condición, el modo y el término.

Dejando de lado lo expuesto, la idea fundamental detrás de todo lo anterior la constituyen dos características esenciales: a) el fundamento y b) el motivo.

Ruego al lector un poco de soltura sobre estos conceptos los cuales no debemos de confundir por ningún motivo con la fundamentación y motivación del acto de autoridad que la CPEUM, los cuales corresponden al elemento formal.

[25] Tal y cómo está regulado por la fracción II del art. 3° de la Ley Federal de Procedimiento Administrativo, y de forma escueta, está también señalado en la fracción IV del art. 38 del Código Fiscal de la Federación.

[26] No se debe perder de vista que tratándose del acto administrativo se tiene cierta tipicidad, es decir, en gran medida los actos administrativos están diferenciados en los actos declarativos: permisos, licencias y autorizaciones, así como los actos registrales y, por otra parte, los llamados actos constitutivos: las concesiones, multas y, en general, los actos derivados del derecho administrativo sancionador.

[27] Cfr. FERNANDO GARRIDO FALLA, *Tratado de derecho administrativo*, vol. I, 13ª ed., Madrid, Tecnos, 2002, pág. 595.

[28] Cfr. JUAN ALFONSO SANTAMARÍA PASTOR, *op. cit.*, pág. 151.

[29] *Ibidem.*

El fundamento en sí se refiere a la necesaria existencia de la norma atributiva y la norma habilitante, de tal manera que la administración cuente con los instrumentos normativos necesarios para su actuar. En este sentido, el efecto jurídico concreto tiene su base en, como lo señala HANS KELSEN[30], en un sistema dinámico normativo, que se integra a partir de un sistema establecido en la Constitución, la legislación positiva, la normativa distinta de la ley y, por supuesto, que todo tiene su origen en un esquema de principios generales como supralegales.

Así, para que el objeto del acto administrativo se pueda concretar es necesario que el actuar administrativo tenga un fundamento en la norma (insistimos, no debemos confundirlo con la obligación que tiene la autoridad de transcribir en el acto administrativo el fundamento aplicable al caso concreto); aquí nos referimos a la obligación de que la actuación administrativa efectivamente cuente con un fundamento legal específico, y tratándose de los actos discrecionales que no se trate de una actuación *contra lege*, esto es que, aun cuando tratándose de facultades discrecionales, por definición no existe un fundamento expreso (de lo contrario sería acto reglado), no exista una prohibición respecto de dicha actuación.

Por otra parte, en cuanto al motivo lo podemos identificar con la llamada verdad material, es decir, la realidad que se impone y obliga a la administración a actuar. En otras palabras, el motivo es la realidad que se impone frente a la norma jurídico-administrativa. Se trata de un ejercicio donde la realidad se debe de imponer sobre la norma, y no tratar de adecuarla a la norma.

Así, la realidad propicia la actuación administrativa y deja de lado ejercicios ociosos y debilitantes de la actuación administrativa por tratar de forzar la aplicación de la ley. En este sentido, resulta indispensable que la actitud de la administración pública frente a la realidad sea con absoluto respeto de la verdad material, de tal forma que, una vez trasladada a su aspecto formal, es decir, la verdad legal, sea lo más apegada a la verdad material.

En conclusión, el fundamento es la existencia del supuesto normativo sobre el cual la administración se debe desenvolver (por ejemplo el hecho imponible en materia tributaria), y con los hechos tal y como se le presentan (verdad material).

C) *Elemento formal*

Para MIGUEL ACOSTA ROMERO, la forma "[...] constituye la manifestación material objetiva en que se plasma el acto administrativo para el efecto de que pueda ser apreciada por los sujetos pasivos o percibida a través de los sentidos"[31].

[30] Cfr. HANS KELSEN, *Teoría general del derecho y del Estado* (trad. Eduardo García Máynez), 5ª reimp., México, UNAM, 1995, págs. 129-134.

[31] MIGUEL ACOSTA ROMERO, *op. cit.*, pág. 830.

El elemento formal del acto administrativo se refiere al revestimiento que envuelve al acto en sí, es decir, a la sujeción de las *formas* en cuanto a su génesis y emisión. En un sistema jurídico como el mexicano, se convierte en una verdadera expresión de la seguridad jurídica traducida a los actos concretos de administración sobre la autoridad.

Así, dentro del elemento formal podemos distinguir los siguientes: a) el procedimiento, b) la forma en sentido estricto, c) la fundamentación y d) la motivación.

a) *El procedimiento.* El procedimiento, como señala el profesor argentino ROBERTO DROMI "[...] es en rigor respecto de la voluntad administrativa lo que el acueducto al agua, el conducto por el que transita —en nuestro caso— en términos de derecho, la actuación administrativa"[32].

El procedimiento es un presupuesto de existencia del acto administrativo, en cuanto que consiste en la previsibilidad de la actuación administrativa. Es una materialización de la seguridad jurídica en los actos de la autoridad administrativa, pues garantiza que la autoridad, al momento de emitir sus actos y resoluciones, está perfectamente ajustado a una serie de pasos que se deben seguir, previamente regulados en la ley (LFPA para la materia administrativa y CFF para la materia tributaria), y que le permiten al administrado, ejercer un derecho de audiencia durante el desarrollo del procedimiento y, por tanto, garantizar el correcto resultado del acto administrativo.

No es gratuito que se pueda afirmar que no existe acto sin procedimiento ni procedimiento sin acto.

b) *La forma en sentido estricto.* Por forma en sentido estricto, acorde al sistema jurídico mexicano, nos referimos a que el acto administrativo debe estar plasmado por escrito.

En este caso, las actuaciones administrativas (procedimiento), así como el acto administrativo debe estar plasmado por escrito, en lengua española[33]. Es importante destacar que por expresión escrita, debemos entender que se trata de una expresión en papel, o bien, por medios electrónicos.

Con lo anterior no pretendemos entablar ninguna clase de polémica o discusión en relación con este punto, simplemente se trata de establecer que la expresión por escrito, se refiere tanto al papel como en medios electrónicos[34].

[32] ROBERTO DROMI, *El procedimiento administrativo,* Buenos Aires, Ciudad Argentina, 1999, pág. 30.

[33] De conformidad con lo dispuesto por el art. 271 del Código Federal de Procedimientos Civiles (CFPC) de aplicación supletoria a la Ley Federal de Procedimiento Administrativo, en términos de su art. 1, y por una interpretación bastante abierta del párrafo segundo del art. 5° del Código Fiscal de la Federación, donde el propio art. 271 del Código Federal de Procedimientos Civiles resulta también supletorio.

[34] Hoy en día, encontramos que la materia tributaria cada vez incursiona más en el mundo del gobierno digital; también lo vemos con la existencia del juicio contencioso administrativo

c) *La fundamentación y la motivación.* A guisa de inicio, el párrafo primero del artículo 16 constitucional señala:

"Nadie puede ser molestado en su persona, familia, domicilio, papeles o posesiones, sino en virtud de mandamiento escrito de la autoridad competente, que funde y motive la causa legal del procedimiento".

Sin duda se trata de una de las disposiciones constitucionales más importantes y de especial trascendencia para las materias administrativa y tributaria, pues impone a la autoridad la obligación de fundamentar y motivar su acto de molestia sobre el particular.

Tenemos que hacer una lectura cuidadosa sobre el sentido que tiene hablar en este punto de la fundamentación y de la motivación como elemento formal, a diferencia de la carga que tiene el acto administrativo respecto del elemento objetivo, que es contar con un fundamento (acto lícito) y con un motivo (supuesto fáctico de actualización del supuesto normativo).

Así, claramente podemos hacer la distinción entre el motivo (elemento objetivo, causa del acto administrativo) y la motivación (obligación de expresar dichos motivos en el acto administrativo).

---

en línea, y múltiples manifestaciones de gobierno digital en la materia administrativa como *tramitanet*, o *concilianet*, por citar algunos casos.

Baste como ejemplo de esto, la tesis aislada 2ª XCVII/2007, emitida por la Segunda Sala de la SCJN, Novena Época, visible en el SJFyG, t. XXVI, agosto de 2007, pág. 638, cuyo rubro y cuerpo se señalan textualmente:

"*Firma electrónica avanzada. El hecho de que el Código Fiscal de la Federación no establezca su definición no viola la garantía de legalidad.* El artículo 17-D del Código Fiscal de la Federación establece que cuando las disposiciones fiscales obliguen a presentar documentos, estos deberán ser digitales y contener una firma electrónica avanzada del autor, salvo los casos previstos en el propio precepto, y que para esos efectos deberá contarse con un certificado que confirme el vínculo entre un firmante y los datos de creación de una «firma electrónica avanzada», expedido por el Servicio de Administración Tributaria cuando se trate de personas morales y por un prestador de servicios de certificación autorizado por el Banco de México cuando se trate de personas físicas, mediante el cumplimiento de ciertos requisitos, entre ellos, el de la comparecencia del interesado o de su apoderado o representante legal en caso de personas morales, con la finalidad de acreditar su identidad. De lo anterior se concluye que no se viola la garantía de legalidad contenida en el artículo 16 de la Constitución Política de los Estados Unidos Mexicanos, por el hecho de que el Código Fiscal de la Federación no establezca una definición particular de lo que debe entenderse por «firma electrónica avanzada», pues del indicado numeral 17-D se advierte el propósito perseguido con esta, el cual, además de identificar al emisor de un mensaje como su autor legítimo, como si se tratara de una firma autógrafa, garantiza la integridad del documento produciendo los mismos efectos que las leyes otorgan a los documentos con firma autógrafa, teniendo el mismo valor probatorio; lo anterior, en razón de que la firma electrónica avanzada está vinculada a un certificado expedido por una autoridad, en este caso, por el Servicio de Administración Tributaria, en el que constan los datos del registro respectivo".

En pocas palabras, la motivación se traduce en la obligación de la autoridad al momento de emitir su acto administrativo, de externalizar su justificación o motivos de dicha emisión en el caso concreto, y esta obligación no es soslayable de ninguna manera, tanto por mandato constitucional, como por mandato legal. En materia administrativa, porque así lo exige la fracción V del artículo 3° de la Ley Federal de Procedimiento Administrativo, mientras que en materia tributaria, dicha obligación se reitera según lo dispone la fracción IV del artículo 38 del Código Fiscal de la Federación[35].

En otro orden de ideas, podemos seguir esta línea argumentativa en relación con la fundamentación del acto administrativo. La obligación constitucional de fundamentar el acto administrativo se refiere a la obligación o carga para la autoridad de expresar o externalizar en el acto administrativo los fundamentos aplicables al caso concreto, es decir, el fundamento (elemento objetivo) da la fuerza de la ley a la actuación administrativa, pero esto por sí mismo no resulta suficiente, pues es necesario que se exprese dicho fundamento en el acto, es decir, la fundamentación debe estar contenida en el acto[36].

[35] Admitimos que la forma en que está redactada esta fracción pareciera atender tanto al elemento objetivo como al elemento formal.

[36] Desde hace varios años, existen diversos criterios jurisprudenciales que señalan la obligación de que el acto administrativo contenga debidamente expresados los fundamentales legales de la actuación de la autoridad. Simplemente como ilustración de este punto, invocamos la Tesis de Jurisprudencia 57/2001, emitida por la Segunda Sala de la SCJN, Novena Época, visible en el SJFyG, t. XIV, noviembre de 2001, pág. 31:

"*Competencia de las autoridades administrativas. En el mandamiento escrito que contiene el acto de molestia, debe señalarse con precisión el precepto legal que les otorgue la atribución ejercida y, en su caso, la respectiva fracción, inciso y subinciso.* De lo dispuesto en la tesis de jurisprudencia P./J. 10/94 del Tribunal Pleno de la Suprema Corte de Justicia de la Nación, publicada en la Gaceta del Semanario Judicial de la Federación, número 77, mayo de 1994, página 12, de rubro: «Competencia. Su fundamentación es requisito esencial del acto de autoridad», así como de las consideraciones en las cuales se sustentó dicho criterio, se desprende que la garantía de fundamentación consagrada en el artículo 16 de la Constitución Política de los Estados Unidos Mexicanos, lleva implícita la idea de exactitud y precisión en la cita de las normas legales que facultan a la autoridad administrativa para emitir el acto de molestia de que se trate, al atender al valor jurídicamente protegido por la exigencia constitucional, que es la posibilidad de otorgar certeza y seguridad jurídica al particular frente a los actos de las autoridades que afecten o lesionen su interés jurídico y, por tanto, asegurar la prerrogativa de su defensa, ante un acto que no cumpla con los requisitos legales necesarios. En congruencia con lo anterior, resulta inconcuso que para estimar satisfecha la garantía de la debida fundamentación, que establece dicho precepto constitucional, por lo que hace a la competencia de la autoridad administrativa para emitir el acto de molestia es necesario que en el documento que se contenga se invoquen las disposiciones legales, acuerdo o decreto que otorgan facultades a la autoridad emisora y, en caso de que estas normas incluyan diversos supuestos, se precisen con claridad y detalle, el apartado, la fracción o fracciones, incisos y subincisos, en que apoya su actuación; pues de no ser así, se dejaría al gobernado en estado de indefensión, toda vez que se traduciría en que este ignorara si el proceder de la autoridad

Así, la fundamentación también se constituye como una obligación formal en el acto administrativo.

En conclusión, el motivo y el fundamento corresponden al elemento objetivo, como la base (causa) de la actuación administrativa, y la fundamentación y la motivación, como parte del elemento formal, se establecen como la carga para la autoridad de expresarlos en su actuación.

D) *Elemento teleológico*

Sin duda, uno de los asuntos más complejos en la teoría de los actos administrativos lo constituye el de su finalidad. Es de difícil apreciación y juicio. Muchas son las disparidades al respecto entre los autores[37] y, en el derecho procesal administrativo mexicano, poco explorada.

Así, en la materia administrativa el artículo 3, fracción III de la Ley Federal de Procedimiento Administrativo señala que el acto administrativo debe cumplir con la finalidad contenida en la norma de la cual emana, sin que se pueda perseguir otra distinta. Es de destacar que el artículo 38 del Código Fiscal de la Federación no hace referencia alguna respecto de la finalidad de los actos administrativos; sin embargo, esto no debe entenderse como una omisión del legislador, pues la finalidad de una norma no se desprende únicamente de una disposición procedimental, sino que se desprende de la propia norma sustantiva y, por supuesto, del propio sentido del sistema normativo.

En materia administrativa, tendríamos que recurrir a las normas sustantivas de la materia (competencia económica, ambiental, propiedad intelectual, etc.), las cuales establecen sus propias finalidades y debe ser la guía del actuar administrativo. Lo mismo vale decir para la materia tributaria; punto y aparte de la natural finalidad recaudatoria de esta rama del derecho, también se entiende que las actuaciones de la autoridad exactora debe ser acorde con los fines propios del derecho tributario, es decir, a la contribución por parte de los gobernados con el gasto público en términos de la ley, que aunados a los principios rectores, serán los que determinen la finalidad de la cual parte el acto administrativo tributario.

---

se encuentra o no dentro del ámbito competencial respectivo por razón de materia, grado y territorio y, en consecuencia, si está o no ajustado a derecho. Esto es así, porque no es permisible abrigar en la garantía individual en cuestión ninguna clase de ambigüedad, ya que su finalidad consiste, esencialmente, en una exacta individualización del acto de autoridad, de acuerdo a la hipótesis jurídica en que se ubique el gobernado en relación con las facultades de la autoridad, por razones de seguridad jurídica".

[37] Desde la misma termología, por ejemplo, Miguel Acosta Romero se refiere a la finalidad como el objeto indirecto del acto. Cfr. Miguel Acosta Romero, *Teoría general del derecho administrativo,* primer curso, 14ª ed., México, Porrúa, 1999, págs. 829 y 830.

También es importante destacar el papel que cumple la exposición de motivos para establecer la finalidad que se persigue con determinadas atribuciones de la autoridad administrativa, de tal forma que aun si la ley en su cuerpo no específica o ni siquiera nos da una pista de cuál es la finalidad perseguida por determinada norma, el operador jurídico puede recurrir a la exposición de motivos para ajustar su actuación a dichas finalidades[38].

Si el elemento teleológico del acto administrativo está directamente vinculado a la finalidad que se persigue con la actuación administrativa, y esta se desprende en principio de la norma habilitante, pues el legislador establece dicha finalidad acorde a una finalidad superior de interés general, es importante destacar que aun cuando el legislador nos dejase en una *zona de penumbra* en cuanto a los fines de una norma, es posible para los operadores jurídicos de-

[38] En este sentido, la tesis XXII.3°1 A emitida por el Tercer Tribunal Colegiado del Vigésimo Segundo Circuito, Décima Época, visible en la GSJF, Libro 24, noviembre de 2015, t. IV, pág. 3657, nos ilustra este punto:

"*«Tasa adicional» o «sobretasa». Si en la exposición de motivos, en los dictámenes o en la ley de hacienda municipal de que se trate no se expresan consideraciones específicas destinadas a justificar la razonabilidad de su imposición para satisfacer el fin extrafiscal que persigue, el órgano de control constitucional carece de elementos para poder determinar la constitucionalidad o no del precepto que la prevé, cuando su monto sea superior al de la tasa base.* En las jurisprudencias 1a./J. 46/2005 y 2a./J. 126/2013 (10ª), emitidas por la Primera y Segunda Salas de la Suprema Corte de Justicia de la Nación, de rubros: «Fines extrafiscales. Corresponde al órgano legislativo justificarlos expresamente en el proceso de creación de las contribuciones». Los artículos 119 a 125 de la ley general de hacienda municipal del estado de Morelos que lo prevén, violan el principio de proporcionalidad tributaria", respectivamente, así como en las ejecutorias de las que derivaron se establece, entre otras cosas, que las contribuciones han sido clasificadas, tanto en la doctrina como en los diversos sistemas impositivos, de distintas formas, entre ellas, como «sobretasas» o «tasas adicionales», que son las que recaen sobre algunos de los impuestos previamente establecidos y tienen, como característica fundamental, que los recursos obtenidos se destinan a un fin específico; es decir, constituyen un porcentaje adicional (segundo nivel) que aprovecha la existencia de un nivel impositivo primario, respecto del cual comparte los mismos elementos constitutivos del tributo; esto es, solamente se aplica un porcentaje adicional a la base gravable, por considerar que la capacidad contributiva gravada es suficiente para soportar ambas cargas tributarias. Asimismo, que el legislador está constitucionalmente facultado para establecer a un impuesto primario una tasa adicional, pero ello debe responder a fines extrafiscales, supuesto en el cual tendrá la obligación constitucional ineludible de justificarlos expresamente —mediante argumentos o razones específicas suficientes— ya sea en la exposición de motivos, en los dictámenes o en la misma ley. Con base en los lineamientos anotados, se concluye que si en la exposición de motivos, en los dictámenes o en la ley de hacienda municipal de que se trate no se expresan consideraciones específicas destinadas a justificar la razonabilidad de la imposición de la «tasa adicional» o «sobretasa» para satisfacer el fin extrafiscal que persigue, el órgano de control constitucional carece de elementos para poder determinar la constitucionalidad o no del precepto que la prevé, cuando su monto sea superior al de la tasa base; omisión que lleva a que la disposición reclamada infrinja el artículo 115, fracción IV, inciso a), de la Constitución Política de los Estados Unidos Mexicanos".

tectar dicha finalidad a partir de los fines mismos del sistema jurídico. Por ejemplo, en la materia tributaria, el gran baremo para medir la finalidad lo constituye precisamente la contribución al gasto público de forma proporcional y equitativa por parte de los gobernados, de tal forma, que aun si la norma no señala ninguna finalidad de forma expresa o en su exposición de motivos, la autoridad tributaria siempre tendrá como rumbo de su actuación esta realidad.

Los distintos principios rectores del derecho administrativo siempre serán los grandes contrapesos para la valoración específica de la actuación administrativa y por tanto, de los efectos concretos buscados por sus actos. Aunque esto no se traduce en un libre albedrío ni mucho menos en una actuación arbitraria.

Por tanto y a modo de conclusión de este breve apartado, la finalidad del acto administrativo no es otra cosa sino la adecuación de la actuación en sí a la racionalidad de la norma y a los fines establecidos por el legislador en la norma habilitante, acorde al sistema y valores concretos, que son no solo de rango constitucional, sino que se desprenden de los principios rectores, los cuales son de orden metalegal[39].

4. Condiciones de eficacia del acto administrativo

La validez y eficacia de los actos administrativos, de acuerdo con nuestra legislación, depende directamente del cumplimiento que se dé sobre los elementos y requisitos exigidos por el artículo 3 de la Ley Federal de Procedimiento Administrativo, aunado a lo dispuesto por la norma especial de la materia, así como el resto de la regulación aplicable al caso concreto.

Pero de manera mucho más directa, en términos del artículo 9 de la propia ley procedimental se establece que todos los actos administrativos serán válidos y eficaces a partir de que surta efectos su notificación, salvo en aquellos casos donde el acto sea favorable al particular, el cual será eficaz a partir de su emisión.

Adicionalmente, es indispensable precisar que todos los actos se presumen válidos y eficaces en tanto no exista un pronunciamiento jurisdiccional que indique lo contrario, en términos del artículo 8 de la Ley Federal de Procedimiento Administrativo.

5. La invalidez de los actos administrativos

Sin entrar en un estudio profundo de las teorías de las nulidades, que evidentemente heredó el derecho público del derecho civil, resalta que los actos

[39] A mayor abundamiento sobre este particular, cfr. Luis José Béjar Rivera, *Fundamentos de derecho administrativo,* México, Tirant lo Blanch, 2012.

administrativos, en caso de incumplimiento o deficiencia en sus requisitos de validez, pueden ser tildados nulos de pleno derecho o nulos para efectos de ser subsanables. García de Enterría señala al respecto:

"Se dice de un acto o negocio que es nulo, con nulidad absoluta o de pleno derecho, cuando su ineficacia es intrínseca y por ello carece *ab initio* de efectos jurídicos sin necesidad de una previa impugnación. Este supuesto máximo de invalidez o ineficacia comporta una serie de consecuencias características: ineficacia inmediata, *ipso iure,* del acto, carácter general o *erga omnes* de la nulidad e imposibilidad de sanarlo por confirmación o prescripción.

"La anulabilidad o nulidad relativa tiene, por el contrario, unos efectos mucho más limitados. Su régimen propio viene delimitado por dos coordenadas: el libre arbitrio del afectado y la seguridad jurídica. De acuerdo con estos presupuestos el o los afectados por un acto anulable, y solo ellos, pueden pedir la declaración de nulidad dentro de un cierto plazo, transcurrido el cual, si no se produce reacción, se corrige el acto y el vicio de nulidad queda purgado. El no ejercicio de la acción de nulidad y el consentimiento expreso o tácito de quien puede ejercitarla producen el efecto sanatorio. Por otra parte, el vicio es convalidable por el autor del acto aun antes de que transcurra ese plazo o se preste ese consentimiento, sin más que subsanar la infracción legal cometida"[40].

Pese a que la doctrina, especialmente la de origen civilista, contempla la posibilidad de los actos inexistentes, en virtud de una carencia tal en dicho acto jurídico respecto de los requisitos exigidos por la norma, o bien si el acto no está contemplado en la ley, simplemente se considera que el mismo es inexistente, y el particular al que se dirige puede ignorarlo sin la necesidad de una declaración jurisdiccional al respecto. A la luz del derecho mexicano y, sobre todo, en el ámbito del derecho administrativo, no podemos hablar de la inexistencia de los actos administrativos bajo estas condiciones, aunque en el artículo 94 de la Ley Federal de Procedimiento Administrativo se señala que la autoridad administrativa, al momento de resolver un recurso interpuesto por el particular, puede decretar la inexistencia del acto; se refiere a una inexistencia material del acto, es decir, ausencia absoluta de la actuación administrativa, no al incumplimiento de los requisitos exigidos por la ley.

Ahora bien, en el capítulo segundo del título segundo de la Ley Federal de Procedimiento Administrativo se establece que existirán únicamente la nulidad y la anulabilidad del acto administrativo y, al efecto, citamos lo establecido en los artículos 5°, 6° y 7° de dicho cuerpo normativo:

"Artículo 5°. La omisión o irregularidad de los elementos y requisitos exigidos por el artículo 3° de esta ley, o por las leyes administrativas de las

[40] Eduardo García de Enterría y Tomás-Ramón Fernández, *Curso de derecho administrativo*, t. 1, Madrid, Civitas, págs. 606 y 607.

materias de que se trate, producirán, según sea el caso, nulidad o anulabilidad del acto administrativo.

"Artículo 6°. La omisión o irregularidad de cualquiera de los elementos o requisitos establecidos en las fracciones I a X del artículo 3° de la presente ley producirá la nulidad del acto administrativo, la cual será declarada por el superior jerárquico de la autoridad que lo haya emitido, salvo que el acto impugnado provenga del titular de una dependencia, en cuyo caso la nulidad será declarada por él mismo.

"El acto administrativo que se declara jurídicamente nulo será inválido, no se presumirá legítimo ni ejecutable; será subsanable, sin perjuicio de que pueda expedirse un nuevo acto. Los particulares no tendrán obligación de cumplirlo y los servidores públicos deberán hacer constar su oposición a ejecutar el acto, fundando y motivando tal negativa. La declaración de nulidad producirá efectos retroactivos.

"En caso de que el acto se hubiera consumado, o bien sea imposible de hecho o de derecho retrotraer sus efectos, solo dará lugar a la responsabilidad del servidor público que lo hubiere emitido y ordenado.

"Artículo 7°. La omisión o irregularidad en los elementos y requisitos señalados en las fracciones XIII a XVI del artículo 3° de esta ley producirá la anulabilidad del acto administrativo.

"El acto declarado anulable se considerará válido; gozará de presunción de legitimidad y ejecutividad; y será subsanable por los órganos administrativos mediante el pleno cumplimiento de los requisitos exigidos por el ordenamiento jurídico para la plena validez y eficacia del acto. Tanto los servidores públicos como los particulares tendrán la obligación de cumplirlo.

"El saneamiento del acto anulable producirá efectos retroactivos y el acto se considerará como si siempre hubiere sido válido".

De lo anterior se puede concluir que, en efecto, cuando nos encontramos ante una ineficiencia en cualquiera de los supuestos de las fracciones I a X del artículo 3° de la Ley Federal de Procedimiento Administrativo, se considera que el acto es nulo de pleno derecho, que a la luz de la doctrina es suficiente dicho incumplimiento para que el particular o el servidor público no lo acate. Sin embargo, de conformidad con lo dispuesto por el artículo antes transcrito, es indispensable que el acto sea declarado como tal, mediante autoridad administrativa o jurisdiccional.

Por otra parte, los actos anulables, es decir, aquellos que sean deficientes de conformidad con las fracciones XI a XVI del multicitado artículo 3°, pueden ser convalidados, es decir, no por el hecho de incumplir con dichos requisitos el acto será nulo; por el contrario, el acto es válido y es coercitivo para el particular al que se dirige y para el servidor público encargado de ejecutarlo, sin importar que se subsane con posterioridad a la notificación del mismo, pero la autoridad administrativa emisora tiene la obligación de corregir dicha omisión a fin de darle efectos plenos a su acto.

De lo anterior, podemos afirmar que la nulidad y la anulabilidad de los actos administrativos están contempladas de manera deficiente en nuestra legislación, pues no es clara respecto de sus efectos concretos ni en los mecanismos en que la nulidad y la anulabilidad serán declaradas.

En conclusión, y siguiendo lo dicho por SÁNCHEZ PICHARDO:

"[...] la nulidad en materia administrativa así considerada se divide en dos tipos, la nulidad lisa y llana, y la nulidad para efectos. En la primera, se declara nula la resolución y se le priva de toda posibilidad de ejecución [...] En la nulidad para efectos, la resolución se nulifica, con el fin de que se subsane el error o la ilegalidad cometida, y se emita una nueva que esté legalmente apegada a derecho, que deja sin efectos la anterior. En este último caso, la sentencia que declara la nulidad debe contener el sentido en que habrá de subsanarse el error o la ilegalidad de la resolución controvertida y declarada nula; aunque también cabe la posibilidad de que el juzgador en la sentencia no determine el sentido en que habrá de emitirse la nueva resolución que subsane la anterior por parte de la autoridad demandada, sino que deje a salvo los derechos estas"[41].

Los siguientes criterios jurisprudenciales podrían aclarar lo anterior:

"*Nulidad lisa y llana. Caso en que procede la, en juicio fiscal.* El artículo 55 del Reglamento del Código Fiscal de la Federación señala el orden y condiciones a seguir tratándose de la revisión de dictámenes sobre estados financieros de los contribuyentes elaborados por contador público autorizado, estableciendo que toda la documentación que la revisora elaboró el dictamen, y luego al contribuyente cuando el primero no hubiera proporcionado lo solicitado. De lo que se desprende, que si la autoridad fiscal requirió al contribuyente por información de sus estados financieros, no obstante que su contador no se había negado a aportarla, resulta claro que tal acto es indebido porque se dejaron de aplicar las normas conducentes, y por ende, debe declararse su nulidad lisa y llana de conformidad a la fracción IV del artículo 238 del Código Fiscal de la Federación"[42].

"*Nulidad. Efectos de la, por violaciones al procedimiento.* Cuando la sala responsable advierte la comisión de una violación al procedimiento de comprobación fiscal, debe declarar la nulidad para el efecto de que se revoque la resolución impugnada y deje a salvo las facultades de la autoridad demandada

[41] ALBERTO C. SÁNCHEZ PICHARDO, *op. cit.*, págs. 113 y 114.

[42] Primer Tribunal Colegiado en Materia Administrativa del Tercer Circuito, "Tesis III.1°A. 2 A", en *Semanario Judicial de la Federación y su Gaceta*, Novena Época, t. I, junio de 1995, pág. 483, *apud Revista del Tribunal Fiscal de la Federación*, núm. 93, Tercera Época, año 8, septiembre de 1995, pág. 126.

para que de creerlo conveniente, ordene la reposición del procedimiento a partir de la violación procesal cometida"[43].

Ahora bien, para concluir el presente apartado, se retomará la idea de la inexistencia de los actos administrativos. En párrafos anteriores se señaló que la legislación mexicana no contempla esta posibilidad, pero, y complementando las ideas aquí expuestas sobre las deficiencias de nuestras leyes, la fracción III del artículo 91 de la Ley Federal de Procedimiento Administrativo señala que la autoridad, al momento de resolver un recurso administrativo, podrá decretar la inexistencia del mismo, pero la norma que se comenta en ningún momento distingue en qué casos podrá decretarse dicha inexistencia, a diferencia de lo establecido para la nulidad y la anulabilidad de los actos, por lo que consideramos que, en efecto, la inexistencia de los actos administrativos no se encuentra contemplada en nuestra legislación, dado que no existe un soporte jurídico suficiente para la operatividad de esta figura; por lo tanto, dicha disposición resulta ociosa, al no existir elementos para configurar dicha figura, que prevalece como un "vicio" heredado del derecho privado.

Hemos sido intencionalmente omisos en abordar el tema de la invalidez de los actos administrativos desde nuestro contencioso administrativo, pues ello redundaría en la necesidad de muchas páginas más para explicar nuestro modelo tan complejo de dualidad jurisdiccional[44], de tal forma que las consideraciones aquí vertidas están limitadas a su regulación en la Ley Federal de Procedimiento Administrativo.

6. Conclusiones

El acto administrativo en México, desde el punto de vista de la doctrina, ha sido considerado desde sus primeros autores como Lares, así como a lo largo de la doctrina del siglo XX; pero, salvo una breve mención en la ley para el arreglo de lo contencioso administrativo en el siglo XIX, es un concepto que al día de hoy ha escapado a una definición legal, aunque sí ha sido contemplado en algunas legislaciones, notablemente, en el Código Fiscal de la Federación para efectos de impugnación del acto administrativo tributario.

Formalmente, el acto administrativo es regulado con mayor detalle a partir de 1994 con la entrada en vigor de la Ley Federal de Procedimiento Administrativo, que en su carácter de ley marco, se extiende como de aplicación concurrente a la materia administrativa.

[43] Segundo Tribunal Colegiado del Sexto Circuito, "Tesis VI.2° 8 A", en *Semanario Judicial de la Federación y su Gaceta*, Novena Época, t. I, junio de 1995, pág. 483, *Revista del Tribunal Fiscal de la Federación*, núm. 93, Tercera Época, año 8, septiembre de 1995, pág. 140.

[44] Sobre el particular, cfr. Luis José Béjar Rivera, *La dualidad..., op. cit.*

Infortunadamente, al día de hoy, la doctrina y aún la jurisprudencia, no ha logrado ser uniforme en cuanto a sus alcances y contenido, insistimos, a nuestro juicio, por ser más idiosincrático a nuestro sistema el concepto de acto de autoridad.

La utilidad del acto administrativo en nuestro país, está directamente ligada, en un sentido práctico, a su impugnabilidad ante el contencioso administrativo o bien, ante los órganos del poder judicial de la Federación, vía juicio de amparo.

BIBLIOGRAFÍA

ACOSTA ROMERO, MIGUEL: *Teoría general del derecho administrativo, Primer curso*, 14ª ed., México, Porrúa, 1999.

BÉJAR RIVERA, LUIS JOSÉ: "La dualidad jurisdiccional en materia administrativa en México", en *Contenciosos administrativos en Iberoamérica* (JAIME RODRÍGUEZ-ARANA, WILLAM VÁZQUEZ IRIZARRY & MARÍA DEL CARMEN RODRÍGUEZ MARTÍN-RETORTILLO, coords.), San Juan, Universidad de San Juan, 2015.

— *Fundamentos de derecho administrativo,* México, Tirant lo Blanch, 2012.

— *El acto administrativo y su finalidad* (reimp.), México, Porrúa, 2016.

BOCANEGRA SIERRA, RAÚL: *Lecciones del acto administrativo*, Madrid, Civitas, 2002.

CASSAGNE, JUAN CARLOS: *Derecho administrativo,* t. II, 7ª ed. actualizada, Buenos Aires, Lexis Nexis, 2002.

DEL CASTILLO VELASCO, JOSÉ MARÍA: *Ensayos sobre el derecho administrativo*, ts. I y II (edición facsimilar, 1870), IIJ-UNAM, México, 1994.

DELGADILLO GUTIÉRREZ, LUIS HUMBERTO y MANUEL LUCERO ESPINOSA: *Compendio de derecho administrativo.* Primer curso, 3ª ed., México, Porrúa, 1998.

DROMI, JOSÉ ROBERTO: *El procedimiento administrativo,* Buenos Aires, Ciudad Argentina, 1999.

ESCUIN PALOP, VICENTE: *El acto administrativo implícito*, Madrid, Civitas, 1999.

FRAGA, GABINO: *Derecho administrativo*, 28ª ed., México, Porrúa, 1989.

GAMERO CASADO, EDUARDO y FERNÁNDEZ RAMOS, SEVERIANO: *Manual básico de derecho administrativo,* Madrid, Tecnos, 2008.

GARCÍA DE ENTERRÍA, EDUARDO y TOMÁS-RAMÓN FERNÁNDEZ: *Curso de derecho administrativo*, t. 1, Madrid, Civitas.

GARRIDO FALLA, FERNANDO: *Tratado de derecho administrativo,* vol. I, 13ª ed., Madrid, Tecnos, 2002.

KELSEN, HANS: *Teoría general del derecho y del Estado*, trad. de Eduardo García Máynez, 5ª reimp., México, UNAM, 1995.

NAVA NEGRETE, ALFONSO: *Derecho administrativo mexicano*, 2ª ed., corregida y aumentada, México, FCE, 2001.

PÉREZ DAYÁN, ALBERTO: *Teoría general del acto administrativo*, México, Porrúa, 2003.

ROLDÁN XOPA, JOSÉ: *Derecho administrativo,* México, Oxford University Press, 2008.

RUÍZ TORRES, HUMBERTO ENRIQUE: *Curso general de amparo*, México, Oxford University Press, 2007.

SÁNCHEZ PICHARDO, ALBERTO C.: *Los medios de impugnación en materia administrativa*, 3ª ed., México, Porrúa, 2001.

SANTAMARÍA PASTOR, JUAN ALFONSO: *Principios de derecho administrativo,* vol. II, 3ª ed., Madrid, Ceura, 2002.

TOUSSAINT ALCARAZ, FLORENCE (comp.): *Teodosio Lares*, Senado de la República - IIJ-UNAM, México, 1987.

VÁZQUEZ ALFARO, JOSÉ LUIS: *El control de la administración pública en México*, IIJ-UNAM, 1996.

PERÚ

LA REGULACIÓN DE LOS ACTOS ADMINISTRATIVOS EN PERÚ. VISIÓN PANORÁMICA

ELOY ESPINOSA-SALDAÑA BARRERA*

1. EVOLUCIÓN HISTÓRICA DE LAS LEYES REGULADORAS DEL ACTO ADMINISTRATIVO

A) *Anotaciones iniciales*

Como seguramente todos coincidiremos, el acto administrativo es un instrumento esencial dentro de la disciplina. Es la razón de ser de un procedimiento administrativo, y es una actuación calificada dentro de las actuaciones que puede desarrollar toda la administración pública. Sin embargo, en Perú no siempre se entendió esto de la misma manera. Al inicio de nuestra República, al no existir las nociones de acto y procedimiento administrativo, la actuación de la administración pública fue dispersa y desordenada. Además, como no se contaba con una norma procedimental común, los funcionarios de la época seguían prácticas diversas, empleando la mayor de las veces la costumbre o pautas extraídas el proceso civil[1].

* Posdoctor con la máxima mención en la Universidad de Bolonia. Doctor en derecho con mención sobresaliente *summa cum laude* y Premio Extraordinario en Madrid. Magistrado y exvicepresidente del Tribunal Constitucional del Perú. conferencista invitado o Profesor visitante en el Instituto Max Planck, el Tribunal Constitucional Federal, el Ministerio de Relaciones Exteriores y la Fundación Konrad Adenauer (Alemania); la Corte Constitucional y las Universidades de Bolonia, la Sapienza y Pisa (Italia); las universidades París Sorbona y de Lorena; entre otros tribunales Constitucionales, Cortes Supremas, universidades y centros de estudios de España, Suiza, Rusia, Polonia, Bélgica, Andorra, México, Guatemala, Honduras, El Salvador, Nicaragua, Costa Rica, Panamá, República Dominicana, Puerto Rico, Colombia, Ecuador, Perú, Chile, Argentina, Uruguay, Brasil, Bolivia, Venezuela, Qatar, Marruecos y Corea del Sur.

Integrante de la Mesa Directiva de la Asociación Peruana de Derecho Administrativo y Derecho Procesal; el Instituto Iberoamericano de Derecho Procesal Constitucional, y la Red Peruana de Docentes de Derecho Constitucional.

Integrante de la Asociación Internacional de Derecho Administrativo, el Instituto Internacional de Derecho Administrativo y el Foro Iberoamericano de Derecho Administrativo, entre otras entidades. Perito por la Comisión ante la Corte Interamericana. Autor y coautor de diversas publicaciones sobre materias de su especialidad.

[1] MARCO CABRERA VASQUEZ y ÓSCAR SALAZAR BARRIGA, *El acto administrativo: evolución y vigencia actual,* vol. 7, núm. 2, Lima, Docentia et investigatio, 2005, págs. 25-48.

En ese escenario, el desamparo de los ciudadanos era evidente. La deficiencia y el desorden normativo daba un amplio escenario a lo que hoy entenderían como abuso de poder o desviación de poder. La inseguridad a la cual estaban sometidos los ciudadanos administrados era incontrolable. Apareció entonces un primer atisbo de cambio el 14 de enero de 1843, cuando se dictó un decreto supremo mediante el cual se disponía que los ciudadanos administrados indicaran en sus solicitudes sus nombres completos y no solamente sus iniciales[2]. Ninguna mejora en el fondo para la ciudadanía y solamente un esfuerzo por racionalizar el quehacer de la administración.

Hubo que esperar hasta el 21 de marzo de 1879 para encontrar la emisión de una resolución suprema que dictó medidas destinadas a evitar la paralización de los expedientes administrativos gracias a la demora en la formulación de informes. Tal era el grado de preocupación al respecto que se dijo que tenía que resolverse incluso sin informe (si dicho informe no era indispensable para expedir la correspondiente resolución), o recogerlo a la fuerza de la persona que lo tuviera (en el caso que dicho informe fuese necesario para emitir la respectiva resolución)[3].

Mucho tiempo después, y ya en pleno siglo XX, se dictan normas de especial relevancia para la época. Primero, la resolución suprema del 8 de agosto de 1945, donde se dispone que las resoluciones de educación pública se expedirán debidamente motivadas. Se buscaba así evitar el frecuente uso de expresiones mediante las cuales se intentaba evadir la justificación de la medida adoptada.

En segundo término, en 1957 el Ministerio de Gobierno y Policía dictó el decreto supremo 183, vinculado a acelerar los trámites en las oficinas públicas, con el que se dispuso lo siguiente:

• A. El ingreso de todo documento para la mesa de partes de la entidad administrativa correspondiente, la cual debía despacharlo en un plazo máximo de 24 horas. El documento que se debía enviar a la administración, debía contar con los datos completos del solicitante, pudiendo acreditarse un representante.

• B. Se exige la firma de letrado únicamente en los expedientes administrativos de carácter contencioso, denuncios o concesiones de bienes y rentas fiscales o públicas y los recursos de reconsideración y revisión.

• C. Debía usarse papel sello sexto acompañándose los timbres de ley y dos copias.

• D. Las enmendaduras y agregados debían estar salvadas por firmas del recurrente.

"E. Los documentos ingresados deben ser numerados y registrados por estricto orden de presentación.

[2] Marco Cabrera Vasquez y Oscar Salazar Barriga, *op. cit.*, pág. 25.

[3] *Ibid*, pág. 26.

"F. El plazo para subsanar no estaba establecido con claridad, señalando las normas respecto a ello "de inmediato".

"G. El plazo para declarar en abandono un expediente era de tres meses.

"H. Se estableció que ningún expediente, documento o procedimiento administrativo podía ser retenido por más de ocho días bajo grave responsabilidad del respectivo jefe.

Recién con la dación del decreto supremo 006-67-SC, reglamento de normas generales del 11 de noviembre de 1967 se tuvo la primera —aunque defectuosa e incompleta— regulación común al respecto:

• Esta norma establecía en su artículo 34 que el "proceso administrativo" se rige por los principios de simplicidad, celeridad y eficacia.

• Declara la intangibilidad del expediente.

• Establece sanciones para los servidores que causen demoras, obstaculicen, omitan emitir informes o se abstuvieran de intervenir en resolver un proceso.

• Autoriza el uso de formularios impresos.

• Establece la motivación de las resoluciones.

• Establece seis meses como plazo para resolver el procedimiento administrativo

• Se admite originales o fotocopias legalizadas .

• El procedimiento tenía impulso de oficio.

• El abandono del expediente se declara después de tres meses y su reinicio implica el pago de una multa.

• Podrá darse un período de treinta días de prórroga.

• Establece los recursos de reconsideración, apelación y revisión[4].

Sin embargo, la sobrerregulación existente y el crecimiento del aparato estatal llevan a dictar una nueva normativa. En primer lugar, estuvo la creación, mediante decreto supremo 100-85-PCM del Programa Nacional de Desburocratización (PRONADE) a cargo del entonces existente Instituto Nacional de Administración Pública (INAP), que contenía estas líneas de acción:

1. La desconcentración y descentralización de niveles de decisión en materia de personal y recursos.

2. La simplificación de las normas y procedimientos.

3. El reordenamiento institucional.

4. La capacitación y motivación de los trabajadores públicos.

5. La participación de las organizaciones sociales y económicas en la aplicación de las políticas de gobierno.

[4] CABRERA y SALAZAR, *op. cit.*, pág. 27.

6. El apoyo al desarrollo de la moralización y la función pública y la conducta ciudadana.

Todo esto dentro de las siguientes características:

1. Estaba compuesta de una serie de declaraciones y objetivos a nivel macro administrativo.

2. Cuenta con una delegación de facultades a cada sector y organismo no sectorizado que permitió que formularan sus respectivos programas sectoriales.

3. El Instituto Nacional de Administración Pública tenía la responsabilidad de la conducción, coordinación y asesoramiento sobre la materia, así como la obligación de informar periódicamente al Consejo de Ministros sobre el grado de avance del proceso.

4. Para su debida implantación fueron dictadas normas de desarrollo tales como la resolución jefatural 005-86 del INAP del 7 de enero de 1986 y la resolución ministerial 032-87 del PCM, del 19 de mayo de 1987.

5. Se formó una comisión especial para la elaboración de un nuevo reglamento de procedimientos administrativos.

Ahora bien, lamentablemente no se pudieron alcanzar algunos de los objetivos y las líneas de acción confiadas al PRONADE, muy a despecho de que el artículo 309 de la ley de presupuesto para 1988 le otorgó fuerza de ley[5].

Fue necesario esperar hasta el 1° de mayo de 1985 para que, a pedido de la presidencia del Consejo de Ministros, se publicara el proyecto de reglamento de procedimientos administrativos. Quienes prepararon ese proyecto identificaron como principales problemas en la formación de la voluntad administrativa los siguientes:

1. La desigualdad del ciudadano frente a la administración y a sus agentes.

2. La costumbre administrativa de no informar o de desinformar al público.

3. La dificultad de acceder a los procedimientos administrativos por representación convencional.

4. La necesidad de renovación periódica de los poderes.

5. Los defectos extendidos en el proceso de notificación.

6. La no distinción entre anulabilidad y nulidad administrativa. Esto último se explicaba pues la nulidad o la anulabilidad de un acto implicaba a todo el procedimiento, salvo que el acto sea fundamental en la transmisión del mismo. Se añade además que la nulidad del acto implica la de los actos sucesivos en el procedimiento cuando están vinculados a él; la nulidad parcial no alcanza a otras partes independientemente del acto, ni impide los efectos para los que el acto es idóneo, salvo disposición legal en contrario[6].

[5] Marco Cabrera Vásquez y Oscar Salazar Barriga, *op. cit.*, pág. 28.

[6] Marco Cabrera Vásquez y Óscar Salazar Barriga, *op. cit.*, pág. 28.

Es que quien declara la nulidad, dispone la conservación de actuaciones o trámites que hubieron permanecido iguales de no haberse incurrido en el vicio. En todo caso, las causales de nulidad están referidas a los vicios del acto administrativo, que causa su nulidad del pleno derecho. Estos vicios eran los siguientes:

1. La contravención a la Constitución, a las leyes o a las normas reglamentarias.

2. El defecto o la omisión de alguno de sus requisitos de validez, salvo que se presente alguno de los supuestos de conservación del acto.

3. Los actos exprés o los que resulten como consecuencia o aprobación automática o por simulacro administrativo positivo, por los que se adquieren facultades o derechos, cuando son contrarios al ordenamiento jurídico, o cuando no se cumplen con los requisitos, documentación o trámites que son esenciales para su adquisición.

4. Los actos administrativos que sean constitutivos de infracción penal, o que se dictan como consecuencia de la misma[7].

La nulidad será conocida y declarada por la autoridad superior de quien dictó el acto. Si te trata de un acto dictado por esa autoridad que no está sometida a subordinación jerárquica, la nulidad se declarará por resolución de la misma autoridad. La resolución que declara la nulidad, además dispondrá lo conveniente para hacer efectiva la responsabilidad del acto inválido.

La declaración de nulidad tiene los siguientes efectos:

1. Tendrá efecto declarativo y retroactivo a la fecha del acto, salvo derechos adquiridos de buena fe por terceros en cuyo caso operará a futuro.

2. Respecto del acto declarado nulo, los administrados no están obligados a su cumplimiento y los servidores públicos deben oponerse a la ejecución del acto, fundando y motivando su negativa.

3. En caso de que el voto viciado se hubiera consumado, o bien sea imposible retrotraer sus efectos, solo dará lugar a la responsabilidad de quien dictó el acto y, en su caso, a la indemnización para el afectado. Por otro lado, los alcances de la nulidad son:

• La nulidad de un acto solo implica la de los sucesivos en el procedimiento, cuando se vinculen a él.

• La nulidad parcial del acto administrativo no alcanza a las otras partes del acto que resultan independientes.

Este proceso de simplificación se incrementó mucho más con la emisión de la Ley Marco de la inversión privada (decreto legislativo 757). Esta ley establece normativa de aplicación general. Considera además derechos, ga-

[7] Marco Cabrera Vásquez y Óscar Salazar Barriga, *op. cit.*, pág. 29.

rantías y obligaciones en las relaciones entre la administración pública y, en este caso, los usuarios —inversionistas—.

En esta norma se establecen elementos como los Textos Únicos de Procedimientos Administrativos (TUPA), documentos que describen la labor de una entidad en favor de los usuarios inversionistas (y luego administrados y, sobre todo, ciudadanos); establece la obligación de entregar copias simples en vez de documentos y formatos originales, salvo que estos sean gratuitos o se encuentren disponibles; extiende los alcances de la presunción de veracidad a todo documento que deba ser presentado. En un procedimiento administrativo, prescribe lo que sería una primera manifestación del legislador de la parte mala, salvo que sea con su consecuencia, ni impide la prolongación de efectos para los cuales, no obstante, el acto pueda ser idóneo, salvo disposición legal en contrario.

• Quien declara la nulidad, dispone la conservación de aquellas actuaciones o trámites así su contenido hubiese permanecido igual de no haber incurrido en el vicio[8].

Pero existe un segundo momento, que consiste en la instauración de la normativa sobre simplificación administrativa.

En 1989 se dicta la ley 25.035, ley de notificación administrativa, y, posteriormente, su reglamentación, mediante el decreto supremo 070-89-PCM, del 1° de setiembre de 1989, y el 002-90-PCM, del 9 de enero de 1990. Allí aparecen algunos rasgos importantes para la que luego se consideraría válido. Uno de ellos es el reconocimiento del principio de presunción de veracidad[9].

También se consagra la presunción *iuris tantum* de veracidad de la aceptación que hace la administración para aliviar la carga de inútiles papeles y costosos e innecesarios trámites. Por ellos se toman por ciertos y auténticos los documentos y declaraciones efectuadas por los ciudadanos dentro de un procedimiento. Como presunción *iuris tantum*, admite prueba en contrario.

La simplificación promovida por la ley 25.035 encuentra una adecuada profundización en el decreto legislativo 757, Ley Marco de la inversión privada. El título cuarto de esta norma, que lleva por epígrafe "De la seguridad jurídica de las inversiones en materia administrativa", recoge normas aplicables a cualquier procedimiento que deba seguirse ante cualquier autoridad del Estado por inversionistas y empresas nacionales y extranjeros. Así se establecen derechos, garantías y obligaciones dentro de las relaciones procesales que aparecen ante la administración pública.

[8] Marco Cabrera Vasquez y Óscar Salazar Barriga, *op. cit.*, pág. 29.

[9] Sobre los principios del procedimiento administrativo, Eloy Espinosa-Saldaña Barrera, "Principios del procedimiento administrativo: una mirada luego de veinte años de vigencia de la Ley de Procedimiento Administrativo General", en Eloy Espinosa-Saldaña Barrera (Dir.) *Estudios sobre derecho administrativo*, Lima, Derecho y Sociedad, vol. I, 2021.

Dentro de esa línea de acción es importante advertir que la ley en comento consagró los Textos Únicos de Procedimientos Administrativos (TUPA). Los Textos Únicos de Procedimientos Administrativos ayudan a los ciudadanos a conocer cuáles son los servicios que brindan las diferentes reparticiones que integran la administración pública.

Pero los cambios no se limitan a ello. Se insiste en la estrategia de entregar copias simples de los documentos originales; extiende la aplicación de la presunción *iuris tantum* de veracidad a todos documentos que son presentados con un procedimiento administrativo; recoge el principio de legalidad, en tanto y en cuanto solamente por decreto supremo, decreto ejecutivo regional u ordenanza municipal pueden establecerse ciertos trámites, o exigen el cumplimiento de determinados requisitos de habilitación para la actuación dentro de un procedimiento administrativo; establece los procedimientos de aprobación automática de solicitudes como regla y como excepción debidamente motivada a los procedimientos de evaluación previa. Finalmente, reconoce como principios que deben observarse, además de la presunción de veracidad, la simplicidad, la celeridad y la eficacia.

Luego de la expedición de estas normas, se generaron las condiciones para establecer una regulación común, la cual se consolida con la ley 27.444, o Ley de Procedimiento Administrativo General (LPAG), norma vigente hasta hoy, y que señala con claridad cuáles son, entre otros aspectos, las pautas que regulan los actos administrativos en Perú.

2. Concepto de acto administrativo y sus diferencias con otras formas de actividad administrativa

De acuerdo con el artículo 1.1 de la Ley de Procedimiento Administrativo General, son actos administrativos las declaraciones emitidas por entidades (debe tenerse presente que si bien los actos administrativos suelen ser producidos por entidades estatales, también en ciertos escenarios pueden ser producidos por entes no públicos como las empresas concesionarias) que, en el marco de normas de derecho público, están destinadas a producir efectos jurídicos sobre los intereses, obligaciones o derechos de los administrados en una situación concreta. Y a continuación, en el artículo 1.2 de la misma ley, se aclara que no son actos administrativos los actos de administración interna de las diversas entidades (art. 1.2.1.), así como los comportamientos y actividades materiales de las entidades (art. 1.2.2).

En otras palabras, los otros actos administrativos no son actos de administración interna ni hechos de la administración, aunque estamos ante tres manifestaciones de la actividad de la administración.

Existen, por cierto, otras actividades de la administración, las cuales no están reguladas por la Ley de Procedimiento Administrativo General (LPAG), como los reglamentos. Además, la administración incluso puede actuar como un particular, sin su *imperium,* como anotaré luego.

Ahora bien, volviendo al asunto de los actos administrativos, detallaré cuáles son los diferentes aspectos que configuran la definición de lo que es un acto administrativo.

Así, por ejemplo, cuando se dice que estamos ante declaraciones de las entidades, hay que entender que una declaración implica la exteriorización o publicación de algo. El acto administrativo es un proceso de exteriorización intelectual (no material) que pone en conocimiento la voluntad declarada, luego de un análisis jurídico objetivo que realiza cualquier repartición (entidad) de la administración con efectos individuales, o individualizables, y con fuerza vinculante por imperio del derecho.

Las declaraciones, como bien sabemos, pueden ser decisorias, de conocimiento y de opinión[10].

Son *declaraciones decisorias* recogidas dentro de un acto administrativo, aquellas dirigidas a conseguir un fin, un deseo o un querer ser otorgado por la autoridad administrativa. Un buen ejemplo de estas declaraciones lo constituye el otorgamiento de una licencia.

Son *declaraciones de conocimiento* aquellas que certifican la existencia de un hecho que tiene relevancia jurídica, como una partida de nacimiento, o una inscripción registral.

Son *declaraciones de opinión* aquellas que involucran la emisión de una valoración o un juicio sobre una situación, estado, acto o hecho. Un buen ejemplo al respecto es la omisión de un certificado de buena conducta[11].

Ahora bien, estamos hablando de declaraciones que, independientemente de su contenido, están destinadas *a producir efectos jurídicos*. Si estamos hablando de efectos jurídicos que se producen como consecuencia de un acto administrativo, que es una importante manifestación de la actividad administrativa, nos referimos a intereses, obligaciones o derechos tanto en favor de la ciudadanía (administrados) como en favor de la administración.

Estos efectos jurídicos pueden ser actuales o futuros, pero siempre serán directos, públicos y subjetivos; y el alcance y tipo de los efectos jurídicos que produce el acto administrativo son diversos.

[10] Seguimos aquí lo señalado por José Roberto Dromi, *El acto administrativo*, Buenos Aires, Ciudad Argentina, pág.16.

[11] Coincido aquí con Freddy Vicente, "Actos administrativos y actos de administración", en www.cal-org-pe/pdf/diplomados/acto_ad,pdf.

Se establece también que si bien se trata de declaraciones con efectos jurídicos, estas deben darse dentro del marco del derecho público. Con ello queremos significar que la decisión que debe tomarse ha de implicar el ejercicio de la función administrativa, y con ello la aplicación de preceptos de derecho público (básicamente de derecho administrativo). Por el contrario, la actuación de las entidades administrativas, despojadas de su *imperium* y sujetas a derecho común, no son actos administrativos.

Por último, un aspecto clave que no se puede soslayar es que los efectos jurídicos a los que me refiero son, si hablamos de actos administrativos, efectos jurídicos externos por los cuales la autoridad administrativa puede crear, reconocer, modificar, transformar o cancelar intereses, obligaciones o derechos de los administrados[12].

Se trata, pues, de una actividad administrativa dirigida por la entidad administrativa que emitió el acto administrativo, a ciudadanos, administrados o a entidades públicas que en ocasiones actúan como administrados, sin *imperium*.

Finalmente, nótese que los efectos jurídicos que produce un acto administrativo pueden ser actuales o futuros, pero siempre deben ser directos, públicos y subjetivos[13].

También debe tenerse presente que los *efectos del acto administrativo* no solamente son externos, sino que deben recaer sobre los derechos, intereses y obligaciones de los ciudadanos.

Con este escenario, el ciudadano administrativo cuenta con que sus intereses o derechos de relevancia pública, sobre los que recae el efecto del acto, van a verse alterados, en favor o en contra.

También debe tenerse en cuenta que los *efectos del acto administrativo son concretos*, o tienen incidencia en una situación concreta. Ello es tal vez la diferencia más notoria entre los actos administrativos y los reglamentos, pues los reglamentos tienen efectos abstractos y generales.

Habíamos dicho que los efectos del acto administrativo pueden ser individuales o individualizables, y vuelvo sobre ello para aclarar que eso no obsta que un acto también puede tener como destinatarios a un número incierto de personas, pero siempre dentro de una situación jurídica administrada perfectamente concreta (y por ello individual o individualizable, como, por ejemplo, una convocatoria a una licitación pública)[14].

La actuación que conocemos como acto administrativo, ya lo habíamos dicho, *debe ser realizada en ejercicio de la función administrativa*, con el uso de normas de derecho público. Si no es así estamos ante una actuación de la administración que no constituye un acto administrativo.

[12] Juan Carlos Morón, *op. cit.*, pág. 195.

[13] Juan Carlos Morón, *op. cit.*, pág. 196.

[14] Juan Carlos Morón, *op. cit.*, *loc. cit.*

3. Clases de actos administrativos. Requisitos y diferencias entre el acto administrativo y otras formas de actuación administrativa

En Perú, a diferencia de lo que ocurre en Europa, no se ha desarrollado una noción de tipicidad o normatividad de los actos administrativos, pauta mediante la cual se busca que la administración no pueda crear nuevas formas de actos administrativos, pues no podrían darse actos administrativos fuera de la modalidad, categorías y esquemas previstos en una norma expresa[15].

Nuestra Ley de Procedimiento Administrativo General no ha acogido la regla de la tipicidad de los actos administrativos, y más bien parece optar por el camino contrario si anotamos que la única exigencia para regularidad de los objetos de los actos administrativos en Perú es que en ningún caso puede asumir un contenido prohibido por el ordenamiento jurídico, con lo cual pone a la administración en la condición de disponer el contenido que desee en sus actos, siempre y cuando no se contradiga el texto de alguna norma prohibitiva.

Sin embargo, esta afirmación podría motivarse en dos supuestos previstos en la ley, los cuales son[16]:

• Cuando se han consagrado una serie de tipos de actos administrativos que configuran una clasificación más o menos viable. Esto ocurre cuando a lo largo de la norma se encuentran disposiciones específicas para los actos administrativos de mero trámite, para los actos complejos y para los actos simples, entre otros. Allí se advierte una clara intención del legislador de vincular la conducta administrativa, imponiendo el uso de ciertos tipos de actos administrativos

• Cuando se ha reforzado la legalidad de determinados actos previstos en la norma. En estos casos, no basta que la ley tenga previsto un régimen jurídico para estos actos administrativos, sino que es necesario que exista una norma autorizante en los procedimientos especiales y los supuestos en que operan; esto es lo que pasa cuando se establece una tipicidad para las modalidades (condición, plazo, modo) de los actos administrativos.

Por otro lado, la doctrina más calificada y muchos ordenamientos jurídicos, recogen expresamente una serie de clasificaciones. En el caso peruano, coincido con Morón[17] en que la Ley de Procedimiento Administrativo General contiene un tratamiento distinto para ciertos actos administrativos, como sucede en los siguientes casos:

• Si proceden o no las acciones o pretensiones contencioso administrativas.

• Si es o no procedente el agotamiento de la vía administrativa.

[15] En ese sentido, José Antonio García Trevijano Fos, *Los actos administrativos*, Madrid, Civitas, 1991, págs.108 y ss.

[16] Morón, *op. cit.*, pág. 200.

[17] Morón, *op. cit.*, *loc. cit.*

• Si son procedentes o no los recursos administrativos contra determinados actos.

• Si son transmitidos a los interesados, mediante notificación o publicación.

• Si para su existencia deben documentarse por escrito.

• Si pueden ser revocados o no.

Como puede verse, no recurrimos aquí a la clasificación tradicional de los actos administrativos pues en la actualidad no cuentan con un valor y una utilidad tangibles (actos de poder o autoridad versus actos de gestión, basada en la impugnabilidad o no de los actos, y la teoría del poder público; actos de servicio público y actos ajenos al servicio, clasificación basada en las teorías francesas del "servicio público").

Más bien, y sigo coincidiendo con MORÓN[18], algunas clasificaciones útiles pueden ser las que menciono a continuación:

1. Actos administrativos según sus destinatarios: actos generales y actos individuales.

2. Actos administrativos según su contenido: los actos terminales, definitivos o resolutivos; y actos de trámite, preparatorios o actos del procedimiento. También dentro de esta clasificación podría hablarse de actos favorables o ampliatorios, actos de gravamen y actos denegatorios; o de actos administrativos personales y actos administrativos reales.

3. Actos administrativos según la forma en que se exterioriza la declaración: actos administrativos expresos, tácitos o implícitos.

4. Actos administrativos según su impugnabilidad: los actos administrativos impugnables, consentidos y firmes.

5. Actos según la incidencia en el contenido de situaciones jurídicas: actos constitutivos y actos meramente declarativos.

6. Actos administrativos por su funcionalidad en el procedimiento administrativo: actos de incoación, instrucción, ordenación, intimación, resolutorios y de ejecución.

7. Actos administrativos según su forma de producción: actos individuales y actos en masa.

8. Actos administrativos según el órgano del que emanan: unipersonales o colegiados.

9. Actos administrativos según el número de órganos intervinientes: simples o complejos.

10. Actos administrativos según su naturaleza: originarios y confirmatorios.

[18] MORÓN, págs. 201 y ss.

Por cuestiones de espacio no puedo entrar en detalles sobre el contenido de cada una de estas clasificaciones. Lo que sí creo necesario explicar es la diferencia entre actos administrativos y actos políticos (o categorías que con matices apuntan a lo necesario: actos de gobierno o cuestiones políticas no justiciables).

En un primer momento del constitucionalismo, se preservan del control judicial aquellas decisiones políticas emitidas por órganos que desempeñan tareas políticas. Esto encuentra su origen en los Estados Unidos, más concretamente en *Marbury v. Madison*, y con mayor claridad a partir de *Luther v. Borden*. En Europa, fue consecuencia lógica de contar con jueces encargados de aplicar la ley, ley como representación de la voluntad general, ley como expresión de la razón clara para generar conocimiento, y ley como criterio normativo impuesto por los Parlamentos burgueses que le ganaron la partida a los monarcas, hasta ese entonces absolutos.

Se administraba justicia en nombre del parlamento como expresión de la voluntad general (y, por ende, la judicatura de entonces aplicaba las leyes: la expresión de MONTESQUIEU sobre los jueces como "boca de la ley" es muy gráfica) y durante la lucha entre el "principio monárquico" y el "principio democrático", no se podía corregir el ejercicio de los monarcas ya "constitucionalizados", pero con una importante incidencia en las entonces emergentes administraciones.

En unos casos, rígida comprensión de la separación de poderes. En otros, la configuración de la judicatura como un poder neutro que no podía enmendar la plana a los poderes políticos, y que, además, estaba subordinado al Parlamento vencedor. Pero las cosas fueron cambiando con el tiempo.

En Estados Unidos, incluso la rígida división de poderes no pudo resistir el asentamiento de los parámetros propios del constitucionalismo contemporáneo. Entonces aparece la sentencia *Baker v. Carr*, donde se aborda un tema con alto contenido político, como lo es el electoral. En este caso, la Suprema Corte procede a reconocer que es factible el control jurisdiccional de las *political questions* o cuestiones políticas no justiciables.

Se va a distinguir entre "matters of procedure" (elementos de procedimiento, órgano competente y plazo) y "matters of substance" (el objeto y el contenido de lo que se busca o regula) como espacios en los cuales es factible el control jurisdiccional de las "political questions". La Corte Interamericana de Derechos Humanos, en el caso "Barrios Altos contra Perú", asume los mismos criterios; y luego, el Tribunal Constitucional peruano ha impuesto estas pautas, muy a despacho de que el mismo texto constitucional de 1993, si se hace una lectura literal, parece consagrar una cuestión política no justiciable. Y es que el artículo 200 de la Carta de 1993 parece impedir la evaluación jurisdiccional de las declaraciones de los estados de excepción. En Perú no se han acogido tesis utilizadas en Europa, como la de la ponderación; o la de asimilar los actos políticos como actos administrativos discrecionales, recurrir al control de la discrecionalidad administrativa, con fórmulas como las de ponderación o el control de discrecionalidad administrativa, muy utilizadas para abordar estos temas en Europa continental.

4. Elementos de los actos: subjetivos, objetivos y formales. La motivación de los actos

En Perú se habla de elementos esenciales del acto administrativo, y entre ellos se consideran la competencia, el objeto y contenido posible, la finalidad pública, la motivación y el procedimiento regular. Ello se encuentra, en principio, en el artículo 3 de la Ley de Procedimiento Administrativo General, con la salvedad de la motivación (LPAG).

Cuando nos referimos a competencia, hacemos mención a dos situaciones: la primera de ellas está dirigida, como bien señala Morón[19], al elemento particular que habilita a un órgano de la administración para adoptar una decisión o generar una actuación administrativa determinada. Esta capacidad, en principio, debe ser atribuida por ley[20].

Al mismo tiempo, la competencia involucra una doble función del deber y del derecho para su titular, que también debe derivarse de una norma expresa. Se trata de una facultad indisponible (por lo cual la autoridad no puede renunciarse, pactarse o declinarse unilateralmente), que pertenece a las diversas entidades y no a quienes desempeñan el cargo o función.

En Perú se usan como criterios para la determinación de la competencia los siguientes: material, territorial, grado o tiempo. Si estamos ante órganos colegiados, se exigirá también cumplir con los requisitos de sesión, quorum y deliberación.

Si nos referimos al contenido u objeto ajustado a derecho, estamos ante aquello que se obtiene con la opción administrativa adoptada, sea que decida, certifique o declare simplemente. Es precisamente lo que se decide en un acto como pronunciamiento positivo o negativo, emitido por la autoridad competente[21].

La validez de esta decisión puede tener matices en función a si nos encontramos ante actos reglados o actos discrecionales. Si se trata de un acto

[19] Juan Carlos Morón, *Comentarios a la Ley del Procedimiento Administrativo General*, pág. 222.

[20] Ahora bien, esta regla se matiza con el deber de las autoridades de agotar todas sus posibilidades de actuación una vez otorgada la competencia por ley. En ese sentido, Juan Carlos Morón, *op. cit., loc. cit.*

[21] Juan Carlos Morón, *op. cit.*, pág. 223.

reglado, la ley que regula el margen de acción de la autoridad que emite el acto administrativo y su contenido en el caso de un acto discrecional, el contenido no podrá ir más allá de los criterios de juridicidad (norma competente dictada por la autoridad competente) y la proscripción de la arbitrariedad.

Se añade además que el contenido u objetivo de los actos administrativos debe ser lícito, preciso, posible física y jurídicamente y además comprender las cuestiones surgidas de la motivación.

Cuando mencionamos la finalidad pública, partimos de la idea de que toda la actividad administrativa, de alguna manera, tiende a realizar o a satisfacer un interés general (propio del servicio público). Ello debe motivar el quehacer de la administración pública y, por ende, la finalidad buscada por cada acto administrativo tiene que concordar con el interés público que inspiró al legislador al habilitar o atribuir la competencia de la administración.

Coincido con Morón en que la finalidad pública puede violarse de las siguientes maneras:

1. Perseguir una finalidad personal del funcionario.
2. Perseguir una finalidad distinta en favor de la administración.
3. Perseguir cualquier finalidad en favor de un tercero (trátese de otro funcionario, particular o grupo de poder)[22].

De otro lado, como ejemplos de actos que no llegan a ser actos administrativos por no cumplir con una finalidad pública se pueden considerar la imposición de sanciones administrativas graves a funcionarios por enemistad o venganza personal de quien interpone las sanciones a la rotación de personal por razones subalternas y entre ellas las de conveniencia de quien era jefe[23].

Al referirnos al procedimiento regular, se apunta que la declaración de voluntad de la autoridad administrativa correspondiente no se articula de cualquier forma, sino a través de un camino (procedimiento) previamente establecido por la ley o por prácticas administrativas.

Y es que el procedimiento administrativo, sobre todo si está previsto por ley, sirve como garantía a los administrados y a los intereses públicos, pero también a la misma administración, pues puede así darle certeza a su actuación[24].

Por último, si hablamos de motivación, la Ley de Procedimiento Administrativo General señala en su artículo 6.1 que la motivación del acto administrativo debe ser expresa mediante una relación concreta y discreta de los hechos probados relevantes en el caso específico y la exposición de las razones jurídicas y normativas que con referencia directa a los anteriores justifican el acto adoptado. Esto ya nos adelanta algo, pero hay mucho más que precisar.

[22] Morón, pág. 224.

[23] Morón, pág. 225.

[24] Morón, pág. 277.

La motivación ha dejado de ser elemento formal del acto administrativo, para recibirse dentro del apartado esencial de la sustancia del acto.

Y es que la motivación que involucra argumentar la orientación de los actos administrativos es reconocida como el mecanismo para apreciar el grado de legitimidad y limitar la arbitrariedad de la actuación pública. Ello no solamente permite comprender a los ciudadanos administrativos cuáles son los alcances del quehacer administrativo; también son en base a qué consideraciones se puede impugnar la decisión administrativa ante el superior jerárquico en forma de apelación menor (no al jefe institucional, sino al superior jerárquico inmediato).

La Ley de Procedimiento Administrativo General, en su artículo 6.3 señala que una serie de formulaciones en rigor no son motivación: la exposición de fórmulas generales o vacías de fundamentación para el caso concreto o aquellas fórmulas que por su obscuridad, vagüedad, contradicción o insuficiencia no resulten específicamente esclarecedoras para la motivación del acto. Sin duda es una precisión necesaria, pues debe entenderse que no toda alegación es motivación.

Sin embargo, así como hay aciertos existen situaciones polémicas. En el artículo 6.4 de la Ley de Procedimiento Administrativo General se señala que no precisan motivación los siguientes actos: las decisiones de mero trámite que impulsan el procedimiento; cuando la autoridad estima procedente lo pedido por el administrado y el acto administrativo no perjudica derechos de terceros y cuando la autoridad produce gran cantidad de actos administrativos sustancialmente iguales, bastando la motivación única.

En opinión que he sostenido en múltiples ocasiones, puedo entender que las decisiones de mero trámite no necesitan motivación. Ahora bien, considero discutible —por decir lo menos— que se deje a la discrecionalidad de la autoridad administrativa la posibilidad de motivar, cuando la motivación de sus actos debe ser la obligación que debe cumplir toda autoridad. De otro lado, la especificación de cómo se acredita que estamos ante actos administrativos sustancialmente iguales y cuáles son los alcances de la denominada motivación única, por la falta de claridad pueden llevar al ejercicio no discrecional, sino arbitrario, de las competencias de alguna autoridad administrativa.

Existen además reglas para el control de la motivación. Sin duda alguna, la mejor formulación hecha al respecto corresponde a JÈZE[25], quien señaló lo siguiente:

• Los agentes públicos están obligados a motivar sus actos, cuando la ley o un reglamento así lo dispone.

• Cuando un agente público está obligado, según las leyes y reglamentos, a motivar su acto, debe hacerlo, so pena de nulidad del acto. La ausencia de motivos es entonces un vicio radical.

[25] JÈZE, citado por JUAN CARLOS MORÓN, *op. cit.*, págs. 250-251.

• Cuando la ley o un reglamento obligan a un agente público a dar a conocer los motivos del acto jurídico que realiza, debe expresar dichos motivos de manera clara y precisa, y no mediante fórmulas de estilo, fórmulas ganzúas o frases sin significación exacta.

• Los motivos alegados deben ser materialmente exactos.

• El motivo determinante debe ser lícito.

• Cuando los motivos de derecho determinantes son múltiples, si uno de ellos se considera ilícito, el juez debe investigar si, fuera del nuevo determinante que subsiste, son suficientes para legitimar el acto jurídico.

• Los agentes públicos no pueden sustraerse al control jurisdiccional, sosteniendo que los motivos determinantes son de orden político.

• En principio el juez no investiga *ex officio* los motivos determinantes; solamente los examina si se les señala y critica.

• El juez no puede apreciar la oportunidad de las medidas adoptadas por los agentes administrativos. No puede dictar una sentencia sobre la aptitud del agente administrativo cuando deduce consecuencia de motivos determinantes, materialmente ilícitos.

• La prueba del motivo determinante incumbe a aquel que critica el motivo, debiendo resultar de las piezas del expediente.

Terminamos con una referencia a los vicios que pueden darse en los elementos esenciales del acto administrativo.

En el caso peruano, se ha sostenido que son vicios del acto administrativo en apretada síntesis a los siguientes:

1. En razón de la competencia:

• Incompetencia material.

• Incompetencia territorial.

• Incompetencia por grado.

• Incompetencia por tiempo.

• Incompetencia por cuantía.

• Acto administrativo de órgano colegiado sin sesión.

• Acto administrativo de órgano colegiado sin quórum.

• Acto administrativo de órgano colegiado sin deliberación.

• Extralimitación de competencias.

2. En razón del contenido u objeto:

• Contenido ilícito (inconstitucional, ilegal, contrario a reglamentos, a sentencias firmes y actos constitutivos de delitos).

• Contenido impreciso.

- Contenido imposible físicamente.
- Contenido imposible jurídicamente.
- Contenido incongruente.
- Contenido contrario a acto firme.

3. En razón de la finalidad:

- Desvío de poder por finalidad personal de la autoridad.
- Desvío de poder por finalidad a favor de terceros.
- Desvío de poder por finalidad pública distinta a la prevista en la ley.

4. En razón de la motivación:

- Omisión de motivación.
- Motivación insuficiente.
- Motivación falsa.
- Motivación contradictoria.
- Motivación errada (de hecho o de derecho).
- Motivación ilícita[26].

Aquí, por cuestiones de tiempo y espacio, me limitaré en lo referido a elementos esenciales del acto administrativo. Sin embargo, no puedo dejar de mencionar los requisitos formales del acto administrativo y las modalidades del acto administrativo.

En Perú, de la lectura de la Ley de Procedimiento Administrativo General, se deduce que se consideran requisitos formales de todo acto administrativo: la fecha y el lugar de su emisión; el órgano emisor del acto; el nombre y la firma de la persona que emite el acto. La firma autógrafa del funcionario que emitió el acto debe estar en letra legible, considerando su nombre completo y claro.

De otro lado, los elementos accidentales o modalidades del acto administrativo, pueden estar o no en dicho acto, si ha sido ello habilitado por ley, y que inciden en su eficacia, determinando la duración de sus efectos o especificando en qué forma se configuran los deberes y derechos del ciudadano administrado[27].

En el caso peruano se asumen como modalidades el plazo (para especificar cuándo comienzan y cuándo culminan los efectos jurídicos del acto en cuestión), la condición (hecho futuro o incierto al cual se supedita el inicio o el fin de un acto administrativo), que puede ser suspensiva, casi siempre usado para limitar la ejecutoriedad del acto, y condición resolutoria) o el modo (una obligación o carga que se le impone al ciudadano).

[26] Juan Carlos Morón, pág. 230.

[27] En similar sentido, Juan Carlos Morón, *op. cit.*, pág. 218.

5. Condiciones de eficacia de los actos administrativos. Eficacia condicionada y eficacia retroactiva

La Ley de Procedimiento Administrativo establece como regla general en su artículo 16.1, que el acto administrativo es eficaz a partir de que la notificación legalmente realizada produce efectos. Añade a continuación, en el artículo 16.2, que el acto administrativo se entiende eficaz desde la hora de su emisión, salvo disposición diferente en sentido contrario.

Eficacia es entonces producir efectos frente a otros (en este caso, los administrados, las entidades administrativas y terceros). En ese sentido, un acto administrativo puede ser válido, mas no eficaz. Y la eficiencia en Perú se produce cuando ya generado un acto administrativo válido, dicho acto es notificado o publicado pues sin ello no se concretarán el objeto, contenido y fin de un acto administrativo pues su existencia se desconoce.

Esta notificación o publicación debe llegar a las diferentes partes que intervienen en el procedimiento administrativo que va a tener como conclusión el acto en cuestión, así como a quienes tengan interés en el asunto, o a quienes resulta conveniente hacérselo saber.

Cuando estamos frente a un acto favorable al ciudadano, como, por ejemplo, en situaciones de derechos, reconocimiento de interés, o habilitación para actividades, concuerdo con Morón[28] en que debe entenderse eficaz desde su emisión misma y no desde la notificación. No se trata de un supuesto de eficacia anticipada, pues no retrotrae dicha eficacia a momentos anteriores a la emisión[29].

Estamos ante un caso de eficacia inmediata del acto, independiente de la notificación obligatoria para la administración, para tratar de evitar que el ciudadano administrado resulte perjudicado por una eventual demora de la administración, entre la producción del acto administrativo y su notificación.

Se descarta que existan supuestos de eficacia anticipada del acto administrativo, establecidos en el artículo 17 de la Ley de Procedimiento Administrativo General.

En líneas generales, frente a la regla de irretroactividad, puede habilitarse supuestos de eficacia anticipada a las declaraciones de nulidad y los que se dicten en enmienda de los actos anulados. Y de la revisión del artículo 17 de la Ley de Procedimiento Administrativo General se aprecia que para la retroactividad de un acto administrativo, la administración debe evaluar tres requisitos en forma recurrente: que el acto sea favorable a los administrados, que el acto no lesione derechos fundamentales o intereses de buena fe legalmente protegidos

[28] Juan Carlos Morón, *op. cit.*, pág. 281.

[29] *Ibid.*, pág. 281.

a terceros y que el supuesto de hecho justificativo de la dación del acto exista a la fecha en la que pretendía retrotraerse la eficacia del acto[30].

Esto es lo formalmente previsto, pero la práctica administrativa nacional ha incluido otra posibilidad de eficacia retroactiva de las decisiones administrativas, conocida como "en vía de regularización". En esos casos los efectos de un acto o una resolución administrativa se aplican anticipadamente a relaciones jurídicas existentes e incluso consumadas antes de su vigencia (designación de funciones en cargos luego de iniciar labores, autorizaciones de viajes de servidores luego de sus retornos, o la aceptación de donación ya ingresada al patrimonio estatal)"[31].

6. La invalidez de los actos administrativos (nulidad, anulabilidad y vías de declaratoria)

Debemos entender que un elemento central de los actos administrativos en su presunción de validez, de haber sido dictados conforme a derecho. Es más, se parte de una presunción *iuris tantum* de la validez de todo acto administrativo. Ello, según sostiene Morón, implica la necesidad de alegar algunas situaciones para destruir esa presunción de validez, y las consecuencias de la sanción para no encontrarnos ante actos administrativos válidos[32].

Y es que no basta con lo que señala el artículo 9 de la Ley de Procedimiento Administrativo General cuando dice que "todo acto administrativo se considera válido en tanto su pretendida nulidad no sea declarada por la autoridad administrativa o jurisdiccional, según corresponda". Para esa declaración de nulidad debe alegarse y acreditarse la ilegalidad ante la existencia de vicios evidentes y esenciales. Y los alcances que eso proyecta en la nulidad administrativa son:

• Los casos de nulidad administrativa son de interpretación restrictiva.

• Favorece la posibilidad de conservación del acto administrativo.

• Agrava la situación de las autoridades y de la administración que emite conscientemente un acto gravemente nulo por cuanto se actúa contra la buena fe procedimental al pretender que su acto quede cobijado por la presunción de validez.

• Se restringen los supuestos en que, por seguridad jurídica, se tornen inalterables favoreciendo su revisión por actos nulos.

[30] En similar sentido, Juan Carlos Morón, *op. cit.*, págs. 283-285.

[31] En igual sentido, Juan Carlos Morón, *op. cit.*, pág. 285.

[32] Juan Carlos Morón, *Comentarios a la Ley del Procedimiento Administrativo*, Lima, Gaceta Jurídica, pág. 247.

En cualquier caso, la nulidad, como señala el mismo MORÓN, es el castigo jurídico para los actos incursos en alguna causal privativa de los efectos jurídicos queridos por su autor y que el acto estaba orientado a producir, de no existir tal causal[33].

La nulidad en Perú no solo es una *ultima ratio*. Esto se agrava cuando en principio la Ley de Procedimiento Administrativo General no ha recogido expresamente la categoría del acto administrativo anulable (o nulidad relativa), alternativa frente a la existencia de actos administrativos con vicios leves, frente a los cuales podría apostarse a una conservación del acto o la subsanación de sus vicios. Digo, en principio, pues para algunos autores lo esencial de la anulabilidad se encuentra en las reglas de conservación de los actos administrativos (art. 14 de la LPAG)[34].

Frente a ello discrepo de la afirmación recientemente formulada. Tal como explico más adelante, la conservación no debiera ser confundida con la anulabilidad.

7. EL PRINCIPIO DE CONSERVACIÓN DE LOS ACTOS ADMINISTRATIVOS (CONVALIDACIÓN Y GENERACIÓN)

A) *El principio de conservación y sus manifestaciones*

Como es de conocimiento general, el principio de conservación en el derecho administrativo tiene como fundamento la presunción de validez de los actos administrativos y el de eficacia administrativa.

Y es que, como también es ampliamente conocido, la referencia a "conservación" debe entenderse en dos sentidos: como consecuencia jurídica o como principio. Si se entiende la conservación como consecuencia jurídica es el resultado en el plano de los hechos de la aplicación de alguna técnica prevista en el ordenamiento jurídico de cada Estado, buscando garantizar la vigencia de un acto.

Coincido con quienes consideran que esta conservación puede ser el resultado de principios como el de economía procesal, confianza legítima o buena fe que priorizan un valor diferente del acto en cuestión[35].

[33] JUAN CARLOS MORÓN, *op. cit.*, pág. 248.

[34] En ese sentido, JORGE DANÓS, *Régimen de la nulidad de los actos administrativos en la Ley 27444, del procedimiento administrativo general*. En: http://www.mpfn.gob.pe/escuela/contenido/actividades/docs13409-ponenciaforonulidad_actos_administrativos.pdf

[35] DIEGO MÉNDEZ VÁSQUEZ, *El principio de conservación de los actos administrativos en el ordenamiento jurídico peruano*. Tesis de Magíster. Universidad de Piura, 2001, pág. 55.

Ahora bien, cuando como principio busca mantener la validez de aquellos actos a pesar de encontrarse viciados, pueden cumplir con su razón de ser. En este último aspecto centraré mi análisis.

Curiosamente este principio de conservación no ha sido recogido en las normas generales del derecho administrativo. Pero esta falta de reconocimiento no implica que no tenga valor normativo. Se rescata su carácter de "mandatos de optimización", ordenadores de los diferentes elementos de la normativa de un Estado. Los principios jurídicos, como bien dice Federico de Castro y Bravo, no son consecuencia de las normas legales, son previas a estas, las informan y las convierten en una unidad vital[36].

Como se sabe, el sentido del principio de conservación en los actos administrativos es tratar de mantener la validez de determinado acto valioso para el ordenamiento jurídico de un Estado, ya que, a pesar de los defectos del acto en cuestión, se considera que finalmente sí puede obtener sus objetivos. Así se entiende cómo Díez Sánchez señala que "el principio de conservación" es adoptado como otra forma de explicar la presunción de validez[37].

A aquello debe reforzársele con la acertada anotación de Eduardo García de Enterría y Tomás Ramón Fernández, cuando anotan:

"El principio *favor acti*, que resulta de esta presunción legal de validez, no se limita, sin embargo, a consagrar la anulabilidad como regla general y a reducir, incluso, por abajo su ámbito propio (irregularidades no invalidantes), sino que da lugar a una serie de técnicas o garantías explícitamente establecidos por el legislador"[38].

Llevando esta discusión a lo escrito y previsto en Perú, hay que anotar que Danós[39] reconoce la estabilidad de los actos administrativos como un principio implícito de la Ley de Procedimiento Administrativo General peruana que preserva la seguridad de las relaciones jurídicas que crea la administración con los administrados y que se deriva de los principios legales que consagra la presunción de validez de los actos administrativos.

Como bien señala Méndez Vásquez, esta presunción de validez se encuentra íntimamente ligada a la eficacia del acto administrativo. En líneas generales, en Perú se considera válido todo acto administrativo, en tanto su pretendida

[36] Federico de Castro y Bravo, *Derecho civil*, t. I, 2ª ed., pág. 428.

[37] En ese sentido, Juan José Díez Sánchez, "El principio de conservación de los actos", en A. Santamaría Pastor (Dir.), Madrid, La Ley, 2010.

[38] Eduardo García de Enterría y Tomás-Ramón Fernández, *Curso de derecho administrativo*, t. I, 18ª ed., Madrid, Civitas, 2017, pág. 664.

[39] Jorge Danós Ordoñez, "¿Constituye el acto administrativo fuente del derecho en el ordenamiento jurídico?", en *Revista de Derecho Administrativo*, núm. 9, Lima, CDA – PUCP, 2018.

nulidad no sea declarada por una autoridad administrativa o por un juez, salvo una excepción en el ámbito pensionario bien anotada por MÉNDEZ VÁSQUEZ[40].

A esto hay que añadir que tal como lo señala el artículo 16 de la Ley de Procedimiento Administrativo General, un acto administrativo desarrolla su eficacia desde su emisión salvo que se trate de algo desfavorable, supuesto en el cual en principio se deberá notificar[41].

Validez y eficacia son elementos básicos en un acto administrativo, pero a ello también hay que añadir el privilegio de autotutela que se le reconoce a la administración pública[42]. Ahora bien, esto no necesariamente implica al principio de conservación, pues dicho principio básicamente se configura por las razones que legitiman el hecho de que un acto administrado viciado pueda producir efectos[43].

Y es que, como ya se aclaró, la eficacia administrativa es el fundamento de la aplicación del principio de conservación del acto administrativo. Es más, coincido con quien señala que el sustento del principio de conservación se encuentra en la ponderación entre la legalidad y la eficacia administrativa, entendida como el cumplimiento de los fines de la administración[44].

De allí que sigamos a LUCIANO PAREJO cuando señala que "el principio de eficacia que gobierna la acción administrativa [...] se traduce en el principio de conservación de los actos, que se convierte en una serie de reglas dirigidas directamente a evitar todo efecto extensivo o expansivo de la presencia o el padecimiento de vicios de legalidad"[45].

Y, también a BELADIEZ ROJO, cuando demanda que deben conservarse todos aquellos actos que, reuniendo todos los requisitos necesarios para su validez produzcan o sean capaces de producir en un futuro, unos efectos jurídicamente relevantes[46]. Si no, que sus vicios no le impidan que sea idóneo para conseguirlos. Lo que se basa en mantener el contenido del acto administrativo[47].

Ahora bien, y coincidiendo también con MÉNDEZ VÁSQUEZ[48], a diferencia de lo que sucede en el derecho privado, la voluntad administrativa se identifica

[40] DIEGO MÉNDEZ VÁSQUEZ, *op. cit.*, pág. 55.

[41] Salvo como bien anota DIEGO MÉNDEZ VÁSQUEZ, *op. cit.*, pág. 55.

[42] EDUARDO GARCÍA DE ENTERRÍA, "La formación histórica de principios de autotutela de la administración", en *Moneda y Crédito*, núm. 128, Madrid, Fundación Santander Central Hispana, 1974.

[43] DIEGO MÉNDEZ VÁSQUEZ, *op. cit.*, pág. 55.

[44] DIEGO MÉNDEZ VÁSQUEZ, *op. cit.*, pág. 57.

[45] LUCIANO PAREJO, *Lecciones de derecho administrativo*, Valencia, Tirant lo Blanch, 5ª ed., 2012, pág. 440.

[46] M. BELADIEZ ROJO, *Validez y eficacia de los actos administrativos*, Madrid, Marcial Pons, 1994, pág. 62.

[47] DIEGO MÉNDEZ VÁSQUEZ *op. cit.*, pág.59.

[48] DIEGO MÉNDEZ VÁSQUEZ, *op. cit.*, págs. 59-61.

con la voluntad de la norma que se le atribuye la potestad y en virtud de la cual se emite el acto administrativo. Y es que el principio de conservación está vinculado a la presencia del interés público en el actuar de la administración. Los actos administrativos, muy a despecho de su presunción de validez, son revisables. Sin embargo, la intención de quien revise debe ser la de la administración al evaluar la validez de un acto administrativo.

Y eso no se consigue con una declaratoria de nulidad, *ultima ratio* y salida excepcional siempre, sino con el uso del principio de conservación o recurriendo a la anulabilidad del acto. La disputa, en tal caso, es si debe primar el principio de conservación o el de anulabilidad.

Corresponde entonces pasar al tratamiento específico de esta materia en el caso peruano. En la Ley de Procedimiento Administrativo General se considera viciado el acto administrativo no dictado conforme al ordenamiento jurídico.

Un acto sin vicios tiene juridicidad, como dirían Merkl o González Pérez, para no circunscribirme a la ya superada comprensión del principio de legalidad. Ya anteriormente se ha explicado cómo según el artículo 3 de la Ley de Procedimiento Administrativo General son requisitos de validez del acto administrativo: la competencia, el objeto o contenido, la finalidad pública, la motivación y el procedimiento regular. Queda claro, luego de lo explicado, que el principio de conservación también puede apuntalar un reconocimiento de validez[49].

Ahora bien, justo es anotar que resulta imposible sustentar la conservación de los actos en los cuales se hacen patentes las infracciones más graves al ordenamiento jurídico vigente. En esos casos, con vicios graves y trascedentes, la Ley de Procedimiento Administrativo General se pronuncia por declararlos nulos.

La nulidad, como sabemos, es una sanción jurídica. En el caso peruano la Ley de Procedimiento Administrativo General deja de lado la nulidad *ipso iure* o de pleno derecho (no hay acto administrativo que nace nulo, sino que tiene que declararse su invalidez, y luego, en función a la infracción cometida, ver si se le puede conservar. Si esto no es posible se recurrirá a la nulidad[50].

En Perú, de acuerdo con la Ley de Procedimiento Administrativo General (art. 12.1), se indica que la declaración de nulidad tendrá efecto declarativo y retroactivo a la fecha del acto, salvo en lo referido a derechos adquiridos por terceros de buena fe. Solamente en este caso la declaración operará con efecto a futuro.

[49] Aquí, con todo respeto, discrepo con la comprensión más literal de Juan Carlos Morón (ver Juan Carlos Morón, *Comentarios a la Ley del Procedimiento Administrativo General*, Lima, Gaceta Jurídica, 2019, t. I, pág. 220; y comparto más bien lo anotado por Diego Méndez Vásquez, *op. cit.*, pág. 64.

[50] Coincido en líneas generales con Diego Méndez Vásquez, *op. cit.*, pág. 65.

Volviendo al principio de conservación, no lo encontraremos mencionado en la lista no taxativa del artículo IV del título preliminar de la Ley de Procedimiento Administrativo General. Esto obedece, quizás, a una perspectiva como la asumida por López Menudo[51]. Sin embargo, López Méndez[52] nos presenta una sugerente propuesta sobre cómo aplicar la Ley de Procedimiento Administrativo General, como es el caso de la vertiente sustantiva de la invalidez parcial, y más propiamente en lo señalado en el artículo 13.2 de la Ley de Procedimiento Administrativo General. La nulidad parcial del acto no alcanza a las otras partes que no dependan de la parte nula, ni impide la generación de efectos para los cuales el acto puede ser idóneo, salvo prueba en contrario.

Esto también cabría para la aplicación del principio de conservación más allá de los elementos del acto administrativo y del procedimiento que lo origina. Ello pasaría por determinar si el vicio que lo afecta es lo suficientemente grave para impedirle cumplir con sus propósitos[53].

Sin embargo, yo no veo en el artículo 10 de la Ley de Procedimiento Administrativo General el mejor escenario para plantear el principio de conservación. Se dependería de recursos administrativos o nulidades de oficio para saber si estamos ante situaciones que pueden o no conservarse.

Además, conviene tener presente que hay supuestos de invalidez parcial que no son consecuencia del principio de conservación, como ocurre con el artículo 113.1 de la Ley de Procedimiento Administrativo General[54]. El mandato de conservación beneficia a los actos de trámite que sean independientes del aspecto inválido del acto; y, por ende, en concordancia con el artículo 12.1 de la Ley de Procedimiento Administrativo General, la nulidad no tendría efectos retroactivos respectos de los actos del proceso que se puedan conservar.

Por otro lado, el artículo 3.3 de la Ley de Procedimiento Administrativo General dispone que quien declara la nulidad, dispone la conservación de aquellas actuaciones o trámites cuyo contenido hubiese permanecido igual de no haberse incurrido en el vicio. Coincido con quienes señalan que el artículo 13.3 se sustenta en el principio de conservación y no en el principio de eficacia procesal[55].

Finalmente, el artículo 14.2.4 de la Ley de Procedimiento Administrativo General, apoya la idea de conservar el acto administrativo si su contenido o parte de él ha sido subsanado[56].

51 F. López Menudo, "Los principios generales del procedimiento administrativo", en *Revista de Administración Pública*, núm. 129, 1992.

52 Ver al respecto, Diego Méndez Vásquez, *op. cit.*, pág. 59.

53 *Ibid.*, pág. 90.

54 Diego Méndez Vásquez, *op. cit.*, pág. 91.

55 *Ibid.*, pág. 92. En contra Juan Carlos Morón, *op. cit.*, t. I, pág. 70.

56 Diego Méndez Vásquez, *op. cit.*, pág. 92.

B) *Algunas situaciones que se deben analizar*

a) *La subsanación.* La subsanación sirve para revisar los actos administrativos inválidos. Ello con la finalidad de eliminar aquellos defectos en que incurren para adaptarlos al ordenamiento jurídico vigente[57]. El propósito de la subsanación, según la misma BELADIZ ROJO era la convalidación del acto o su anulación.

En la Ley de Procedimiento Administrativo General se encuentra regulada la subsanación, más propiamente en su artículo 217. No es lo mismo que la rectificación de errores materiales que contempla el artículo 201, *ibidem.* La enmienda apunta más bien a corregir los errores que se encuentran en un acto para adecuarlo al ordenamiento jurídico vigente. Eso es lo previsto en el artículo 14 de la ley, aunque erróneamente bajo el título de conservación.

En ese artículo 14, con el equívoco nombre de "conservación" se regula cuáles son los supuestos de enmienda de aquellos actos administrativos afectados por vicios no trascendentes. De acuerdo con la Ley de Procedimiento Administrativo General, estos supuestos son:

1. Contenido impreciso o incongruente con las cuestiones surgidas en la motivación.

2. Motivación insuficiente o parcial.

3. La infracción a las formalidades no esenciales del procedimiento, considerando como tales aquellas cuya realización correcta no hubiera impedido o cambiado el sentido de la decisión final en aspectos importantes, o cuyo incumplimiento no afectare el debido proceso.

4. Cuando se concluya indudablemente de cualquier otro modo que el acto administrativo hubiese tenido el mismo contenido, de no haberse producido el vicio.

5. Cuando se está ante actos emitidos con omisión de documentación no esencial.

Cabe aclarar que en Perú no existe un control previo de validez de los actos administrativos. Se les presume válidos *iuris tantum.* Ello no impide que, en mérito a lo señalado en el artículo 14.1 de la Ley de Procedimiento Administrativo General, se admita enmiendas o subsanar todo acto emitido, si es que incurre en alguno de los supuestos previstos en el artículo 14.2 de la ley en concreto.

Además de lo mencionado, debe tenerse presente que la Ley de Procedimiento Administrativo General recoge algunos supuestos específicos de conservación. Ellos se encuentran en el segundo párrafo del artículo 6.3, en el artículo 140.3 y en el artículo 91.1. En el primer caso se señala que no cons-

[57] M. BELADIEZ ROJO, *op. cit.*, pág. 289.

tituye causal de nulidad el hecho de que el superior jerárquico de la autoridad que emitió el acto impugnado tenga una perspectiva distinta en lo referido a la valoración de los medios probatorios o a la aplicación o interpretación del derecho concernido en dicho acto[58].

En lo relacionado con el artículo 140.3 de la Ley de Procedimiento Administrativo General, cabe resaltar que la autorización administrativa extemporánea no implica la nulidad del acto administrativo, salvo que la ley expresamente lo disponga. Finalmente, y de acuerdo con el artículo 91.1 de la Ley de Procedimiento Administrativo General, la participación de la autoridad que incurra en cualquiera de las causales de abstención, no supone necesariamente la invalidez de los actos administrativos en que haya intervenido, salvo que resulte evidente la imparcialidad o arbitrariedad manifiesta[59].

Además, como se sabe, existen actos administrativos que son consecuencia de procedimientos de aprobación automática o de evaluación previa, donde la voluntad del administrado es vital para su configuración, y donde se presume *iuris tantum* los documentos que dichos administrados presentan. Sin embargo, hay casos donde se presenta información falsa. Si esa documentación falsa (consideración extensiva a declaraciones o informaciones falsas) no es esencial, cabe optar por conservar el acto administrativo, sin perjuicio de las responsabilidades administrativas que correspondan[60].

[58] Diego Méndez Vásquez, *op. cit.*, pág. 102.

[59] En similar sentido, Diego Méndez Vásquez, *op. cit.*, pág. 102.

[60] En similar sentido, Diego Méndez Vásquez, *op. cit.*, pág.103.

URUGUAY

EL ACTO ADMINISTRATIVO EN URUGUAY

GRACIELA RUOCCO*

INTRODUCCIÓN

La consideración del acto administrativo reviste doble importancia ya que, por un lado, se vincula a la actividad de los órganos del Estado que ejercen función administrativa, en tanto y en cuanto al cumplir dicha actividad emiten actos de tal carácter; y por otro lado se relaciona con la más amplia garantía de los derechos de los administrados, en virtud de la vigencia del principio de legalidad impuesto a tales actos[1].

La noción de acto administrativo es contemporánea al constitucionalismo, a la aparición del principio de separación de poderes y a la sumisión de la administración pública al derecho. Durante el Estado-policía la noción de acto administrativo carecía de interés[2]. Es indudablemente una consecuencia de la sumisión de la administración pública a un régimen de derecho[3].

CASSAGNE nos enseña que la *teoría del acto administrativo*, además de cumplir la función de limitar los eventuales desbordes de la administración del modelo jurídico del Estado de derecho, debe garantizar la promoción y

* Profesor Titular Grado 5 de Derecho Administrativo de la Facultad de Derecho de la Universidad Católica del Uruguay. Profesor Titular Grado 5 de Derecho Público de la Facultad de Derecho de la Universidad de la República. Directora del Área de Derecho Administrativo de la Facultad de Derecho de la Universidad Católica del Uruguay. Directora del Instituto de Derecho Administrativo de la Facultad de Derecho de la Universidad de la República. Máster en Derecho, con énfasis en Derecho Constitucional y Derechos Humanos. Miembro del Foro Iberoamericano de Derecho Administrativo. Miembro de la Asociación de Derecho Público del Mercosur. Miembro de la Red Internacional de Bienes Públicos. Miembro del Instituto Internacional de Derecho Administrativo. Miembro del Centro Iberoamericano de Estudios de Derecho Público y Tecnología. Abogada I de la Dirección Jurídica del Poder Legislativo (1994-2019).

[1] GRACIELA RUOCCO, *Tratado jurisprudencial y doctrinario. Actos y contratos de la administración.* CARLOS E. DELPIAZZO y GRACIELA RUOCCO (dirs.), t. I., Montevideo, La Ley Uruguay, 2013, pág. 5.

[2] RUBÉN CORREA FREITAS, "El acto administrativo en el derecho positivo uruguayo", en *Revista Jurídica UCES*, pág. 267.

[3] Cfr. FERNANDO GARRIDO FALLA, *Tratado de derecho administrativo*, vol. I, Madrid, Tecnos, 1989, págs. 375-376.

protección de los derechos humanos, dado que buena parte de los mismos se hacen efectivos mediante el dictado de actos administrativos[4].

De ahí la importancia de este Volumen VI de la *Colección de derecho administrativo comparado*, que dirige el Profesor LIBARDO RODRÍGUEZ, obra en la que me ha otorgado el privilegio de participar, en representación de mi país.

1. EVOLUCIÓN HISTÓRICA DE LAS LEYES REGULADORAS DEL ACTO ADMINISTRATIVO

La definición normativa vigente en nuestro derecho atribuye al acto administrativo un amplio alcance. El artículo 120 del Decreto del Poder Ejecutivo 500/991, de 27 de setiembre de 1991, lo define como *toda manifestación de voluntad de la administración que produce efectos jurídicos.*

La noción conceptual comprende, pues, tanto las manifestaciones plurilaterales (contratos) como unilaterales, sea que produzcan efectos generales o particulares, abstractos o concretos, esto es, reglamentos y resoluciones, reglamentos singulares y disposiciones generales.

Conforme la disposición citada, el *Reglamento* es la norma creada por acto administrativo que produce efectos generales —en cuanto no se encuentra determinado el sujeto al que alcanza— y abstractos —en tanto no se agota en su aplicación a la situación de hecho sobre la que la norma dispone—. La *Resolución* produce efectos particulares —esto es, alcanza a sujetos perfectamente individualizados— y concretos —es decir, que se agota en su aplicación al caso—. La *disposición general* es la norma general y concreta creada por acto administrativo, y el *reglamento singular*, es particular y abstracto.

El artículo 101 del decreto 640/973, de 8 de agosto de 1973, antecedente inmediato del marco jurídico vigente, también consagraba un concepto amplio de acto administrativo, como "[...] toda declaración de voluntad de la administración que produce efectos jurídicos. Llámase reglamento toda manifestación unilateral de voluntad de la administración que crea normas jurídicas generales. Llámase resolución toda manifestación unilateral de voluntad de la administración que crea preceptos jurídicos subjetivos de alcance particular".

2. EL CONCEPTO DE ACTO ADMINISTRATIVO EN LA DOGMÁTICA NACIONAL

Para aprehender la noción de acto administrativo y desentrañar su esencial naturaleza jurídica, la doctrina ha ensayado definiciones con diverso alcance.

[4] JUAN C. CASSAGNE, *El acto administrativo. Teoría y régimen jurídico*, Buenos Aires, La Ley, 2012, pág. 3.

La doctrina nacional clásica, encabezada por el Maestro SAYAGUÉS LASO, definía el acto administrativo como "toda declaración unilateral de voluntad de la administración, que produce efectos subjetivos [...] esta definición restringe el concepto [...] excluyendo los actos creadores de reglas generales, así como los actos convencionales de la administración. Unos y otros son actos administrativos si damos a esa palabra un significado amplio; no lo son en el concepto restringido utilizado"[5].

La más moderna doctrina ha adoptado la amplia noción proveniente del derecho positivo vigente, como toda manifestación de voluntad de la administración *destinada* a producir efectos jurídicos[6]. Ello impone diferenciar el concepto estricto de acto administrativo —propio de la dogmática clásica— del reglamento, diferencia que surge a partir de la consideración de las normas creadas por acto administrativo en sentido amplio, y de la combinación de dos criterios tipológicos que dicen relación con los efectos de la manifestación de voluntad. Tales efectos pueden referirse a los sujetos a los que alcanza la manifestación de voluntad, en cuyo caso podrán ser generales o particulares, o a la situación de hecho sobre la que se aplica, siendo en tal supuesto, abstractos o concretos[7].

CAJARVILLE lo define como "el acto jurídico dictado por un órgano estatal en el ejercicio de la función administrativa". Dice el autor que, como "la función administrativa se define residualmente, también la definición del acto administrativo resulta residual; son administrativos todos los actos jurídicos emanados de un órgano estatal que no puedan definirse, ni por el criterio orgánico-formal de principio ni en virtud de una norma especial, como Constitución, ley (o decreto departamental con fuerza de ley en su jurisdicción) o sentencia, ni integren el procedimiento que conduce al dictado de cualquiera de estos actos ni el cumplido por los órganos jurisdiccionales o sus dependencias para hacer ejecutar lo juzgado"[8].

Partiendo de la definición del derecho positivo, advertimos que la expresión *manifestación,* comprende las hipótesis de silencio de la administración cuando el ordenamiento jurídico le confiere valor (acto administrativo *ficto*).

El análisis de la jurisprudencia del Tribunal de lo Contencioso Administrativo resulta relevante a la hora de definir el alcance del concepto de acto

[5] ENRIQUE SAYAGUÉS LASO, *Tratado de derecho administrativo,* Montevideo, FCU, 1998, t. I, pág. 323.

[6] AUGUSTO DURÁN MARTÍNEZ, *Contencioso administrativo.* 2ª ed. actualizada y ampliada, Montevideo, FCU, 2015, pág. 37.

[7] CARLOS DELPIAZZO, *Derecho administrativo general,* vol. 1, 3ª ed. actualizada y ampliada, Montevideo, 2020, pág. 334.

[8] JUAN P. CAJARVILLE, *Sobre derecho administrativo,* t. II, Montevideo, FCU, 2012, pág. 11.

administrativo[9], ya que su jurisdicción anulatoria recae sobre *actos administrativos* definitivos cumplidos por la administración en ejercicio de sus funciones, contrarios a una regla de derecho o con desviación de poder (art. 309 de la Constitución nacional).

Diferencias entre el acto y otras formas de actividad administrativa. La noción de acto administrativo como manifestación de la actividad administrativa supone su consideración como *acto jurídico*, que lo distingue del mero *hecho de la administración.* Conforme Delpiazzo, el acto no es un acontecimiento de la naturaleza ni un comportamiento material, sino que implica una exteriorización intelectiva proveniente de su autor, realizada mediante la palabra escrita, oral u otro signo convencional o ideográfico dirigido a la mente del o de los destinatarios[10].

Continuando con la precisión de su alcance, el acto administrativo como especie de acto jurídico en ejercicio de la *función administrativa*, no comprende aquellos que provienen del ejercicio de las otras funciones del Estado —*legislativa y jurisdiccional*— por lo que es una noción residual, que participa del mismo carácter con que se define la función administrativa misma[11].

Finalmente, en tanto el acto administrativo es una manifestación de voluntad de la administración, esto es, de un *órgano del Estado* que actúa en función administrativa, la noción no alcanza, conceptualmente, los actos provenientes de órganos de las personas públicas no estatales[12], ni los actos de personas jurídicas de derecho privado pertenecientes al Estado o en las cuales este ejerce influencia dominante[13].

La circunstancia de ser una manifestación destinada a producir efectos jurídicos, es el elemento determinante para la afirmación de la existencia de un verdadero acto administrativo, que crea, modifica o extingue una situación jurídica subjetiva.

De manera que cuando el acto implica un pronunciamiento sobre el fondo, evidenciando un inequívoco contenido decisorio, es susceptible de crear por sí mismo situaciones jurídicas. Es así que las intimaciones, medidas cautelares, y otras de similar contenido, serán consideradas como meros actos preparatorios cuando por sí mismas no revelen contenido decisorio.

[9] Sentencias del Tribunal de lo Contencioso Administrativo 185/2021, 158/2021, 717/2020, 161/2008, 672/2007, entre muchas otras.

[10] C. Delpiazzo, *op. cit.*, pág. 333.

[11] G. Ruocco, *Tratado...*, cit., pág. 11.

[12] Graciela Ruocco, "Personas públicas no estatales: ¿Crisis o ductilidad de la categoría?", en *Revista de la Facultad de Derecho,* núm. 30, Montevideo, Universidad de la República, 2011, págs. 251-252.

[13] Felipe Rotondo, "Actos de la administración uruguaya y su control jurisdiccional anulatorio", en *Revista Electrónica de Derecho Administrativo Venezolano*, Caracas, 13/2017, pág. 179

3. Clases de actos. Análisis de la figura del acto político

Dedicaremos esta sección al examen de algunas de las categorías de actos administrativos, en el entendido que las clasificaciones, en general, no son buenas o malas en sí mismas, sino útiles o inútiles. Abordaremos las que puedan resultar útiles a esta obra, , en cuanto no dependen del derecho positivo nacional.

A) *Actos de autorización y de aprobación*

Conforme nuestra doctrina clásica la *autorización* es el acto administrativo habilitante de la administración, que remueve el obstáculo jurídico establecido por el derecho objetivo para ejercer un poder o un derecho preexistente[14]. Supone pues, un poder o derecho anterior cuyo ejercicio está subordinado a la obtención previa de un acto habilitante.

La intervención de la administración por vía de la habilitación del ejercicio de la actividad, se configura como requisito necesario de dicho ejercicio, que de otro modo, o bien no podría desplegarse válidamente (autorización), o bien se vería privado de efectos jurídicos (aprobación).

Sin embargo, el mencionado no ha sido el único sentido atribuido por la doctrina a la expresión 'autorización'. Méndez, por su parte, dice que la autorización habilita para la edición de un acto, ejercicio de una actividad o aprovechamiento de un bien, que están fuera del uso o del goce del solicitante[15]. Con el sentido asignado por el autor, la autorización sería una especie del género concesión, en cuanto atribuye al sujeto un poder o un derecho que antes no tenía.

Nuestra legislación ha tomado el término en ambos sentidos, razón por la cual ante el empleo del término 'autorización' en un texto de derecho positivo, no corresponde partir *a priori* del concepto de Sayagués Laso, sino que es preciso analizar su contexto para desentrañar el sentido utilizado y consecuentemente su régimen jurídico[16].

Por su parte, la aprobación es la declaración de voluntad administrativa que acepta como bueno un acto de otro órgano, completando así su eficacia jurídica.

[14] Enrique Sayagués Laso, *Tratado de derecho administrativo*, t. I, Montevideo, 1953, págs. 414 y ss.

[15] Aparicio Méndez, "La descentralización. Concepto y caracteres", en *Estudios de derecho administrativo*, t. I, Montevideo, Universidad de la República, 1979, págs. 273 y ss.

[16] Augusto Durán Martínez, "Autorización para explotar una zona franca. Naturaleza de la actividad del Estado y de esa autorización. Alcance de la discrecionalidad del Estado. Incidencia del derecho de la competencia", en *Casos de derecho administrativo*, vol. VI, Montevideo, 2006, pág. 11.

La aprobación se refiere a las intervenciones *ex post*, mientras que la autorización se configura como intervención *ex ante*; la aprobación es, pues, una condición de eficacia, mientras que la autorización opera en el plano de la validez.

El derecho positivo establece la exigencia de este tipo de actos respecto de personas físicas o jurídicas de derecho privado, como medio para el ejercicio de la función de policía administrativa —en sentido amplio—; también suelen requerirse respecto de personas jurídicas públicas como un instrumento de control.

En cuanto a la forma que debe revestir este tipo de actos administrativos, el principio es el de la manifestación expresa, salvo que el derecho otorgue un plazo para pronunciarse, transcurrido el cual confiere valor positivo al silencio, constituyéndose en una autorización o aprobación tácita por imperio jurídico.

B) *Actos de concesión*

En nuestro país existe una coincidencia sustancial en la definición del instituto de la concesión, a partir de las concepciones de Sayagués Laso y de Méndez.

El primero la define como el acto de derecho público que confiere a una persona (física o jurídica, privada o pública) un derecho o un poder que antes no tenía, mediante la trasmisión de un derecho o del ejercicio de un poder propio de la administración[17]. Por su parte, Méndez expresa que la concesión entrega una potestad jurídica incorporando un derecho al patrimonio jurídico del individuo, aumentando su capacidad[18].

Se advierte una coincidencia esencial en ambas posturas, a partir de la afirmación de la creación de un derecho en beneficio de un sujeto determinado, del que carecía hasta ese momento[19]. De ahí su carácter constitutivo, respecto del cual la opinión doctrinaria es unánime.

Ejemplos de concesión derivada de una manifestación unilateral de voluntad de la administración encontramos en la concesión de uso privativo de bienes del dominio público o privado del Estado, tanto inmuebles, como muebles o incluso inmateriales; de uso de aguas y álveos y de explotación de yacimientos.

Dentro del concepto de concesión, en sentido amplio, la doctrina incluye el permiso, como una especie dentro del género: se trata de una concesión sin plazo[20].

Ambas figuras confieren un derecho subjetivo, aunque en el caso del permiso, el mismo es de carácter precario y esencialmente revocable. Es lo que ha

[17] Enrique Sayagués Laso, *Tratado de derecho administrativo*, t. I, Montevideo, FCU, 1991, pág. 421.

[18] Aparicio Méndez, *Teoría del órgano*, Montevideo, AMF, 1971, pág. 100.

[19] Carlos Delpiazzo, *Contratación administrativa,* Montevideo, FCU, 2019, pág. 492.

[20] Horacio Cassinelli Muñoz, *Derecho público*, Montevideo, FCU, 2009, pág. 380.

llevado a afirmar que la concesión en sentido estricto confiere un derecho subjetivo perfecto, mientras que en el caso del permiso se trata de un derecho subjetivo debilitado o menos estable[21].

C) *Actos preparatorios y principales*

El criterio de clasificación de los actos administrativos según su ubicación en el procedimiento respectivo, nos permite distinguir los actos preparatorios y los principales.

Son actos preparatorios los que se dictan para hacer posible un acto ulterior, lo preparan y con frecuencia condicionan su validez. Por su parte, el acto principal es el que produce los efectos jurídicos queridos.

Los actos preparatorios contienen una manifestación de voluntad, como declaraciones de juicio (informes u opiniones), de propuesta o de conocimiento (constataciones o certificaciones), pero, en principio, no producen efectos jurídicos.

Es común señalar como ejemplo de actos preparatorios aquellos que se dictan durante la tramitación de los procedimientos sumariales, licitatorios, expropiatorios, de designación o ascenso de funcionarios, en los que el acto principal es, respectivamente, la sanción, la adjudicación, la expropiación, la incorporación o la promoción. Ninguno de ellos nace espontáneamente, sino que requieren de la tramitación de procedimientos que contienen muchos otros actos, que conforman un *iter* especial ordenado, con distintas fases, con intervención de órganos o personas diversos, que contribuyen a la formación de aquellos. Los actos de procedimiento son actos instrumentales, finalizados al dictado de un acto principal o su ejecución[22].

Ahora bien. Los actos preparatorios o de trámite no siempre se agotan en su carácter instrumental, porque a veces deciden directa o indirectamente el fondo del asunto, determinan la imposibilidad de continuar el procedimiento, producen indefensión o perjuicio irreparable a derechos o intereses legítimos. Ello determina que el carácter de preparatorios no siempre vaya unido a la improcedencia de su impugnación, en la medida que, si producen efectos jurídicos, la circunstancia de ser meros actos de trámite, no impide que sean impugnados[23]. De manera que la regla de su inimpugnabilidad no es absoluta.

[21] Augusto Durán Martínez. "La concesión. Concepto, tipos y perspectivas", en *Estudios de derecho público,* vol. I., Montevideo, 2004, pág. 10.

[22] Juan P. Cajarville, *Procedimiento administrativo en el decreto 500/991.* Montevideo, IDEA, 1992, pág. 56.

[23] Eduardo García de Enterría y Tomás Ramón Fernández, *Curso de derecho administrativo,* t. I, Buenos Aires, La Ley, 2006, pág. 575.

D) *Actos discrecionales y reglados*

La ley atributiva de competencia puede configurar la potestad de la administración de dos modos: a) o bien precisa y detalla 'la' decisión que ha de adoptarse en el caso; o b) confiere un margen de libre apreciación de las circunstancias que concurren y rodean al factum/motivo/necesidad pública que satisfacen, a fin de que pueda el órgano habilitado escoger una entre varias posibilidades. Es así que puede distinguirse la potestad reglada de la discrecional.

La actividad de la administración será reglada si las normas la encauzan precisamente. La discrecionalidad, por su parte, es esencialmente libertad de elección entre indiferentes jurídicos, porque la decisión se fundamenta en criterios extrajurídicos —de oportunidad, económicos, etc.— no incluidos en la ley, y remitidos al juicio subjetivo de la administración.

Con un criterio técnico riguroso cabría negar esta categorización, porque no se trata de una cualidad de los actos, sino de la actividad, anterior a la emisión del acto, y porque en todo caso siempre existe algún elemento reglado para la actividad, y a la vez, la administración realiza actividades con cierta libertad cuando ellas no pueden regularse íntegramente.

Tratándose de la actividad discrecional, la ley permite al administrador que sea él quien aprecie la oportunidad o conveniencia del acto a los intereses públicos; ella no predetermina cuál es la situación de hecho ante la que se dictará el acto, o cuál es el acto que se dictará ante una situación de hecho. El órgano administrativo tiene elección, en tal caso, sea de las circunstancias ante las cuales dictará el acto, sea del acto que dictará ante una circunstancia.

La discrecionalidad es un poder, pero es a la vez deber primario de la administración —propio de todo obrar humano— y, al decir de Brito, implica un juicio de ponderación, sensatez y tacto para actuar[24].

Ahora bien, en el entendido que ningún acto es completamente discrecional, existen "elementos reglados" sujetos al control jurisdiccional. El primer elemento reglado de todo acto es la *competencia* del órgano que lo dicta.

El segundo elemento es la *forma* cuando la ley establece una determinada. En este lugar reviste fundamental importancia la *motivación*, esto es, la expresión de los motivos en el acto, que analizaremos más adelante.

El tercer elemento reglado del acto es el *procedimiento*. Aunque no todos, un gran número de actos requiere de un procedimiento previo establecido por la ley.

Finalmente, el motivo y fin, se constituyen en un verdadero cerco que limita el ejercicio del poder discrecional.

[24] Mariano Brito, "Acto administrativo discrecional", en *Derecho administrativo. Su permanencia —contemporaneidad— prospectiva*, Montevideo, Universidad de Montevideo, 2004, págs. 445-446.

E) *Actos de gobierno y políticos*

Quedan comprendidos dentro de la categoría analizada —actos administrativos— los actos políticos y de gobierno, más allá de su procesabilidad o no ante el Tribunal de lo Contencioso Administrativo, de acuerdo con nuestro derecho positivo.

MÉNDEZ señala que el "acto de gobierno, concebido con ciertos caracteres hoy universalizados, es una concepción francesa inspirada más que en un criterio positivo, en la afirmación de una especie de actividad, en el negativo de sustraer al conocimiento de los tribunales determinada área de las funciones del Estado"[25].

De acuerdo con el citado autor la actividad gubernativa responde a la realidad de la vida del Estado y supone la formación de actos de igual naturaleza. El problema está en determinar cuáles son estos actos dominados o impuestos por las necesidades del gobierno, cuando provienen de una autoridad que tiene al mismo tiempo funciones de administración y de gobierno.

La doctrina especializada, para integrar el concepto de "acto de gobierno", ha señalado que si bien el control jurisdiccional no puede prevalecer sobre las atribuciones de carácter técnico y político de que está investido el poder ejecutivo, ni tampoco sustituirla, no es menos cierto que sí puede —y debe— apreciar los motivos que rigen toda atribución discrecional, que, en este caso, adquiere especial relevancia por sustentarse directamente en la Constitución, o en valores tan elevados, como, por ejemplo, la seguridad del Estado, la designación de autoridades constitucionales, las relaciones con otro poder, la expulsión de extranjeros, la prohibición de entrada de extranjeros, y un largo etcétera.

Es así que se combate —y aún se niega— el acto de gobierno como categoría separada, por entender que en un Estado de derecho no deben existir actos jurídicos que escapen a la ulterior apreciación de los órganos jurisdiccionales.

Hemos ensayado una definición del acto de gobierno con un criterio orgánico-material. "En tal sentido podemos afirmar que, teniendo presente los conceptos y ejemplos de acto de gobierno [...], todos aquellos que sean impuestos por el poder ejecutivo, en razón de las necesidades del gobierno, en cuestiones relativas a su vinculación con el parlamento, o a las relaciones internacionales o a medidas tendientes a mantener el orden y la seguridad, serán considerados actos de gobierno"[26].

"Distinguir la figura del acto político de la del acto de gobierno no ha sido tarea fácil para la doctrina ni para la jurisprudencia. MÉNDEZ define el acto po-

[25] APARICIO MÉNDEZ, *Lo contencioso administrativo en el derecho uruguayo,* Montevideo, Biblioteca Revista de Derecho Público y Privado, 1952, pág. 89.

[26] GRACIELA RUOCCO, "Acto político y acto de gobierno", en *Estudios en memoria de Héctor Frugone Schiavone,* Montevideo, AMF, 2000, pág. 440.

lítico como aquel mediante el cual se imprime la energía o fuerza fundamental que pone en movimiento al Estado como corporación social, en un campo de máxima generalidad. Lo caracteriza por su alcance jurídico, por su contenido generalmente extrajurídico y por su finalidad genérica"[27].

Por nuestra parte, definimos el acto político, con un criterio orgánico-material, al igual que lo hicimos con el acto de gobierno, como "[...] aquel dictado por órganos primarios sobre cuestiones que comprometen los intereses capitales del sistema por razones de conveniencia política"[28].

No obstante, habida cuenta de que la enumeración de uno u otro tipo de acto no resulta inconmovible y absoluta, es inútil el esfuerzo dirigido a determinar con valor universal cuáles manifestaciones de voluntad de los poderes públicos integran esta categoría de actos, porque la "razón de Estado" variará según el momento político o histórico que se considere. Toca, pues, a la jurisprudencia, la determinación de la calidad de políticos o de gobierno de los actos, ya que no es tarea que pueda quedar librada al legislador, por la mayor fijeza que caracteriza a la ley.

4. Elementos de los actos: subjetivos, objetivos y formales. La motivación de los actos

Cajarville distingue los *elementos* del acto administrativo de los *presupuestos*. Define estos últimos como las circunstancias extrínsecas al acto en sí mismo, que deben existir en el momento en que el acto se perfecciona. Por su parte, define los *elementos*, como sus componentes, aquello de lo cual el acto está formado, que lo integra o constituye; son por tanto intrínsecos al acto[29].

Sayagués Laso no distingue presupuestos de elementos, calificándolos a todos como elementos[30]. Sin desconocer la precisión efectuada por Cajarville, analizaremos todos como elementos, distinguiendo los *elementos subjetivos*: la competencia y la voluntad administrativa; los *objetivos*: el motivo y el contenido; el *teleológico*: la finalidad; y los *formales*: la forma, las formalidades y la motivación.

La *competencia* es el conjunto de atribuciones y potestades asignadas a cada órgano público por el derecho, y se encuentra en relación íntima y directa con los cometidos de la persona jurídica cuya voluntad aquellos expresan.

Puede definirse como la aptitud de obrar, determinando los límites dentro de los cuales el órgano puede moverse. Razón por la cual suele efectuarse un

[27] A. Méndez, *Lo contencioso administrativo...*, cit., pág. 85.

[28] G. Ruocco, "Acto político y acto de gobierno..., cit., pág. 440.

[29] J. P. Cajarville, *Sobre derecho administrativo...*, cit. t. II, pág. 23.

[30] E. Sayagués Laso, *Tratado de derecho administrativo,* cit., 1998, págs. 359-383.

paralelismo entre la capacidad de las personas físicas en el derecho privado, y la competencia de las personas jurídicas en el campo del derecho público.

No obstante, sobre la validez de dicha asimilación la doctrina, invariablemente, anota una diferencia de esencia entre ambos conceptos: 'capacidad' y 'competencia'. El reconocimiento de la capacidad de las personas físicas habilita al ser humano para desenvolverse libremente, sin más límites que los que surgen de la Constitución o de la ley (arts. 7 y 10 de la Constitución). En cambio, el principio de la competencia de las personas públicas supone que actúen solamente en la zona que le fija el derecho vigente: en la base de toda afirmación de competencia habrá siempre un texto habilitante, en forma expresa.

El límite frente a la interpretación que admite los '*poderes implícitos*', o '*inherentes*'—como suele denominarse en la doctrina argentina—, se impone cuando la competencia se enfrenta a actividades normalmente libradas a la iniciativa privada individual, porque en ese sector la intervención estatal es siempre de excepción y por tanto de interpretación estricta[31].

Este principio, elaborado por la jurisprudencia francesa, ha sido denominado *principio de especialidad* que —a diferencia de las personas físicas, que por el solo hecho de ser capaces están habilitadas para hacer cuanto quieran, salvo prohibición expresa—, determina que las personas jurídicas, y en particular, las públicas, solo pueden actuar para el cumplimiento de los fines que motivaron su creación. Se manifiesta como una frontera, más allá de la cual el órgano se encuentra inhibido de accionar.

Delpiazzo lo ubica entre los principios generales de derecho que recepta nuestra Constitución relativos a la organización administrativa, y señala que los órganos y entes públicos hallan en el derecho la fuente de legitimidad de su acción. Y concluye que la competencia, más que un conjunto de poderes jurídicos atribuidos por el ordenamiento para el cumplimiento de determinados fines, constituye un elenco de deberes que deben ser cumplidos, de modo que la expresión que mejor describe su situación es la de deber-poder y no la de poder-deber[32].

Este principio debe ser distinguido del *principio de especialización* que, a diferencia del anterior, es un cerco de protección de la competencia del órgano, evitando que la actuación de otros órganos de alguna forma afecte la propia.

Las normas atributivas de competencia no pueden ser alteradas sino por otras del mismo o superior valor y fuerza, quedando excluidos de esa potestad quienes están llamados a ejercer los poderes que aquellas acuerdan.

[31] Alberto R. Real, "Los principios generales de derecho en el derecho administrativo", en *Los principios generales de derecho en el derecho uruguayo y comparado,* Montevideo, FCU, 2001, pág. 41.

[32] Carlos Delpiazzo, "Recepción de los principios generales de derecho por el derecho positivo uruguayo", en *Los principios en el derecho administrativo uruguayo*, Montevideo, AMF, 2009, págs. 49-50.

La asignación de competencia a un órgano, lo coloca en una situación de deber de ejercerla y le impide su delegación, salvo que medie autorización expresa (potestad delegatoria). Es por ello, en principio, indelegable; y también improrrogable, en la medida que no puede ser pactada, convenida o extendida por acuerdo entre los administrados, o entre ellos y la administración, salvo disposición explícita.

Asimismo, la competencia es irrenunciable, en el sentido de indeclinable, constituyendo su ejercicio una obligación de la autoridad administrativa.

Los elementos de la competencia son los que delimitan su alcance y su legítimo uso: el *territorio*, la *materia* y los *poderes jurídicos*. El territorio es el ámbito espacial en que accionan las entidades públicas y sus órganos, esto es, el límite de la actuación de unas y otros; la materia está determinada por los cometidos (actividades o tareas) que le han sido asignados; y los poderes jurídicos son las potestades, en directa relación con las funciones del Estado, las que serán ejercidas en su plenitud, o delimitadas, o sujetas a ciertos controles, determinando la clase y *quantum* de dichos poderes.

La competencia debe ser ejercida directamente por el órgano facultado para ello, sin perjuicio de la potestad de delegar atribuciones, conferida por norma expresa de igual o superior valor y fuerza que la atributiva de competencia. En tales casos, el acto dictado por el delegatario se imputa al delegante y si bien no se produce un traspaso de la competencia sino de su ejercicio, el emisor del acto se encuentra legítimamente habilitado para actuar.

En los casos en que sí ocurre el traspaso de la competencia a favor de un órgano subordinado mediante norma objetiva de derecho, disminuyendo la del superior (desconcentración), debe distinguirse si dicha atribución es privativa o no privativa. En el primer caso, el único órgano competente para el dictado del acto es el órgano desconcentrado, manteniendo el superior únicamente la competencia de actuar en la materia, en ejercicio de su poder de control —por la interposición de recursos—; mientras que en el caso de la desconcentración no privativa, nos encontramos frente a un supuesto de competencia compartida

La *voluntad administrativa* puede ser expresa o implícita, dependiendo de si la actuación administrativa se exterioriza o no, ya sea en forma escrita u oral, o bien provenga de símbolos o signos.

Cuando la voluntad no surge explicitada a través de ninguna de las formas referidas, podemos encontrarnos frente a dos tipos de actos: *acto implícito*, y *acto tácito* también denominado *ficto*. Acto *implícito* es aquel que se infiere de otros actos expresos, que lo presuponen necesariamente. La voluntad es *tácita* cuando no se infiere de otro acto que la contenga, sino que el ordenamiento jurídico le confiere al silencio administrativo un determinado valor, el que podrá ser negativo o positivo. En tal caso el silencio es presunción de voluntad y también sustitución de voluntad ante la inercia administrativa.

Como principio general no cabe aceptar el acto administrativo tácito, salvo norma expresa que le confiera valor, negativo o positivo, a la inactividad formal de la administración. El acto nace así de una omisión y no de una acción. Se trata de un acto presunto proveniente de una ficción legal que, como tal, huelga señalarlo, puede ser sustituido por una manifestación expresa tardía, en tanto no ha decaído la competencia del órgano llamado a decidir, ni lo excusa de su deber de dictar una resolución expresa.

Los *motivos* del acto administrativo son las circunstancias de hecho y de derecho que preceden al acto; es el "por qué" de la manifestación de voluntad, las circunstancias exteriores que constituyen la razón de ser objetivas que provoca el dictado del acto.

El acto administrativo no puede aparecer espontánea o caprichosamente, desvinculado de toda situación precedente, sino que debe reconocer como origen, la existencia de circunstancias de hecho y de derecho que originan su nacimiento.

Acaecidos los motivos de hecho, la administración procederá a calificarlos o valorarlos jurídicamente. Debe evidenciarse eficaz cobertura normativa de los hechos que constituyen el antecedente de la manifestación de voluntad, para que la misma sea legítima.

La incorporación del presupuesto de hecho como elemento del acto permite enjuiciar en un plano jurídico la actitud de la administración en relación con: 1°) la constatación de los hechos a cuya existencia liga el ordenamiento el ejercicio de una determinada potestad administrativa: esto es, la valoración de los antecedentes de hecho y de derecho como presupuestos del acto; y 2°) la valoración de los mismos a fin de que la respuesta o solución que conlleva el acto sea la adecuada: esto es, la relación de los motivos con el contenido y finalidad de la volición administrativa.

El *contenido* del acto administrativo es su objeto, la materia sobre la que la administración está llamada a decidir.

La doctrina ha señalado tradicionalmente como elementos que caracterizan el contenido, que el mismo debe ser *lícito, cierto, claro, preciso* y *posible física y jurídicamente*.

La certeza y determinación del contenido tiene que ver con la posibilidad de precisar la disposición adoptada por la autoridad administrativa, ya que resulta imprescindible saber de qué especie de acto se trata, a qué personas o cosas afecta, en qué tiempo y lugar habrán de producirse los efectos queridos.

Asimismo, el acto debe ser *posible*, esto es, debe contar con un substrato personal (que el sujeto al que va dirigido exista), un substrato material (que la cosa a la que refiere no haya desaparecido) y un substrato jurídico (respaldo legal en sentido amplio).

Más recientemente, se ha impuesto como elemento esencial del contenido, la exigencia de razonabilidad en la valoración que el agente realiza de los antecedentes de hecho y el derecho aplicable, y disponer las medidas proporcionalmente adecuadas al fin que debe perseguir.

La materia del acto comprende el *contenido natural*, que es aquel que necesariamente debe formar parte de la manifestación de voluntad, que sirve para individualizarlo, para que el acto sea ese y no otro. También comprende el *contenido implícito*, que no proviene expresamente de la volición administrativa, pero que está determinado por la ley y lo integra necesariamente. Y finalmente, puede contener una parte *eventual*, consistente en aquellas cláusulas que el agente puede introducir adicionalmente, cuya vigencia depende de su expresa inclusión, y que puede faltar por no ser necesario (plazo o condición).

Por otro lado, en el acto estarán contenidos los fundamentos de derecho que justifican su emisión —lo que lo hace *lícito*—, y también contendrá las razones de mérito (oportunidad y conveniencia) que fueron tenidos en cuenta en ocasión de su dictado. Incluso formarán parte del contenido de la decisión, los asesoramientos y opiniones recabados para arribar a la misma, al ser invocados.

En cuanto a la *finalidad*, la administración debe perseguir el interés general, el que se concreta en las finalidades específicas para las que fueron asignadas las competencias. De manera que la finalidad impuesta por las normas que determinan la competencia, debe guiar la voluntad de la administración en el dictado del mismo.

El "*para qué*" del acto es, pues, un aspecto reglado de la volición administrativa, tanto en lo que refiere al fin genérico, esto es la consecución del bien común, como al fin específico, derivado explícita o implícitamente de las normas reguladoras de la actividad. Es, por tanto, una cuestión de legitimidad.

La adecuación de la actividad administrativa al fin debido es un principio general de derecho, determinado por la radical dignidad humana, trasunto de la vida que la persona es, en igualdad sustantiva, que existe antes que el Estado y a cuyo servicio y protección debe obrar este último[33].

En el mismo sentido, Delpiazzo ubica la actuación adecuada al fin como una expresión del principio de razonabilidad y de buena administración, entre los principios generales de derecho relativos a la actividad administrativa[34].

Quiere decir que a la obligación general de contenido negativo, de no perseguir un fin distinto de aquel para el cual se le atribuyeron los poderes, se agrega un principio que es su necesario complemento, el fin específico o particular, el que se encuentra precisado y definido en su competencia. La directiva del interés público se define en ese fin especial que el agente debe observar.

[33] Mariano Brito, "Caracteres de los principios generales de derecho en el derecho administrativo uruguayo", en *Los principios en el derecho administrativo uruguayo*, cit., pág. 28.

[34] Carlos Delpiazzo, "Recepción de los principios generales...", cit., págs. 52 y 55.

La regla de orientación de la acción de todo órgano administrativo a la realización del bien común, que debe guiar el accionar administrativo, no se limita al interés general genéricamente entendido como finalidad única de la norma. Al ejercer los poderes jurídicos asignados por el derecho para cumplir con su situación de deber, los órganos públicos deben seguir el fin propio del servicio a su cargo, prescindiendo de toda idea extraña que pueda desviarlos de su línea de conducta natural. De ahí que todo acto administrativo deba tener una finalidad propia del servicio y que ese requisito constituya un elemento esencial del acto.

La referencia a la *forma* del acto, en sentido amplio —como aspecto formal del acto— ha sido entendida en un doble sentido: con un enfoque estricto, es el conjunto de requisitos que deben cumplirse al momento de la emisión de la voluntad administrativa, con la finalidad de exteriorizarla válidamente; en un sentido amplio comprende además las *formalidades* que deben observarse antes del dictado del acto e incluso después para que este adquiera eficacia[35].

La actuación administrativa se canaliza por medio de trámites y *formalidades*, cuya regulación por el derecho resulta imprescindible a los efectos de lograr el cabal cumplimiento del fin debido. Al decir de DURÁN MARTÍNEZ, dotar al procedimiento administrativo de un marco jurídico adecuado permite resolver con sabiduría la tensión existente entre potestad pública y libertad[36].

Las *formalidades* son los requisitos que debe observar la administración para el dictado de los actos administrativos, que pueden ser anteriores, concomitantes o posteriores.

En cualquiera de las etapas del procedimiento administrativo el principio más relevante, cuya observancia o inobservancia incide directamente en la legitimidad del acto, es el del "debido proceso", o "debido procedimiento", para reservar aquella expresión a los procesos jurisdiccionales. Este principio deriva del derecho de defensa, de raíz natural por ser inherente a la personalidad humana, razón por la cual resulta aplicable a procedimientos de cualquier naturaleza y no solamente a los instruidos ante autoridad judicial[37].

Este amplio alcance atribuido al principio se advierte en sentencias de la Corte Interamericana desde el año 2001 (casos: Tribunal Constitucional vs. Perú —sentencia de 31 de enero de 2001—; Baena, Ricardo y otros vs. Panamá, sentencia de 2 de febrero de 2001). Queda en evidencia, pues, un proceso que ha dado en llamarse "jurisdiccionalización del procedimiento administrativo".

En cuanto a la *forma*, es el modo como se instrumenta y se da a conocer la voluntad administrativa, esto es, cómo se exterioriza dicha voluntad. Es a

[35] CARLOS DELPIAZZO, *Derecho administrativo general,* cit., pág. 347.

[36] AUGUSTO DURÁN MARTÍNEZ, *Estudios de derecho administrativo,* Parte general, Montevideo, 1999, pág. 299.

[37] Opinión consultiva 9/87 de la Corte Interamericana de Derechos Humanos.

la vez un elemento de certeza y una garantía para los sujetos alcanzados por el acto, defendiendo a la administración de errores y a los administrados de la arbitrariedad.

Desde este punto de vista, todo acto administrativo es, necesariamente, formal, porque si la declaración no se produce, no existe, técnicamente, acto administrativo, salvo los casos de manifestaciones de voluntad tácita a las que el derecho reconoce un determinado valor.

Una cuestión diferente es la de si el principio que se debe seguir en la materia es el de la libertad formal, o, por el contrario, el de la forma predeterminada. La forma puede surgir preceptivamente de las reglas de derecho, en cuyo caso será insustituible; o ser elegida por el administrador ante la ausencia de norma expresa.

La documentación por escrito de los actos administrativos se impone cuando exista norma que lo disponga expresamente, o cuando la importancia del asunto o su trascendencia jurídica lo determinen. En tal caso, los actos escritos deben contener algunos requisitos mínimos, como el lugar y fecha de emisión, el órgano del que emanan, el funcionario que interviene y su firma.

Nuestro derecho admite la forma electrónica de instrumentación de la voluntad administrativa, identificando su validez y valor probatorio a los de las actuaciones administrativas que se trasmiten por medios convencionales; así como también la sustitución de la firma autógrafa.

También es admisible la exteriorización de la voluntad mediante signos, los que pueden variar al infinito: señalizaciones acústicas (como alarmas o sirenas), electrónicas, lumínicas (semáforos, luces en el tránsito aéreo) o mediante objetos (como banderas en la comunicación naval) o incluso a través de gestos (como los que realizan los agentes de tránsito). Ahora bien, en estos casos la admisibilidad de la forma no deriva de la decisión administrativa sino que es condición ineludible que se trate de signos convencionales aceptados por el ordenamiento jurídico.

El decreto 500/991 y sus modificativos, contiene normas que regulan el procedimiento administrativo general y algunos procedimientos especiales, como el disciplinario y el recursivo. Sus disposiciones han sido generalmente adoptadas y adaptadas por los distintos organismos del Estado.

Los procedimientos especiales regulados por el citado cuerpo normativo no son los únicos, ya que existen previsiones que constituyen el marco jurídico que regula otros, como el expropiatorio y el licitatorio.

A) *La motivación de los actos*

Desde la perspectiva del Estado de derecho y los derechos fundamentales de la persona humana, reviste singular trascendencia el deber de la administración de motivar sus actos y el correlativo derecho de las personas a exigirlo, como garantía de verdad y defensa.

Durante años nuestra jurisprudencia afirmó la inexistencia de la obligación de motivar, salvo cuando un texto normativo la imponía en forma expresa o derivada de la propia naturaleza del acto.

Sin embargo, habrá de verse la cuestión de la motivación de los actos estatales como un derecho fundamental de los individuos, pues estando las prerrogativas del poder de lado del Estado, la adecuada fundamentación y motivación de los actos públicos es la garantía que tiene el sujeto contra la arbitrariedad. En tanto derecho fundamental de la persona humana, la obligación de motivar los actos no dimana, entonces, de la norma reglamentaria que la imponga, y ni siquiera de la norma legal, sino de la propia Constitución, en virtud de la concepción *ius naturalista* de la misma.

Durán Martínez desde hace mucho, ha sostenido el deber de motivar como un principio general de derecho en el ámbito de la actuación administrativa, posición que ya predomina en doctrina y jurisprudencia. La obligación de motivar deriva del derecho que tiene todo individuo de conocer el motivo de las disposiciones que se le aplican y el de poder impugnarlas en caso de que le causen agravio; derechos que derivan, respectivamente del derecho a conocer la verdad y del derecho de defenderse de las agresiones ilegítimas[38].

El deber de motivar no solo ha sido establecido como principio del procedimiento administrativo[39], sino como principio general en el Código de Ética del funcionario público[40].

La motivación consiste en exteriorizar clara y sucintamente las razones que determinan a la autoridad a emitir el acto administrativo. No constituye un recaudo formal más del acto, sino que responde a ciertos valores trascendentes, entre ellos el que caracteriza al Estado democrático de que todos sus actos tienen que ser públicos.

La obligación de motivar, además de una garantía de la persona, resulta indispensable para el buen orden y regular funcionamiento de la administración,

[38] Augusto Durán Martínez, "La obligación de motivar: un principio general de derecho administrativo". *Estudios de derecho administrativo,* Parte general, cit., págs. 69 y 102.

[39] Art. 2, en lit. l) del decreto 500/991.

[40] Ley 19.823, de 18 de setiembre de 2019, que declara de interés general el Código de Ética de la Función Pública, art. 23: "(Motivación de la decisión). El funcionario debe motivar los actos administrativos que dicte, explicitando las razones de hecho y de derecho que lo fundamenten. No son admisibles fórmulas generales de fundamentación, sino que deberá hacerse una relación directa y concreta de los hechos del caso específico en resolución, exponiéndose además las razones que con referencia a él en particular justifican la decisión adoptada.

"Tratándose de actos discrecionales se requerirá la identificación clara de los motivos en que se funda la opción, en consideración al interés público".

para determinar responsabilidades en los funcionarios actuantes e incluso para la protección de terceros que pudieran ser afectados por la decisión.

Nuestro Tribunal de lo Contencioso Administrativo, ahora en jurisprudencia constante, ha sostenido que la motivación debe ser aún más exigente en la actividad discrecional, ya que es la forma de controlar mejor la opción realizada por la administración; es requisito esencial del acto porque será esa la manera que se tiene para distinguir en cada caso la discrecionalidad de la arbitrariedad, en defecto de lo cual la volición administrativa resultaría inficionada por la falta de motivación.

La motivación de la decisión administrativa, comporta, asimismo, un recaudo consubstancial para la vigencia del principio republicano de gobierno, que impone a los órganos administrativos dar cuenta de sus actos, al tiempo que evita que se afecten los derechos de impugnación de los particulares alcanzados por la resolución y se impida la revisión judicial de la legitimidad y razonabilidad de tales actos.

La motivación es una manifestación, como pocas, de la objetividad a la que debe estar condicionada la acción administrativa, precisamente por el sentido racional del servicio al interés general que debe expresar toda manifestación de la actuación administrativa.

La fundamentación de la voluntad administrativa puede —y debe— surgir del mismo acto o de sus antecedentes; pero nunca puede ser posterior a su dictado. Resulta absolutamente improcedente la motivación de un acto administrativo *ex post*. En efecto, por definición, la motivación es la expresión de los motivos del acto, las circunstancias de hecho y de derecho que provocaron su dictado. Es por tanto la explicitación de un presupuesto del acto, que obviamente nunca puede ser posterior al mismo. Las autoridades responsables del acto no pueden en el procedimiento de impugnación de la decisión, corregir las omisiones que se hubieren cometido al no explicitar, o hacerlo insuficientemente, los motivos tenidos en cuenta para decidir, pues la motivación posterior impide al afectado la adecuada defensa a la que tiene derecho.

Al respecto CAJARVILLE sostiene: "Todo acto administrativo se dicta en virtud de ciertos presupuestos de hecho y de derecho, que son sus «motivos» y condicionan su validez. Esos motivos deben explicitarse al dictar el acto, constituyendo su «motivación» o «fundamentación»"[41].

Por su parte, la motivación consiste no solamente en expresar el motivo sino también fundar el apartamiento de los asesoramientos y recomendaciones emitidos.

[41] J. P. CAJARVILLE, *Procedimiento administrativo,* cit., págs. 127-128.

De manera que la motivación, para ser legítima, debe ser suficiente, congrua y exacta: *suficiente*, en cuanto a que su sola lectura revele los fundamentos del acto; *congruente* en cuanto a que debe existir una coherencia entre la parte dispositiva y los motivos invocados y el fin perseguido; *exacta*, en cuanto a la correcta aplicación del derecho y la veracidad de las circunstancias de hecho enunciadas.

La congruente y exacta fundamentación es elemento esencial del acto administrativo y facilita la fiscalización del principio de legalidad.

5. Condiciones de eficacia de los actos administrativos. Eficacia condicionada y eficacia retroactiva

La *notificación* de la volición administrativa, esto es, la puesta en conocimiento de la misma a su destinatario, constituye una condición jurídica para la *eficacia del acto*. La comunicación del acto determina la sujeción de aquel, cuando la misma es precisa y no ambigua, esto es, cuando resulta fehaciente el conocimiento pretendido.

El debido y fehaciente conocimiento del acto administrativo es un derecho subjetivo del destinatario del acto y es a la vez una garantía, en la medida que constituye un requisito ineludible para el acceso a la jurisdicción anulatoria.

Cualquier intento por menoscabar ese derecho lesiona irremediablemente el principio de tutela judicial efectiva, el de razonabilidad, el de interdicción de la arbitrariedad, y principalmente vulnera el principio de seguridad jurídica.

Es lo que advertimos en la evolución —involución— de nuestro derecho positivo cuando se concretan soluciones reglamentarias como las que provienen de la consagración de una especie de *notificación ficta* sin respaldo legal. Tal la solución contemplada en el decreto 420/007, de 7 de noviembre de 2007, que modificó la tendencia garantista recogida en el decreto 500/991, en lo que al sistema de notificaciones refiere, estableciendo que si el interesado no concurre a la oficina a notificarse en caso de ser citado y posteriormente intimado con plazo de tres días, "[...] la notificación se tendrá por efectuada", en clara violación de la disposición constitucional que establece la notificación personal.

Una cuestión que ha merecido pronunciamiento del máximo órgano de contralor de juridicidad de los actos de la administración, es el del *acceso al texto íntegro* de la resolución notificada. El principio, derivado de la noción misma que viene de exponerse, es asegurar el completo conocimiento del acto que se notifica.

No obstante, son numerosas las disposiciones especiales contenidas en reglamentaciones de procedimiento administrativo adoptadas por diversos organismos, que admiten como válida la notificación por medio de telegrama colacionado con aviso de entrega, o la publicación en el *Diario Oficial*, televisión o radiodifusión, en las que se reproduce únicamente la parte dispositiva del acto, en forma íntegra, o parcial que asegure que el interesado tenga cabal conocimiento del acto de que se trata. En tales casos se ha admitido la regularidad de la notificación, por encontrarse expresamente prevista la admisibilidad de dicha forma de notificación[42].

No compartimos la postura adoptada, en la medida que resulta violatoria del principio de defensa y de seguridad jurídica. Las mismas razones que conducen a afirmar la nulidad de un acto por falta de motivación, pueden invocarse para resistir la validez de la notificación personal cuando solamente comprende la parte dispositiva de la resolución, ya que de esa forma, el interesado no conocerá los motivos en que se funda la decisión puesta en su conocimiento, y el plazo para su impugnación habrá comenzado a computarse, limitando claramente su derecho de defensa.

El pronunciamiento jurisdiccional aparece contradictorio con la propia jurisprudencia del Tribunal de lo Contencioso que prioriza el conocimiento oportuno, fehaciente y *completo* del acto cuya juridicidad se cuestiona[43].

En cuanto a la forma que debe revestir la notificación personal, no puede admitirse la sustitución por la publicación en cartelera o en cualquier diario aunque sea de circulación nacional.

El conocimiento informal del acto no vale notificación, principio que debe considerarse como garantía ineludible para el destinatario. En efecto, si el acto no es personalmente notificado, cuando así corresponde, o la notificación no reviste las formalidades que debe, el plazo para su impugnación no comienza a correr.

Dice Cajarville que el conocimiento informal por el interesado de un acto administrativo de procedimiento o final no suple la notificación, aunque fuera probado[44]; el interesado que ha tomado conocimiento del acto sin haber sido notificado puede reconocerlo así expresa o implícitamente y darse por notificado. En este caso la notificación se perfecciona con una actividad exclusivamente del interesado, que no tiene que consistir en una declaración formal, sino que puede estar contenida en el ejercicio de defensas o interposición de recursos. La fecha de notificación será la de la declaración expresa, ejercicio de defensas o interposición de recursos, salvo que el interesado reconozca otra fecha como la de conocimiento del acto.

A) *Ejecutoriedad y ejecutividad*

La *ejecutoriedad* es la atribución que el ordenamiento jurídico, en forma expresa o razonablemente implícita, reconoce a la autoridad administrativa para

[42] Sentencia del Tribunal de lo Contencioso Administrativo 267/2007.

[43] Sentencias del mismo Tribunal 653/2015, 591/2016 y 572/2018.

[44] J. P. Cajarville, *Procedimiento administrativo,* cit., pág. 119.

obtener el cumplimiento del acto, que no admite ni retardos ni suspensiones, por sus propios medios. La atribución conferida reconoce a la administración la fuerza, la aptitud para obtener el cumplimiento de sus propias decisiones, sin necesidad de que el órgano jurisdiccional reconozca su derecho y la habilite a ejecutarlos, siempre que no medie resistencia del sujeto obligado, salvo norma legal expresa.

En los regímenes democráticos, en donde la relación autoridad-libertad, se desenvuelve con un razonable y justo equilibrio, que supone una integración entre sociedad y Estado —y no una contraposición—, el ordenamiento le reconoce a la autoridad la prerrogativa de obtener el cumplimiento de sus decisiones sin acudir al órgano jurisdiccional, cuando no existe resistencia de los particulares afectados. Si se le atribuye a la autoridad la competencia para administrar, no podría imaginarse que la misma pueda ser ejercida sin la consiguiente fuerza para hacer cumplir u obtener en última instancia, la ejecución coactiva de sus mandatos, ya sea por sí o haciéndolos ejecutar por el administrado obligado o por terceros. Esta es la regla cuando no hay resistencia del obligado, y excepcionalmente la norma jurídica prescribirá en qué casos se cometerá el reconocimiento del derecho de la administración y su posterior ejecución al órgano jurisdiccional.

Las exigencias del Estado de derecho imponen la excepcionalidad de los procedimientos de ejecución forzosa administrativa, lo que vale tanto respecto de las personas como de los bienes. Cabe la ejecución directa con el personal y medios de la propia administración, pero ante la resistencia de los particulares afectados, la coerción sobre las personas o sus bienes requerirá decisión judicial, salvo norma legal expresa y en la medida que esta faculte la ejecución forzada administrativa[45].

Resulta ineludible señalar que la coerción que la administración puede ejercer por sus propios medios sobre los bienes o la persona de los administrados está siempre sujeta al control jurisdiccional.

Delimitado el concepto preciso de la ejecutoriedad, puede concluirse que tanto la emisión como el cumplimiento del acto administrativo le corresponde a la propia administración, quien lo lleva a cabo valiéndose de sus propios medios.

En tanto se traduce en restricciones y limitaciones a los derechos individuales, debe tener sustento normativo de origen legislativo, habida cuenta del principio constitucional de que los derechos se ejercen en la medida de la reglamentación legal, y todas las limitaciones que restringen derechos deben ser de interpretación restrictiva. La ley, limitada por los principios constitucionales, por razones de interés general, puede atribuir competencia a las

[45] Felipe Rotondo, *Manual de derecho administrativo*, 10ª ed., Montevideo, 2017, pág. 334.

autoridades administrativas para que ejecuten a título propio sus decisiones, aunque determinen limitaciones a los derechos individuales.

Los medios de que se vale la administración para obtener el cumplimiento de sus actos, son coercitivos, en tanto suponen la coacción para obligar al administrado a que ejecute el acto (ejecución espontánea) y en caso de incumplimiento podrá la administración ejecutarlo mediando la intervención judicial (ejecución forzosa).

En todos los casos la administración debe ajustarse a los procedimientos, generalmente reglados, así como a las reglas de la técnica aplicables, pudiendo imponer solamente aquellos medios de coerción expresamente autorizados por el ordenamiento jurídico e indemnizando cualquier daño derivado de la actuación irregular.

El fin de la coerción es conseguir el cumplimiento del acto. Por ello, la administración actúa sobre el sujeto de modo determinante, sobre su propia persona (ejecución personal) o sobre sus bienes (ejecución patrimonial).

El principio en la materia es que la coerción directa respecto de las personas requiere respaldo legal pues nadie puede ser detenido ni forzado a hacer lo que no manda la ley ni privado de lo que ella no prohíbe. Las típicas medidas ejecutorias aplicadas sobre las personas son frecuentes en las leyes que regulan el ejercicio del poder de policía, como ser las sanciones de arresto o inhabilitación.

Por su parte, son comunes las medidas que recaen sobre los bienes de las personas, como la multa, el decomiso, el desalojo o la clausura de un establecimiento.

Sin embargo, el principio en la materia es que la coerción directa está excluida, salvo casos excepcionalísimos expresamente previstos por vía legal, debiendo la administración acudir ante los estrados judiciales para la ejecución de los mismos[46].

Por su parte, la *ejecutividad* del acto, sinónima de eficacia del acto, significa su inmediata ejecución, esto es, que, una vez perfeccionado, produzca todos sus efectos, sin que se difiera su cumplimiento[47].

B) *Retroactividad*

El derecho siempre se ha enfrentado a la necesidad de resolver los problemas que genera el paso del tiempo; el afán de hallar soluciones justas hizo que desde antiguo se consolidara el principio general, aplicable a todo tipo de actos jurídicos (Constitución, leyes, reglamentos, actos administrativos), que

[46] Carlos Delpiazzo, *Derecho administrativo general,* cit., pág. 342.

[47] *Ibidem.* Cfr. F. Rotondo, *Manual,* cit., págs. 331-333.

indica que siempre disponen para el futuro. Solo excepcionalmente tienen aptitud para modificar o retornar sobre el pasado.

La *retroactividad* se define como una situación en la que el acto jurídico se aplica a hechos producidos antes de su entrada en vigor. Con carácter general, el principio de seguridad jurídica impide la aplicación retroactiva de los actos. El principio universal de la irretroactividad de los actos jurídicos es uno de los pilares del Estado de derecho ya que las relaciones jurídicas requieren seguridad y estabilidad, sin las cuales surgirían el caos y la arbitrariedad.

Este principio general rige también en el campo del derecho administrativo y se traduce en que los actos de la administración solo pueden disponer para lo futuro, no pudiendo regular situaciones pretéritas. No es propio de los actos administrativos regular situaciones consolidadas con anterioridad a su emisión. La retroacción supone reconocer a la administración un poder sobre el pasado que destruye la necesaria certeza y estabilidad de las relaciones jurídicas establecidas.

Ello, pues como se sostiene desde la perspectiva doctrinaria, tratándose de actos administrativos individuales, su retroactividad sería improcedente cuando ella aparejase el desconocimiento de *derechos adquiridos* por el administrado, pues entonces existiría un agravio a la garantía constitucional de inviolabilidad de la propiedad, debiendo interpretarse el concepto de *derecho adquirido* con amplitud, o abarcando la idea de *derecho a una situación*; de modo tal, que el acto administrativo individual *carece de efectos retroactivos*, dado que ello sería lesivo para el derecho del administrado, pudiendo —excepcionalmente— tener efecto retroactivo cuando ello sea *favorable* para el destinatario, pues en tal caso quedan superadas las razones que hacen improcedente dicha retroactividad[48]. Con ello, se sienta el principio de irretroactividad de normas desfavorables o restrictivas de derechos[49].

Por su parte, el reglamento solo puede aplicarse a hechos futuros, no a los pasados, ni puede alterar consecuencias o efectos jurídicos del presupuesto normativo anterior.

Los tratadistas de derecho administrativo son acordes al afirmar que el acto administrativo no produce efectos sino para el futuro. La aplicación de un acto administrativo con retroactividad puede dar lugar a su declaratoria de nulidad por exceso de poder, pues la administración no puede hacer remontar los efectos de su decisión sino para el futuro. Y precisamente, es lo que evidencia nuestra jurisprudencia.

Como acertadamente lo destaca LEVRERO la regla de la irretroactividad de los actos administrativos deriva de la seguridad, libertad y legalidad, principios

[48] MIGUEL MARIENHOFF, *Tratado de derecho administrativo,* t. II, Buenos Aires, Abeledo-Perrot, 1993, págs. 386 y ss.

[49] Cfr. E. GARCÍA DE ENTERRÍA, T. R. FERNÁNDEZ, *Curso...*, cit., págs. 592-593.

todos ellos contenidos en el artículo 72 de nuestra Constitución, sin perjuicio de recibir algunas especificaciones concretas en los artículos 7, 8, 10 y 32 de la Carta. También se impone, conforme el autor citado, por razones de 'buena administración'[50].

Para que el acto administrativo pueda ser retroactivo, no basta que no perjudique a nadie, en la medida que debe respetar los derechos adquiridos, protegidos por los principios de seguridad, libertad y legalidad; es preciso que esa retroactividad sea impuesta por el interés general o por razones de buena administración.

También son retroactivos los actos que deben dictarse en ejecución de una sentencia judicial pasada en autoridad de cosa juzgada que impone la retroactividad, como cuando el Tribunal de lo Contencioso Administrativo anula una manifestación de voluntad, debiendo la administración volver todo al estado anterior, como si el acto anulado no hubiera existido.

El respeto del pasado constituye, por una parte, una garantía de los derechos y de la actuación libre de los particulares; pero también es un presupuesto necesario de la vida jurídica del Estado y de la correcta actuación de sus órganos[51].

Ambos aspectos son los que permiten fundar el principio de irretroactividad de los actos administrativos en diferente forma, en cuanto a veces el principio se presenta como una exigencia inherente a la personalidad humana, en respeto de la seguridad, de la libertad y de los derechos adquiridos; otras veces, en cambio, se aplicará como una manifestación o especificación del principio de buena administración.

Ahora bien. Para determinar los efectos que, en cuanto al tiempo, producen los actos administrativos, es necesario distinguir entre aquellos que son dictados con el propósito de interpretar una norma aplicable, que producen un efecto meramente declarativo, de aquellos que tienen por objeto regular o resolver una cuestión planteada. Tratándose de *pronunciamientos interpretativos*, meramente declarativos, esto es, de aquellos que fijan el verdadero sentido y alcance de una disposición del ordenamiento jurídico, es del caso señalar que estos, por su naturaleza, no originan derechos para regir en el futuro, sino que se limitan a desentrañar el sentido de una disposición ya existente, de suerte que el titular del derecho que esta dispone podrá impetrarlo desde el momento en que cumplió los requisitos que, para disfrutar del beneficio respectivo, exige la norma interpretada.

[50] CONSTANCIO LEVRERO, "Los fundamentos del principio de no retroactividad de los actos administrativos", en *Estudios de derecho administrativo.* Cuaderno de la Facultad de Derecho, núm. 22, Montevideo, 1968, pág. 286; cfr. AUGUSTO DURÁN MARTÍNEZ, "La cuestión de la retroactividad del acto administrativo", en *Casos de derecho administrativo,* vol. II, Montevideo, 1999, pág. 41.

[51] C. LEVRERO, *op. cit.*, pág. 271.

Ello por cuanto el acto interpretativo forma un todo obligatorio con la norma interpretada para la autoridad y las personas que se acogen a él, esto es, retrotrae sus efectos a la época de dictación de esta[52].

Como los hechos o situaciones reconocidas por el acto, pertenecen necesariamente al pasado, y desde el momento que el contenido del acto interpretativo es solamente desentrañar el sentido de aquellos fenómenos, este contenido está forzosamente ligado al pasado. Por ello se ha dicho que tales actos, por su propia naturaleza, deben retrotraer sus efectos al momento en que tuvo lugar la circunstancia verificada.

Tratándose de manifestaciones que regulan o resuelven una situación planteada, no siendo su propósito el de interpretar una norma anterior, resulta plenamente aplicable el principio de la irretroactividad de los actos administrativos, esto es, solo pueden disponer para lo futuro, no afectando situaciones pasadas.

También el principio de buena fe y el valor de confianza en la conducta de los agentes públicos, confieren sustento jurídico, según nuestro parecer, a la afirmación de no retroactividad de los actos administrativos, ya que permite al sujeto confiar en que la administración no va a exigirle más de lo que estrictamente sea necesario para la realización del bien común que debe perseguir y que solo le será exigido lo que en el lugar, en el momento y en la forma corresponda, en atención a las circunstancias jurídicas, personales y sociales existentes.

Debe distinguirse la retroactividad de los actos, de la *aplicación inmediata* de las normas reglamentarias. La nueva normativa no tiene efecto retroactivo, sino que dispone su aplicación inmediata a las situaciones existentes, con efecto hacia el futuro. La administración puede, en cualquier momento, dejar de lado una reglamentación vigente adoptando otra en sustitución, que será tan válida y legítima como la anterior, siempre con respeto de los derechos adquiridos.

6. La invalidez de los actos administrativos (nulidad, anulabilidad y vías de declaración)

Cuando se afecta, esencialmente, alguno de los elementos del acto, quiere decir que no tiene regularidad, porque justamente, esta hace a la vigencia de sus elementos intrínsecos. Si los elementos están esencialmente viciados, el acto no es regular.

La extralimitación de la *competencia* en su ejercicio, vicia inexorablemente la decisión adoptada, configurando el vicio de incompetencia, que Durán Martínez define como *exceso de poder*[53], aunque no haya incidido en la com-

[52] A. Durán Martínez, "La cuestión de la retroactividad...", cit., pág. 44.

[53] A. Durán Martínez, *Contencioso administrativo,* cit., pág. 284.

petencia de otro órgano, o si ha invadido atribuciones ajenas. La violación de las normas sobre competencia determina la nulidad del respectivo acto administrativo. Ello obedece a que la competencia representa un requisito o elemento esencial del acto.

Otra causal de invalidez del acto se configura cuando los hechos no existen o no son como la administración pretende; cuando no caben en el supuesto de la norma atributiva de competencia, el acto también estará viciado por ilegitimidad o errónea apreciación de los *motivos*. La administración no puede actuar porque sí, caprichosamente. La inexistencia de una razón, motivo, para el dictado del acto pone en evidencia una conducta irrazonable, y consecuentemente injusta.

La teoría y la jurisprudencia han salido al paso de toda posible discrecionalidad en lo que atañe a la existencia de los hechos determinantes: constituyen un elemento reglado del acto administrativo; o se dan o no se dan y la administración ha de actuar en consecuencia. En todo caso, esta no puede actuar en perjuicio del destinatario del acto, en base a conjeturas, sino tomando como fundamento hechos debidamente acreditados. La anulación de los actos administrativos por falta de motivos, en tanto antecedentes de hecho, dice relación con la aplicación de superiores principios como el de verdad material, seguridad jurídica y buena fe.

La razón de ser del acto comprende, no solamente la fundamentación fáctica, sino también jurídica, con que la administración entiende sostener la legitimidad y oportunidad de su decisión.

Pero la ausencia de motivo no es el único vicio que puede evidenciarse en el acto administrativo con relación a los motivos. DURÁN MARTÍNEZ expresa que se configura *abuso de poder* cuando no existe "adecuación razonable entre los motivos y el contenido del acto administrativo o entre el contenido y el fin"[54].

Por su parte, CAJARVILLE prefiere hablar de abuso de poder cuando se advierte inadecuación cuantitativa de la disposición a los motivos o en la inidoneidad cuantitativa de la disposición en cuanto al fin. Y a su juicio también habría incidencia en los motivos en los casos de 'exceso de poder', ya que en tales supuestos el autor refiere a la inadecuación (motivo-contenido) o inidoneidad (contenido-fin) cualitativas[55].

Las cuestiones de adecuación del contenido dispositivo a los motivos, de su idoneidad en cuanto al fin, así como la coherencia entre motivos y fines que debe resultar de su común vinculación con el contenido dispositivo, atañen a la legitimidad y no al mérito de la actividad administrativa. Debe existir, pues, un nexo lógico razonable entre motivos y contenido.

[54] *Ibidem*, pág. 286.

[55] J. P. CAJARVILLE, *Sobre derecho administrativo,* cit., t. II, pág. 78.

En lo que refiere a la consecuencia jurídica de la ausencia de *motivación* del acto administrativo, también es su nulidad. Cuando el acto es infundado, malinterpreta, desvirtúa u omite los motivos determinantes comprobados o aducidos, procede, entonces, el control anulatorio de la actuación administrativa.

La ausencia de motivación del acto administrativo, al tiempo que pone en crisis los fundamentos que informaron la decisión, patentizan la irrazonabilidad del actuar administrativo y, por tanto, debe aparejar su nulidad.

Ahora bien, las certezas sobre el alcance de esta obligación de la administración se van diluyendo cuando las normas y principios resultan aplicados por la jurisprudencia a la vasta casuística que plantea el ejercicio de la función administrativa. Es así que la Corporación ha aceptado que la expresión de los motivos provenga de los antecedentes

No obstante, el Alto Cuerpo se ha mostrado especialmente severo a la hora de juzgar la legitimidad de los actos que se apartan de los antecedentes. En caso de existencia de informes contrarios, ha dicho: "Si los informes técnicos corroboraron tal tesitura, no habría sido necesaria una clara y explícita fundamentación de la negativa. Pero, como por el contrario, esos informes aconsejaron hacer lugar a lo peticionado, el apartamiento de los mismos, aunque obviamente no tenían fuerza vinculante, exigía de la autoridad que decidió en definitiva, la debida fundamentación de la resolución contraria a esas opiniones técnicas"[56].

Los poderes públicos no deben ser ejercidos caprichosamente, ni aun los discrecionales, como lo hemos dicho, sino por motivos de interés público, es decir por razones atinentes al mejor servicio, a riesgo de incurrir en arbitrariedad. En otras palabras, la motivación no solo tiene la finalidad de dar a conocer con mayor certeza y exactitud la voluntad que se manifiesta en el acto administrativo, sino también hacer posible su control y fiscalización, estableciendo la necesaria relación de causalidad entre los antecedentes de hecho, el derecho aplicable y la decisión adoptada.

Los casos de motivación insuficiente, falsa, errónea o incongruente, se asimilan a los de ausencia de motivación. Respecto de la motivación *insuficiente*, la plausible y consolidada jurisprudencia del Tribunal de lo Contencioso concluye que "[...] la resolución en cuestión carece de motivación, puesto que no puede considerase tal la genérica invocación a la «necesidad impostergable[...]»"[57]. Asimismo, es implacable cuando detecta la *falsa motivación*[58] o la *errónea motivación.*

[56] Sentencia del Tribunal de lo Contencioso Administrativo 563/2000.

[57] TCA sentencia 442/1995.

[58] TCA sentencia 89/2007.

La nulidad insubsanable del acto administrativo, que se afirma como consecuencia de la omisión de motivación, resulta también un criterio inflexible ante la actitud frecuente de la administración de explicitar las razones de su accionar con posterioridad, en ocasión, generalmente, de tramitar los recursos administrativos. Al respecto, el Tribunal ha ratificado que las explicaciones cuando resuelve el recurso no sanean el vicio de origen del acto enjuiciado.

Parece una obviedad decir que la existencia del *contenido* es un elemento esencial para la validez del acto; es evidente que si no tiene contenido el acto no existe.

Ahora bien. El acto puede existir porque tiene un contenido, pero el mismo puede ser irregular. Las irregularidades que afectan el contenido pueden provenir de una transgresión a cualquiera de sus notas características, así como también cuando la voluntad administrativa no responde a los conceptos de contenido natural, implícito o eventual.

Por su parte, si la manifestación de *voluntad* no es clara y determinada o determinable, porque de su contenido no surge de qué especie de acto se trata, o a qué personas afecta, o en qué tiempo y lugar habrán de producirse sus efectos jurídicos, aquella resultará viciada y podrá ser anulada.

En lo que refiere a los caracteres de claro y preciso del *contenido* que debe exhibir el acto, advertimos que una decisión es contradictoria cuando el acto explica y fundamenta una solución en la parte expositiva del acto y adopta la contraria en la parte resolutiva, o cuando en su propio articulado enuncia proposiciones o decisiones antitéticas.

La misma solución se impone, si la volición administrativa es absurda o imposible fácticamente, como cuando, revestida de formas externas adecuadas, no puede advertírsela en su total magnitud; tal el caso en que se pretende que el administrado pueda impugnar un acto sin conferirle la vista que le permita conocer sus fundamentos.

La ilicitud del objeto deriva de la actuación contraria a derecho, incluyendo la acción administrativa no razonable o desproporcionada, absurda o aun contradictoria, en vista de los motivos y de la finalidad del acto.

La actividad administrativa será también ilegítima por ilicitud del contenido, cuando la misma no es apta o idónea para obtener el fin para el cual se han atribuido los poderes de actuación al órgano emisor del acto. La actividad administrativa evidencia una relación instrumental con el fin debido, esto es, el bien común, y ello es una cuestión que refiere a la legitimidad del acto. Cuando el comportamiento administrativo no es idóneo para el fin debido, dicho comportamiento es ilegítimo por ilicitud del contenido, pudiendo asimismo devenir en desviación de poder, si puede acreditarse que el agente emisor del acto evidencia una voluntad de traicionar la finalidad que este debe exhibir.

La doctrina ha avanzado en la consideración de la '*buena administración*' como una cualidad del acto que hace a su legitimidad[59]. El contenido del acto contrario a la buena administración es ilícito por violación del principio de eficacia —comprensivo de la eficiencia y la eficacia en sentido estricto—, lo que constituye una cuestión de legitimidad y no de mérito, en tanto el principio está comprendido en el concepto de regla de derecho.

El principio de eficacia junto al propio carácter servicial de la administración pública constituye un anclaje del máximo rango para que se pueda requerir un contenido esencial del acto administrativo plenamente adaptado a la finalidad que debe perseguir.

También es ilícito el contenido cuando desconoce una norma prohibitiva, o cuando contraviene disposiciones constitucionales, legales, reglamentarias, o contractuales, sentencias judiciales o vulnera principios generales de derecho o normas del derecho internacional de los derechos humanos.

Un control de 'convencionalidad' derivará en la invalidez del acto cuando se constata la discordancia con las normas constitucionales, principios y normas del derecho internacional de los derechos humanos, por ilicitud de su contenido.

La traición de la *finalidad*, cuando el órgano emisor del acto persigue un móvil diverso al fin debido, configura el vicio conocido como "desviación de poder", el que se produce no solo cuando se pretende un interés privado (espurio), sino también ante un fin público, pero distinto al inherente o específico para el que se atribuyen las potestades a los órganos estatales. La tarea es determinar el fin legal, esto es, la finalidad para la que se ha conferido cierto poder a una autoridad administrativa[60].

Ahora bien, si el texto legal no da certidumbre respecto a cuál es el fin legal, es necesario recurrir a otros elementos, fundamentalmente los antecedentes legislativos y las circunstancias en que dicha ley ha sido dictada.

Encontrada la finalidad legal, sea porque surge expresada en la norma, como a través de la tarea interpretativa, más difícil aún es hallar el fin perseguido por el autor del acto enjuiciado. Si este disimula sus móviles, la función del juez será la búsqueda de los mismos mediante el examen de todas las circunstancias que rodean el acto, búsqueda de intenciones que resulta esencialmente subjetiva. De ahí el carácter subsidiario de la desviación de poder como causal de nulidad del acto resistido.

Son escasas las sentencias del Tribunal que anulan un acto administrativo por desviación de poder, evidenciando una extrema prudencia a la hora de valorar la existencia de este vicio del acto. Los casos en que así ha procedido,

[59] A. Durán Martínez, *Contencioso administrativo,* cit., págs. 295-302.

[60] Julio Prat, *De la desviación de poder,* Montevideo, Biblioteca de Publicaciones de la Facultad de Derecho y Ciencias Sociales de la Universidad de la República, 1957, pág. 185.

denotan un marcado déficit probatorio en el proceso de dictado del acto y en la causa jurisdiccional. El vicio de desviación de poder "[...] se particulariza por trasuntar un contenido o elemento subjetivo, sicológico, caracterizado por la voluntad —generalmente encubierta o disimulada— de lograr determinado fin, por lo que no puede presumirse ni examinarse de oficio, debiendo ser el presunto damnificado quien la invoque".

Si el juzgador, en esa difícil tarea, arriba a la convicción de que la administración persigue un fin que no era el debido, el acto es inválido por desviación de poder, y así debe declararlo. Si el fin es un elemento esencial de todo acto administrativo la desviación de poder, o sea la traición del fin, invalida el acto.

Este vicio es relevado por la jurisprudencia con carácter subsidiario —habida cuenta de la dificultad señalada—, y la anulación del acto fundada en la desviación de poder, supone que el fin ilícito perseguido fue el único móvil o el móvil determinante o predominante de la actuación administrativa.

Finalmente, los apartamientos de los fines de interés público pueden darse tanto en el fondo como en el *procedimiento*. La jurisprudencia administrativa ha reparado en esto y ha aparecido como objeto de estudio la desviación de procedimiento, como cuando la administración recurre a un procedimiento en lugar de utilizar el que legalmente corresponde, o bien cuando omite actos de procedimiento impuestos por la ley o los reglamentos.

Es indispensable que todo acto administrativo se formule a través de un procedimiento, que comporta un mínimo de formalidades sin las cuales el acto será nulo. De manera que para que estemos en presencia de la desviación de procedimiento es necesario que la administración aplique erróneamente una norma de procedimiento, valiéndose de uno que no corresponde, desplazando el que debió haber observado por ser el aplicable al caso concreto, u omitiendo alguna formalidad esencial al procedimiento legalmente regulado.

Cuando referimos a la 'desviación de procedimiento', entendemos que no se trata de una simple variante de la desviación de poder, porque el examen se realiza en un plano netamente objetivo, mientras que la desviación de poder permanece en uno puramente subjetivo. La desviación de procedimiento presenta, pues, una originalidad propia.

7. El principio de conservación de los actos administrativos y sus concreciones (convalidación, conservación y conversión)

El artículo 14 de la Ley del Procedimiento Administrativo General de Perú, decreto supremo aprobado el 18/01/2020, establece que cuando el vicio del acto administrativo por el incumplimiento a sus elementos de validez, no sea trascendente, prevalece la conservación del acto, procediéndose a su enmienda por la propia autoridad emisora. Esta disposición constituye la explicitación del principio en estudio. Seguidamente establece los actos administrativos que se consideran afectados por vicios no trascendentes.

No existe en Uruguay una disposición como la mencionada. Sin embargo, la conservación del acto es aceptada por doctrina y jurisprudencia, en casos en que la misma no atente contra derechos de las personas, como el de defensa o de impugnación, en defensa de los derechos adquiridos, o si el vicio no es trascendente.

Todas aquellas interpretaciones postulantes de un supuesto "principio de conservación del acto administrativo", al menos si su reverso se llama indefensión, deben considerarse reñidas con la constitucionalidad. El principio de conservación del acto administrativo no puede actuar con neutralidad respecto de los principios y bienes jurídicos involucrados en cada acto administrativo. Se impone así en su análisis, la consideración de la naturaleza del derecho y la aplicación de los principios *pro homine*, así como los de no regresividad y progresividad en materia de derechos sociales.

La omisión o incumplimiento parcial de las formas de instrumentación de la voluntad, tales como la escritura, la fecha del dictado del acto, la firma del agente emisor, etc., así como de las formas para la puesta en conocimiento de la volición (publicación o notificación según corresponda) pueden afectar en diverso grado la validez o en su caso la eficacia del acto, según la importancia de la transgresión. Es por ello por lo que la doctrina, seguida por la jurisprudencia, ha distinguido las formas esenciales, cuya inobservancia provoca invalidez, de las no esenciales, que pueden ser subsanadas.

El Tribunal de lo Contencioso Administrativo, en su jurisprudencia constante, ha marcado la diferencia entre formalidades esenciales o sustanciales y formalidades no sustanciales: "El vicio formal no determina por sí solo y de manera mecánica o automática la nulidad del acto, sino que es menester que ese vicio posea una cierta trascendencia en orden a su repercusión o influencia sobre el propio contenido del acto [...]"[61]. La jurisprudencia ha restado trascendencia a la violación de ciertas normas de procedimiento cuando no se han visto comprometidas las garantías del debido proceso.

Cuando se omite las esenciales, o se cumplen en forma irregular, tales vicios influyen en la decisión de fondo, y por tanto el acto no puede conservarse; mientras que tratándose de las formalidades no sustanciales, su omisión o cumplimiento irregular no implican la desnaturalización del procedimiento administrativo seguido, ni ejercen decisiva influencia en él, y por tanto admiten la conservación de la decisión.

De modo que no toda ilegitimidad formal apareja nulidad[62].

[61] TCA sentencia 298/1998.

[62] C. Delpiazzo, *Derecho administrativo general,* cit., 2011, pág. 310.

Es admisible, pues, la conservación del acto emitido con infracción a las formalidades no esenciales del procedimiento, considerando tales, aquellas cuya realización correcta no hubiera impedido o cambiado el sentido de la decisión final en aspectos importantes, o cuyo incumplimiento no afectare el debido proceso del administrado.

Cuando se concluya indudablemente que de cualquier otro modo el acto administrativo hubiese tenido el mismo contenido, de no haberse producido el vicio, debe ser convalidado.

8. Apreciaciones finales

Las notas o cualidades del acto administrativo que dejamos expuestas, deben ser consideradas a la luz de una advertencia imprescindible, ya que no se trata de indagar apriorísticamente cuáles son los elementos que hacen a la esencia del acto, sino de investigar cuáles son las características conceptuales que surgen de su regulación. Los caracteres y elementos que definen el acto administrativo son el reflejo del derecho aplicable y por ello no pueden resolverse en el plano puramente doctrinal, sino que se hace necesario apelar a fundamentos de orden jurídico-positivo.

La precisión resulta de fundamental importancia en la medida que existe profusa doctrina comparada sobre el punto que señala las cualidades del acto a la luz del derecho positivo de sus respectivos países. Sus conclusiones no resultan directamente aplicables si no encuentran principios que puedan erigirse en sustento normativo de aquellas.

De manera que no partimos de una supuesta "naturaleza" del acto administrativo descubierta a partir de su esencia, sino de la forma cómo ha sido regulado en nuestro derecho.

Ahora bien, la determinación de los rasgos distintivos del acto administrativo no puede alejarse de la perspectiva del Estado constitucional de derecho, en el que la limitación del poder se expresa en clave de garantía de todos los derechos fundamentales[63]. Ni el creador de la norma que reglamente los caracteres y elementos del acto administrativo, ni el intérprete o aplicador, podrán hacer a un lado la fórmula esencial propia del Estado constitucional de derecho, que concibe el Estado como instrumento al servicio de los derechos fundamentales.

[63] C. Delpiazzo, *Derecho administrativo general,* cit., 2011, pág. 32.

VENEZUELA

DEL ACTO ADMINISTRATIVO EN EL ORDENAMIENTO JURÍDICO VENEZOLANO. UNA APROXIMACIÓN

José Luis Villegas Moreno*

> ¿En qué consiste entonces el subsiguiente cometido de la administración, al dictar el acto administrativo... cumplimentar lo mandado o hacer uso de lo permitido por la norma, cuyo destinatario es precisamente la administración. (Antonio Moles Caubet, *El principio de legalidad y sus implicaciones en Estudios de Derecho Público*, UCV, 1997).

INTRODUCCIÓN

El acto administrativo constituye una institución del derecho administrativo que ha sido objeto de análisis desde la perspectiva constitucional, legal, de la jurisprudencia y de la doctrina venezolana.

No obstante, la precisión de la noción de acto administrativo y sus desarrollos no ha sido pacífica. Por el contrario, ella atiende a la evolución del pensamiento científico jurídico contemporáneo, lo que conduce a comprender que se trata de una noción dinámica, inacabada, en pleno desarrollo y transformación.

1. Evolución histórica de la legislación reguladora del acto administrativo

En el derecho administrativo venezolano, como señala Araujo-Juárez[1] haciéndose eco de la doctrina nacional, el acto administrativo aparece tardíamente. En efecto, en el artículo 120, numeral 12 de la Constitución de 1931, se incluye entre las atribuciones de la extinta Corte Federal y de Casación, refiriéndose

* Doctor en Derecho. Profesor Titular emérito de Derecho Administrativo de la Universidad Católica del Táchira, Venezuela. Director de la Revista Tachirense de Derecho. Profesor Colaborador asistente de la Facultad de Derecho de la Universidad Pontificia Comillas de Madrid.

[1] José R. Araujo-Juárez, "Derecho administrativo general", en *Acto y contrato administrativo*, Caracas, Ediciones Paredes, 2011.

a la nulidad de los actos ejecutados con extralimitación de facultades (art. 42, *eiusdem*), y la de toda decisión acordada por requisición directa o indirecta de fuerza o reunión de pueblo en actividad subversiva (art. 43, *eiusdem*). Ahora bien, posteriormente, las Constituciones no emplearon el vocablo "acto administrativo", a excepción de la de 1961[2] y la vigente de 1999.

La Constitución de 1961, en su título VII, "Del poder judicial y del ministerio público", capítulo I de las "Disposiciones generales" disponía en el artículo 206 al referirse a la jurisdicción contencioso-administrativa hacía alusión a la noción acto administrativo en los siguientes términos:

"La jurisdicción contencioso-administrativa corresponde a la Corte Suprema de Justicia y a los demás tribunales que determine la ley. Los órganos de la jurisdicción contencioso-administrativa son competentes para anular los actos administrativos generales o individuales contrarios a derecho, incluso por desviación de poder; condenar al pago de sumas de dinero y a la reparación de daños y perjuicios originados en responsabilidad de la administración, y disponer lo necesario para el restablecimiento de las situaciones jurídicas subjetivas lesionadas por la actividad administrativa".

La Ley Orgánica de la Corte Suprema de Justicia de 1976 se refería a los "actos administrativos" en varias disposiciones: al determinar la competencia de la Corte, señalaba que esta podía declarar la nulidad, cuando sea procedente por razones de inconstitucionalidad o de ilegalidad, de los actos administrativos individuales del poder ejecutivo nacional (art. 42.10); además de poder declarar la nulidad, cuando sea procedente por razones de inconstitucionalidad o de ilegalidad, de los actos administrativos generales o individuales del Consejo Supremo Electoral o de otros órganos del Estado de igual jerarquía a nivel nacional (art. 42.12). En esta se hace referencia a: "actos administrativos generales"; "actos administrativos individuales"; "reglamentos"; "demás actos del ejecutivo nacional", además de la de "actos administrativos de efectos particulares" (arts. 121 y 185).

En un hecho histórico para el derecho administrativo venezolano, se promulga la Ley Orgánica de Procedimientos Administrativos en 1982, que define al "acto administrativo" como aquella "declaración de carácter general o particular emitida de acuerdo con las formalidades y requisitos establecidos en la ley, por los órganos de la administración pública" (art. 7). Dicha ley es hasta hoy el único texto legal que regula el régimen jurídico del "acto administrativo", y el único también que hace una definición del "acto administrativo" (arts. 7, 9 y 10). Sin embargo, dicha definición ha sido criticada tanto por la doctrina

[2] Gonzalo Pérez Luciani, *La noción del acto administrativo*, Caracas, Academia de Ciencias Políticas y Sociales, Editorial Italgráfica, 1998.

como por la jurisprudencia[3]. La noción "acto administrativo" se había configurado en Venezuela desde un perfil procesal hasta esta ley.

En la Constitución de 1999, en el artículo 259 se repite el contenido de la Constitución de 1961. La Constitución de 1999 se refiere al acto administrativo en dos artículos: en el artículo 259, al atribuir a los órganos de la jurisdicción contencioso-administrativa competencia para "anular los actos administrativos generales o individuales contrarios a derecho incluso por desviación de poder"; y en el artículo 266.5, al atribuir a la Sala Político Administrativa del Tribunal Supremo de Justicia, como cúspide de esa jurisdicción, competencia para "declarar la nulidad total o parcial de los reglamentos y demás actos administrativos generales o individuales del ejecutivo nacional, cuando sea procedente".

La Ley Orgánica del Tribunal Supremo de Justicia de 2010, se refiere a los "actos administrativos" en las competencias de la Sala Político Administrativa, del siguiente modo: "Las demandas de nulidad contra los actos administrativos de efectos generales o particulares dictados por el presidente o presidenta de la República, el vicepresidente ejecutivo o vicepresidenta ejecutiva de la República, los ministros o ministras del poder popular, así como por las máximas autoridades de los demás organismos de rango constitucional, cuyo conocimiento no estuviere atribuido a otro órgano de la jurisdicción administrativa en razón de la materia" (art. 26 ord. 5) y en otro precepto cuando indica que "Las demandas de nulidad que se ejerzan contra un acto administrativo de efectos particulares y al mismo tiempo del acto normativo sublegal que le sirve de fundamento, siempre que el conocimiento de este último corresponda a la Sala Político Administrativa" (art. 26 ord. 6).

La Ley Orgánica de la Jurisdicción Contencioso Administrativa de 2010[4], hace referencia a los "actos administrativos", en las siguientes disposiciones:

• Cuando señala que los órganos de la jurisdicción contencioso-administrativa son competentes para conocer de las impugnaciones que se interpongan contra los actos administrativos de efectos generales o particulares, incluso por desviación de poder (art. 9,1).

• Cuando refiere que la Sala Político-Administrativa del Tribunal Supremo de Justicia es competente para conocer de las demandas de nulidad contra los actos administrativos de efectos generales o particulares dictados por el presidente o presidenta de la República, el vicepresidente ejecutivo o vice-

[3] Allan R. Brewer-Carías, "Tratado de derecho administrativo", en *Derecho público iberoamericano*, t. III, *Los actos administrativos y los contratos administrativos*, Caracas, EJV, 2013.

[4] Allan R. Brewer-Carías y Víctor Hernández-Mendible, "Ley orgánica de la Jurisdicción Contencioso Administrativa", en *Colección textos legislativos*, núm. 47, Caracas, Editorial Jurídica Venezolana, 2010.

presidenta ejecutiva de la República, los ministros o ministras, así como por las máximas autoridades de los demás organismos de rango constitucional, si su competencia no está atribuida a otro tribunal (art. 23,5).

• Cuando señala que los juzgados nacionales de la jurisdicción contencioso-administrativa son competentes para conocer de las demandas de nulidad de los actos administrativos de efectos generales o particulares dictados por autoridades distintas a las mencionadas en el numeral 5 del artículo 23 de esta ley y en el numeral 3 del artículo 25 de esta ley, cuyo conocimiento no esté atribuido a otro tribunal en razón de la materia (art. 24,5),

• Cuando determina que los juzgados superiores estadales de la jurisdicción contencioso-administrativa son competentes para conocer de las demandas de nulidad contra los actos administrativos de efectos generales o particulares, dictados por las autoridades estadales o municipales de su jurisdicción, con excepción de las acciones de nulidad ejercidas contra las decisiones administrativas dictadas por la administración del trabajo en materia de inamovilidad, con ocasión de una relación laboral regulada por la Ley Orgánica del Trabajo (art. 25, 3).

• Cuando se refiere a las demandas de nulidad contra los actos administrativos de efectos particulares concernientes a la función pública (art. 25,6) y cuando se refiere a la caducidad de las acciones de nulidad conforme a la regla siguiente: "En los casos de actos administrativos de efectos particulares, en el término de ciento ochenta días continuos, contados a partir de su notificación al interesado, o cuando la administración no haya decidido el correspondiente recurso administrativo en el lapso de noventa días hábiles, contados a partir de la fecha de su interposición. La ilegalidad del acto administrativo de efectos particulares podrá oponerse siempre por vía de excepción, salvo disposiciones especiales" (art. 32,1).

2. El concepto de acto administrativo en la dogmática nacional. Diferencias con otras formas de actividad administrativa

En el sistema normativo venezolano, en la Ley Orgánica de Procedimientos Administrativos (LOPA) del año 1982 encontramos una definición de acto administrativo en el artículo 7:

"Se entiende por acto administrativo, a los fines de esta ley, toda declaración de carácter general o particular emitida de acuerdo con las formalidades y requisitos establecidos en la ley, por los órganos de la administración pública".

Esta definición acoge el criterio orgánico del acto administrativo, es decir, que para los efectos de la mencionada definición solo son actos administrativos aquellas decisiones emanadas de los órganos de la administración pública. Podría decirse que la doctrina y la legislación dejan fuera del ámbito dogmático del acto administrativo a la actuación no formalizada de la administración.

Como señala ARAUJO-JUÁREZ, en el derecho positivo ha sido la jurisprudencia quien ha tenido la iniciativa de definir el acto administrativo, adoptando tempranamente el criterio del acto o negocio jurídico de origen alemán. En efecto, la entonces Corte Federal definió el acto administrativo como "toda declaración de voluntad que tenga por objeto producir un efecto de derecho dictada por una autoridad administrativa", ya sea que "obra en el ejercicio del *jus imperii*" o ya "en ejecución de normas de derecho administrativo". Esta definición sobre la base de una declaración o manifestación de voluntad es desde entonces, una constante en la jurisprudencia venezolana. Por su parte, la mayor parte de la doctrina venezolana también ha seguido de cerca el criterio señalado, independientemente de los términos utilizados[5].

A) *Aporte a la noción de acto administrativo por la doctrina venezolana*

La doctrina venezolana del derecho administrativo ha sido receptora de la complejidad y diversidad de enfoques para conceptualizar el acto administrativo, como ocurre en el derecho comparado. Su grado de indeterminación es consecuencia de la disparidad teórica a través de los diferentes intentos de construcciones doctrinales bastante distantes y por la inabarcable variedad de actividades que la administración lleva a cabo[6].

Como nos recuerda HERNÁNDEZ-MENDIBLE[7], solo fue hasta 1937 cuando la doctrina científica formuló su aproximación inicial, aunque de manera descriptiva, en el primer libro general de derecho administrativo en el país[8], al que luego de veinticinco años, lo sucedieron otros dos autores cuya influencia en la formación del derecho administrativo nacional resulta actualmente incuestionable[9].

Por su parte, las primeras sentencias que abordan una definición de acto administrativo se producen a finales de la década de los cincuenta del siglo XX, escaso tiempo antes de la entrada en vigor de la Constitución de 1961, que contemplaba varias disposiciones que hacían alusión a los actos administrativos. Pero sin duda el gran debate doctrinal se produce en la década

[5] JOSÉ R. ARAUJO-JUÁREZ, "Derecho administrativo general", en *Acto y contrato administrativo,* Caracas, Ediciones Paredes, 2011.

[6] ALFONSO SANTAMARIA PASTOR, *Principios de derecho administrativo general*, t. II, Madrid, Iustel, 2018.

[7] VÍCTOR HERNÁNDEZ-MENDIBLE, "El acto administrativo como fuente del derecho administrativo", en *El acto administrativo como fuente en Iberoamérica*, actas del VIII foro iberoamericano de derecho administrativo, 2009.

[8] J. M. HERNÁNDEZ-RON, *Tratado elemental de derecho administrativo*, t. I, Caracas, 1937.

[9] E. LARES MARTÍNEZ, *Manual de derecho administrativo*, Caracas, Universidad Central de Venezuela, 1963; ALLAN R. BREWER-CARÍAS, *Las instituciones fundamentales del derecho administrativo y la jurisprudencia venezolana*, Caracas, Universidad Central de Venezuela, 1964.

de los setenta, previo a la expedición de la Ley Orgánica de Procedimientos Administrativos que surgió a comienzos de la década de los ochenta, la cual estableció la definición legal de acto administrativo actualmente existente[10].

En la construcción de la definición de acto administrativo se han empleado tres criterios fundamentales[11]:

a) *El criterio subjetivo u orgánico.* Este lleva a considerar como acto administrativo aquella expresión formal de los órganos y entes de la administración pública. En la realidad jurídica venezolana, la administración pública está integrada por los órganos de la rama ejecutiva del poder público que ejecutan la función administrativa y que constituyen la administración central, y por los entes ajenos de aquella, que comprenden la administración descentralizada funcionalmente. En atención al criterio orgánico o subjetivo se deduce que, en principio, los órganos y entes que integran la administración pública siempre se expresan jurídicamente a través de actos administrativos y que por argumento en contrario, las demás autoridades públicas, al no integrar tal administración pública no pueden expedir actos jurídicos de naturaleza administrativa. No obstante, como acertadamente destaca la doctrina científica, tal criterio parte de una presunción que no es absoluta, por lo que admite prueba en contrario. Gracias a ello se ha podido concluir, que existen supuestos en los cuales la administración pública se expresa a través de la emisión de actos administrativos y casos en que actúa mediante actos jurídicos de naturaleza privada.

b) *El criterio objetivo o material.* Se considera acto administrativo aquel acto jurídico expedido en ejercicio de la función administrativa, lo que excluye los actos jurídicos dictados en ejercicio de la función gubernamental, de la función legislativa y de la función jurisdiccional. Ahora bien, en ejercicio de la función administrativa se debe servir a los intereses generales, se debe actuar para servir a los ciudadanos, con el objeto de satisfacer sus necesidades básicas tanto de manera individual como colectiva.

En tales términos, se considera como acto administrativo aquel dictado con sujeción a los principios de eficiencia, eficacia, economía, celeridad, responsabilidad, transparencia, objetividad e imparcialidad, destinados a realizar

[10] Víctor Hernández-Mendible, "El acto administrativo como fuente del derecho administrativo", en *El acto administrativo como fuente en Iberoamérica*, actas del VIII foro iberoamericano de derecho administrativo, 2009.

[11] José R. Araujo-Juárez, "Derecho administrativo general", *en Acto y contrato administrativo,* Caracas, Ediciones Paredes, 2011; Allan R. Brewer-Carías, "Tratado de derecho administrativo", en *Derecho público iberoamericano*, t. III, *Los actos administrativos y los contratos administrativos*, Caracas, EJV, 2013.

Víctor Hernández-Mendible, "El acto administrativo como fuente del derecho administrativo", en *El acto administrativo como fuente en Iberoamérica*, actas del VIII foro iberoamericano de derecho administrativo, 2009.

la finalidad que justifica el ejercicio de la función administrativa, que no es otra que la tutela y protección de los intereses generales, mediante el servicio a los ciudadanos.

c) *El criterio formal.* El criterio formal lleva a considerar como acto administrativo, al acto jurídico dictado en ejecución de la ley, es decir, jerárquicamente de rango sublegal, que exterioriza una declaración expresa de la autoridad pública, la cual se expide una vez que se han cumplido los procedimientos y requisitos contemplados en las disposiciones jurídicas. Este criterio exige el cumplimiento de unas formas, trámites y procedimientos, siempre que estos sean esenciales para lograr el fin del acto jurídico y que no afecten derechos o garantías de los destinatarios, es decir, que no sean requisitos inútiles, engorrosos e innecesarios para el cumplimiento del objeto del acto.

Como ha sucedido en la mayoría de los países que tienen una disciplina de derecho administrativo tributaria del modelo clásico, la doctrina científica no siempre ha sido pacífica respecto al concepto de acto administrativo en Venezuela. Esta ha tenido posturas distintas en atención a la época en que asumieron el concepto, conforme al ordenamiento jurídico vigente en ese momento.

Según afirma Hernández-Mendible[12], teniendo presente las enseñanzas de los tres maestros contemporáneos, podemos analizar las distintas posturas sobre la noción de acto administrativo.

Para Brewer-Carías, en un enfoque amplio, el acto administrativo "es toda manifestación de voluntad de carácter sublegal, realizada, primero por los órganos del poder ejecutivo, es decir, por la administración pública, actuando en ejercicio de la función administrativa, de la función legislativa y de la función jurisdiccional; segundo, por los órganos del poder legislativo (de carácter sublegal) actuando en ejercicio de la función administrativa; y tercero, por los órganos del poder judicial, actuando en ejercicio de la función administrativa y de la función legislativa"[13].

Para Lares Martínez, en un sentido orgánico, entiende por actos administrativos "las declaraciones de voluntad, de juicio o de conocimiento, emanadas de los órganos de la administración y que tengan por objeto producir efectos de derecho, generales o individuales"[14]. Farías Mata identifica al

[12] Víctor Hernández-Mendible, "El acto administrativo como fuente del derecho administrativo", en *El acto administrativo como fuente en Iberoamérica*, actas del VIII foro iberoamericano de derecho administrativo, 2009.

[13] Allan R. Brewer-Carías. "Tratado de derecho administrativo", en *Derecho público iberoamericano,* t. III, *Los actos administrativos y los contratos administrativos*, Caracas, EJV, 2013.

[14] E. Lares Martínez, *Manual de derecho administrativo*, Caracas, Universidad Central de Venezuela, 1986.

criterio orgánico, como el único capaz de unificar o reconducir a unidad la actividad administrativa como el determinante para la identificación de las funciones del Estado. En definitiva, señala como elemento característico del acto administrativo, su origen con la administración, con la consecuencia fundamental de poder ser impugnados en vía contencioso-administrativa. Es decir, se identifica la noción de acto administrativo con la de recurribilidad del mismo en la vía contencioso-administrativa[15]. ARAUJO-JUÁREZ sostiene que el acto administrativo es una declaración jurídica de origen unilateral, realizada en ejercicio de una potestad administrativa otorgada por la ley, y destinada a producir efectos jurídicos subjetivos[16]. El acto administrativo debe ser un acto jurídico emanado de la administración pública nacional, la administración pública estadal y la administración pública municipal, así como de los entes descentralizados funcionalmente. Esto acoge el criterio orgánico o subjetivo para determinar el acto administrativo, aunque no es suficiente y es necesario entonces, completar el criterio orgánico con el criterio material. Solo así cabe diferenciar entonces la categoría jurídica de los actos administrativos de los otros actos jurídicos emanados de la administración pública.

HERNÁNDEZ-MENDIBLE, en un ejercicio de valoración sobre la argumentación reconstructiva del concepto de acto administrativo, considera que es todo acto jurídico que contiene una declaración o manifestación unilateral de voluntad, conocimiento, juicio o certeza, de carácter sublegal, producida en cumplimiento de los procedimientos, las formalidades y los requisitos establecidos en la ley, por los órganos del poder público en ejercicio de la función administrativa o de los entes de la administración pública descentralizados funcionalmente, en ejercicio de sus competencias, que produce efectos creando, reconociendo, modificando, limitando, restringiendo o extinguiendo una situación determinada, en la esfera jurídica de sus destinatarios[17]. Estamos ante un concepto descriptivo que recibe los criterios mixto, global, omnicomprensivo o sincrético.

d) *Diferencia con otras formas de actuación administrativa.* De acuerdo con la dinámica del derecho administrativo venezolano haremos referencia a los denominados actos de autoridad y al silencio administrativo.

La teoría del *acto de autoridad* constituye una creación pretoriana de la jurisprudencia del orden jurisdiccional administrativo venezolano, dirigida a asu-

[15] VÍCTOR HERNÁNDEZ-MENDIBLE, "El acto administrativo como fuente del derecho administrativo", en *El acto administrativo como fuente en Iberoamérica*, actas del VIII foro iberoamericano de derecho administrativo, 2009.

[16] JOSÉ R. ARAUJO-JUÁREZ, "Derecho administrativo general", en *Acto y contrato administrativo*, Caracas, Ediciones Paredes, 2011.

[17] VÍCTOR HERNÁNDEZ-MENDIBLE, "El acto administrativo como fuente del derecho administrativo", en *El acto administrativo como fuente en Iberoamérica*, actas del VIII foro iberoamericano de derecho administrativo, 2009.

mir dentro de sus competencias el control de una categoría de actos jurídicos, que por sus características, en principio escapaban del mismo. Las razones que motivaron esta construcción no son de carácter meramente teóricas, no son producto de una especulación intelectual o de una discusión académica científica encaminada a promover un nuevo tema de estudio, sino que tiene un fuerte anclaje constitucional, en el principio de la plenitud del control jurisdiccional y su proyección en el derecho procesal.

Se entiende por acto de autoridad, el acto jurídico que contiene una declaración efectuada por una persona de naturaleza privada, en aplicación de disposiciones de derecho público, que se encuentra en una situación de supremacía frente a una o varias personas con quienes interactúa y con las cuales se ha generado un vínculo de autoridad, producto del ejercicio de una potestad pública o de la gestión de un servicio público, que realiza por atribución o delegación de un título jurídico habilitante y que produce efectos en la esfera jurídica de sus destinatarios. Son estos atributos los que constituyen a tal declaración en un acto jurídico equiparable a un acto administrativo, tanto a los fines de la aplicación del régimen jurídico como del control jurisdiccional pleno, al que queda sometido[18].

Por lo que respecta al *silencio administrativo* como anomalía en el actuar administrativo[19], la legislación venezolana como la mayoría en el derecho comparado, lo recoge en el artículo 4 de la Ley Orgánica de Procedimientos Administrativos al establecer:

"En los casos en que un órgano de la administración pública no resolviere un asunto o recurso dentro de los correspondientes lapsos, se considerara que ha resuelto negativamente y el interesado podrá intentar el recurso inmediato siguiente, salvo disposición expresa en contrario. Esta disposición no releva a los órganos administrativos, ni a sus personeros, de las responsabilidades que le sean imputadas por la omisión o la demora".

Para UROSA MAGI en este artículo hay una doble dimensión: procesal y sustantiva. En su dimensión procesal, el silencio administrativo permite que ante la falta de respuesta expresa y oportuna del procedimiento el interesado pueda acudir a las instancias siguientes —administrativas y judiciales— a fin de ejercer su derecho a la defensa o insistir en su solicitud. En su dimensión sustantiva, el silencio adquiere también un contenido implícito que le otorga la ley. Se ha entendido que esa omisión de la administración en dar respuesta expresa a los asuntos o recursos administrativos formulados implica que

[18] VÍCTOR HERNÁNDEZ-MENDIBLE, "El acto administrativo como fuente del derecho administrativo", en *El acto administrativo como fuente en Iberoamérica*, actas del VIII foro iberoamericano de derecho administrativo, 2009.

[19] JOSÉ R. ARAUJO-JUÁREZ, "Derecho administrativo general", en *Acto y contrato administrativo*, Caracas, Ediciones Paredes, 2011.

tales peticiones se han rechazado (silencio negativo). Excepcionalmente, la legislación venezolana admite el silencio positivo, entendiendo tácitamente estimada la solicitud administrativa[20].

3. Clases de actos. Análisis de la figura del acto político

Son muchos los actos administrativos que emiten constantemente las administraciones públicas, cada uno con sus características peculiares y cada uno sobre una materia diferente. Cada acto es singular por los sujetos a los que se destina, por su objeto, por sus circunstancias. Ello hace conveniente tratar de clasificar los actos administrativos de forma que se pongan de manifiesto los elementos que pueden tener en común algunos de ellos y de esa forma podremos comprender mejor las características de los mismos. No obstante, toda clasificación entraña un cierto elemento de convencionalismo: clasificamos una realidad, magmática y compleja; y lo hacemos de acuerdo con algunos criterios preestablecidos que responden en muchos casos a cuestiones previas que nosotros queremos descubrir en ese piélago de actos. Queremos saber si son recurribles, por ejemplo, y, entonces ordenamos esos actos en función, precisamente de su recurribilidad; o queremos saber si son actos que se dirigen a una sola persona o a un conjunto indeterminado de personas y entonces los ordenamos, por categorías que nos respondan a esa cuestión. Como se comprende, los criterios de clasificación pueden ser innumerables, bastándonos por ahora, con tener en cuenta los más relevantes[21].

A) *Clases de actos atendiendo a su posición en el procedimiento, a su recurribilidad y a su posición en la vía administrativa*

a) *En atención a la posición en el procedimiento.* Pueden clasificarse en *actos de trámite y actos definitivos.* Los definitivos son los que ponen fin al procedimiento de que se trate y, por eso mismo, son recurribles —sea en vía administrativa o judicial—; los actos de trámite son todos aquellos que se producen en el seno de un procedimiento y que conducen al acto definitivo (el acuerdo de iniciar el expediente, el acto que abre el trámite de audiencia, el acto por el que se admite una prueba propuesta, o por el que se pide un informe a otro

[20] Daniela Urosa Magi, Propuestas para la reforma de la Ley Orgánica de Procedimientos Administrativos: replanteamiento de las normas reguladoras del llamado silencio administrativo.2017.http://w2.ucab.edu.ve/tl_files/POSTGRADO/Publicaciones/Boletin%20Derecho%20Administrativo/009%20%20Silencio%20administrativo...%20Urosa%20BEDA%20ESPECIAL%20JAJ.pdf

[21] José R. Araujo-Juárez, "Derecho administrativo general", en *Acto y contrato administrativo,* Caracas, Ediciones Paredes, 2011; Allan R. Brewer-Carías, *Acto administrativo. Estudios*, Santiago de Chile, Ediciones Jurídicas Olejnik, 2019.

órgano administrativo). Los actos de trámite no son recurribles, normalmente, ni en vía administrativa ni judicial pero pueden serlo si deciden directa o indirectamente el fondo del asunto, determinan la imposibilidad de continuar el procedimiento, producen indefensión o perjuicio irreparable a derechos e intereses legítimos en cuyo caso sí serían recurribles.

b) *En atención a la posición del acto en relación a los recursos utilizables pueden clasificarse en actos que ponen fin o no a la vía administrativa.* Ponen fin a la vía administrativa los actos administrativos cuando no cabe recurso en dicha vía, no quedando otra alternativa que acudir al recurso contencioso-administrativo ante los jueces y tribunales de este orden jurisdiccional. Debe advertirse que la resolución del recurso jerárquico es de las que pone fin a la vía administrativa (art. 95 LOPA). Por otra parte, contra los actos que ponen fin a la vía administrativa cabe siempre, de forma facultativa o no obligatoria, la interposición del llamado recurso de reconsideración (art. 94 LOPA), salvo en el caso de la resolución del recurso jerárquico (art. 95 LOPA) que pone fin a la vía administrativa pero no es susceptible del recurso de reconsideración.

c) *En atención a su recurribilidad* puede hablarse de actos *firmes o no firmes.* Cuando el interesado ha dejado pasar los plazos de recurso ocurre que un acto que inicialmente era recurrible se transforma en un acto firme a consecuencia de la propia conducta del interesado de no recurrirlo, por lo que ya no podrá interponer con éxito el recurso, pues será considerado extemporáneo o fuera de plazo.

d) *En atención a la forma de manifestarse.* Los actos pueden clasificarse en actos *expresos, presuntos o tácitos.* Actos expresos son aquellos que se dictan y notifican a los interesados resolviendo expresamente y poniendo fin al procedimiento. Aunque la Ley Orgánica de Procedimientos Administrativos (art. 18) establece como regla general la escritura de los actos, lo que aparece en todo el texto de la citada ley. Frente a ello el acto presunto es el que, en virtud del silencio administrativo, la ley presume que tienen un significado por el mero transcurso de los plazos; significado que puede equivaler a una resolución positiva o negativa (art. 4 LOPA). Los actos tácitos son aquellos que, sin que exista resolución sobre la cuestión planteada en el seno de un procedimiento o incluso en defecto de todo procedimiento, puede entenderse que se han producido por actos posteriores, anteriores o coetáneos de la administración de los que puede deducirse la existencia implícita de una resolución.

e) *En atención al destinatario de los actos estos podrían ser clasificados en actos singulares o generales.* En los actos singulares el acto se dirige a una persona o a varias —incluso a muchas— pero todas ellas identificadas. En los actos generales o plúrimos se dirige a una pluralidad indeterminada de sujetos. La trascendencia de la distinción se refleja en el régimen de comunicación de los actos: notificación personal o publicación en diarios o gacetas oficiales o, en su caso, periódicos de amplia circulación (arts. 72 y 73 LOPA).

f) *Por su contenido.* Pueden ser *constitutivos o declarativos*, según creen, modifiquen o extingan una situación jurídica (concesión de una beca) o se limiten a declarar o constatar un hecho (una certificación o la inscripción en el registro electoral). Pueden ser también *favorables o de gravamen* según otorguen alguna ventaja o amplíen la esfera de los derechos de los interesados o por el contrario la restrinjan o limiten. Por su contenido y por su relación con la potestad en virtud de la cual se dictan los actos podrían clasificarse en *reglados o discrecionales*, según que la potestad que les sirve de fundamento sea una potestad reglada o discrecional.

HERNÁNDEZ-MENDIBLE[22] ha sostenido que si bien los actos administrativos pueden ser clasificados en atención a distintos criterios: de origen constitucional, legal, jurisprudencial o doctrinal, en el contexto constitucional y legal en el ordenamiento jurídico venezolano, solo aparece la clasificación o distinción entre actos administrativos generales o individuales (arts. 259 y 266.5 Const. de 1999). Esto así, parece que esta clasificación no fue respetada por el legislador ya que introdujo las categorías de actos de efectos generales y de actos administrativos de efectos particulares (Ley Orgánica Corte Suprema de Justicia de 1976). Y posteriormente se hace referencia a las categorías de actos administrativos de carácter particular y de actos administrativos de carácter general (Ley Orgánica de Procedimientos Administrativos de 1982).

B) *Actos de gobierno o políticos*

Especial mención tiene el caso de los llamados *actos políticos* (también denominados actos de gobierno). En realidad, el acto político no es un acto administrativo y, por tanto, no está sujeto al régimen de recursos administrativos y al control judicial. El acto de gobierno es un acto político que, en cuanto no sujeto al derecho administrativo, no es controlable por la jurisdicción contencioso-administrativa salvo en esos concretos y limitados aspectos. El acto político existe, pero no como una categoría del acto administrativo, sino como otra cosa y con otra naturaleza[23].

Como destaca BREWER-CARÍAS[24], en el derecho constitucional europeo y latinoamericano, particularmente el desarrollado en la primera mitad del siglo pasado, se elaboró la doctrina del acto de gobierno o acto político para

[22] VÍCTOR HERNÁNDEZ-MENDIBLE, "El acto administrativo como fuente del derecho administrativo", en *El acto administrativo como fuente en Iberoamérica*, actas del VIII foro iberoamericano de derecho administrativo, 2009.

[23] VÍCTOR HERNÁNDEZ-MENDIBLE, "El acto administrativo como fuente del derecho administrativo", en *El acto administrativo como fuente en Iberoamérica*, actas del VIII foro iberoamericano de derecho administrativo, 2009.

[24] ALLAN R. BREWER-CARÍAS, "Los actos de gobierno y los actos preeminentemente discrecionales", en *La actividad e inactividad administrativa y la jurisdicción contencioso-administrativa* (VÍCTOR R. HERNÁNDEZ-MENDIBLE, dir.), Caracas, EJV, 2012.

identificar una serie de actos estatales considerados como no justiciables, es decir, no sometidos a control judicial, y particularmente al control de la jurisdicción contencioso administrativa que era el único control judicial que existía en ausencia de algún sistema efectivo de control de constitucionalidad de los actos estatales. Con dicha doctrina de los actos de gobierno (*acte de gouvernement*) o actos políticos (*atto politico o atto di potere politico*) se buscaba entonces identificar ciertos actos estatales del poder ejecutivo, considerados a veces erróneamente como actos administrativos, y que escapaban al control de la jurisdicción contencioso-administrativa. En todos esos supuestos, la base común radica en la identificación de ciertos actos estatales, sea que se los considere o no como actos administrativos, que gozan de inmunidad jurisdiccional en cuanto a que no están sometidos al control de los propios tribunales del Estado, incluso, los contenciosos administrativos.

En el ordenamiento jurídico venezolano, como sostiene Brewer-Carías[25], existe una "noción de acto de gobierno" con el objeto de diferenciar determinados actos del ejecutivo, en particular, de los actos administrativos; pero no con el objeto de construir una "doctrina" para excluir esos actos de gobierno del control de la constitucionalidad que ejerce el Tribunal Supremo de Justicia (Sala Constitucional) como jurisdicción constitucional, sino para identificar, dentro de los actos del ejecutivo aquellos que son dictados en ejecución directa de normas y atribuciones constitucionales, siguiendo, sin duda, criterios de la vieja doctrina europea, a los efectos precisamente de precisar su control judicial por parte del juez constitucional. Ello condujo a identificar en Venezuela a un tipo de acto estatal que, por ser dictado en ejecución directa de la Constitución, solo puede ser controlado jurisdiccionalmente por razones de inconstitucionalidad ante la Sala Constitucional del Tribunal Supremo de Justicia (art. 336.4 Const.); aunque nada tiene que ver con una pretendida inmunidad jurisdiccional de los mismos. Ello condujo, además, a diferenciarlos de los actos administrativos como actos del ejecutivo dictados en ejecución directa e inmediata de la legislación y solo en ejecución indirecta y mediata de la Constitución. Es decir, ambos actos, como todos los actos estatales, son susceptibles de ser controlados judicialmente para verificar su conformidad con el derecho, correspondiendo el conocimiento de la impugnación de los mismos a jurisdicciones distintas. Así, de acuerdo con el artículo 259 de la Constitución, la competencia para conocer de las acciones de nulidad por ilegalidad e inconstitucionalidad de los actos administrativos corresponde a la jurisdicción contencioso administrativa, lo que repite el artículo 9.1 de la Ley Orgánica de la Jurisdicción Contencioso Administrativa de 2010; y de acuerdo con la última parte del artículo 334 de la Constitución, corresponde exclu-

[25] Allan R. Brewer-Carías, "Los actos de gobierno y los actos preeminentemente discrecionales", en *La actividad e inactividad administrativa y la jurisdicción contencioso-administrativa* (Víctor R. Hernández-Mendible, dir.), Caracas, EJV, 2012.

sivamente a la Sala Constitucional del Tribunal Supremo de Justicia como jurisdicción constitucional, declarar la nulidad de las leyes y demás actos de los órganos que ejercen el poder público dictados en ejecución directa e inmediata de esta Constitución, como son los actos de gobierno, o que tengan rango de ley, cuando colidan con aquella, lo que se repite en el artículo 336 de la Constitución y en el artículo 25 de la Ley Orgánica del Tribunal Supremo de Justicia de 2010. Así lo ha sostenido la Sala Constitucional del Tribunal Supremo de Justicia[26].

De acuerdo con estas normas, por tanto, los actos administrativos se impugnan ante la jurisdicción contencioso administrativa por razones de ilegalidad e inconstitucionalidad; y los actos de gobierno se impugnan exclusivamente ante la jurisdicción constitucional por razones de inconstitucionalidad. Lo anterior sobre la noción de actos de gobierno controlables por la jurisdicción constitucional, se precisó en una sentencia de la Sala Constitucional[27] dictada con ocasión de conocer de la impugnación de un decreto presidencial de otorgamiento de un indulto, que había sido formulada veinticuatro años antes, en 1984, en la cual se concretó el tema de la universalidad del control judicial de la conformidad con el derecho de los actos estatales (constitucionalidad y legalidad), y la distinción entre los actos administrativos y los actos de gobierno, con referencias al principio de la separación de poderes; esta sentencia precisó que el indulto, siendo un acto de "naturaleza esencialmente política", implica "una intervención del poder ejecutivo en la esfera de actividades propias del poder judicial. Queda así rechazada la calificación del indulto como acto administrativo y precisada su naturaleza como acto de gobierno dictado en ejecución directa de la Constitución"[28].

4. Elementos de los actos administrativos: subjetivos, objetivos y formales

El examen del acto administrativo se facilita si se distinguen en el mismo sus elementos subjetivos, objetivos y formales. Podría también prescindirse

[26] Allan R. Brewer-Carías, "Los actos de gobierno y los actos preeminentemente discrecionales", en *La actividad e inactividad administrativa y la jurisdicción contencioso-administrativa* (Víctor R. Hernández-Mendible, dir.), Caracas, EJV, 2012.

[27] Véase en general Allan R. Brewer-Carías y Víctor Hernández Mendible (dirs.), "El contencioso administrativo y los procesos constitucionales", en *Colección estudios jurídicos,* núm. *92*, Caracas, Editorial Jurídica Venezolana, 2011. Véanse los comentarios en Allan R. Brewer-Carías y Víctor Hernández Mendible, *Ley Orgánica de la Jurisdicción Contencioso Administrativa*, Caracas, Editorial Jurídica Venezolana, 2010; Allan R. Brewer-Carías y Víctor Hernández Mendible, *Ley Orgánica del Tribunal Supremo de Justicia*, Caracas, Editorial Jurídica Venezolana, 2010.

[28] Allan R. Brewer-Carías y Víctor Hernández Mendible (dirs.), "El contencioso administrativo y los procesos constitucionales", en *Colección estudios jurídicos*, núm. 92, Caracas, Editorial Jurídica Venezolana, 2011.

en este momento de los elementos subjetivos en la medida en que los mismos vienen determinados por el ordenamiento (órgano competente, potestad que ejercita, etc.) y, por tanto, pueden ser reconducidos sin dificultad a los elementos objetivos del acto administrativo. Mantendremos sin embargo la distinción tradicional —elementos subjetivos, objetivos y formales— para visualizar mejor todos estos elementos[29].

Los elementos *subjetivos* de los actos administrativos tienen que ver, desde el punto de vista del titular de la potestad de dictarlos, con el órgano que lo dicta, con su competencia y con las potestades en virtud de las cuales dicta el acto. Desde el punto de vista del destinatario del acto se trata de ver si el mismo es el interesado que ha iniciado el procedimiento, si están todos los interesados, etc. Los aspectos subjetivos más relevantes tienen que ver con las cuestiones relativas a la competencia del órgano que lo dicta; también a los supuestos en que el acto se dicta por delegación, avocación, suplencia o sustitución. Desde el punto de vista de la competencia hay que verificar si el órgano que dicta el acto tiene la competencia en todas sus manifestaciones: competencia jerárquica, material y territorial, con efectos diferentes como se verá, en los casos en que el órgano carezca de la competencia necesaria. En los supuestos en que exista delegación, avocación, suplencia o sustitución será necesario comprobar si se dan los requisitos necesarios para el ejercicio de la competencia en todas esas situaciones. La descomposición del acto en sus elementos subjetivos nos ayuda así a profundizar en su conformidad con el ordenamiento jurídico.

Entre los *elementos objetivos* del acto administrativo, el más relevante radica en el contenido del acto, causa y objeto. Aquí podrían considerarse los distintos elementos objetivos en atención a los criterios a que antes se ha hecho referencia al tratar de las clases de acto en relación al contenido del acto (favorables, de gravamen, definitivo, de trámite, declarativo, constitutivo, etc.). Pero si atendemos al fondo de la cuestión que se resuelve en el acto, su contenido nos lleva a analizar si el mismo se ajusta al ordenamiento desde el punto de vista de la decisión que se adopta. La Ley Orgánica de Procedimientos Administrativos se refiere a este aspecto en el artículo 19.3.

Araujo-Juárez señala que la exigencia de que el objeto sea posible está regulada en el ordinal 3° del artículo 19 de la Ley Orgánica de Procedimientos Administrativos, ya que si el objeto es imposible, la ley sanciona con la nulidad absoluta al acto administrativo de que se trate. En lo que respecta a la imposibilidad de hecho, ella puede darse por falta o inexistencia de substrato personal (por ejemplo, la muerte), substrato material (por ejemplo, la desaparición del

[29] José R. Araujo-Juárez, "Derecho administrativo general", *en Acto y contrato administrativo*, Caracas, Ediciones Paredes, 2011; Allan R. Brewer-Carías, *Acto administrativo. Estudios*, Santiago de Chile, Ediciones Jurídicas Olejnik, 2019.

bien) o substrato jurídico (por ejemplo, la sanción disciplinaria a quien no tiene el carácter de funcionario público). En cuanto a la imposibilidad jurídica es cuando está prohibido por la ley[30].

Dentro de los *elementos formales* de los actos administrativos podemos tomar en cuenta las cuestiones de procedimiento (¿se ha seguido el procedimiento establecido?, ¿se ha dado audiencia al interesado?), las cuestiones de tiempo (¿se ha dictado el acto en plazo?, ¿la resolución es conforme con el sentido del silencio producido antes?), las cuestiones relativas al modo de producción del acto (por escrito, verbalmente pero recogido después por escrito, etc.). Entre los elementos formales se encuentra la congruencia, que obliga a decidir todas las cuestiones planteadas por los interesados y aquellas otras derivadas del mismo (art. 62 LOPA). Por otra parte, existen límites a este deber de congruencia ya que no cabe la denominada *reformatio in peius*, esto es, en los procedimientos tramitados a solicitud del interesado, la resolución no puede agravar su situación inicial, sin perjuicio de la potestad de la administración de incoar de oficio un nuevo procedimiento, si procede.

También entre las cuestiones formales —aunque tienen también una dimensión sustancial— está la relativa a la motivación expresa del acto que la Ley Orgánica de Procedimientos Administrativos exige en su artículo 9. La motivación es un requisito imprescindible en todo acto administrativo. La motivación se justifica desde la perspectiva de la defensa del administrado ya que es la explicitación o exteriorización de las razones de la decisión administrativa la que le permita articular los concretos medios y argumentos defensivos que a su derecho interese y, además, permite que los tribunales puedan efectuar el oportuno control jurisdiccional. La motivación forma parte, además, objetivamente del deber de transparencia y objetividad, pues una administración que no motiva ni es transparente no permite saber si ha actuado con objetividad defendiendo los intereses generales. El requisito de la motivación no exige una argumentación extensa sino que, por el contrario, basta con una justificación razonable y suficiente que contenga los presupuestos de hecho y los fundamentos de derecho que justifican la concreta solución adoptada. No se exige la motivación formal y explícita de todos los actos administrativos —aunque todos deben responder a un motivo, cuya ausencia material o real podría determinar su invalidez— sino que se circunscribe a una serie de supuestos que afectan de forma particular los derechos e intereses de los ciudadanos. La motivación está sujeta al régimen de los defectos de forma o errores no invalidantes, tal y como se regula en el artículo 20 de la Ley Orgánica de Procedimientos Administrativos, aunque la jurisprudencia ha afirmado que el papel de la motivación no puede ser explicado en términos de requisito

[30] José R. Araujo-Juárez, "Derecho administrativo general", en *Acto y contrato Administrativo,* Caracas, Ediciones Paredes, 2011.

exclusivamente formal, pues ocupa un papel intermedio entre los requisitos de fondo y de forma del acto, al responder, como discurso justificativo, a una finalidad que es ajena a la de los requisitos formales, pudiendo llegar a determinar la ausencia de motivación la nulidad absoluta cuando se trata de actos que afectan a los derechos fundamentales[31].

Por último, desde el punto de vista formal, la resolución debe explicitar el texto íntegro (art. 73 LOPA) de la decisión (comprensivo, en su caso, de la motivación) y expresar los recursos que contra esta procedan, órgano administrativo o judicial ante el que deban deducirse y plazo para interponerlos, sin perjuicio de que los interesados puedan formular cualquier otro que entiendan pertinente (arts. 18 y 86 LOPA).

5. Condiciones de eficacia de los actos administrativos

Históricamente ha existido coincidencia en la jurisprudencia y la doctrina científica acerca de que —en virtud de la potestad de autotutela de la administración pública y más específicamente de la autotutela ejecutiva— los actos administrativos nacen al mundo jurídico amparados de la presunción de legalidad y certeza, presumiéndose que son válidos y eficaces, por lo que gozan o se encuentran revestidos de los privilegios de ejecutividad y habilitan para el ejercicio de la potestad ejecutoria[32].

Ello ha conducido a considerar que los actos administrativos tienen el atributo de constituir auténticos títulos jurídicos, con plena suficiencia y que tienen fuerza obligatoria, por lo que se bastan a sí mismos. Es decir, que no requieren de declaración confirmatoria o ratificatoria de otra autoridad pública distinta a la que los produce para tener plena validez jurídica —valga decir, para crear, modificar o extinguir derechos e imponer obligaciones a sus destinatarios (privilegio de ejecutividad)—. Por otra parte, se reconoce que, en ejercicio de la potestad de autotutela ejecutiva, la administración pública puede hacer cumplir sus propias decisiones —materializar las consecuencias de las mismas, incluso de manera forzosa, aun en contra de la voluntad de sus destinatarios, en principio—, sin necesidad de la colaboración de otra autoridad pública (potestad de ejecutoriedad). Esta ejecutoriedad es propia de los actos administrativos que imponen deberes u obligaciones positivas o negativas, cuyo cumplimiento puede no ser voluntariamente realizado o aceptado por el destinatario obligado.

[31] Allan R. Brewer-Carías, *Acto administrativo. Estudios*, Santiago de Chile, Ediciones Jurídicas Olejnik, 2019.

[32] José R. Araujo-Juárez, "Derecho administrativo general", *en Acto y contrato administrativo.* Caracas, Ediciones Paredes, 2011. Allan R. Brewer-Carías, *Acto administrativo.* Estudios, Santiago de Chile, Ediciones Jurídicas Olejnik, 2019.

Este contexto ha tenido plena aplicación en el derecho administrativo venezolano, en el cual se ha reconocido tanto el privilegio de la ejecutividad como la potestad de ejecutoriedad sobre los actos administrativos.

En efecto, lo antes expuesto obtuvo pleno reconocimiento en el derecho positivo, mediante la Ley Orgánica de Procedimientos Administrativos. Es así como el artículo 8 de esta ley establece que "los actos administrativos que requieran ser cumplidos mediante actos de ejecución, deberán ser ejecutados por la administración en el término establecido. A falta de término, se ejecutarán inmediatamente". Por su parte, el artículo 79 de la Ley Orgánica de Procedimientos Administrativos expresa que "la ejecución forzosa de los actos administrativos será realizada de oficio por la propia administración, salvo que por expresa disposición legal deba ser encomendada a la autoridad judicial". La doctrina judicial ha dado recibo a la interpretación y aplicación de estas normas y su evolución jurisprudencial y doctrinal[33].

Además, es de observar que, en virtud del principio de inmediatez, la eficacia de los actos administrativos debe materializarse una vez producida la notificación personal y solo podría ser diferida en el tiempo cuando el propio acto así lo dispusiese (art. 8 LOPA), cuando la ley condicionase su ejecución a la producción de una actuación posterior que debería realizar el interesado o a la ocurrencia de un hecho futuro que supusiese que el acto adquirió definitividad y firmeza, cuando la ley reconociese que la mera interposición de los recursos en sede administrativa o jurisdiccional conlleva la suspensión, o cuando, habiendo sido recurrido, la autoridad administrativa hubiese dispuesto la suspensión (art. 87 LOPA) o el órgano jurisdiccional hubiese concedido una medida cautelar de suspensión de la ejecución (art. 104 LOJCA)[34].

En consecuencia, la ejecución de los actos administrativos puede ser diferida en los casos previstos en la ley o cuando se produzca la tutela cautelar, que se concede a través de la suspensión de la ejecución en los casos establecidos en el artículo 87 de la Ley Orgánica de Procedimientos Administrativos o en el artículo 104 de la Ley Orgánica de la Jurisdicción Contencioso Administrativa.

A) *Eficacia condicionada y retroactiva*

Una situación consolidada en la esfera jurídica subjetiva de un sujeto de derecho, no puede ser afectada, alterada o modificada por actos jurídicos posteriores, que pretendan desconocerla, ignorarla o menoscabarla. Es así como la jurisprudencia ha sido pacífica al reconocer respecto a los actos administrativos

[33] Víctor Hernández-Mendible, "La ejecución de los actos administrativos", en *Revista Facultad de Derecho de la Pontificia Universidad Católica del Perú*, núm. 67, 2011.

[34] Víctor Hernández-Mendible: "La ejecución de los actos administrativos", en *Revista Facultad de Derecho de la Pontificia Universidad Católica del Perú*, núm. 67, 2011.

generales que sean creadores de situaciones jurídicas nuevas aplicables a todos sus destinatarios, que éstos no pueden tener efecto retroactivo, en virtud de lo dispuesto en el principio general de derecho de la irretroactividad de los actos jurídicos, que además goza de reconocimiento en el ordenamiento jurídico[35].

De igual manera, al referirse a los actos administrativos individuales, la jurisprudencia ha invocado el principio general de derecho de la irretroactividad de los actos jurídicos para sostener que "[...] resulta compatible con ello que tanto los actos administrativos generales que están destinados a completar o desarrollar la ley, como los actos administrativos singulares que se dicten en ejecución de la misma, ante la ausencia de disposición expresa que así lo consagre, se sujeten también a tal principio habida cuenta, por lo demás, de que las disposiciones principistas son, la mayoría de las veces, ajenas al campo administrativo"[36].

En razón de lo anterior, pretendiendo la retroactividad de los actos administrativos otorgarles efectos hacia el pasado, sobre hechos ocurridos con anterioridad o situaciones jurídicas verificadas antes del momento de su expedición, el problema que se presenta tiene que ver con la eficacia de dichos actos administrativos, en razón de que estos no pueden producir efectos jurídicos respecto a sus destinatarios, mientras los mismos no les sean comunicados mediante publicación o notificación y solo luego que esta se produce, rigen hacia el futuro. Con arreglo a esta tesis, el legislador al regular la expedición de los actos administrativos ha señalado que "los criterios establecidos por los distintos órganos de la administración pública podrán ser modificados, pero la nueva interpretación no podrá aplicarse a situaciones anteriores, salvo que fuere más favorable a los administrados. En todo caso, la modificación de los criterios no dará derecho a la revisión de los actos administrativos definitivamente firmes" (art. 11 LOPA).

Al analizar esta disposición, la jurisprudencia[37] ha sostenido que la administración pública no está sujeta a sus precedentes y puede modificar sus criterios, dentro de ciertos límites: uno, consiste en que la nueva interpretación no se aplique a situaciones jurídicas anteriores, lo que impide que el acto administrativo anterior pueda ser afectado por un acto administrativo posterior que se basa en un nuevo criterio (principio de *tempus regit actum*); y otro, que únicamente la nueva interpretación puede aplicarse a situaciones anteriores, siempre que fuese más favorable para los destinatarios del nuevo

[35] Víctor Hernández-Mendible, "La ejecución de los actos administrativos", en *Revista Facultad de Derecho de la Pontificia Universidad Católica del Perú*, núm. 67, 2011.

[36] Víctor Hernández-Mendible, *Estudio jurisprudencial de las nulidades, potestades de la administración y poderes del juez en el derecho administrativo*: 1930-2011, Caracas, 2013.

[37] Víctor Hernández-Mendible, *Estudio jurisprudencial de las nulidades, potestades de la administración y poderes del juez en el derecho administrativo*: 1930-2011. Caracas, 2013.

acto administrativo y que el acto anterior no se encuentre definitivamente firme (principio de retroactividad de los criterios favorables) y ambos son manifestación de la prohibición que tienen los órganos de los poderes públicos de incurrir en arbitrariedad con sus conductas o actuaciones jurídicas (principio de interdicción de la arbitrariedad). En consecuencia, conforme al principio de irretroactividad, los actos administrativos generales o individuales rigen desde el momento de su publicación o notificación hacia el futuro y salvo en los supuestos establecidos en el ordenamiento jurídico, no pueden afectar las situaciones jurídicas consolidadas al amparo de la buena fe en las relaciones entre los particulares y la administración pública, constituyéndose dicho principio en una garantía de seguridad jurídica.

B) *La retroactividad y los derechos adquiridos*

La garantía de la irretroactividad constituye una amplía protección a los derechos y libertades públicas que tienen los ciudadanos y siendo la irretroactividad la regla, en los casos en que sea procedente la aplicación de manera extraordinaria de la retroactividad de un acto administrativo general o individual, esta no puede afectar los derechos o intereses de los sujetos, en cuya esfera jurídica se han consolidado de manera definitiva y tampoco puede afectar los derechos de terceros.

En razón de ello, la jurisprudencia ha admitido de manera excepcional que los actos administrativos tuviesen efectos hacia el pasado, de manera retroactiva, en dos supuestos: uno, cuando la ley expresamente lo autoriza y el otro, cuando la retroactividad es el efecto natural del acto administrativo (convalidación, ratificación, conversión, revocación o anulación)[38].

Esta interpretación permite conectar el aludido principio de irretroactividad con el principio de seguridad jurídica, lo que conduce a que los sujetos titulares de derechos o intereses tengan la posibilidad de conocer a qué atenerse, lo que les genera certeza frente a las eventuales y futuras decisiones de la administración pública, en aquellos casos en que son titulares de derechos e intereses, que les han creado los actos administrativos generales o individuales.

Cuando se dicta un acto administrativo general, como regla se aplica el principio de irretroactividad, salvo que este resulte más favorable a los interesados y en el caso de la expedición de un acto administrativo individual, en ejercicio de una competencia preeminentemente discrecional y que beneficia al sujeto destinatario del mismo, rige el mencionado principio, pero este podrá de manera excepcional tener efecto retroactivo, cuando el mismo constituye un efecto natural del acto.

[38] Víctor Hernández-Mendible, "El acto administrativo como fuente del derecho administrativo", en *El acto administrativo como fuente en Iberoamérica*, actas del VIII foro iberoamericano de derecho administrativo, 2009.

6. La invalidez de los actos administrativos

La eliminación o supresión de los efectos jurídicos del acto administrativo, se designa con el nombre de extinción, que comprende, a la vez, aquellas situaciones en que el acto administrativo cesa de producir sus efectos por causas normales o por causas anormales, sin que se necesite que la administración pública dicte otro acto suprimiendo esos efectos como en los casos de anulación o de revocación, que son nuevos actos administrativos que tienden a suprimir los efectos del acto administrativo anulado o revocado.

La construcción en Venezuela de una teoría de las nulidades del acto administrativo según destaca Araujo-Juárez[39] es en buena medida tributaria del Maestro Farías Mata, quien a partir de la promulgación de la Ley Orgánica de Procedimientos Administrativos postula una teoría con fundamento en los artículos 18, 19 y 20, *eiusdem*, y con apoyo de la jurisprudencia. En tal virtud, se correlacionan cada elemento (autor, causa, objeto, fin y forma) del acto administrativo con el respectivo vicio (incompetencia, falso supuesto, objeto imposible o ilegal, desviación de poder y vicio de forma) que pudiera afectarle, y a su vez, este con la modalidad de la sanción legal en sus diferentes modalidades (absoluta o relativa).

Existe una relación de causa a efecto entre los elementos, los vicios y las nulidades, para lo cual hay que estar a lo que disponga expresamente el derecho positivo, en nuestro caso, la Ley Orgánica de Procedimientos Administrativos. Este es el principio general. Sin embargo, ha correspondido a la doctrina y jurisprudencia, respecto de la Ley Orgánica de Procedimientos Administrativos, prestar su contribución para dilucidar el problema tanto en su consideración teórica como práctica. En este contexto, de acuerdo con la Ley Orgánica de Procedimientos Administrativos (arts. 19 y 20) los vicios o defectos de los actos administrativos producen solo dos grados de invalidez, según la gravedad de los mismos: nulidad absoluta y anulabilidad o nulidad relativa[40].

Es indudable que cualquier vicio que pueda afectar al acto administrativo resulta, precisamente, de la infracción al ordenamiento jurídico que lo regula. En el ámbito del derecho administrativo, como consecuencia de la aplicación del principio de la seguridad jurídica, la regla general en materia de vicios es la anulabilidad, aplicándose solo excepcionalmente y con criterio restrictivo, la nulidad absoluta para determinadas causas tasadas. Por otra parte, existirán los vicios intrascendentes o irrelevantes que no darán lugar a la invalidez. Tal es el caso del derecho positivo venezolano, donde la regla general consiste en

[39] José R. Araujo-Juárez, *La nulidad del acto administrativo*, Santiago de Chile, Ediciones Jurídicas Olejnik, 2020.

[40] José R. Araujo-Juárez, "Derecho administrativo general", en *Acto y contrato administrativo,* Caracas, Ediciones Paredes, 2011.

que los vicios del acto administrativo dan lugar a la anulabilidad del mismo (art. 20 LOPA) con dos excepciones: los supuestos de vicios de nulidad absoluta (art. 19 LOPA); y los supuestos de vicios intrascendentes que no dan lugar a la invalidez[41].

Los actos anulables según los términos del artículo 83 de la Ley Orgánica de Procedimientos Administrativos serán los actos contrarios a derecho viciados de nulidad absoluta, con independencia de su carácter de declaratorios de derechos o no, de que deriva que la potestad de autotutela en estos casos es absoluta. La distinción entre nulidad absoluta y relativa se funda en un elemento distintivo que no tiene absoluta precisión: la gravedad del vicio que afecta el acto, tal y como ha sostenido la jurisprudencia.

La Ley Orgánica de Procedimientos Administrativos reconoce junto al principio de la tipicidad de los vicios que comportan la nulidad absoluta del acto, una especie de cláusula residual consistente en considerar anulables todos aquellos vicios no contemplados en el artículo 19 de la Ley Orgánica de Procedimientos Administrativos. Por tanto aplica una regla de presunción de anulabilidad y, excepcionalmente, procede la nulidad absoluta. Así, esta nulidad relativa englobaría: vicio de forma (arts.14,15,16,17 y 18.1-8 LOPA), vicio de inmotivación (arts. 9 y 18.5 LOPA).

Hay una relación de causa entre los vicios y las nulidades administrativas, consistiendo estas en las consecuencias o sanciones jurídicas que se imponen ante la transgresión al ordenamiento jurídico, para lo cual hay que estar a lo que disponga expresamente la Ley Orgánica de Procedimientos Administrativos. Este es el principio general. En consecuencia, el examen de la regularidad de un acto administrativo no es sino un juicio de valoración lógico jurídico, de referencia y relación entre el acto administrativo, sus elementos y las normas jurídicas aplicables. De acuerdo con la Ley Orgánica de Procedimientos Administrativos los vicios o defectos de los actos administrativos producen solo dos grados de invalidez, según la gravedad de los mismos: nulidad absoluta y anulabilidad o nulidad relativa.

Es pertinente destacar que las modalidades de nulidad absoluta y relativa presentan las siguientes diferencias[42]:

• En sede administrativa, la potestad de convalidación (art. 81 LOPA) solo procede en los casos de nulidad relativa; mientras que la potestad de revocación o más propiamente de anulación ejercida de oficio (art. 83 LOPA), solo procede en los casos de nulidad absoluta, aun cuando quepa la conversión

[41] Víctor Hernández-Mendible, "Los vicios intrascendentes", en *Procedimiento administrativo, proceso y justicia constitucional,* Caracas, Vadell Hermanos, 1997.

[42] José R. Araujo-Juárez, *La nulidad del acto administrativo*, Santiago de Chile, Ediciones Jurídicas Olejnik, 2020.

del acto administrativo viciado de nulidad en otro tipo de acto, si reúne los elementos del mismo (art. 21 LOPA).

• La inexistencia de sujeción a plazo para instar la acción de nulidad de los actos administrativos viciados de nulidad absoluta (art. 83 LOPA) frente a la preclusión de los plazos en los casos de anulabilidad.

• En sede administrativa y jurisdiccional, en razón del carácter de orden público del vicio de nulidad absoluta, la posibilidad de pronunciamiento previo y de oficio por el juez y la administración pública, y de alegación en cualquier estado y grado del proceso.

• Si el acto administrativo es nulo, de nulidad absoluta —*quodnullum est, nullum efectum producit*— de él no pueden derivar derechos, ya que no se pueden originar derechos contra la ley; y, si por el contrario, es simplemente anulable, los derechos durarán en tanto en cuanto no sea anulado.

En cuanto a los efectos de la declaratoria de la nulidad del acto administrativo en el tiempo (*ex tunc* o *ex nunc*), o en la extensión (total o parcial), en el derecho administrativo venezolano no existe ninguna diferencia en sede administrativa o contencioso administrativa, pues estos aspectos se deciden caso por caso, como una cuestión de hecho y de interpretación[43].

7. El principio de conservación de los actos administrativos y sus concreciones

La presunción de validez de los actos administrativos se traduce en el principio *favor acti* o de conservación de los actos que a su vez se plasma en una serie de técnicas recogidas en la Ley Orgánica de Procedimientos Administrativos inspiradas en los principios de economía procesal, celeridad y eficacia que han de inspirar la actuación administrativa. Entre estas técnicas destacan: la convalidación y la conversión[44].

La Ley Orgánica de Procedimientos Administrativos recoge en su artículo 21 una manifestación de la noción de conservación de los actos, al establecer:

"Si en los supuestos del artículo precedente, el vicio afectare solo a una parte del acto administrativo, el resto del mismo, en lo que sea independiente, tendría plena validez".

El alcance de la idea de la conservación en los actos administrativos no tiene porqué circunscribirse al supuesto previsto en el artículo 21 de la Ley Orgá-

[43] José R. Araujo-Juárez, *La nulidad del acto administrativo*, Santiago de Chile, Ediciones Jurídicas Olejnik, 2020.

[44] Víctor Hernández-Mendible, *Estudio jurisprudencial de las nulidades, potestades de la administración y poderes del juez en el derecho administrativo*: 1930-2011, Caracas, 2013.

nica de Procedimientos Administrativos. Parece viable que no obstante la gravedad del vicio que afecta un acto que haya cumplido su finalidad, el juez contencioso administrativo puede decretar su conservación cuando así lo exija la justicia derivada de los principios y valores del Estado democrático y social de derecho y de justicia establecido en la Constitución de 1999. Esta fórmula permite al juez la ponderación y, en consecuencia, la armonización de los intereses en juego (particulares, generales, colectivos), en busca del valor justicia y del bien común[45].

También la Sala Político Administrativa del Tribunal Supremo de Justicia, como órgano cúspide de la jurisdicción contencioso administrativa, ha hecho uso de la idea de la conservación de los actos administrativos, aplicando el artículo 21 de la Ley Orgánica de Procedimientos Administrativos. Se pone de manifiesto el alcance que ha impreso la jurisprudencia administrativa a la idea de la conservación de los actos; y, sobre todo, lo que supone la aplicación de esta idea para la superación de la justicia formal y la búsqueda de la justicia material que preconiza la Constitución de 1999[46].

[45] Emilio Ramos y Lilians Lara, "La conservación de los actos administrativos en el sistema jurídico venezolano", en http://bdigital.ula.ve/storage/pdf/magistra/v6n1/art02.pdf.

[46] Emilio Ramos y Lilians Lara, "La conservación de los actos administrativos en el sistema jurídico venezolano", en http://bdigital.ula.ve/storage/pdf/magistra/v6n1/art02.pdf.

ESTUDIO
DE DERECHO COMPARADO

EL ACTO ADMINISTRATIVO EN EL DERECHO COMPARADO

RICARDO RIVERO ORTEGA*

1. EVOLUCIÓN HISTÓRICA DE LAS LEYES REGULADORAS DEL ACTO ADMINISTRATIVO EN LOS DERECHOS COMPARADOS

El derecho administrativo es una disciplina con poco más de dos siglos de historia. Sus primeras formulaciones francesas fueron pronto traducidas al español, aun en un momento previo a las independencias americanas. Las diferencias y semejanzas entre las raíces de la categoría del acto en España (providencias y resoluciones) y Francia (*arretes*) se pueden colegir de la lectura de sendos trabajos incluidos en esta obra, aportaciones de los profesores GILLES J. GUGLIELMI y MARCOS FERNANDO PABLO.

Los principales conceptos del derecho administrativo son tomados del derecho privado, que aporta su teoría del negocio jurídico, de la voluntad, del contrato... Después la potestad pública y más adelante el servicio público tintarán con sus propias peculiaridades estas categorías, con sutiles diferencias entre ordenamientos, pero desde un acervo familiar, que es el aportado por el *ius commune* europeo (derecho romano y derecho canónico fundamentalmente).

Aunque la Revolución francesa ha sido considerada el punto de arranque del *Droit administratif* (con tal nombre), esta forma de entender nuestra disciplina desconsidera a mi juicio precedentes muy relevantes en cada uno de sus principios y elementos dogmáticos, incluyendo el acto. España aporta desde el siglo XVI al menos textos legales en los que se sostiene la división de poderes, la limitación del monarca y la independencia de los jueces, así que no todo ni lo principal viene de Francia.

También la recurribilidad de ciertas decisiones del poder cabía en el derecho español premoderno, así que la razón de ser principal del acto administrativo (el control contencioso) no representa una innovación total, sino un régimen peculiar y una dogmática adaptada al surgimiento de la administración contemporánea.

* Catedrático de Derecho Administrativo en la Universidad de Salamanca. Miembro del Instituto Internacional de Derecho Administrativo.

Por supuesto, la filosofía alemana (Kant) y francesa (Montesquieu) inspira la Ilustración, con proyecciones legales. Y alcanza Ultramar, de modo que la evolución de los ordenamientos comparados en Iberoamérica es paralela a la europea, partiendo de una primera raíz compartida y después influenciada por diversas tradiciones (Francia, Estados Unidos, España sin duda) en los sucesivos tiempos de conformación del Estado y la sujeción a normas de la administración pública.

La Constitución de Cádiz de 1812 representa un hito normativo común iberoamericano en el umbral de las independencias. Su reflejo de la división de poderes alcanza el régimen de los actos administrativos, que se diferencian de los pronunciamientos legislativos y judiciales, separando las funciones de las distintas autoridades. A finales del siglo xix se decantará plenamente la categoría en España, también con perfiles procesales.

Contrasta sin embargo esta terminología con la utilización del concepto de acto en manuales de derecho administrativo de México (Teodosio Lares, 1850), tal y como explica José Luis Béjar Rivera, recordando la ley de arreglo de lo contencioso administrativo y su reglamento, de 25 de mayo de 1853.

Las primeras normas de procedimiento administrativo en Perú datan, según Eloy Espinosa-Saldaña, de 1843 y 1878, pero no será hasta el siglo xx cuando se dicte en un decreto supremo del Ministerio de Gobierno y Policía una reglamentación más completa (1957), ampliada en 1967 por mor de un reglamento que exigía la motivación de las resoluciones. En 1985 se aprobaría otro reglamento de procedimientos administrativos con un régimen inclusivo de las nulidades. Hoy ya existe una Ley de Procedimiento Administrativo General (LPAG).

Durante el siglo xix, el grado de desarrollo del derecho administrativo en la mayoría de los países iberoamericanos es incipiente, produciéndose los principales avances en el siglo xx.

La Ley General de la Administración Pública de Costa Rica data de 1978, asociándose a la figura del gran jurista que fue Eduardo Ortiz. Esta norma es una de las más acabadas desde un punto de vista técnico en la panorámica comparada, como también ha destacado la doctrina costarricense en el entorno centroamericano.

Según José Luis Villegas, la aparición de la categoría en el derecho venezolano no llega hasta la Constitución de 1931, incorporándose después en las de 1961 y 1999. En el nivel legal, cita la Ley Orgánica de la Corte Suprema de Justicia de 1976 y la Ley Orgánica de Procedimientos Administrativos de 1982. Más recientemente deben citarse la Ley Orgánica del Tribunal Supremo de Justicia de 2010 y, del mismo año, la Ley Orgánica de la Jurisdicción Contencioso Administrativa.

Argentina presenta otra regulación del siglo pasado, en 1972 (Ley 19.549), con sucesivas modificaciones en 1977 y 2001. La centralidad del acto en el derecho administrativo argentino ha sido destacada por todos los autores, que se remiten como norma de referencia a la Ley Nacional de Procedimientos Administrativos (María José Rodríguez).

En Colombia, William Barrera Muñoz diferencia tres etapas: desde la Constitución de 1886 hasta el decreto ley de 1964; entre ese punto hasta la ley de 2011, y la presente. La Constitución colombiana de 1886 se refería a los "negocios contenciosos". Será sin embargo la ley de 1913 (Código Contencioso Administrativo) la norma que se refiera de forma explícita a los "actos de las corporaciones o empleados administrativos en el ejercicio de sus funciones".

Las fechas de las regulaciones vigentes en Uruguay (1991, y la norma precedente de 1973) coinciden en su tratamiento normativo de la figura con otros derechos, muy influenciados todos por la doctrina y la evolución en España, donde las sucesivas leyes de procedimiento de 1888, 1958, 1992 y 2015 han marcado con su impronta otros desarrollos comparados. El derecho español es predominante si tenemos en cuenta la escasa codificación del procedimiento administrativo en Francia (a diferencia del derecho alemán, por ejemplo) y el reducido acceso a la literatura estadounidense en las obras de la dogmática comparada iberoamericana.

Para comprender la evolución en Puerto Rico debe tenerse en cuenta que el derecho administrativo de los Estados Unidos recurre al concepto de *agency action*, que se diferencia del acto administrativo por un régimen de facultades delegadas por el Congreso en las agencias, cuyo origen data de finales del siglo XIX con la creación de la comisión de comercio interestatal y otras agencias estatales. La Ley de Procedimiento Administrativo de 1946 codificará este modelo, definiendo el concepto de *agency action* e incluyendo en el mismo las reglas, órdenes, licencias, sanciones o remedios. Todas estas categorías de acción de las agencias con calificadas por la misma Ley de Procedimiento Administrativo (Javier Echevarría Vargas).

El concepto de acto administrativo se regula pues en los derechos comparados entre finales del siglo XIX y principios del XX. Ya a mediados del siglo XIX aparece en los primeros tratados europeos de derecho administrativo en Europa (Alemania, España, Francia), que pronto son traducidos o parafraseados por autores americanos. Las peculiaridades históricas de la evolución de los regímenes políticos en aquellas repúblicas, que logran su independencia hace doscientos años, demoran alrededor de dos décadas la progresión del régimen administrativo en la legislación nacional, que razonablemente no antecede a los años treinta o cuarenta de ese momento republicano.

2. El concepto de acto administrativo en las dogmáticas nacionales. Diferencias entre el acto y otras formas de actividad administrativa

Las principales leyes de derecho administrativo en los ordenamientos comparados han situado el acto como paradigma de las decisiones de la administración pública. La centralidad de este concepto lleva también en la mayoría de los casos a definirlo en modo extensivo, tendencialmente omnicomprensivo de la actividad formalizada en ejercicio de la función pública correspondiente.

El concepto de acto administrativo puede definirse de forma más amplia o restringida, tanto por su procedencia subjetiva (quien lo emite) como por su contenido objetivo (qué transmite). La primera característica presenta un alto grado de uniformidad en el panorama comparado, vinculándose a la administración pública y excluyendo otros poderes o agentes. La segunda, en cambio, ofrece heterogéneas interpretaciones, inclusivas en algunos casos de decisiones administrativas que en otros ordenamientos no reciben la definición de acto (reglamentos, contratos, convenios, silencio administrativo).

La tendencia mayoritaria en las doctrinas y ordenamientos aquí presentados es utilizar el concepto acto administrativo en sentido muy amplio, asociado a la función administrativa y como género de otras especies singulares (convenio o reglamento). Esta opción no es trivial, pues proyecta el régimen de los actos sobre otras categorías o herramientas de intervención, como los contratos.

El derecho colombiano se decanta por esta opción, en su mejor doctrina representada por Libardo Rodríguez, al definir los actos como "manifestaciones de voluntad de la administración tendentes a modificar el ordenamiento jurídico, es decir, a producir efectos jurídicos". El mismo autor, sin embargo, diferencia los actos de la actividad material (los hechos), las operaciones, las vías de hecho y las omisiones.

La doctrina argentina también se decanta mayoritariamente por tal concepto amplio, ratificado por la interpretación de la Ley de procedimientos administrativos. Esta noción incluiría los contratos y los actos generales normativos.

En la doctrina brasileña, expuesta en este libro, se excluyen del concepto de acto administrativo los actos de derecho privado, los actos materiales y los actos políticos o gubernamentales. Bandeira de Mello no incluye en el concepto reglamentos y actos al definirlo como declaración unilateral, en una línea más próxima a los derechos europeos que a los iberoamericanos.

En el derecho mexicano, el concepto incluye siempre la declaración unilateral de voluntad, el ejercicio de potestades y funciones, y los efectos directos sobre un destinatario.

El derecho administrativo de Costa Rica también utiliza el concepto amplio de acto, inclusivo tanto de los actos singulares como los de carácter general (con o sin efectos normativos).

En Uruguay el acto se define como "Manifestación de voluntad de la administración que produce efectos jurídicos", un concepto amplio que incluye convenios, contratos y reglamentos. Resolución, en cambio, sería el acto administrativo *strictu sensu* conforme a la definición de SAYAGUÉS LASO, nada menos.

La Ley de Procedimiento Administrativo General de Perú incluye en el concepto de acto administrativo las declaraciones de entidades (comprende las empresas concesionarias) en el marco de derecho público (en ejercicio de la función administrativa). Excluye de este concepto los actos de administración interna porque los actos según este concepto deben producir efectos jurídicos externos.

En el derecho venezolano, la Ley Orgánica de Procedimientos Administrativos incluía en el concepto de acto, declaraciones de carácter general o particular. El carácter formalizado de la actuación se considera elemento característico, junto al criterio subjetivo y el criterio objetivo o material (función administrativa).

La mayoría de los regímenes analizados no definen como acto las actuaciones materiales o informales de la administración pública, reservando este término para catalogar intervenciones procedimentalizadas. Esto mismo ocurre en el derecho español, que sin embargo se separa de todos los anteriores al regular de manera separada acto y reglamento, diferenciando ambas categorías a partir de una influencia italiana (y seguramente antes, de Alemania).

3. CLASES DE ACTOS. ANÁLISIS DE LA FIGURA DEL ACTO POLÍTICO

Una clasificación muy detallada y compleja de los actos administrativos nos la ofrece el derecho colombiano: actos de autoridad y actos de gestión; actos de servicio público y actos ajenos al servicio público; actos generales y actos individuales; actos unilaterales, bilaterales y plurilaterales; actos reglados y discrecionales; actos simples y actos complejos; actos nacionales y actos locales; actos preparatorios y actos definitivos; actos legislativos y actos administrativos.

La doctrina argentina se detiene en el análisis de los actos dictados por los concesionarios por delegación; también clasifican los actos según el sector de referencia del que sean expresión (contractuales, tributarios, sancionadores, de fomento, del derecho social, de autorización, etc.). Y por supuesto incluye en su taxonomía la dicotomía entre actos discrecionales y reglados. El concepto amplio que sostiene también lleva a diferenciar actos administrativos unilaterales y bilaterales, individuales y generales (María José Rodríguez).

El acto político es caracterizado por esta doctrina como el vinculado a las "finalidades superiores o trascendentes del Estado", poniendo como ejemplo el indulto. El control judicial de estos actos no se pone en cuestión, pero es más difícil aceptarla en los que Marienhoff denomina "institucionales", para la subsistencia misma del Estado, que van desde la declaración del estado de guerra a la designación de los magistrados de la Corte Suprema en Argentina.

En Uruguay se diferencian los actos preparatorios o de trámite y resoluciones o principales. Esta diferenciación es propia de la mayoría de los ordenamientos comparados, aunque no todos la reflejan en sus normas positivas.

Situación similar presenta la *summa divisio* de actos discrecionales y actos reglados, aunque tal clasificación binaria es considerada por la mayoría de los autores simplificadora, toda vez que casi todos los actos son reglados en cierto grado. Ahora bien, algunos presentan un mayor margen de decisión en términos de oportunidad, mientras otros se encuentran más condicionados por la legalidad.

Las diferencias entre acto expreso y acto implícito o tácito se reflejan en los ordenamientos, asumiendo algunos la teoría del acto presunto y limitándose otros a regular el silencio administrativo, con efectos negativos (en su mayoría) o positivos.

La doctrina peruana también distingue actos generales y actos individuales; actos resolutivos y actos de trámite; actos expresos y actos tácitos; actos impugnables y actos consentivos; actos constitutivos y actos declarativos; actos originarios y actos confirmativos..., en fin, toda una tipología no positivizada en la norma, sino derivada de la asimilación de categorías de la teoría general del derecho administrativo.

En el derecho venezolano se ha desarrollado la categoría de los actos de autoridad para el caso de personas privadas en una posición de autoridad o ejercicio de potestades públicas. También contempla la Ley Orgánica de Procedimientos Admnistrativos venezolana un régimen sustantivo y procesal del silencio administrativo. La doctrina en Venezuela clasifica los actos según su recurribilidad (de trámite y definitivos, firmes o no firmes) y su posición en la vía administrativa (que ponen fin o no). En cuanto a la forma de manifestarse, diferencia expresos, presuntos o tácitos. En atención al destinatario, singulares o generales. Y por su contenido, constitutivos o declarativos, favorables o de gravamen. La figura del acto político también es contemplada en este ordenamiento, que lo considera no sujeto al derecho administrativo y no fiscalizable por la jurisdicción contencioso-administrativa (serían revisables por la jurisdicción constitucional).

La figura del acto político recibe distintos tratamientos en los regímenes analizados, predominando una consideración limitadora del control jurisdiccional. Se consideran actos políticos en la mayoría de los ordenamientos aquellos que afectan a la seguridad del Estado, las relaciones entre poderes y los nombramientos constitucionales.

Los actos políticos han dado lugar a algún relevante pronunciamiento jurisprudencial de la Corte Interamericana de Derechos Humanos (caso Barrios Altos contra Perú), orientando su consideración en la línea de fiscalización constitucional.

También en España fue controvertida en su fiscalización la categoría del acto político, hasta que las altas cortes (Supremo y Constitucional) mostraron en sentencias destacables la realidad de su control. Dicho esto, efectivamente no son iguales a los actos administrativos (presentan un margen mayor de valoración de oportunidad, esto es, discrecionalidad) y no son dictados por órganos puramente administrativos, sino de naturaleza política.

Las clasificaciones del acto en el derecho español se corresponden con muchas de las expuestas por los ordenamientos comparados, siendo relevante la que diferencia los actos favorables de los desfavorables (con la consecuencia grave de su mayor o menor facilidad de revisión de oficio) y la que distingue las resoluciones de los actos de trámite, que no podrían ser impugnados separadamente salvo en los casos que tuvieran carácter materialmente resolutorio.

4. Elementos de los actos: subjetivos, objetivos y formales. La motivación de los actos

La dogmática comparada sistematiza los elementos de los actos administrativos conforme a esta clasificación que identifica los subjetivos, los objetivos y los formales. Algunos autores incluyen otras categorías adicionales, como el elemento teleológico. En casi todos los análisis doctrinales se concede un particular interés a la motivación, que ha evolucionado de ser calificada como un elemento formal a considerarse sustantivo.

En Colombia, Santofimio diferencia elementos externos al acto (sujetos, voluntad, formalidades) e internos (objeto, motivos y finalidad). El mérito, entendido como la conveniencia u oportunidad del dictado del acto, también se considera un elemento relevante.

Un tratamiento menos sistemático y más apegado al derecho positivo lo encontramos en Argentina, donde se relacionan los elementos y se analizan por sus implicaciones sobre la nulidad: competencia, causa, objeto, procedimientos, motivación y finalidad. Los elementos del acto en esta doctrina se dividen en subjetivos, objetivos y formales. Su regulación se encuentra en la Ley Nacional de Procedimientos Administrativos.

Los elementos subjetivos son el órgano y la competencia. La administración pública como presupuesto subjetivo del acto es un rasgo común en las doctrinas comparadas, aunque algunas han abierto debates sobre la posibilidad de actos dictados por particulares.

En Brasil se diferencian requisitos externos al acto (sujeto, objeto, pertenencia a la función administrativa, razón, finalidad) y requisitos internos (contenido, forma, formalización y causa).

Los elementos esenciales de los actos administrativos en el derecho peruano son la competencia, el objetivo, el contenido, la finalidad, la motivación y el procedimiento. La motivación ha evolucionado de ser tratada como un elemento formal a considerarse sustantivo.

El derecho venezolano comparte la clasificación de los elementos de los actos en subjetivos, objetivos y formales. Los subjetivos incluyen el órgano, la competencia y la potestad. Los elementos objetivos son el contenido, la causa y el objetivo. Y los formales el procedimiento y la forma de manifestación. La motivación se considera un elemento formal.

El derecho de Costa Rica considera elementos de los actos: la competencia; el motivo, el contenido, el fin y los elementos formales (entre los que ubica la motivación).

La motivación presenta una relevancia y grado creciente de exigencia que se ha ido reconociendo de manera progresiva en casi todos los ordenamientos. La obligatoriedad de coherencia y suficiencia de la motivación también se subraya en las doctrinas argentina y mexicana (en México se encuentra constitucionalizada, nada menos, mientras en otros ordenamientos se normaliza la motivación vinculada al expediente, *in alliunde* o contextual, Argentina).

Estas exposiciones de los elementos del acto coinciden con lo que se puede leer en la mayoría de los tratados en español, que se inspiran a su vez en la dogmática francesa o italiana. Otro rasgo común es la importancia creciente de la motivación.

5. Condiciones de eficacia de los actos administrativos. Eficacia condicionada y eficacia retroactiva

El régimen exorbitante propio del acto administrativo es común a los ordenamientos comparados de referencia. La presunción de legitimidad y legalidad de los actos se concibe como una garantía de realización del interés general, de la que se derivan su ejecutividad y ejecutoriedad, reconocidas en Argentina, Perú, Venezuela, Costa Rica, Uruguay..., en fin, es un lugar común en el derecho comparado europeo e iberoamericano.

La notificación como condición de eficacia en también compartida por todos los derechos comparados, toda vez que la consecución de los propósitos del acto requiere la transmisión completa de su contenido y la posibilidad real de su conocimiento por parte de los destinatarios. Igualmente, en todos los ordenamientos se contempla la publicación como alternativa a la notificación, o sustitutoria de la misma en determinados casos.

La retroactividad se considera inaceptable en todas las versiones comparadas cuando produzca efectos desfavorables, restrictivos o afecte a los derechos adquiridos de los interesados. Ello para proteger los principios de buena fe, confianza legítima y, al fin, de buena administración.

Tal principio general de irretroactividad de los efectos de los actos puede ser excepcionado en el caso de que solo produzcan efectos favorables (y especialmente en los casos de convalidación, ratificación o conversión).

6. La invalidez de los actos administrativos (nulidad, anulabilidad y vías de declaración)

Los supuestos de nulidad y anulabilidad (invalideces) son coincidentes en la mayoría de los ordenamientos, vinculándose a la carencia en elementos esenciales: subjetivos como la competencia, objetivos como el fin (desviación de poder) o formales (así graves defectos procedimentales o falta de motivación).

El derecho argentino pone el énfasis de nulidad y anulabilidad en los elementos esenciales, si bien es la gravedad o importancia del vicio el factor que discrimina la sanción de invalidez. Los actos nulos pueden ser declarados de oficio, su anulación produce efectos *ex tunc*, no son saneables por ratificación y la acción es imprescriptible, aunque sí está sujeta a plazo de caducidad. Ahora bien, la revocación presenta diferencias dependiendo de si ha generado derechos sobre interesados de buena fe o se encuentre en vías de producirlos.

En el derecho mexicano, el acto anulable parece disponer de unas posibilidades de eficacia especiales, tal y como explica Béjar Rivera teniendo presente sus muchas posibilidades de convalidación. Esta peculiaridad lleva al autor a criticar la defectuosa regulación en sus normas positivas.

El derecho peruano considera también excepcional la nulidad, siendo la anulabilidad la regla general.

El derecho costarricense también discrimina entre nulidad y anulabilidad por grado de gravedad, diferenciando los supuestos de falta de un elemento constitutivo o mera imperfección del mismo. La nulidad relativa o anulabilidad es en caso de duda la opción por defecto.

El derecho venezolano distingue dos grados de invalidez: nulidad absoluta y anulabilidad o nulidad relativa. La regla general es la mera anulabilidad, siendo excepcional la nulidad absoluta. Los vicios más graves que determinan la nulidad excluyen la convalidación, no hay plazos preclusivos en su impugnación, cabe pronunciamiento previo de oficio por el juez y la administración pública y de estos actos no se pueden derivar derechos. No hay diferencias en cambio en cuanto a los efectos de la declaratoria de nulidad (*ex tunc* o *ex nunc*).

7. El principio de conservación de los actos administrativos y sus concreciones (convalidación, conservación y conversión)

El principio de conservación de los actos se reconoce en la mayoría de los derechos comparados, bien previsto en la norma reguladora de derecho administrativo, o admitido jurisprudencialmente.

En este principio, como en tantas regulaciones expuestas en este capítulo introductorio y las contribuciones que le siguen, se pone de manifiesto la dogmática compartida del derecho administrativo iberoamericano y europeo, un marco común que ofrece muchas ventajas al operador jurídico, posibilitando además el desarrollo de una ciencia avanzada a uno y otro lado del Atlántico.

www.ingramcontent.com/pod-product-compliance
Lightning Source LLC
LaVergne TN
LVHW070756051026
849558LV00045B/573
* 9 7 8 9 5 8 3 5 1 9 3 8 3 *